Die Kunst des Shapens

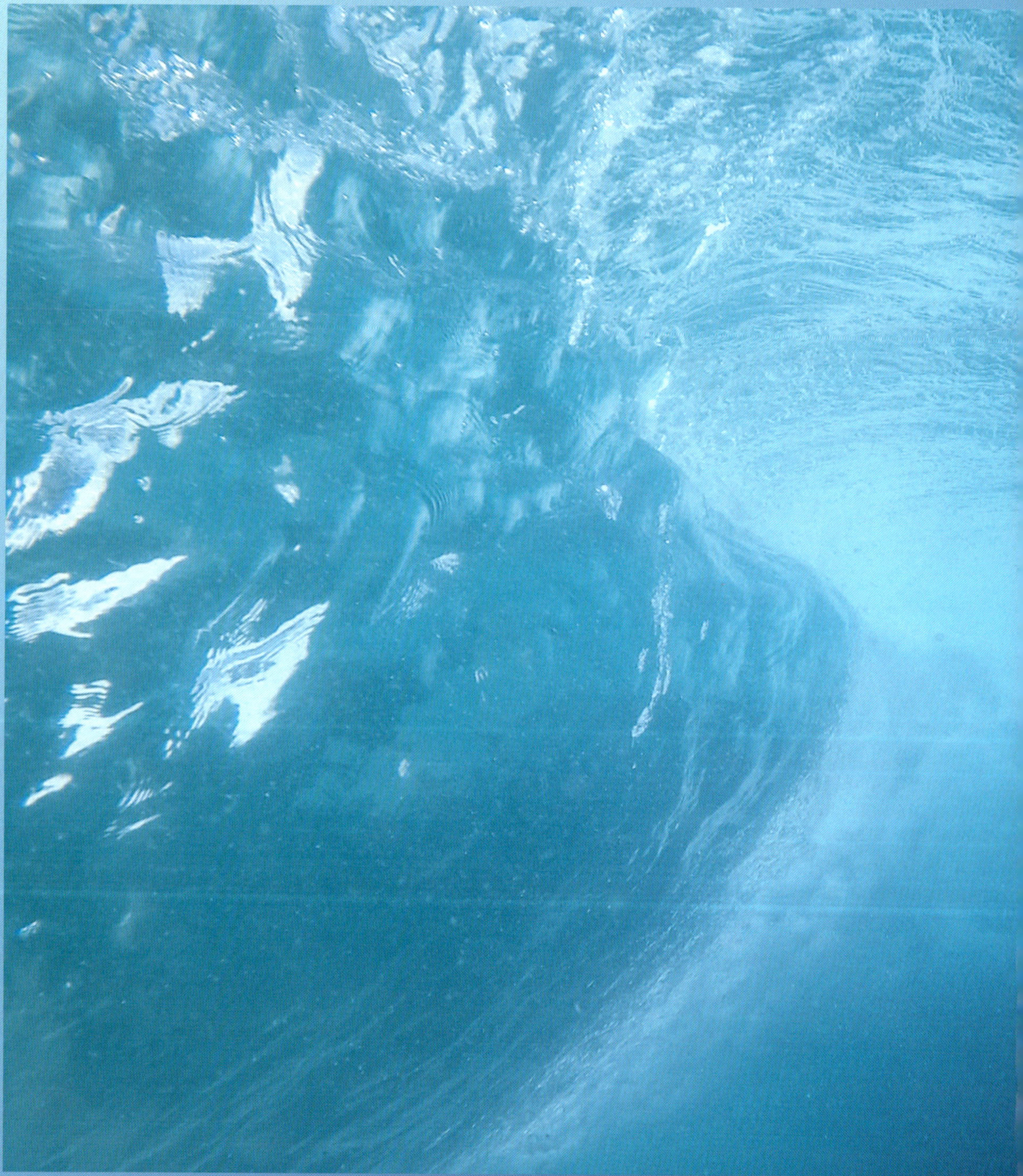

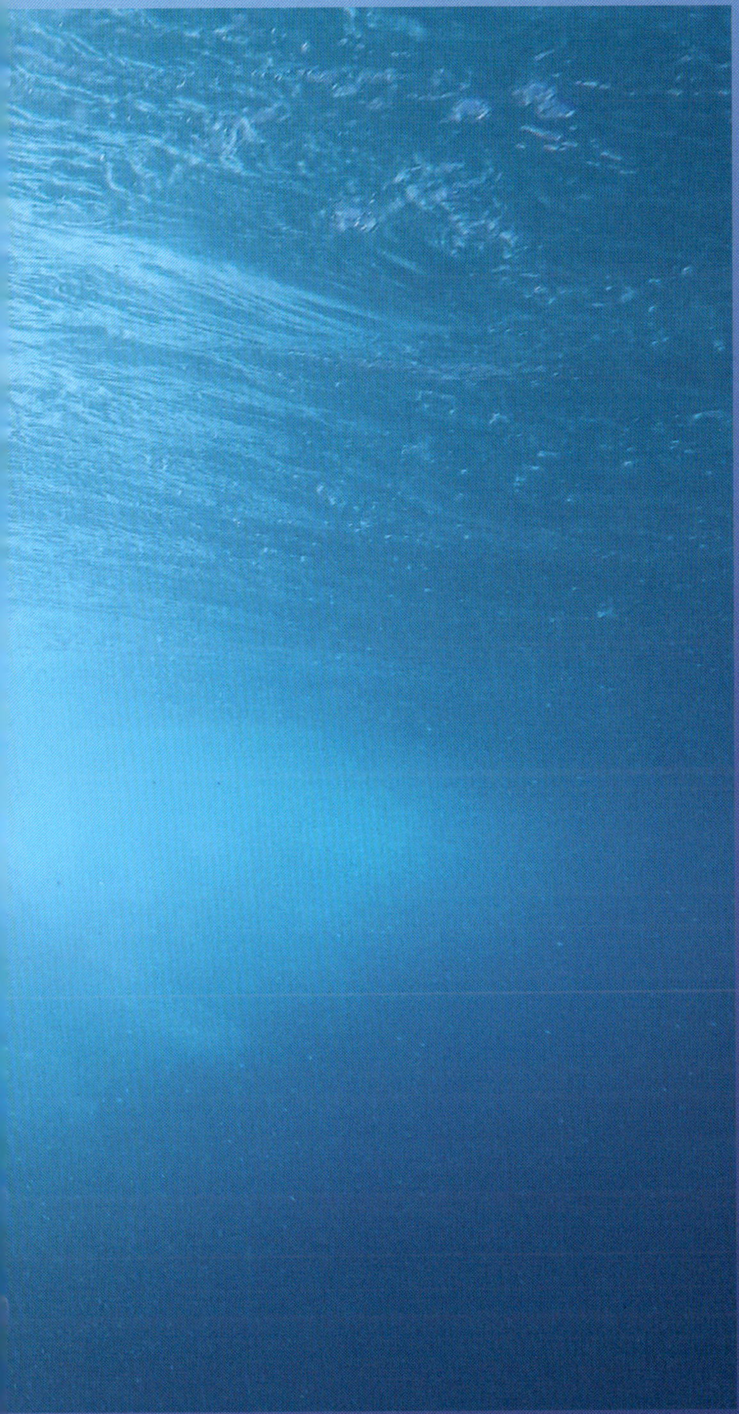

Wie schön...

Jan Eckhardt

Liebe Leserin, lieber Leser,

wie schön, dass mein Buch den Weg in Deine Hände gefunden hat! Ich heiße Jan Eckhardt, bin Surfer, Shaper und Autor und möchte mich und ein paar Leute, ohne die dieses Buch in der Form nicht möglich gewesen wäre, hier kurz vorstellen.

Nach dem Abi driftete ich einige Jahre um die Welt, wobei ich vor allem viel surfen war, aber auch das Glück hatte, einige Shaper kennenzulernen und unzählige Boards in die Finger und unter die Füße zu kriegen. Irgendwann lockte mich ein Studienplatz für Objekt-Design wieder in die Heimat und bald darauf wurde ich Vater.

Die Surferei konnte ich dann natürlich nicht mehr so exzessiv ausleben wie vorher, aber ich hatte inzwischen angefangen Boards zu bauen, erst für mich und Freunde, aber schon bald für jeden, der ein Surfboard mit Seele haben wollte.

Heute baue ich besondere Customboards mitten in Düsseldorf, meistens versehen mit kräftig pigmentiertem Laminier-Harz. Für die etwas preisbewussteren Kunden shape ich maßgeschneiderte Boards am Rechner, die dann nach meinen Daten in Portugal gefräst und handlaminiert werden.

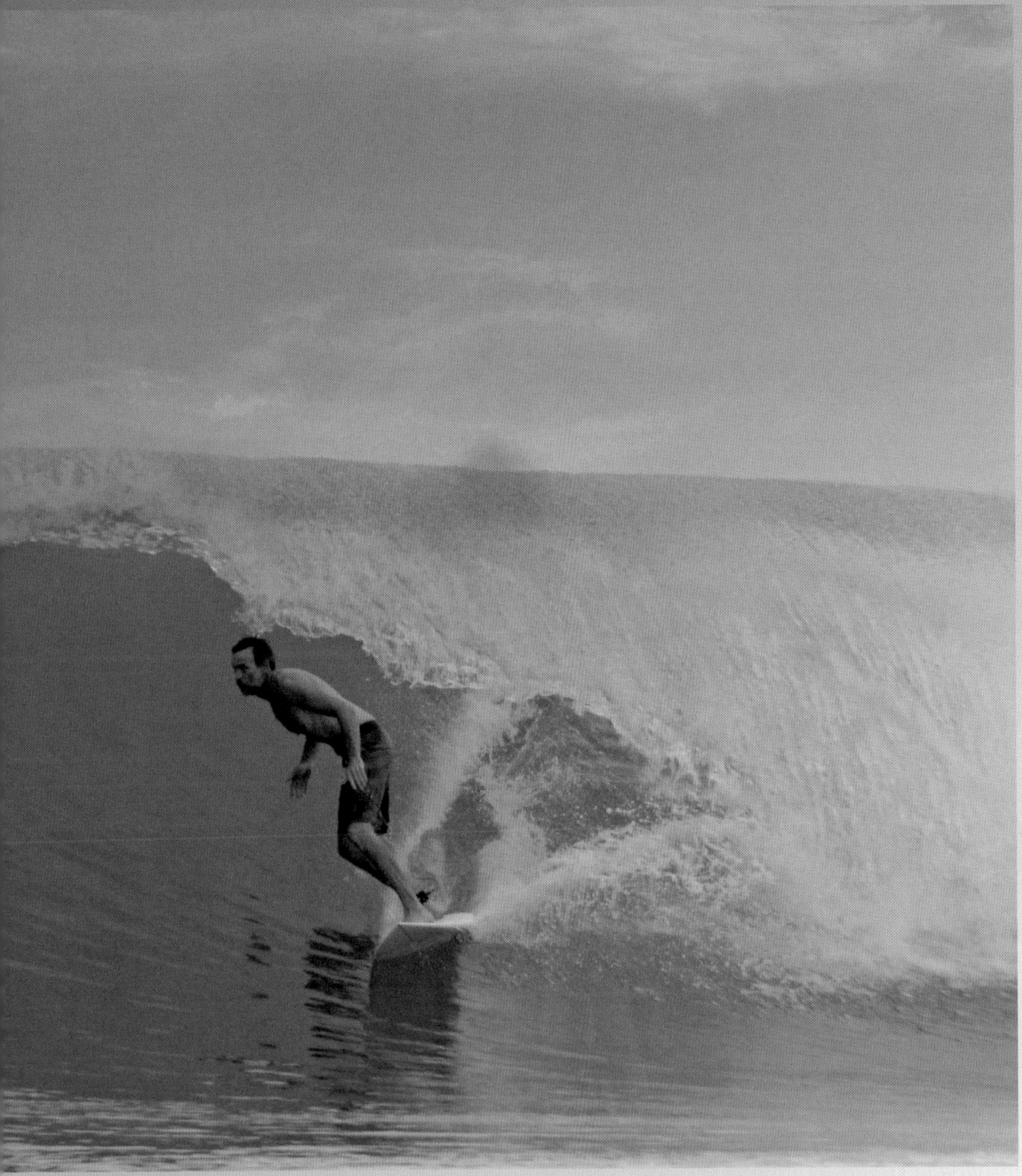

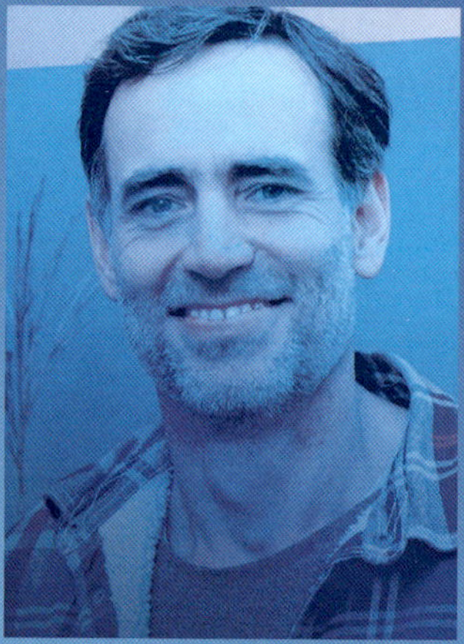

Die vielen Stunden im Shaperoom sind wie Wasser auf meinen vom Landlocked-Dasein ausgetrockneten Geist. Wenn ich ein Board shape, stelle ich mir vor, wie sich die traumhaft-schönen, subtilen Formen in die Welle schmiegen. Hier bin ich ganz bei mir, in einer Welt aus intuitivem Flow, gestützt von fundamentalem Wissen.

Mit diesem Buch möchte ich nun auch Dir die Möglichkeit geben, ins Shapen abzutauchen und Dein eigenes Board herzustellen. Vielleicht möchtest Du aber auch nur die Funktionsweisen der vielen Designfeatures von Surfboards verstehen lernen und mal Step für Step nachvollziehen, wie ein Board gebaut wird.

Ich habe viel Leidenschaft in dieses Buch gesteckt, weil ich wollte, dass der Weg zum eigenen Surfboard wirklich lückenlos und gut nachvollziehbar dargestellt ist. Zum Glück habe ich bei der Umsetzung die Unterstützung von Menschen bekommen, die die Liebe für die Wellen teilen und noch dazu absolute Spezialisten auf ihren Gebieten sind. Aber am besten stellen Sie sich selbst vor.

Vielen Dank Peggy, Micha und Jens!

Jan Eckhardt

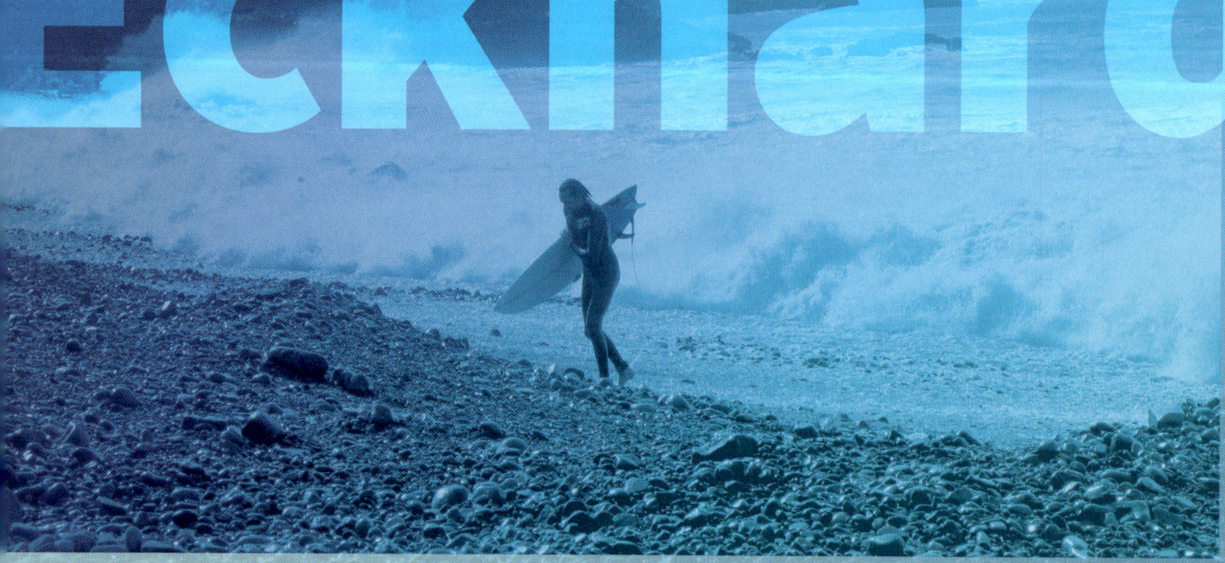

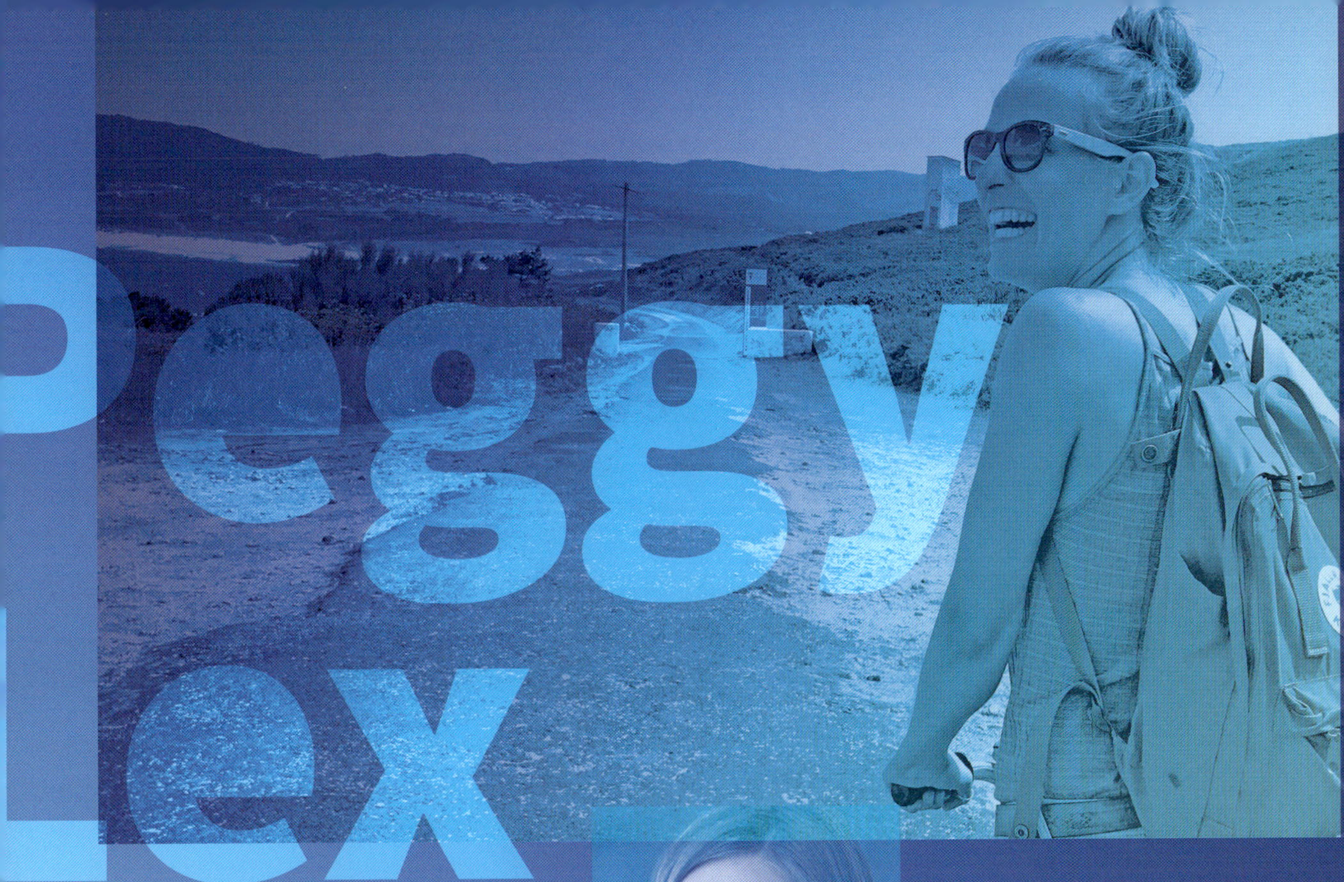

Peggy Lex

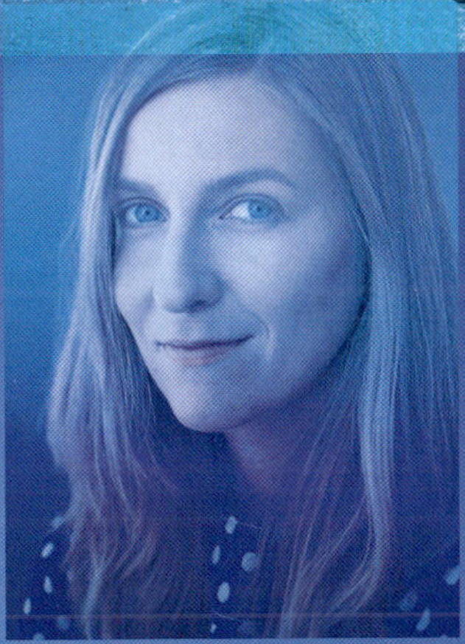

Ich habe mein Fach von der Pike auf gelernt. Nach der Ausbildung zur Gestaltungstechnischen-Assistentin habe ich an der Fachhochschule Aachen Kommunikations-Design studiert und mich 2006 als Diplom Designerin ins Arbeitsleben gestürzt. Seit 2016 arbeite ich als selbständige Art Direktorin sowohl für Agenturen als auch für meine eigenen Kunden.

Neben meiner Liebe für gutes Design, Fotografie, Composings und Werbung, schlägt mein Herz für gesundes Essen und jedwede Art von sportlicher Aktivität.

Dem Surfen bin ich zum ersten Mal 2013 in einem Surfcamp erlegen. Nach der ersten grünen Welle sollten noch viele weitere folgen. Seitdem bin ich auf eigene Faust unterwegs, habe mich unter anderem schon in Frankreich, Spanien, Portugal, Marokko und Sri Lanka in den Wellen getummelt. Auf meinen Reisen immer dabei – meine liebsten custom-made Surfboards von Jan.

Michael Zirlewagen

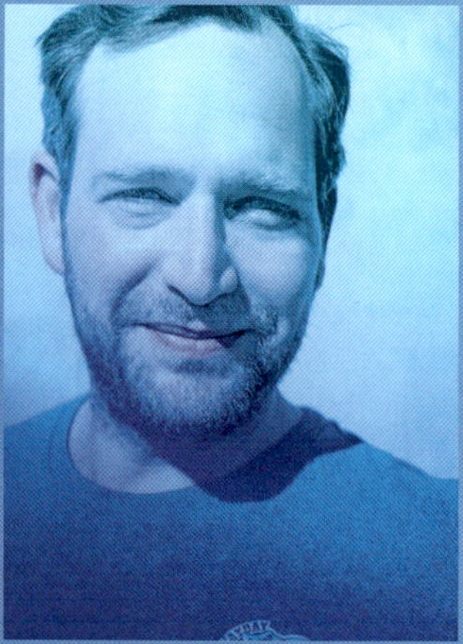

Ich war 20 Jahre lang ein guter Skater, ein guter Snowboarder und bin jetzt (trotz 2011 absolut inoffiziell verliehenem Riff-Diplom) ein eher so mittelguter Surfer – dafür aber mit voller Leidenschaft: It's not a competition, it's just fun!

Als Diplomingenieur der Medientechnik, Podcaster, Dozent und Projektmanager begleite ich vor allem Dinge, die mir Spaß machen. Unter meinem 2004 gegründeten Unternehmen °visualcosmos – Agentur für Analoges und Digitales – fasse ich viele dieser Aktivitäten zusammen, andere unter meinen Label layday layday – „we turn laydays into great days".

Bei layday layday produzieren wir fast alles für Körper und Geist in der Zeit ohne Salzwasserkontakt, so wie auch dieses Buch, bei dessen Produktion und Vermarktung ich Jan sehr gerne unterstütze.

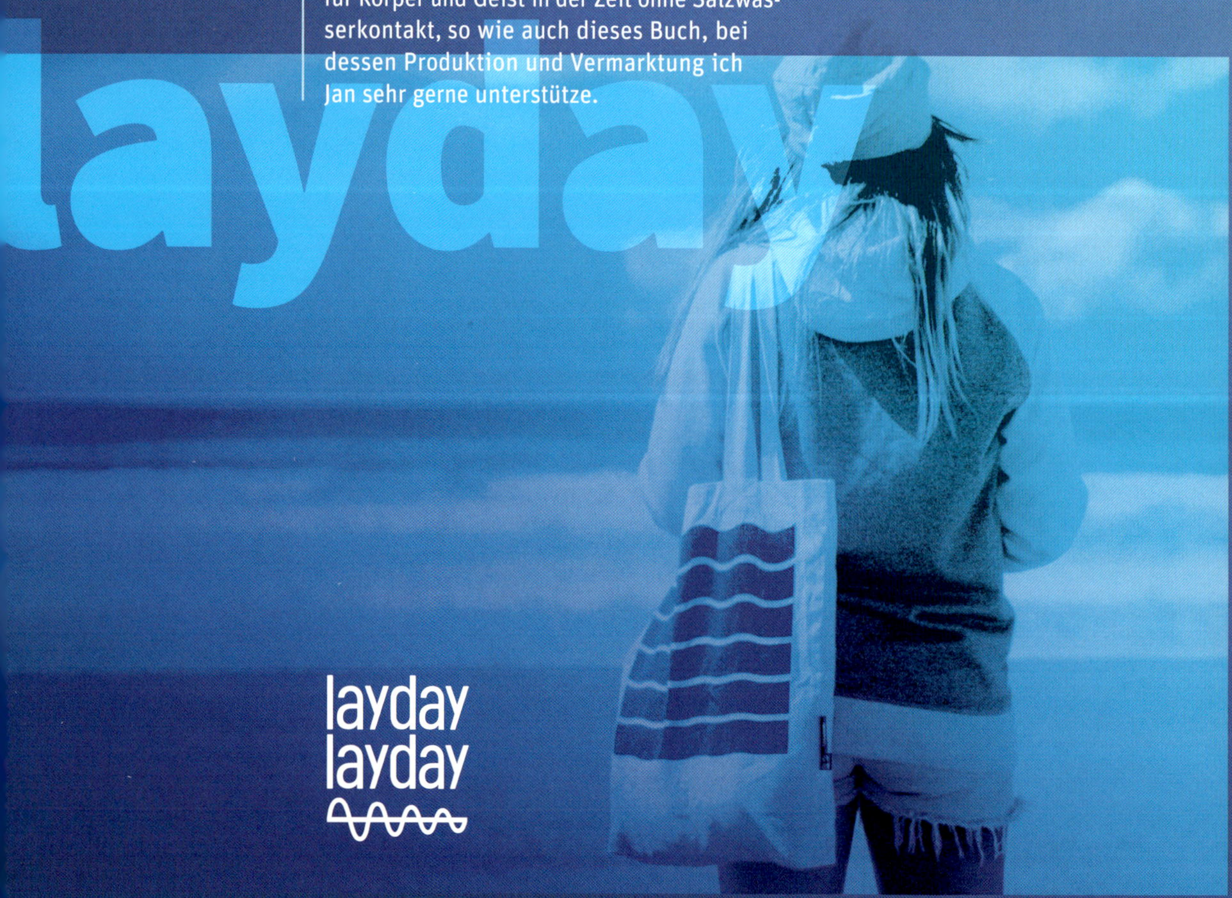

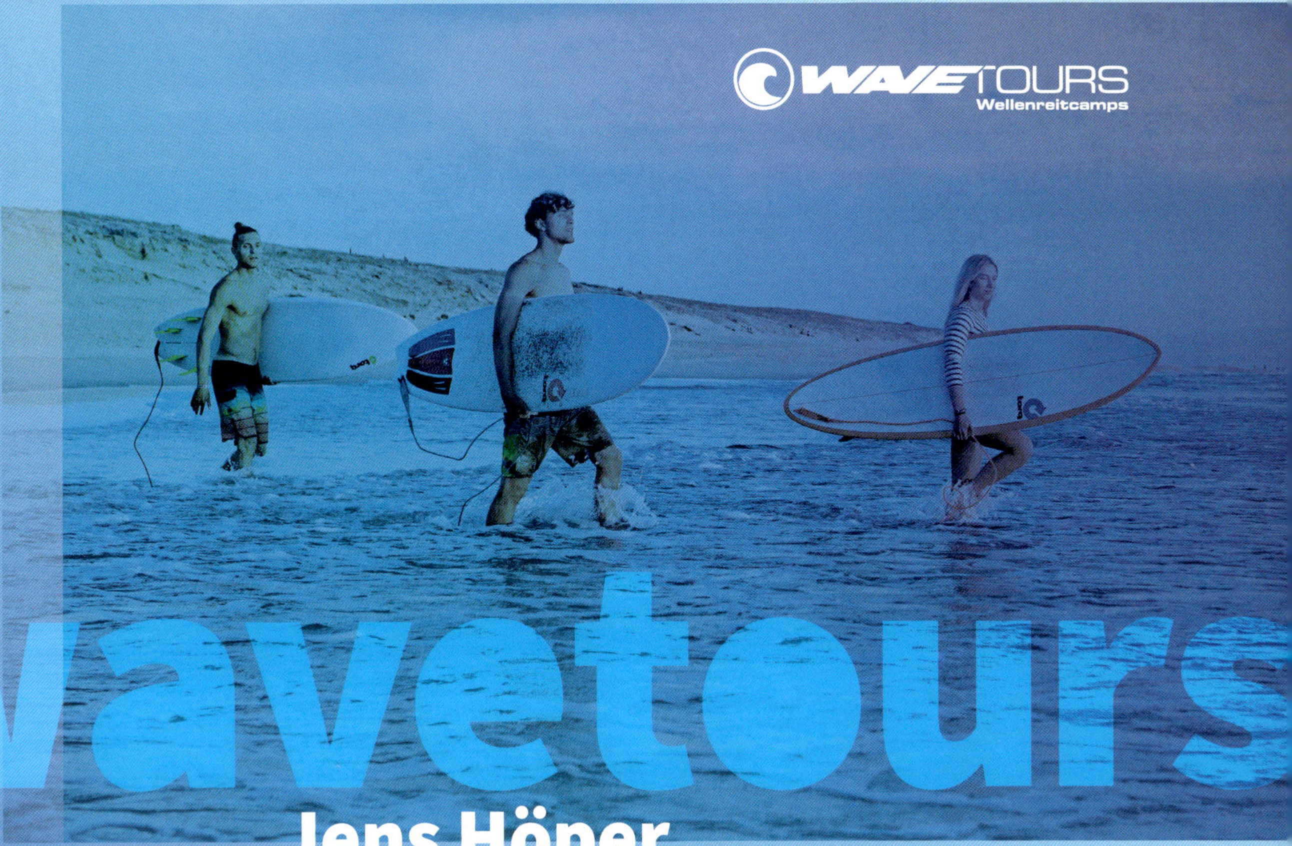

wavetours

Jens Höper

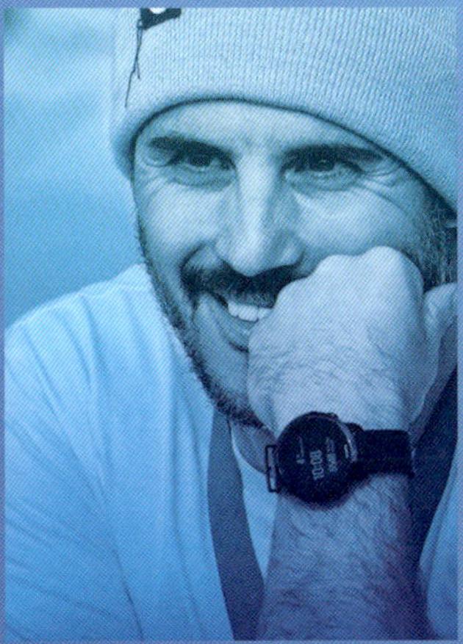

Ich bin Geschäftsführer und Betreiber von Wavetours, einem Surfcamp, in dem man das Wellenreiten von Grund auf lernen kann – und das in vielen verschiedenen Teilen der Welt. Frankreich ist für mich wie eine zweite Heimat und dieses Gefühl möchte ich auch unseren Gästen vermitteln. Unser Anspruch ist nicht nur, Menschen das Surfen beizubringen, sondern Erinnerungen zu schaffen und Begeisterung zu wecken. Denn: Surfen verbindet.

Apropos Verbindungen: Durch den Kontakt zu Michael bin ich auf dieses Buch aufmerksam geworden und freue mich, es bei der Entwicklung und Finalisierung zu begleiten.

Jan Eckhardt

Die Kunst des Shapens

Dein DIY-Guide zum Surfboards Verstehen und Selberbauen

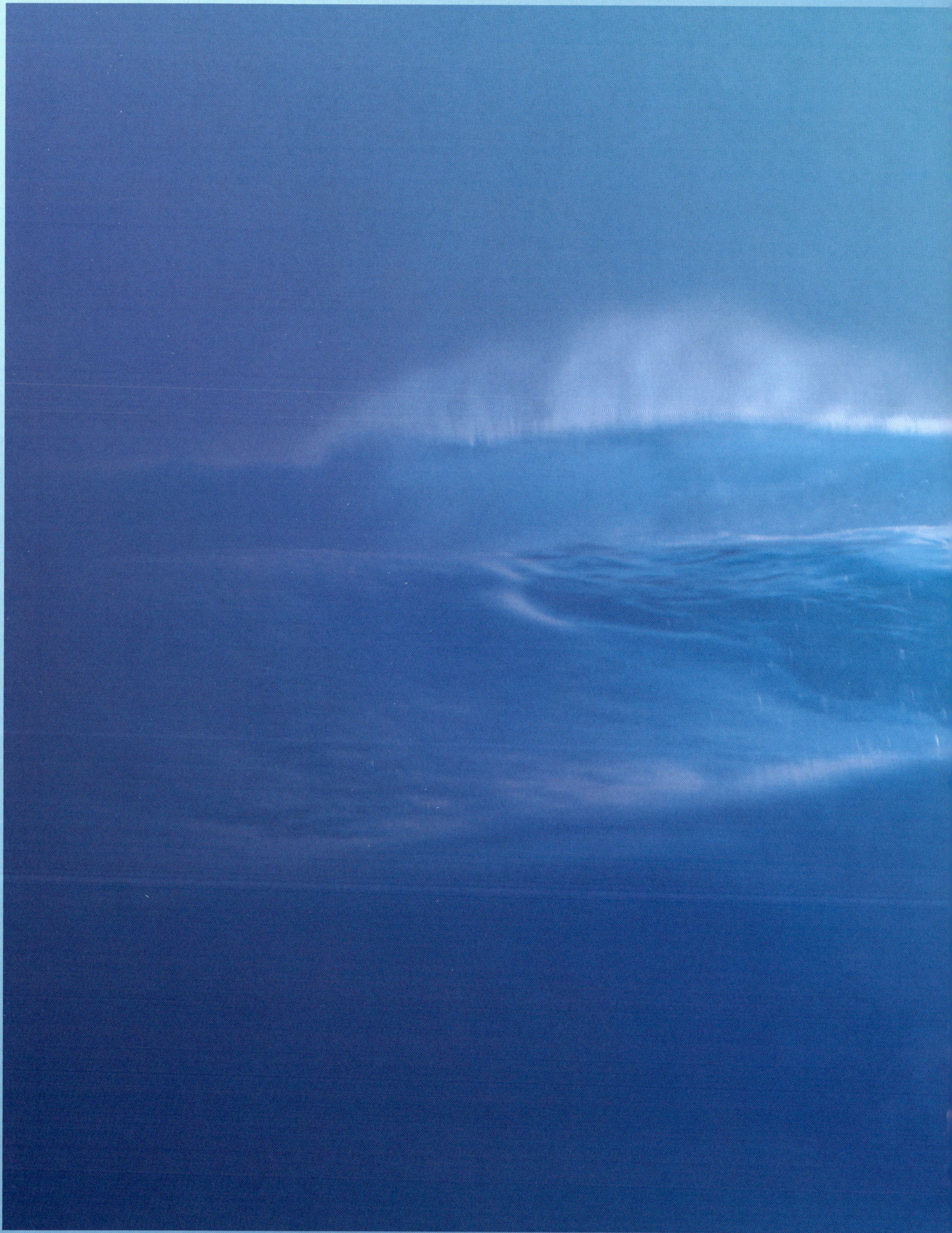

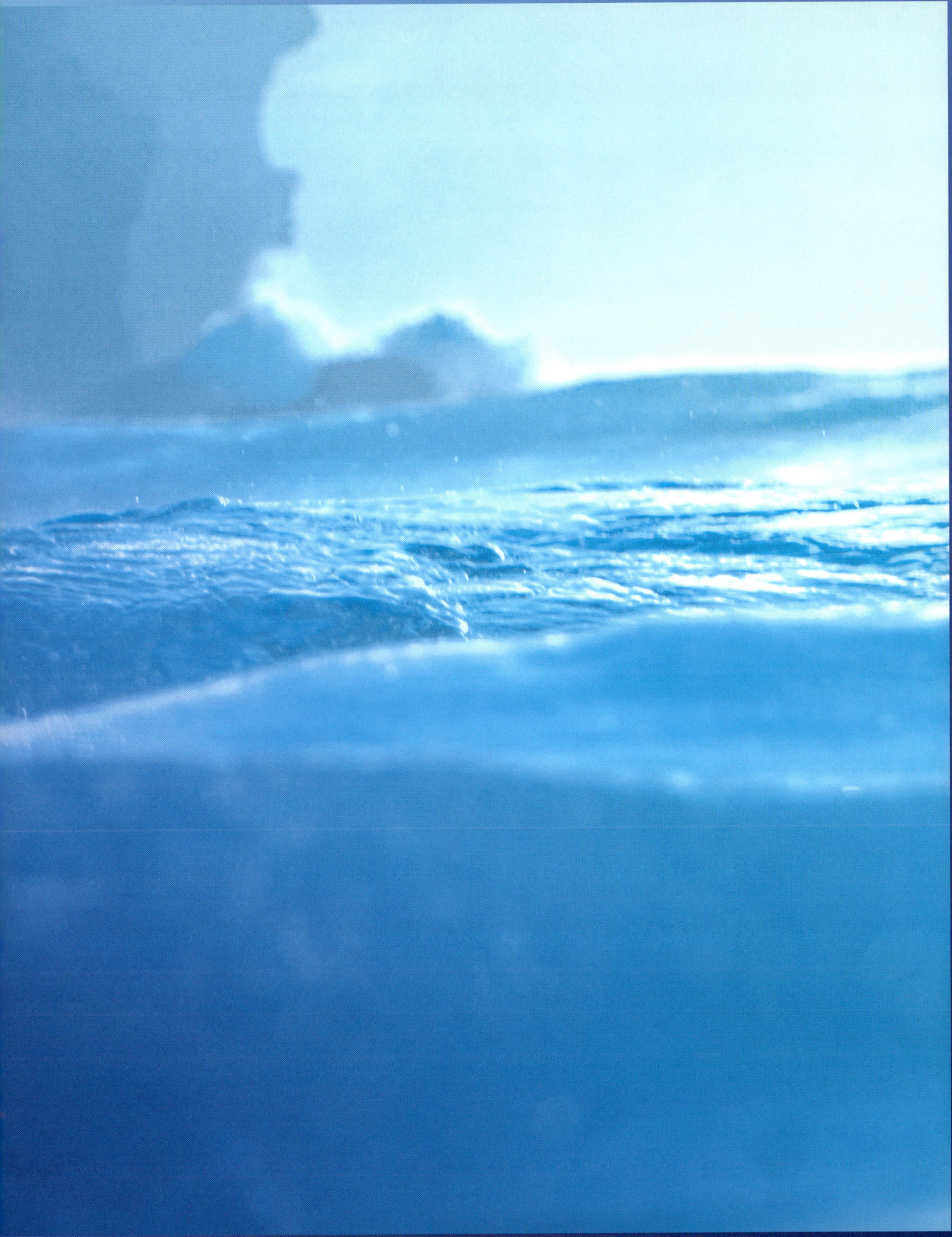

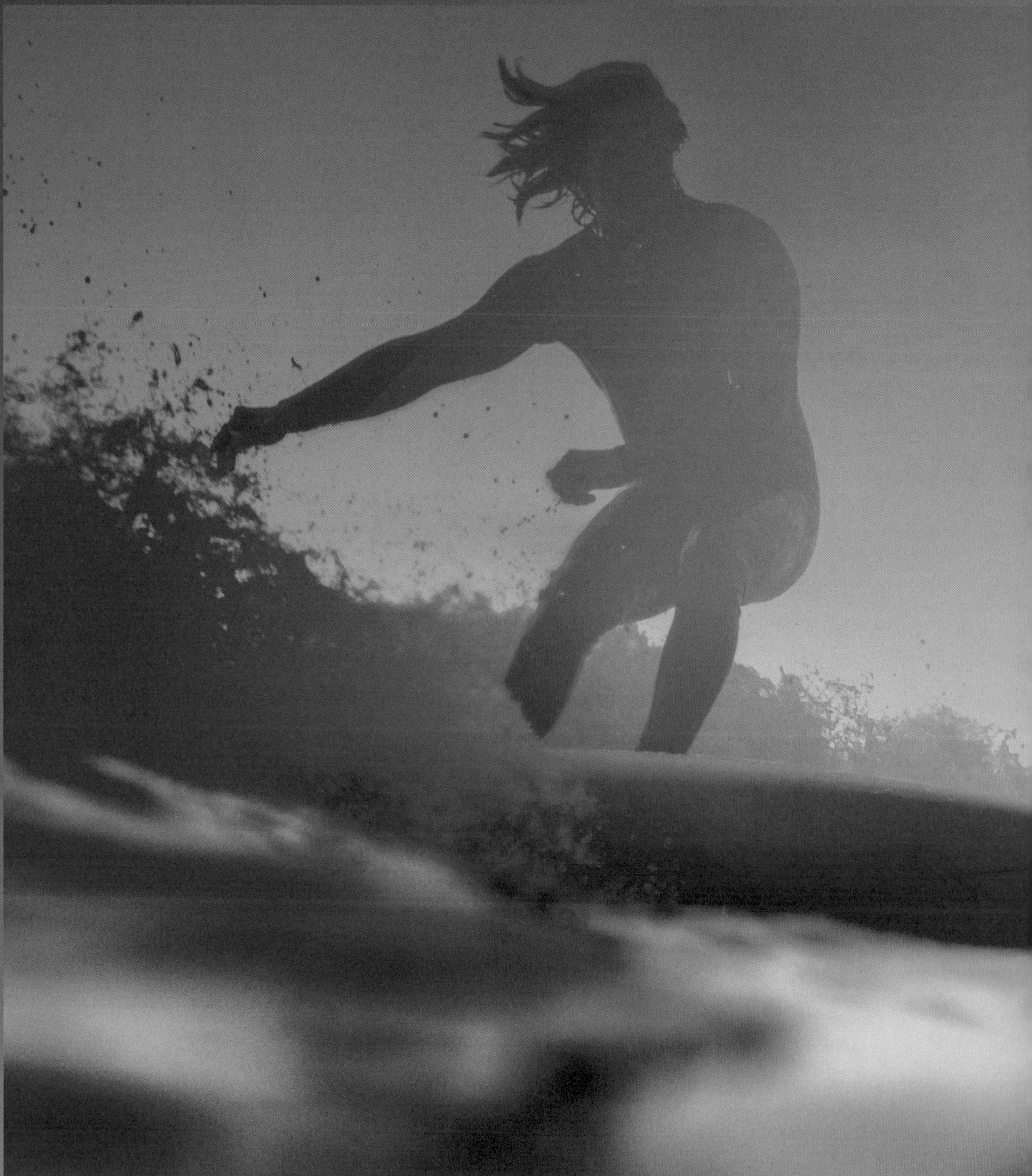

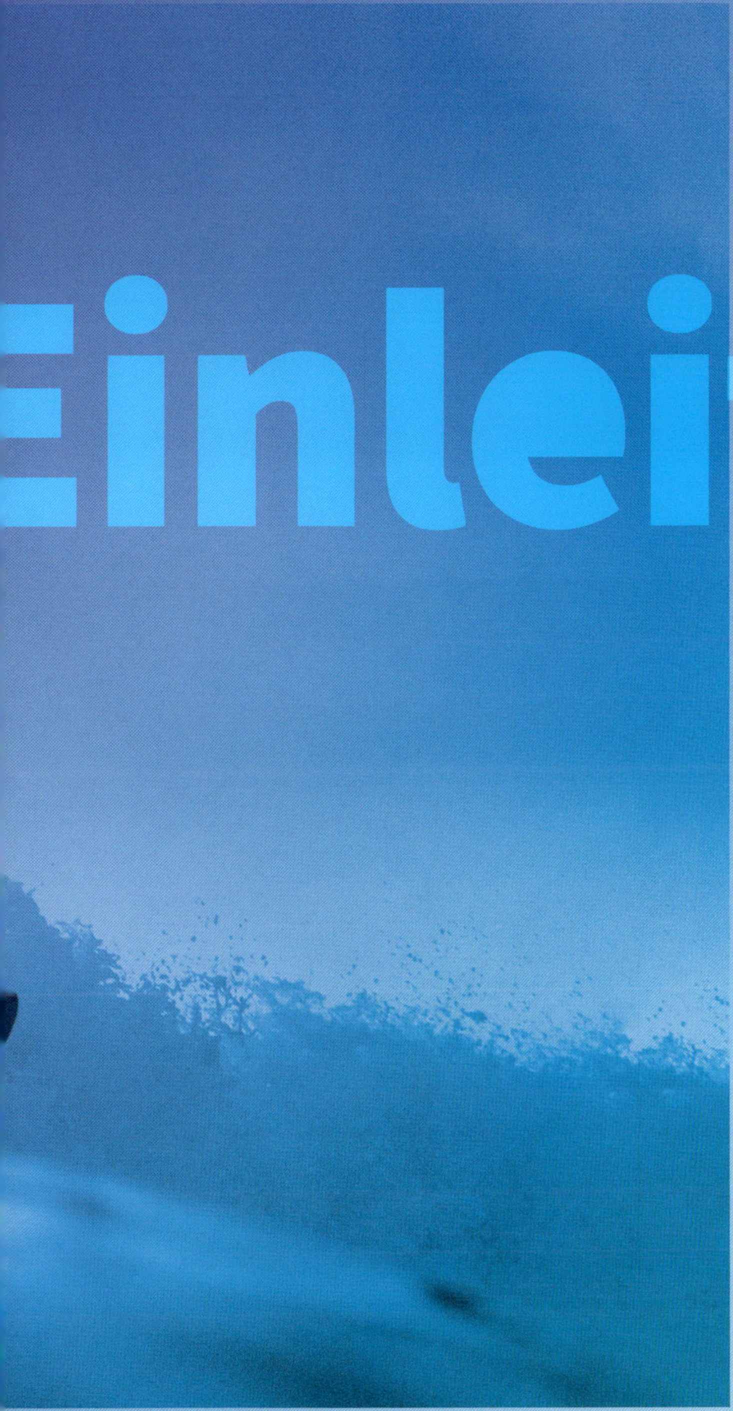

Einleitung

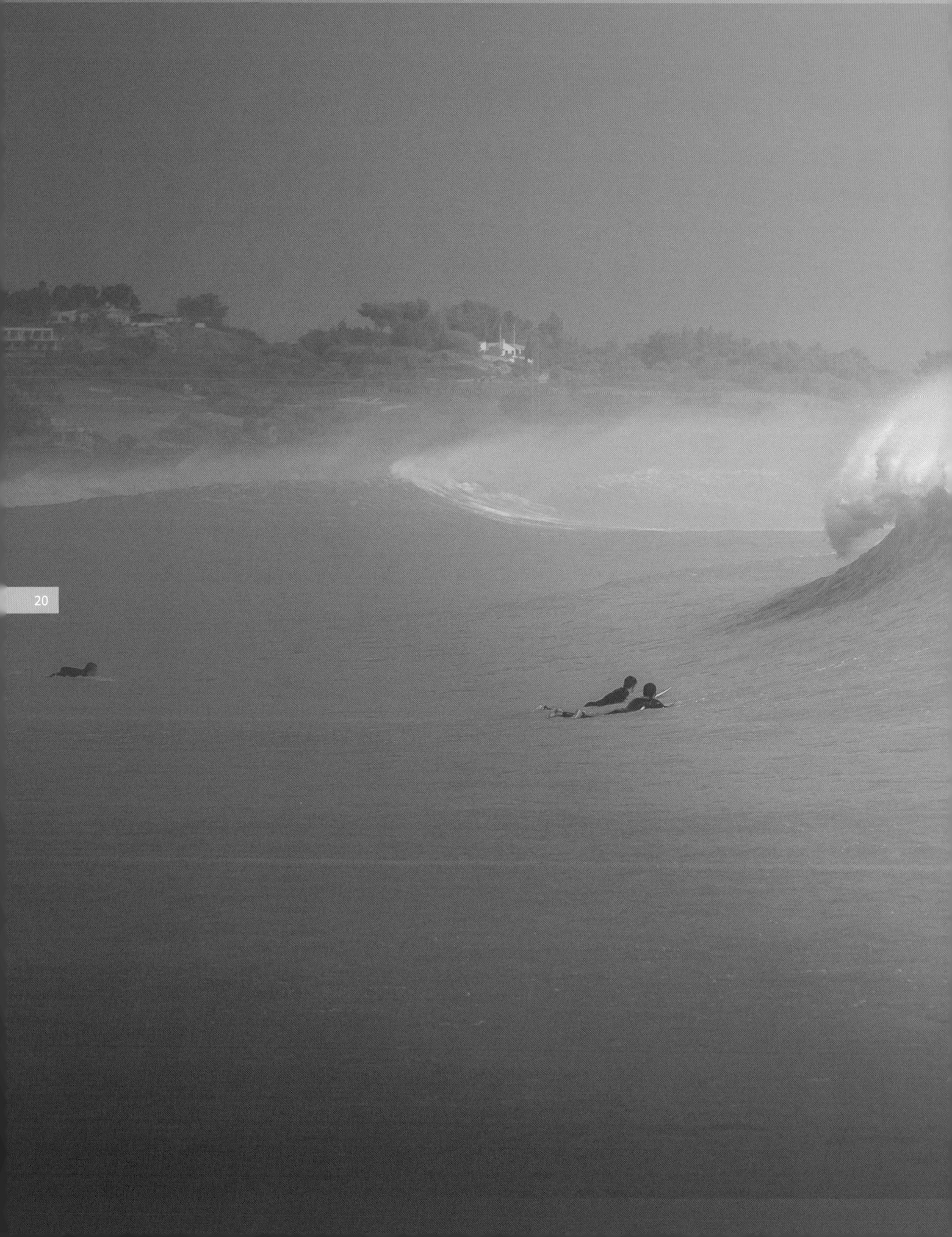

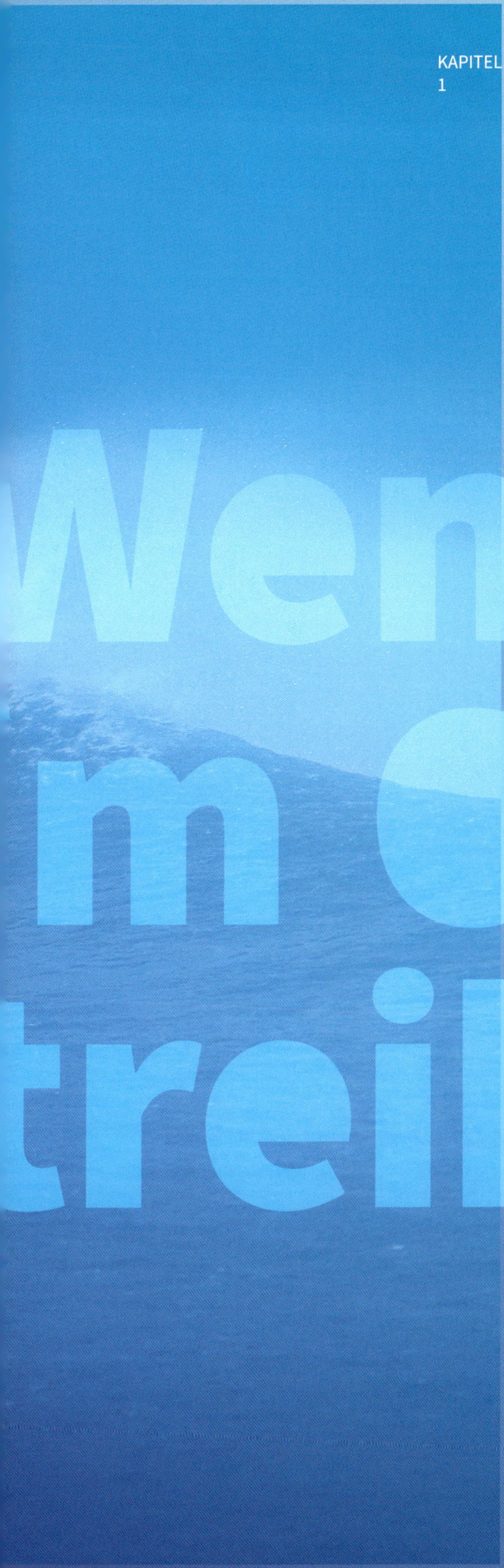

Wenn wir im Ozean treiben…

Surfen ist Soul. Wenn wir im Ozean treiben und auf Wellenjagd gehen, spüren wir die Elemente so nah, wie es nur geht.
Die Sets kommen aus der mystischen Weite des Meeres heran und während die Welle auf dem Riff bricht, bläst der Wind Gischt in den Himmel.

Möwen kreisen und auch das Wasser ist voller Leben. Den Rhythmus dieses Spiels anzunehmen und ein Teil des Ganzen zu sein ist die Kunst dabei – der ständige Begleiter ist das Surfboard.

Ein handgeshaptes Board wird Deine Surftage bereichern und auf einem selbstgemachten Brett rauszupaddeln ist der größte Spaß!

Wer will schon die beste Zeit des Jahres auf einem Board von der Stange im Meer sitzen? Dieses Buch soll Dir helfen, den Traum vom selbstgebauten Brett zu verwirklichen.
Hier bekommst Du eine lückenlose Anleitung mit detaillierten Erklärungen zu allen Arbeitsschritten. Damit kann es jeder schaffen, sein eigenes Board zu shapen und zu glassen.

Bevor Du mit dem Hobel auf das Blank losgehst, solltest Du aber noch den Part über die Designelemente des Surfboards lesen um zu klären, wie sich die Details des Shapes auf den Charakter eines Boards auswirken.

Was ist der Standard-Rocker für einen Fish, ein Shortboard oder ein Minimalibu?

Welchen Einfluss haben zum Beispiel Single- oder Double-Concave auf die Fahreigenschaften? Was ist der Standard-Rocker für einen Fish, ein Shortboard oder ein Minimalibu? Das alles erfährst Du im ersten Teil des Buches. Die Materialien und Werkzeuge sowie die Einrichtung der Shaping Bay werden dann im zweiten und dritten Teil erklärt, bevor es im vierten und fünften Teil ans Shapen und Glassen geht.

Wer das Shapen selbst übernimmt, kann sich genau das Board bauen, das er haben will. Außerdem taucht er gedanklich während der oft viel zu langen Trockenzeiten immer wieder ab in die Welt des Wassers und der Wellen.

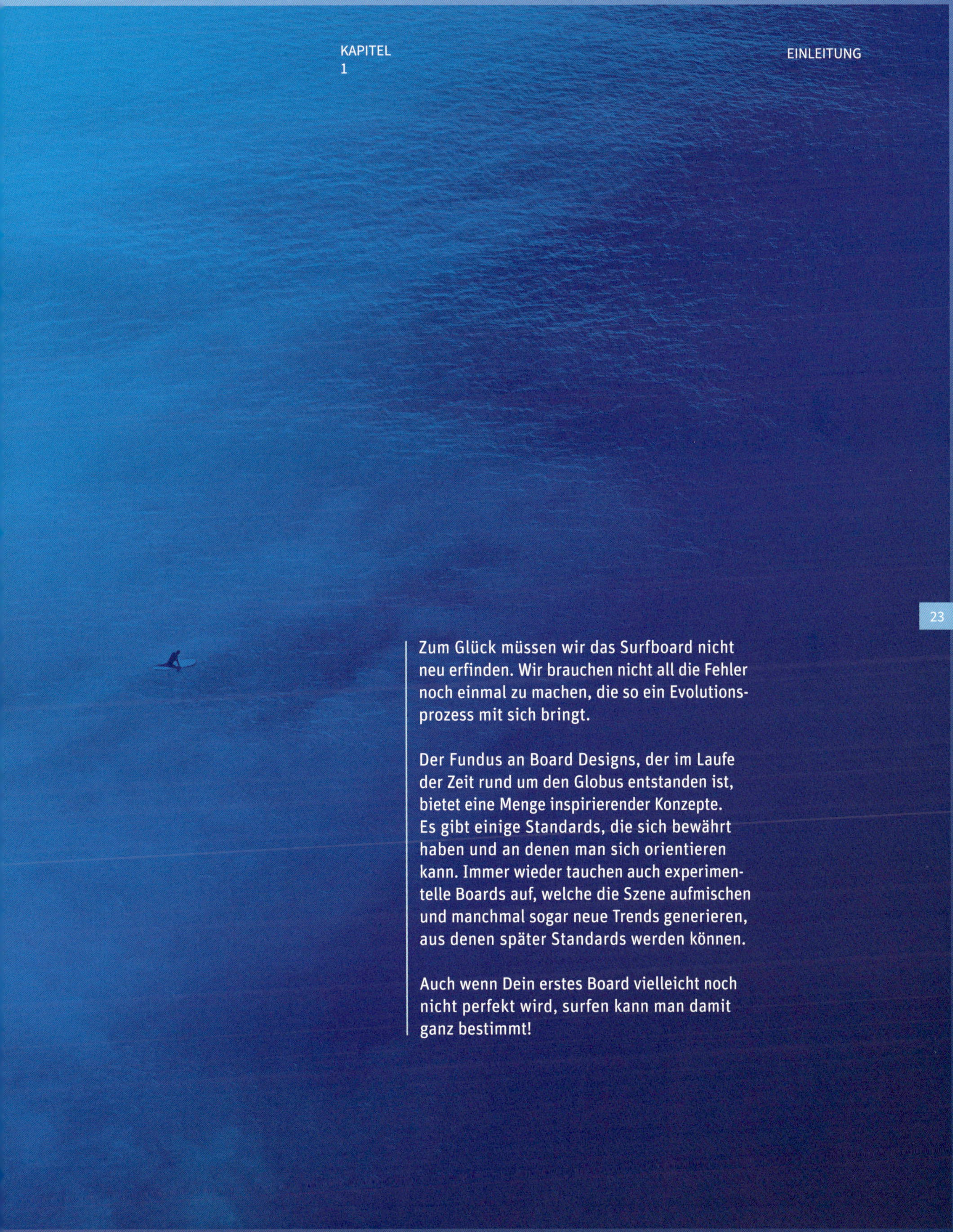

Zum Glück müssen wir das Surfboard nicht neu erfinden. Wir brauchen nicht all die Fehler noch einmal zu machen, die so ein Evolutionsprozess mit sich bringt.

Der Fundus an Board Designs, der im Laufe der Zeit rund um den Globus entstanden ist, bietet eine Menge inspirierender Konzepte. Es gibt einige Standards, die sich bewährt haben und an denen man sich orientieren kann. Immer wieder tauchen auch experimentelle Boards auf, welche die Szene aufmischen und manchmal sogar neue Trends generieren, aus denen später Standards werden können.

Auch wenn Dein erstes Board vielleicht noch nicht perfekt wird, surfen kann man damit ganz bestimmt!

Design-features

Die Outline

Anhand der Outline erkennt man meistens sofort, um welche Art von Board es sich handelt. Sie definiert auf den ersten Blick Bretttypen wie Fish, Shortboard, Egg, Malibu oder Longboard. Die meisten anderen Details erfordern ein etwas genaueres Hinsehen, aber alle spielen für das Feeling des Boards auf ihre Weise eine wichtige Rolle. Bei der Planung eines Surfboards solltest Du eine Vision haben, wie sich das Brett später im Wasser anfühlen soll, um dementsprechend die Designfeatures zu einem stimmigen Gesamtkonzept zusammenzuführen. Für den Anfang empfiehlt es sich, ein Brett, das man gut findet, nachzubauen und vielleicht nur wenige Details zu ändern.

’/”

Ein Fuß hat ein Gänsefüßchen (1')
Ein Inch hat zwei Gänsefüßchen (1")

Also sind 6'4":
6 Fuß und 4 Inch.

1 Fuß = 12 Inch = 30,48 cm
1 Inch = 2,54 cm

Eine breite Outline gleitet gut. Ein breites Board hat viel Auftrieb und das hilft sowohl beim Paddeln und Wellencatchen, als auch beim Speedmachen auf der Welle und beim Durchgleiten in schlappen Sections.

Wenn die Wellen aber Power haben und Du schnell wirst, ist ein breites Board schwieriger zu kontrollieren. Es tendiert eher dazu, sich zappelig anzufühlen und im Turn zu verspringen. Hohe Geschwindigkeiten verlangen mehr Technik und Kraft vom Surfer, um das Rail ins Wasser zu drücken. Weniger Volumen, also eine schmalere Outline, wäre in diesem Fall hilfreich, dadurch ist das Board leichter zu kontrollieren.

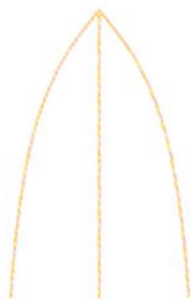

Pointed-Nose

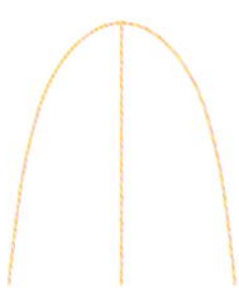

Round-Nose

Wenn das Board trotzdem breit sein soll, verpasse ihm Vee im Bottom-Shape. Das fungiert wie ein Kiel, der dem Board Führung gibt und verbessert das Rail-to-Rail-Verhalten von breiten Boards, also die Bereitschaft, sich von der einen Kante auf die andere kippen zu lassen. Eine weitere Möglichkeit wäre, die Finnen etwas weiter nach hinten zu setzen für bessere Kontrolle beim Geradeausfahren.

Bei einem Shortboard ist der Widepoint, die breiteste Stelle, knapp hinter dem Center, ca. 0” bis ca. 2”. Wer so ein Brett surft, legt weniger Wert darauf, beim Paddeln Auftrieb unter der Brust zu haben, weil die Fitness eh da ist. Radikale Surfer möchten das Volumen zwischen den Füßen haben, wenn sie stehen, und vorne möglichst wenig Swingweight für blitzschnelle Reaktionen und Turns.

Die meisten Durchschnittssurfer, Anfänger und Fortgeschrittene, haben hingegen mehr Spaß mit einem Board, das auch im vorderen Bereich mit einem soliden Volumen ausgestattet ist – weil es sich bequemer paddeln lässt. Hier kann der Widepoint etwas vor dem Center liegen, aber noch entscheidender ist der Verlauf der Outline-Curve, der gar nicht viel verändert werden muss, um doch recht große Auswirkungen zu haben. So kann man aus einem im Center liegenden Widepoint genauso gut eine runde Malibu Nose wie auch eine Pointed-Nose machen, wie wir sie vom Shortboard kennen und natürlich auch sämtliche Abstufungen zwischen den beiden Extremen.

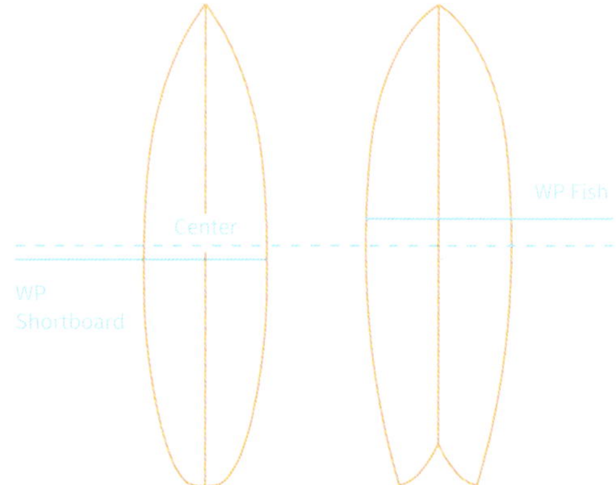

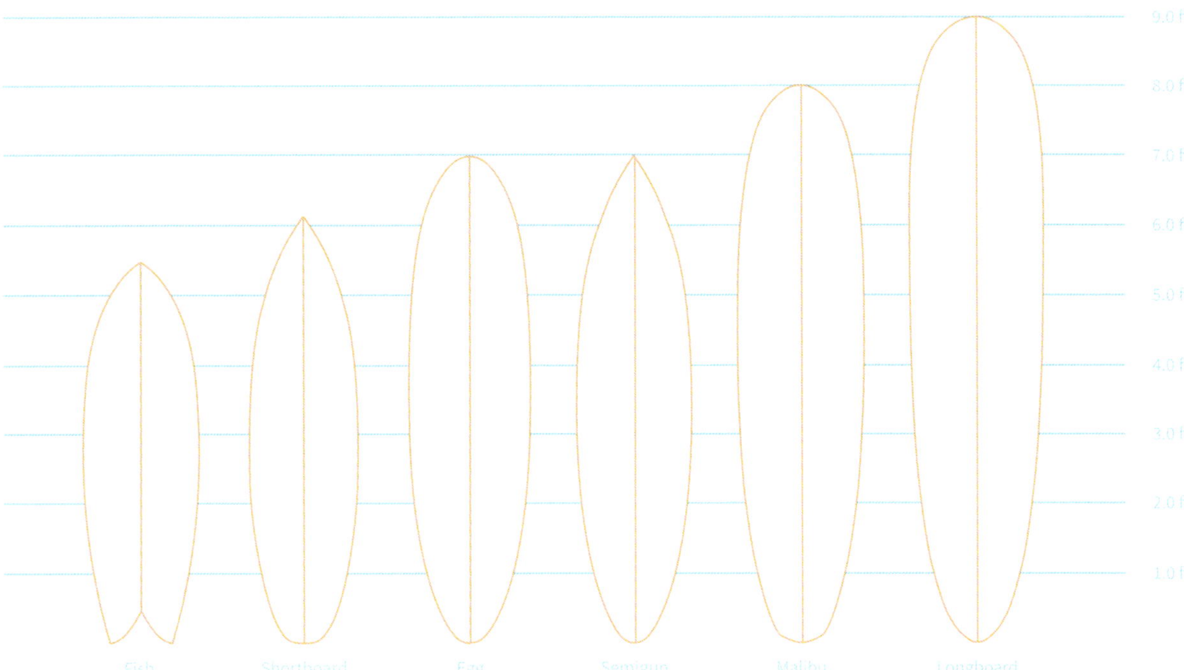

Auch im Bereich des Tails gilt:
breiter = mehr PS / schmaler = mehr Kontrolle. Hier sind allerdings viele Spielarten möglich wie zum Beispiel Winger oder die oft verwendeten Hips, die die Outline meist bis zu den vorderen Finnen relativ breit lassen, um dort Gleitfläche und Auftrieb zu haben, und dahinter dann nach innen abknicken, um die Tailbreite auf ein gesundes Maß zu reduzieren. Damit sind dann Kontrolle und Manövrierbarkeit gewährleistet. Zudem erzeugen Hips einen Pivot Point, den manche Surfer als positiv empfinden, da er dem Surfboard im Turn eine Art Fixpunkt gibt, um den man die Rotation ansetzen kann. Dieses Feature funktioniert besonders gut bei kleineren Boards, die gerne mal eckig um die Kurve gerissen werden.
Bei größeren Boards oder Single-Fins, die eher für smoothe Lines stehen, möchte man eine flüssige Outline-Kurve haben.

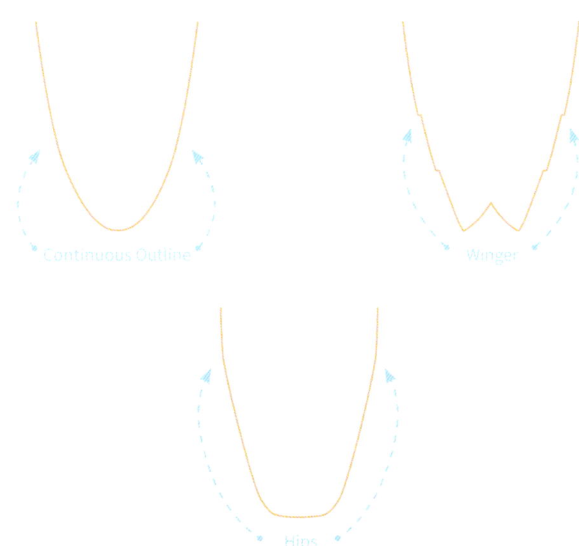

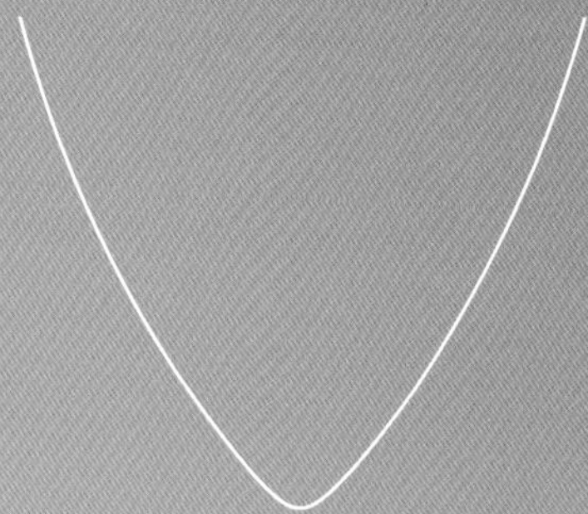

Pin

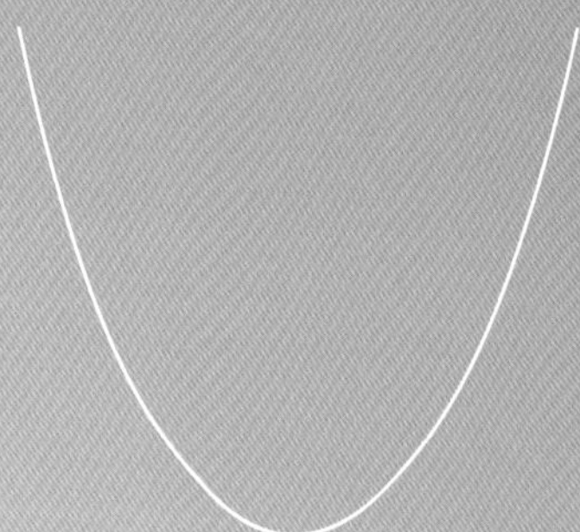

Round

Squash

Ein weiterer Teilaspekt der Outline ist das Tailshape. Pin, Rounded Pin, Squash, Swallow und Diamond – ihren Eigenschaften liegen genau die oben genannten Prinzipien zugrunde. Weniger Fläche sitzt tiefer im Wasser und gibt besseren Halt. Mehr Fläche erzeugt Auftrieb, generiert Speed und ein breites Tail ist loose.

Den größten Auftrieb erzeugt ein breites Squash-Tail. Es hat Ecken und mit der geraden Kante am Ende eine Form, von der die Wasserströmung schneller abreißen kann. Es ist die erste Wahl für flinkes, radikales Surfen. Rounded Tails machen auch die Turns rund. Pin-Tails und Round-Pins sind das Ding für Guns und Step-up-Boards. Sie sind schmaler und geben Kontrolle bei hohen Geschwindigkeiten.

Das Swallow-Tail liegt von seiner Fläche und Charakteristik her zwischen Rounded und Squash und eignet sich besonders gut, um breiten Tails noch etwas Kontrolle mitzugeben. Die Outline bleibt also relativ gerade, wodurch das Board Drive hat und sich gut beschleunigen lässt. Durch die Ausklinkung hinten reduziert man den Auftrieb. Das Diamond ist eine Art Zwitter aus Rounded und Squash, das gut mit Single-Fins funktioniert und auch gut aussieht.

Und was gut aussieht, funktioniert meistens auch gut!

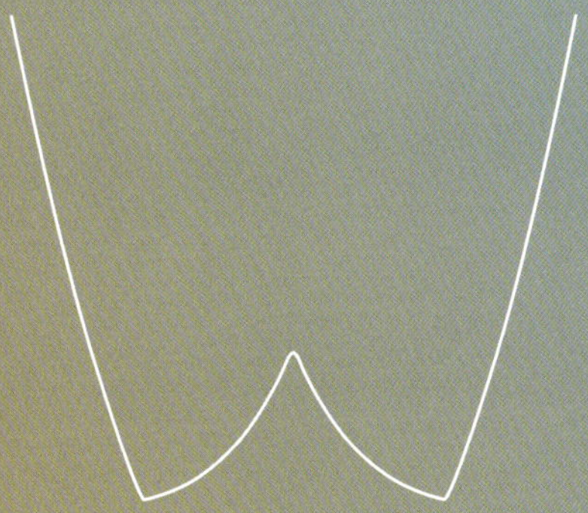

Swallow

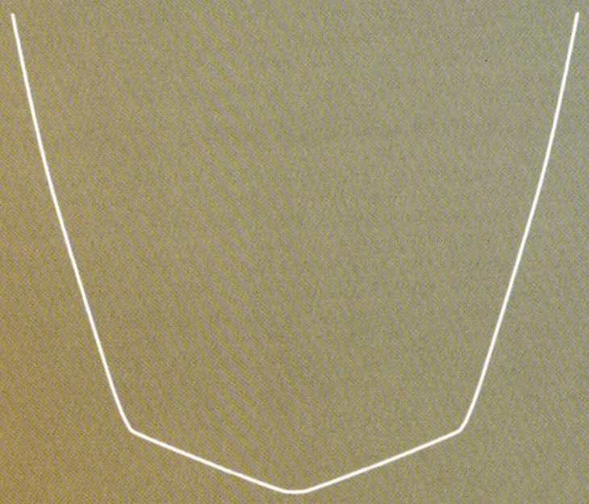

Diamond

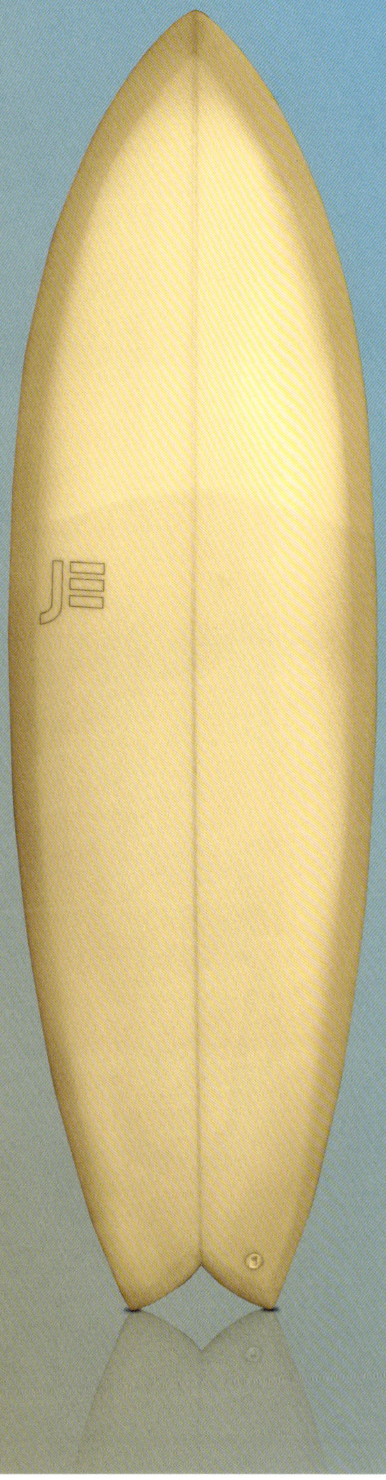

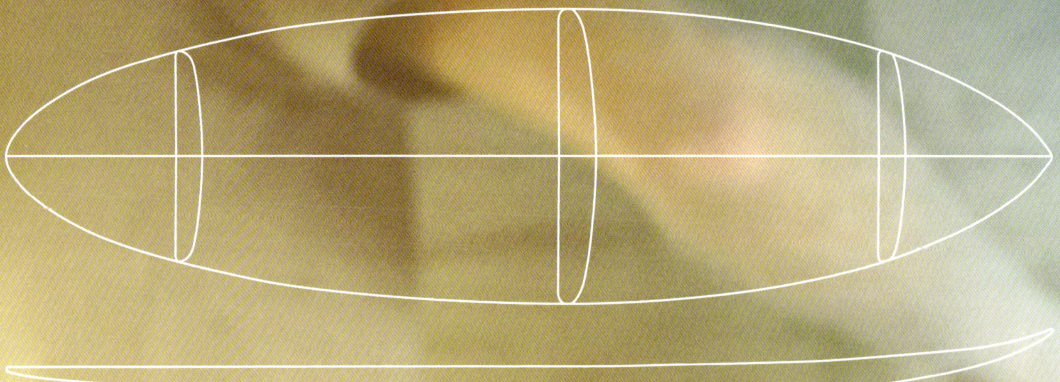

„Don‘t be afraid of a little bit of extra foam here and there! Foam is your friend.“

Rob Machado

Die Foil

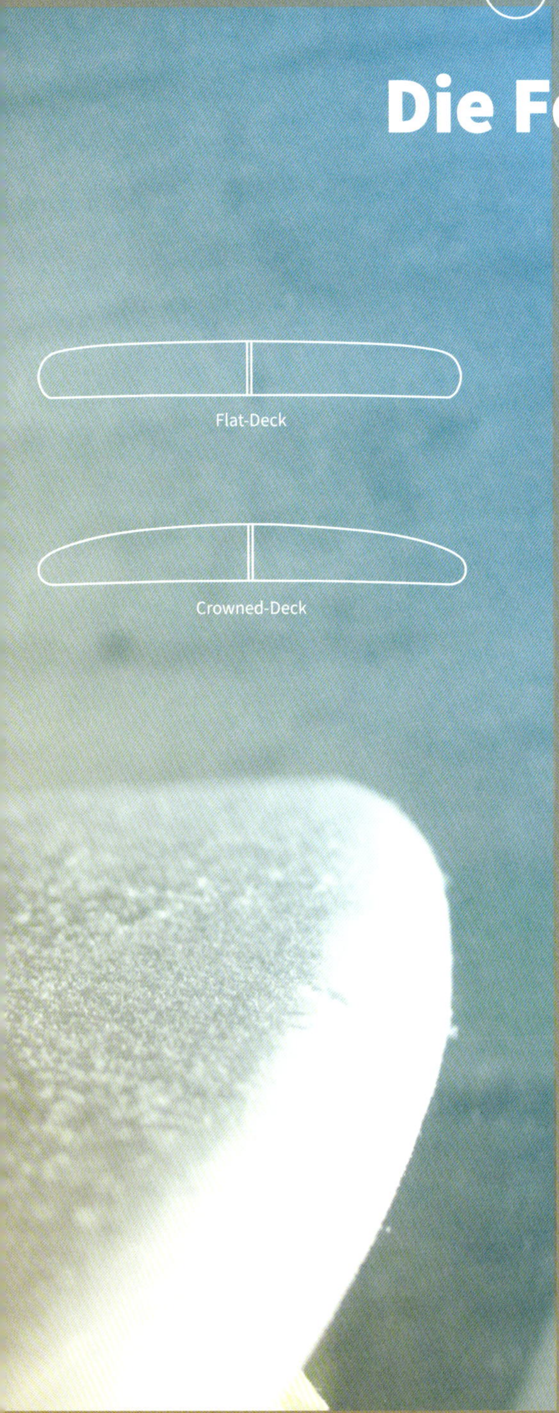

Neben der Outline ist die Foil, also der Dickenverlauf von vorne nach hinten und vom Stringer zu den Rails, die zweite Variable, die das Volumen eines Surfboards definiert.

Die optimale Dicke richtet sich vor allem nach dem Gewicht des Surfers. Besonders leichte oder sehr schwere Surfer sollten sich ihre Boards tatsächlich besser selbst bauen oder zum Shaper ihres Vertrauens gehen, da die Boards von der Stange, was das Volumen betrifft, eher mittelmäßig sind.

Der Dickenverlauf von Nose zu Tail sollte kohärent zum Widepoint der Outline sein. Also die dickste Stelle dort, wo der Widepoint ist und zu beiden Enden hin dünner werdend entsprechend der Charakteristik des Boards. Auf der anderen Achse vom Stringer zu den Rails gibt es auch Gestaltungsspielraum, hier spricht man vom Doomed-Deck (bzw. Crowned-Deck) oder Flat-Deck. Die Namen verraten es schon: das Doomed wird auf dem Weg zum Rail schneller dünn, das Flat-Deck bleibt länger gerade. In ihm verbirgt sich also mehr Schaum.

Hier ist in den meisten Fällen ein gesundes Mittelmaß der beste Weg. Man sagt, ein Flat-Deck kommt kleinen, stämmigen Surfern entgegen und die großen schlaksigen Typen mögen eher Doomed-Decks. Wenn man sich für ein Doomed-Deck entscheidet, bekommt man automatisch dünnere Rails und sollte die overall Dicke ein wenig aufblasen, um insgesamt das richtige Volumen zu haben (1/8"–1/4"). Beim Flat-Deck sollte man entsprechend reduzieren.

Die Rails

Die Foil mündet in das Railshape und steht in direkter Verbindung mit dessen Dicke. Dünnere Rails lassen sich leichter ins Wasser drücken, was bedeutet, dass man zum einen weniger Kraft aufwenden muss, um eine Kurve zu fahren, und zum anderen, dass bei hohen Geschwindigkeiten ein gefühlvolles Carven einfacher möglich ist. Vollere Rails hingegen verleihen dem Board einen stabileren, weniger wackeligen Charakter und sind für Anfänger die bessere Wahl. Gute Surfer schätzen volle Rails wegen ihres Auftriebs in kleinen Wellen und Powersurfer können mit ganzer Kraft ihre Turns hacken, ohne das Board zu overpowern. In den meisten Fällen ist man mit einem mediumstarken Rail auf der sicheren Seite.

Das zweite entscheidende Merkmal der Rails ist der untere Radius, also der Übergang zum Bottom. Er kann eher langgezogen und rund sein, dann sprechen wir von einem soften Rail. Oder der Radius ist eng und hat vielleicht sogar eine mehr oder weniger ausgeprägte Kante – das wäre ein hartes Rail. Bei 95% der modernen Boards finden wir im Tailbereich eine harte Kante vor, die ca. 8" vor der vorderen Finne flüssig in ein rundes Rail übergeht, welches zur Nose hin eher noch softer wird. Das heißt, die Verrundung der unteren Kante findet in der Mitte auf 1/2" bis 1" statt und vorne zieht sich die Transition noch weiter unter den Bottom. Das Softe in der Nose wirkt Fehler verzeihend. Dieser Bereich ist beim Angleiten und während kritischer Topturns im Wasser und da will man nicht verschneiden.

Im Business-End des Boards hat sich die harte Kante bewährt, die einen abrupten Strömungsabriss garantiert und so das Brett schnell macht und ein flinkes, bewegliches Boardgefühl vermittelt. Eine runde Kante hier hinten würde dem Wasser erlauben, bis zu einem gewissen Punkt um das Rail herum zu fließen. Das Board würde sich dadurch festgesaugt anfühlen. Allerdings gibt es einige Retroboards, die relativ eckige Kanten von vorne bis hinten haben, wie das zu Zeiten von Gerry Lopez in Pipeline noch Standard war. Diese Boards sind schnell, aber zickig.

Ebenfalls Old School sind Longboards und Midlength Boards mit komplett runden Kanten, die vom Surfer entsprechende Lines mit dem Style von damals verlangen. Ziemlich dünne, runde Pinched bzw. Tapered-Rails entstehen, wenn die untere Verrundung des Rails sehr weit (bis zu 4") in den Bottom hineingezogen wird, wobei der Shaper relativ viel Schaum abträgt. Diese Rails sind eine traditionelle Strategie, um einem Longboarder mehr Kontrolle bei Noserides zu geben, da ein solches Board etwas tiefer im Wasser liegt, das Wasser das Rail umfließt und so das Board in der Spur hält.

Weitere, etwas exotische Railtypes wären Box-Rails, besonders dicke, kantige Rails mit maximalem Volumen oder Down-Rails, bei denen der Apex extrem tief sitzt. Dadurch werden sie dünn und haben unten einen härteren Radius. Sie sind ebenfalls schnell, aber eben auch bockig.

Der Apex ist der Scheitelpunkt des Rails und dessen Höhe am Rail wird in Prozentanteilen des oberhalb und unterhalb befindlichen Rails angegeben. Normalerweise liegt er zwischen 50/50 und 60/40 und ist letztendlich das Resultat aus der Dicke des Rails und des unteren Radius. Dies sind die Komponenten, die wichtig sind – die Höhe des Apex im Prinzip nicht, er wandert nur, je nachdem wie man Dicke und Radius konfiguriert.

Am vielseitigsten und benutzerfreundlichsten sind sicherlich moderne Rails.

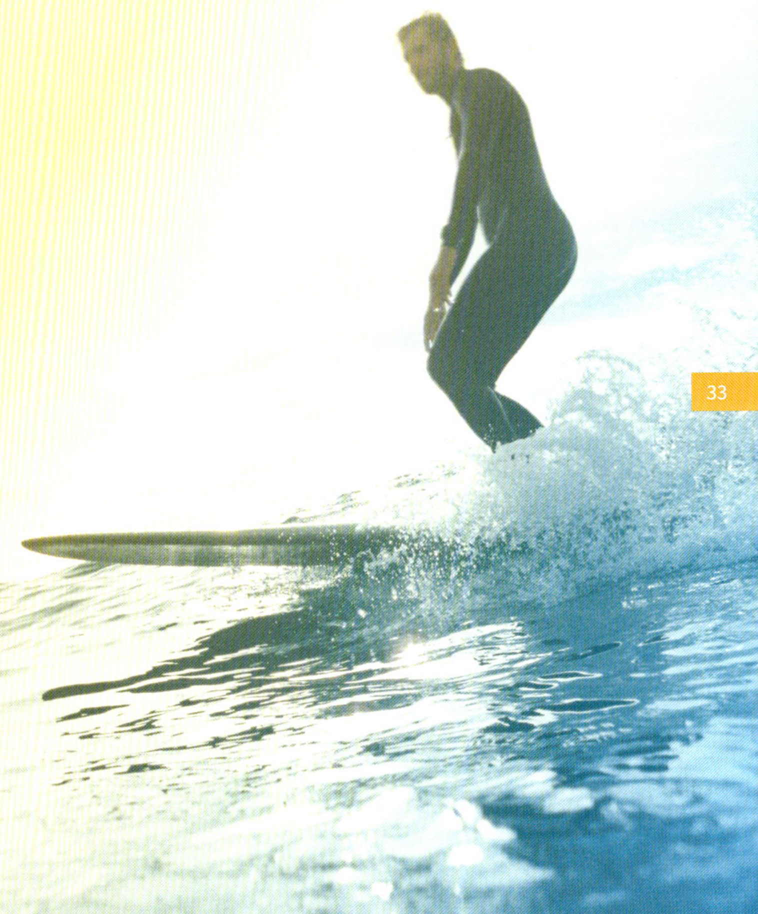

Railshape eines modernen Boards

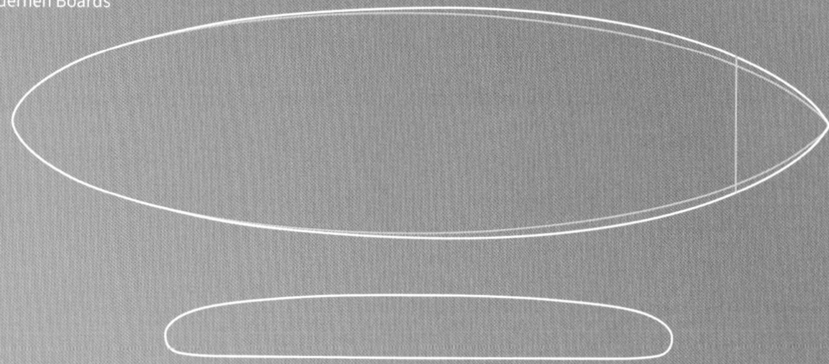

Soft Rail in der Nose

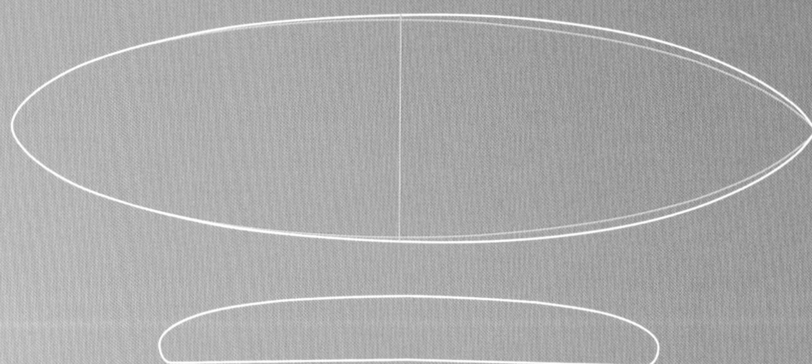

60/40 Rail im Center

Hard Rail im Tail

Spezielle Railtypen

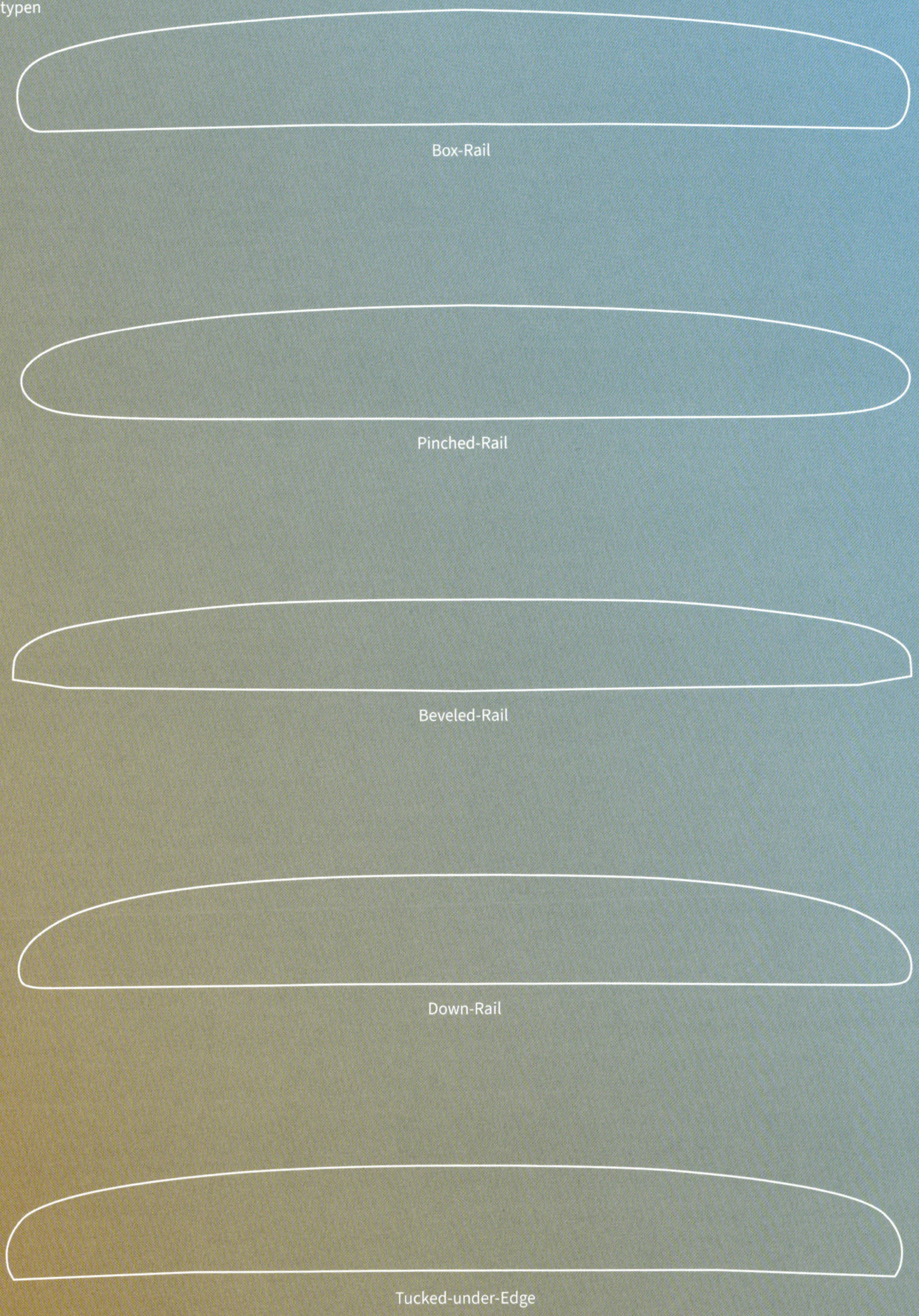

Der Rocker

Der Rocker ist die Biegung im Unterwasserschiff des Surfboards von der Nose zum Tail. Teilbereiche davon sind Entry-Rocker, Middle Section und Exit-Rocker. Generell gleitet ein Board mit wenig Rocker besser auf dem Wasser, lässt sich besser paddeln, das Wellencatchen ist einfacher und auch das Speedmachen auf der Welle.

Allerdings birgt wenig Nose- oder Entry-Rocker die Gefahr des Nosedives beim Take-off in steilen Wellen – bei late Take-offs und ebenso bei Re-Entries nach einem Topturn in der Pocket.

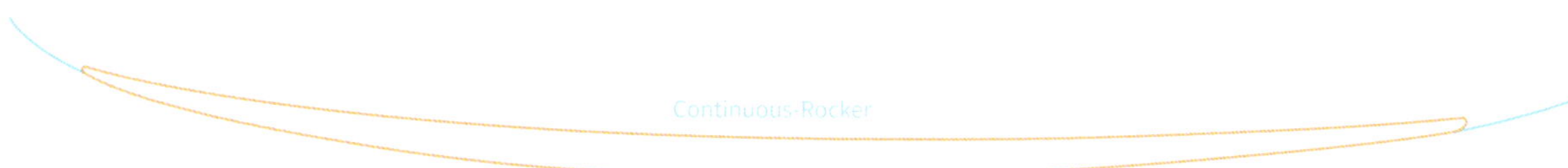

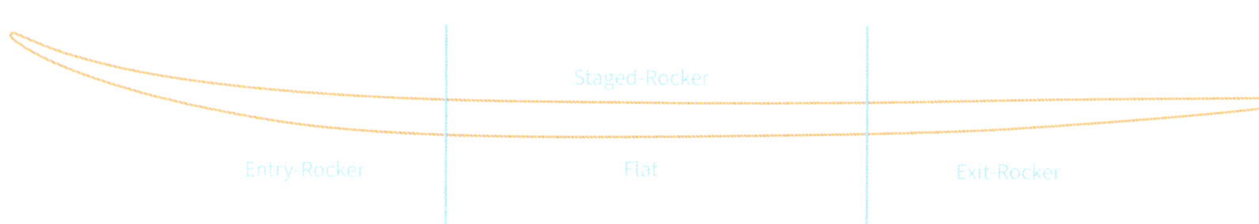

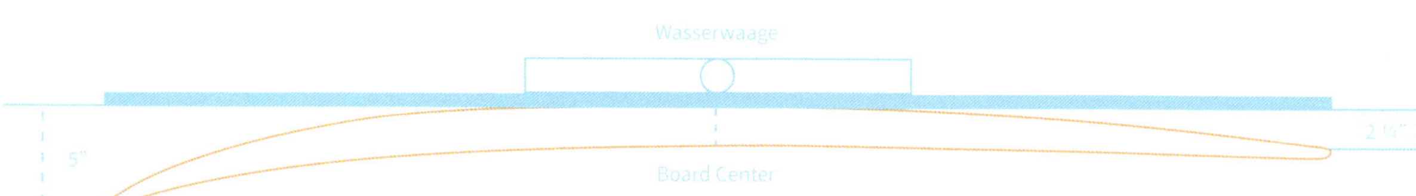

Wenig Tail- oder Exit-Rocker schränkt die Manövrierbarkeit des Boards ein. Es lässt sich nicht so gut und eng über den hinteren Fuß drehen und es passt auch mit seiner Kurve nicht so gut in steile Wellen. Für ein Allroundboard sollte man einen guten Mittelweg finden, während bei speziellen Brettern für kleine oder große (ebenso flache oder steile) Wellen am Rocker geschraubt werden kann.

Wenn wir noch weiter auf die Feinheiten des Rockershapes eingehen, stellen wir fest, dass manche Boards eher einen Continuous-Rocker haben und andere einen Staged-Rocker. Continuous ist klar, der Verlauf der Kurve ist flüssig, die Krümmung nimmt lediglich zu den beiden Board-Enden hin zu.
Prinzipiell gilt: alle Kurven, die flüssig und smooth daher kommen, tragen zu einem flüssigen und smoothen Surfstyle bei. Ein Staged-Rocker ist gekennzeichnet durch einen Flatspot, der nahezu flach ist und sich vor den Finnen in der Mitte des Boards befindet. Diese flache Gleitfläche erzeugt Speed und der manchmal recht aggressive Tailkick im Staged-Rocker macht radikale Turns möglich. Ein solcher Rocker verlangt aber auch etwas mehr Bereitschaft des Surfers, aktiv und beweglich auf dem Board zu stehen und sein Gewicht zu verlagern, um entweder Gas zu geben oder zu snappen. Staged-Rocker wird z.B. bei Channel Islands häufig verwendet.

Diejenigen, die sich gerne draufstellen und das Brett fahren lassen, sind meistens mit einem Continuous-Rocker happy.

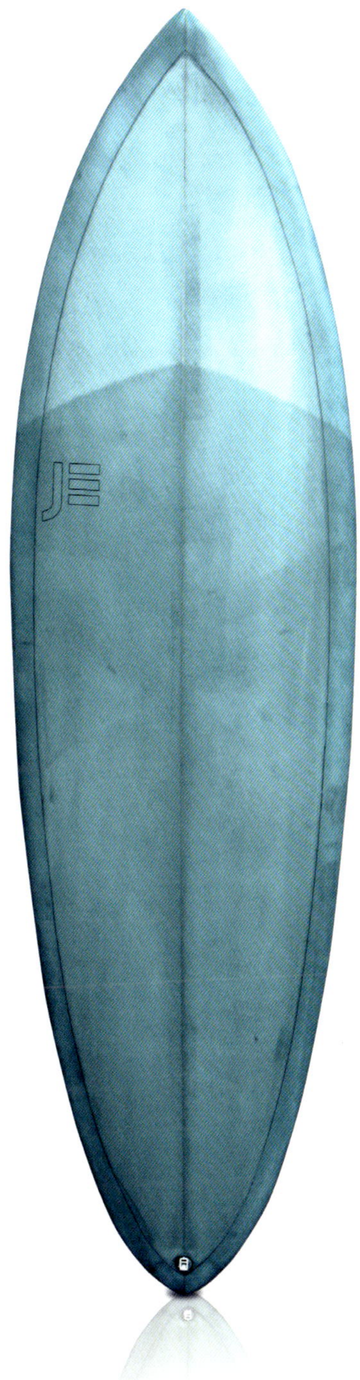

Das Concave/Vee

Die Concaves sind so etwas wie das Salz in der Suppe des Surfboard Designs. Die Suppe funktioniert auch ohne Salz, aber mit Concaves schmeckt ein Surfboard einfach besser. Concaves haben den Zweck, den Wasserfluss unter dem Board zu kanalisieren. Ohne zu tief in physikalische Gesetze einzusteigen kann man das als Düseneffekt beschreiben, der das Board anhebt und schnell macht. Wenn man auf diese Düse Druck ausübt, also bei einem engagierten Bottomturn oder beim Speed-Pumping, bekommt man Drive.

Aber Vorsicht, nicht versalzen! Ein zu extremes Concave ist schwer zu kontrollieren und gerade Anfänger und Aufsteiger kommen mit wenig bis gar keinem Concave am besten zurecht. Der Lift des Concaves trägt nicht nur zu höheren Geschwindigkeiten bei, er macht das Board auch loose. Bei Double-Concaves sieht die Sache etwas anders aus. Die zwei parallelen Düsenkanäle erzeugen neben Speed anstatt Looseness auch Kontrolle und befinden sich oft in subtiler Ausprägung innerhalb des Single-Concave. Aber auch hier muss man aufpassen: wenn ein Board ausgeprägte Double-Concaves hat und zudem eine gestreckte Outline im hinteren Bereich, könnte es sich steif, wie auf Schienen, anfühlen und schwer um die Kurve gehen.

Ein zu extremes Concave ist schwer zu kontrollieren.

Ein Standard-Allroundshortboard besitzt normalerweise ein Single-Concave und innerhalb dessen ein leichtes Double im Bereich um die Finnen. Bei modernen Kürzer- und Breiter-Konzepten betont man das Double gerne etwas mehr, um dem aufgrund der Maße und der curvy Outline eh schon drehfreudigen Boardkonzept mit etwas Kontrolle zur Seite zu stehen.

Single-Concave hat auch Einfluss auf den Rocker, und zwar begradigt es den Rocker am Stringer und verstärkt ihn am Rail. Auf diese Weise haben wir, wenn im Turn das Rail durchs Wasser schneidet, mehr Rocker, was bekanntlich gut zum Kurvenfahren ist. Beim Geradeausfahren hingegen profitieren wir vom gestreckten Rocker in der Mitte des Boards.

Der berühmte Löffel unter der Nose von Longboards, dieses tiefe Single-Concave, zielt auch auf den Lifteffekt ab. Es wirkt der Tendenz der Nose entgegen, abzutauchen, wenn man sich beim Noseride draufstellt.

Die verschiedenen Bottomkonturen im Überblick

Single-Concave

Double-Concave

Vee

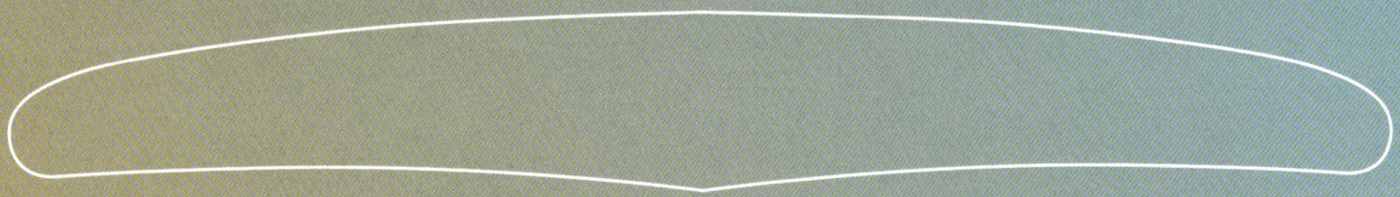
Vee-Concave

Belly-Vee

Flat

Concave Flow eines modernen Shortboards

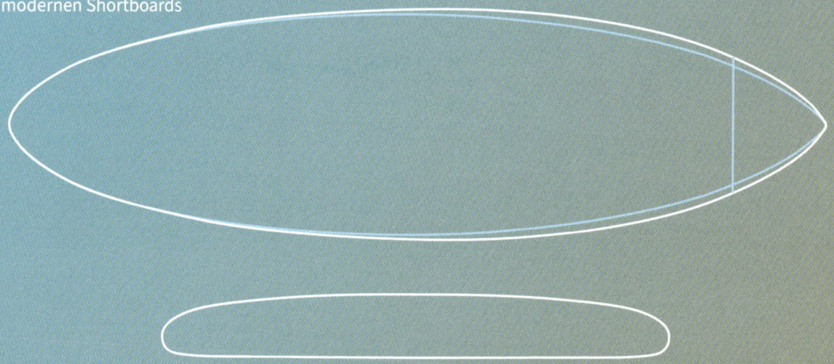

Flat oder Belly in der Nose

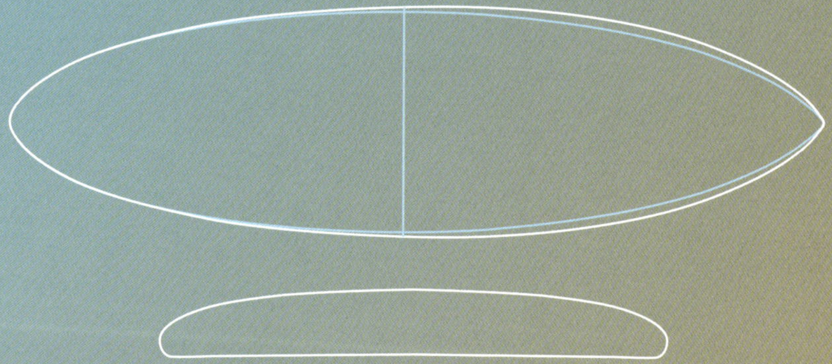

Single-Concave im Center

Leichtes Double zwischen den Finnen

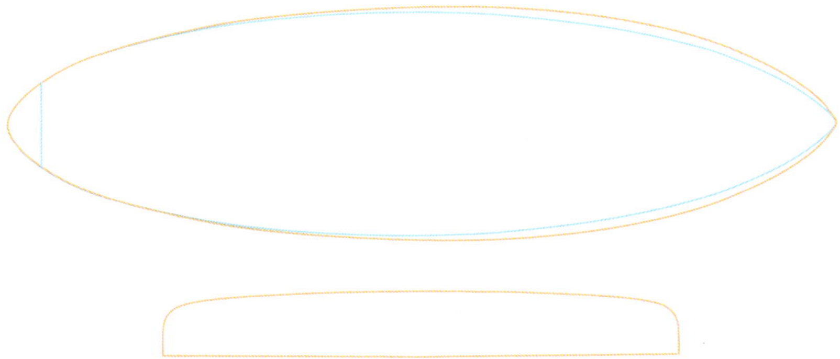

Leichtes Vee im Tail

Besondere Concave-Lover sind die Campbell Brothers, die für ihre Bonzer Boards bekannt sind. Sie shapen auf jeder Seite des Stringers einen tiefen Channel direkt neben den kleinen Side-Fins, die in einem stark geneigten Winkel angebracht sind. Die Channels beginnen auf halbem Weg zwischen dem Center und den Finnen, werden zunächst schmaler und dann wieder breiter. Es entsteht ein Düseneffekt, vergleichbar mit dem Zusammendrücken eines Gartenschlauches, der den Wasserfluss unter dem Board beschleunigt. Diese Boards zeichnen sich durch einen besonderen Speed und Drive aus und werden mit einer größeren Centerfinne stabilisiert. Abwandlungen dieses Venturi-Bottoms benutzt zum Beispiel auch Rusty gerne.

Mini Simmons Boards zeigen deutlich, wie abhängig die verschiedenen Designelemente voneinander sind. Bob Simmons hat vor unglaublich langer Zeit ein extrem kurzes und breites Brett mit einem tiefen Single-Concave im hinteren Bereich versehen, was puren Speed generiert. Allerdings musste dieses monströse Tail irgendwie kontrolliert werden und das erreichte Simmons durch die Positionierung der Finnen weit, weit hinten.

Interpretationen des Mini Simmons sind gerade wieder ziemlich in. Sie eignen sich besonders für flache oder kleine Wellen und haben ein ganz eigenes Feeling mit viel Speed und Lift geradeaus sowie überraschende Effekte beim Kurvenfahren – die einen lieben es, die anderen nicht.

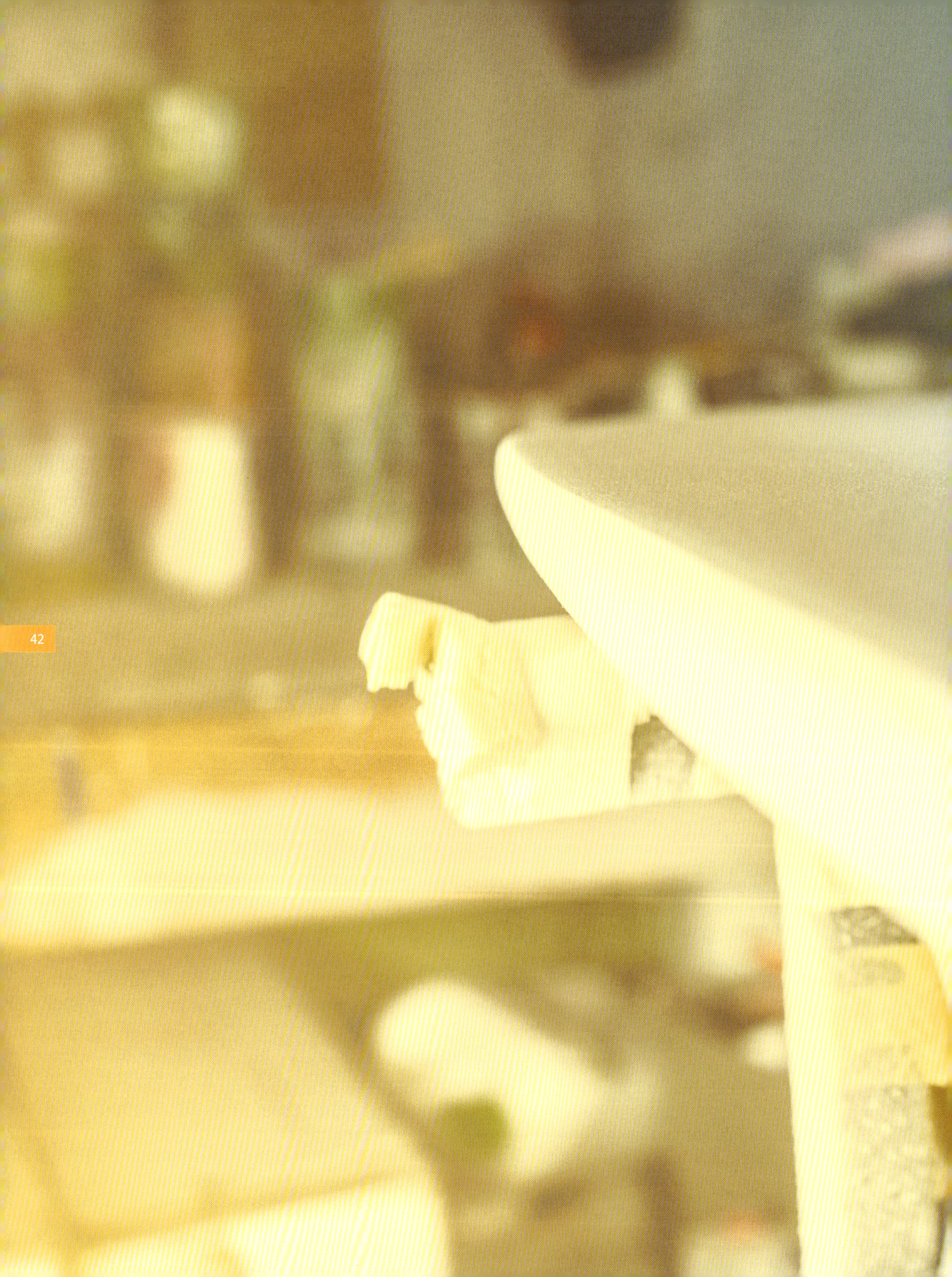

Vee im Tail des Boards

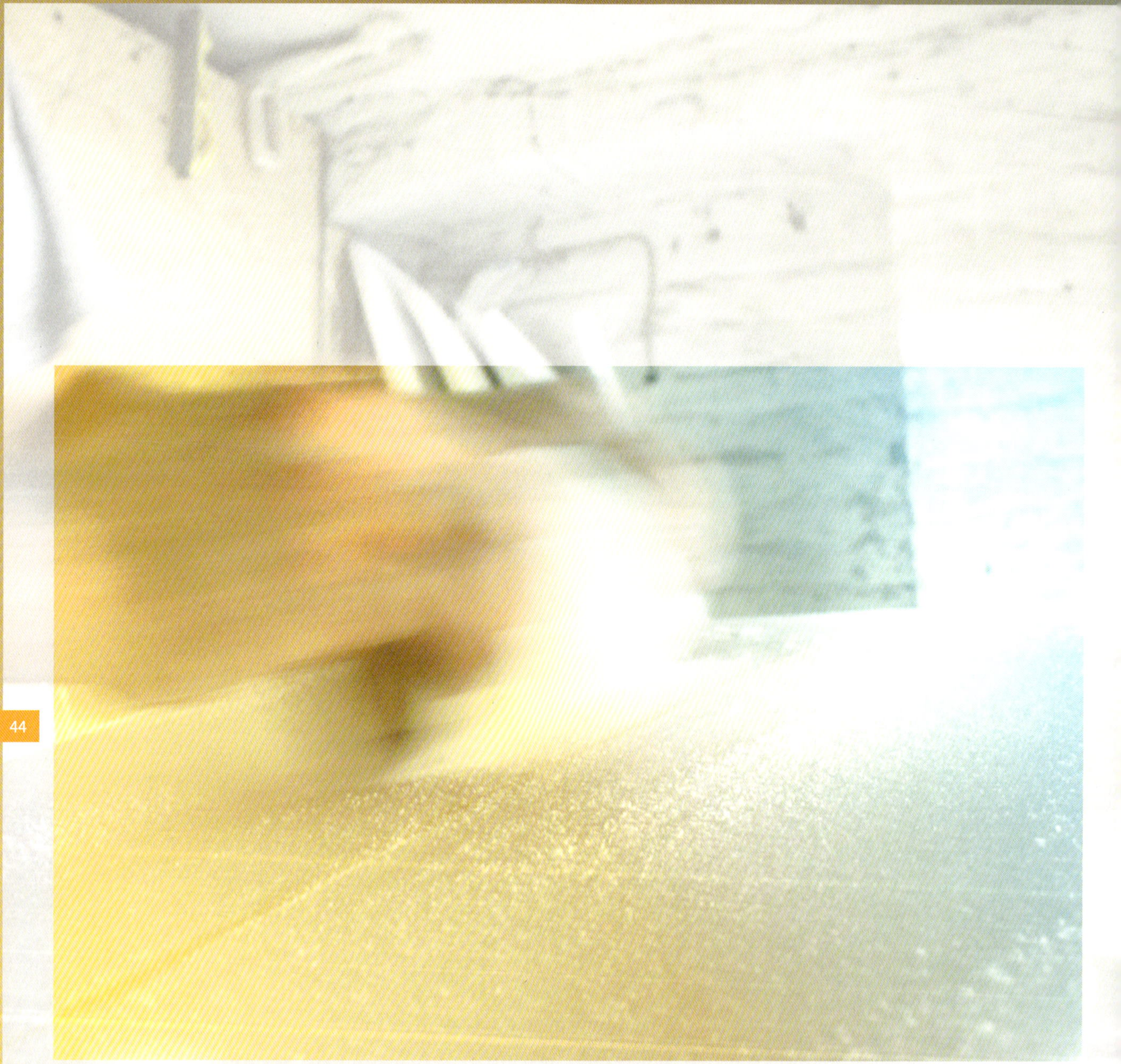

Concave shapen

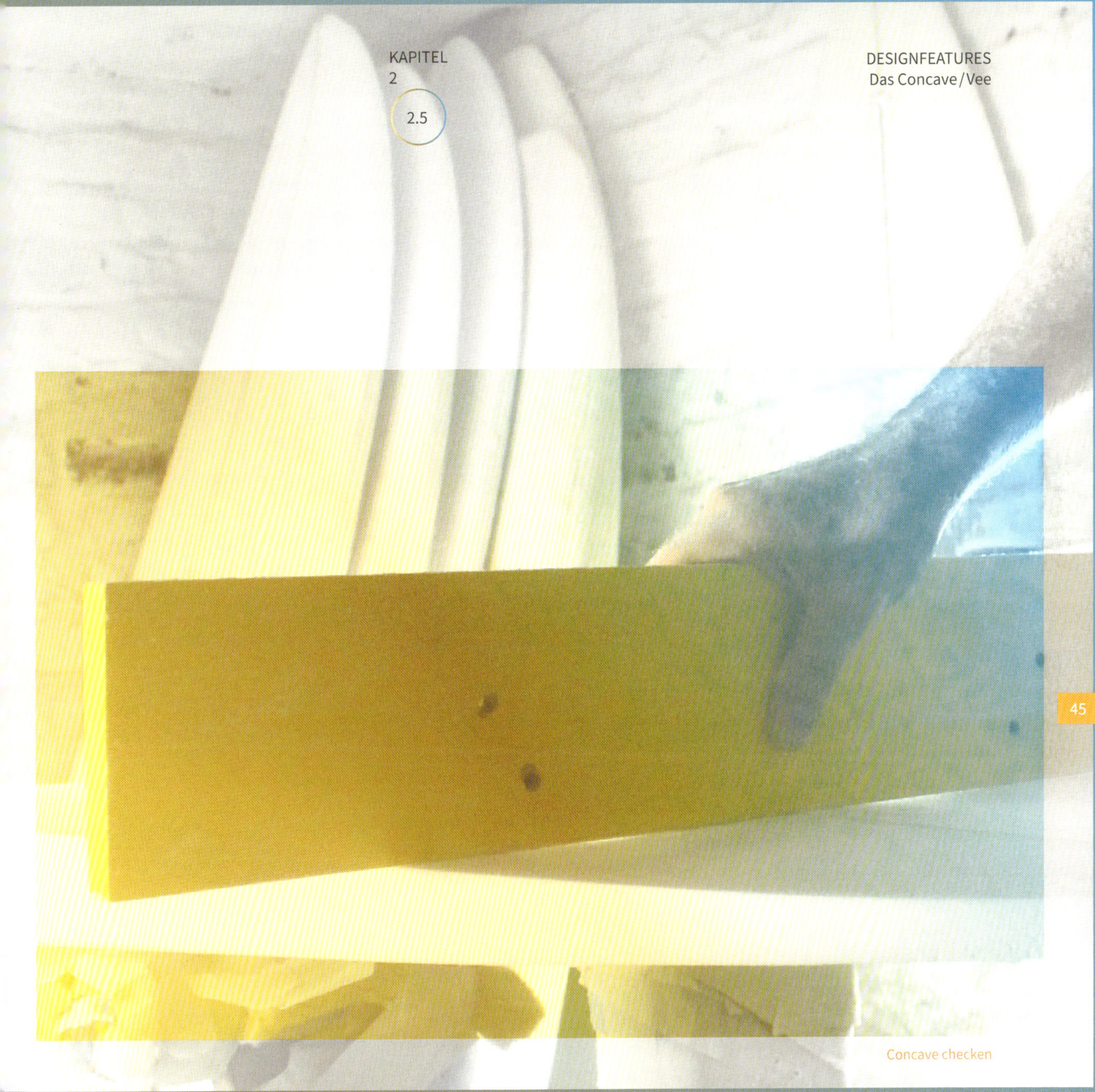

Concave checken

Concave Flow eines modernen Longboards

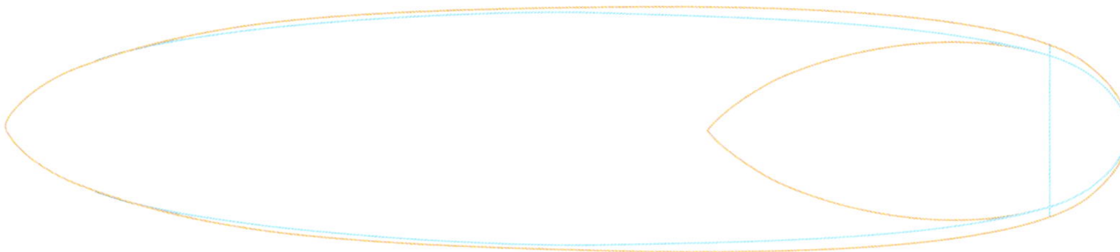

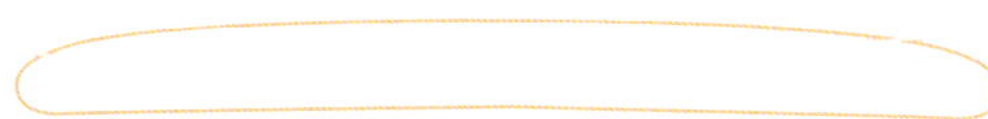

Single-Concave in der Nose

Das Gegenteil vom Concave ist natürlich Convex, bei Surfboards spricht man von Vee oder Belly-Vee. Wenn man von hinten unter das Board schaut und sieht, dass der Stringer tiefer hängt als die Rails und sich so im Querschnitt an der Unterseite ein V bildet, hat das Board Vee. Bei einem Belly-Vee sind die beiden Schenkel leicht convex gewölbt und lange Zeit sahen tatsächlich alle Bretter so aus. Diese Rumpfform kannte man von Booten und ähnlich träge müssen sich die schweren Planken wohl auch bewegt haben.

Heutzutage kommt Vee vor allem bei großen und breiten Boards zum Einsatz, weil es dem Surfer hilft, einen großen Kahn vom einen Rail auf das andere zu kippen und auch beim Down-the-Line Surfen zu kontrollieren.

Ein zeitgenössisches Longboard zum Beispiel hat in der Nose das tiefe Single-Concave zum Noseriden und geht dann noch vor dem Center in ein ausgeprägtes Belly-Vee über, dessen Schenkel in Richtung Finne gerade werden und eventuell sogar etwas Concave bekommen.

Hinter der oder den Finnen nimmt das Vee bis auf Null ab, damit das Brett hinten nicht zu steif wird. Auch bei breiten Fish-Shapes und generell bei Twins und Quads kommt meistens Vee zwischen den Finnen zum Einsatz. Dadurch wird die „fehlende“ Centerfinne etwas kompensiert.

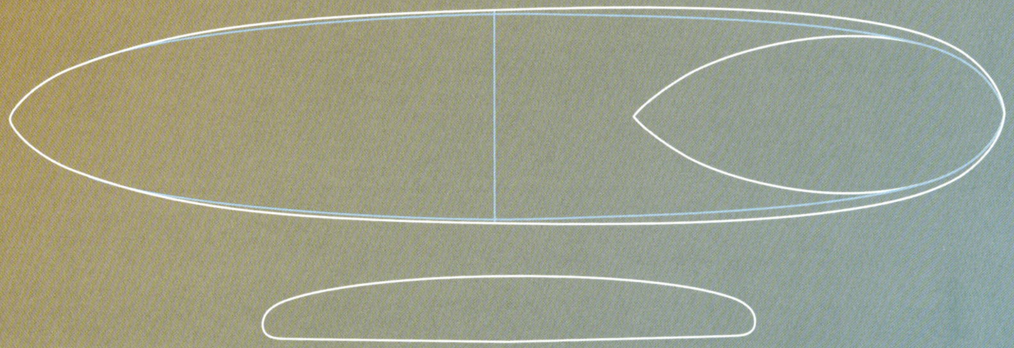

Vee oder Belly-Vee im Center

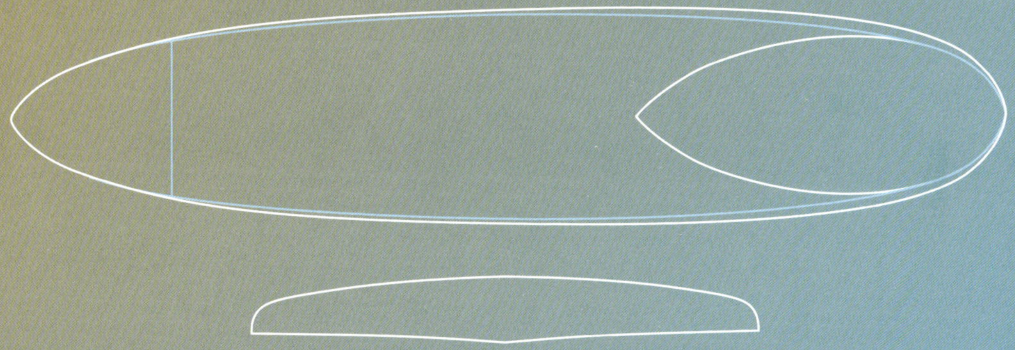

Vee oder Vee-Concave im Finnenbereich

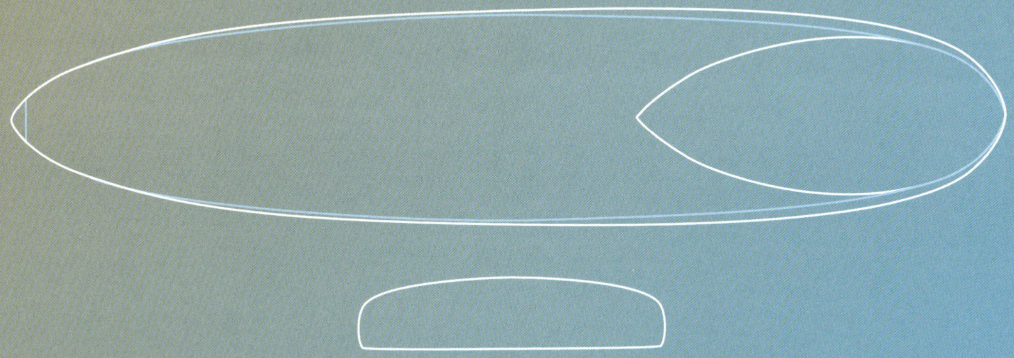

Auslaufend zum Flat im Tail

Die Finnen

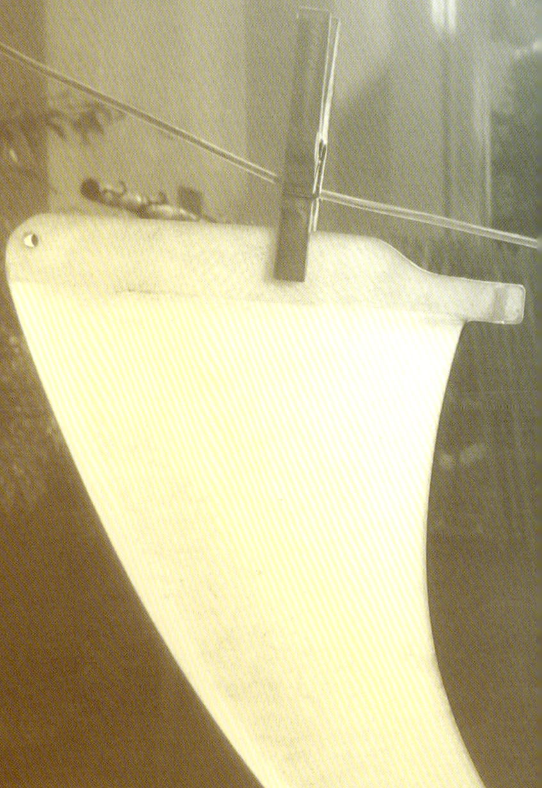

Hier müssen wir noch einmal ein Fass aufmachen, denn die Positionierung der Finnen hat massive Auswirkungen auf die Fahreigenschaften. Außerdem gibt es große und kleine, harte und weiche, Pivot- oder Raked-Fins, Single-Fins, Twins, Thruster, Quads und sogar Bonzer-5 Fins. Ach ja und finless. Aber der Reihe nach.

Das erste Surfbrett mit Finne baute Tom Blake 1935. Generationen von Surfern sind ihm dankbar dafür, dass ihre Boards seitdem mit einem Hebel ausgestattet sind, der das Kurvenfahren auf der Welle überhaupt erst möglich gemacht hat und zudem Stabilität und Kontrolle von 0 auf 100 explodieren ließ. Ja, vorher bretterten die hawaiianischen Könige die Wellen einfach geradeaus in Richtung Strand herunter.

> **Single-Fin-Boards eignen sich perfekt, um mit viel Flow lange Wellen lieb zu haben.**

Single-Fins haben dieses Pure und Einfache. Die Boards haben einen natürlichen Glide, da keine zusätzlichen Finnen Drag produzieren, wie zum Beispiel beim Thruster, dessen Finnen auch noch alle drei in unterschiedlichen Winkeln montiert sind (was natürlich seinen Grund hat, siehe nächste Seite).

Single-Fin-Boards eignen sich perfekt, um mit Flow lange Wellen lieb zu haben. Da sie meistens in eine US-Box geschraubt werden, kann man die Größe und Position und das Shape der Finne variieren, je nach Geschmack oder Art der Wellen.

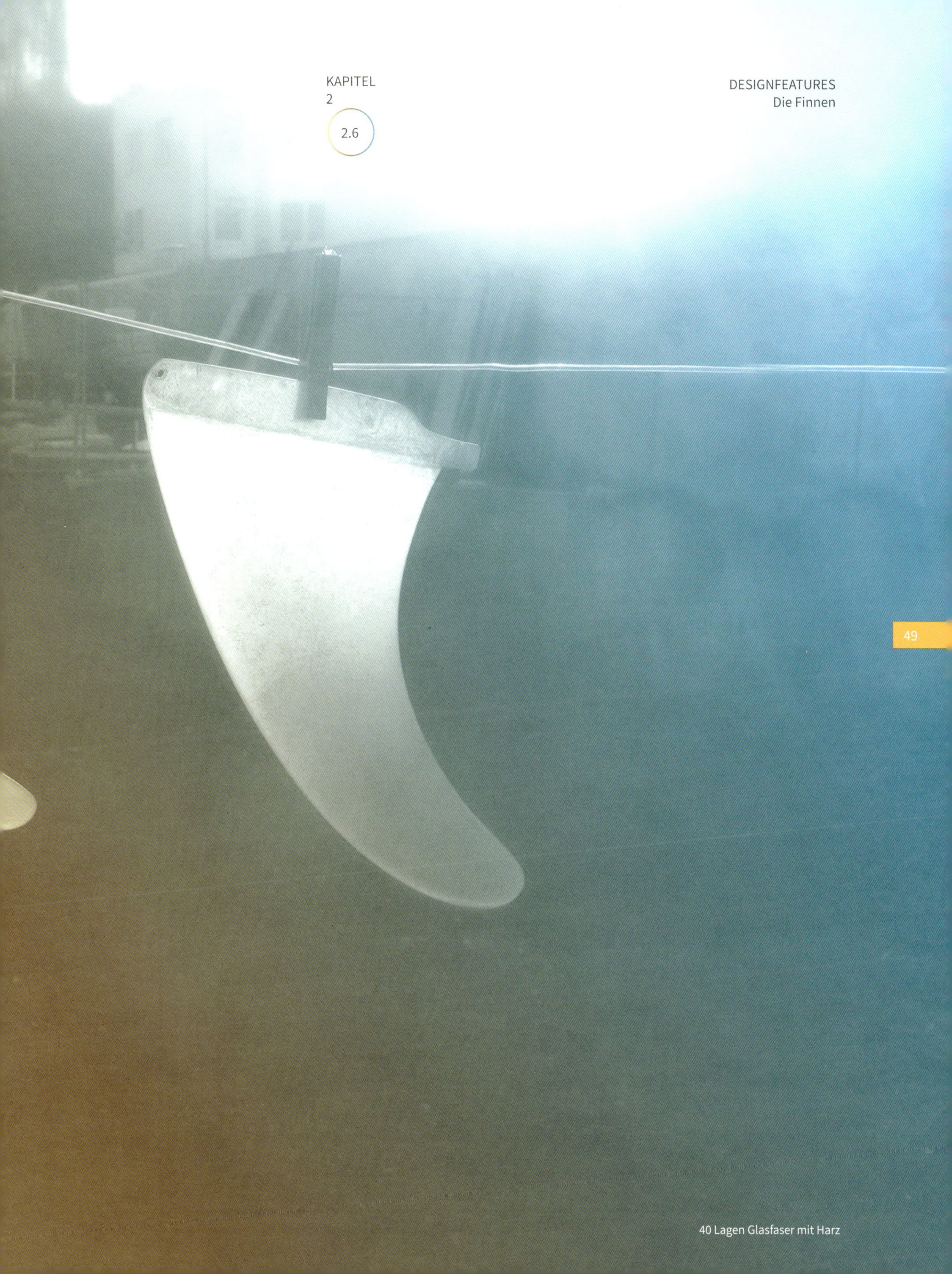

40 Lagen Glasfaser mit Harz

Single-Fin

Twin-Fin

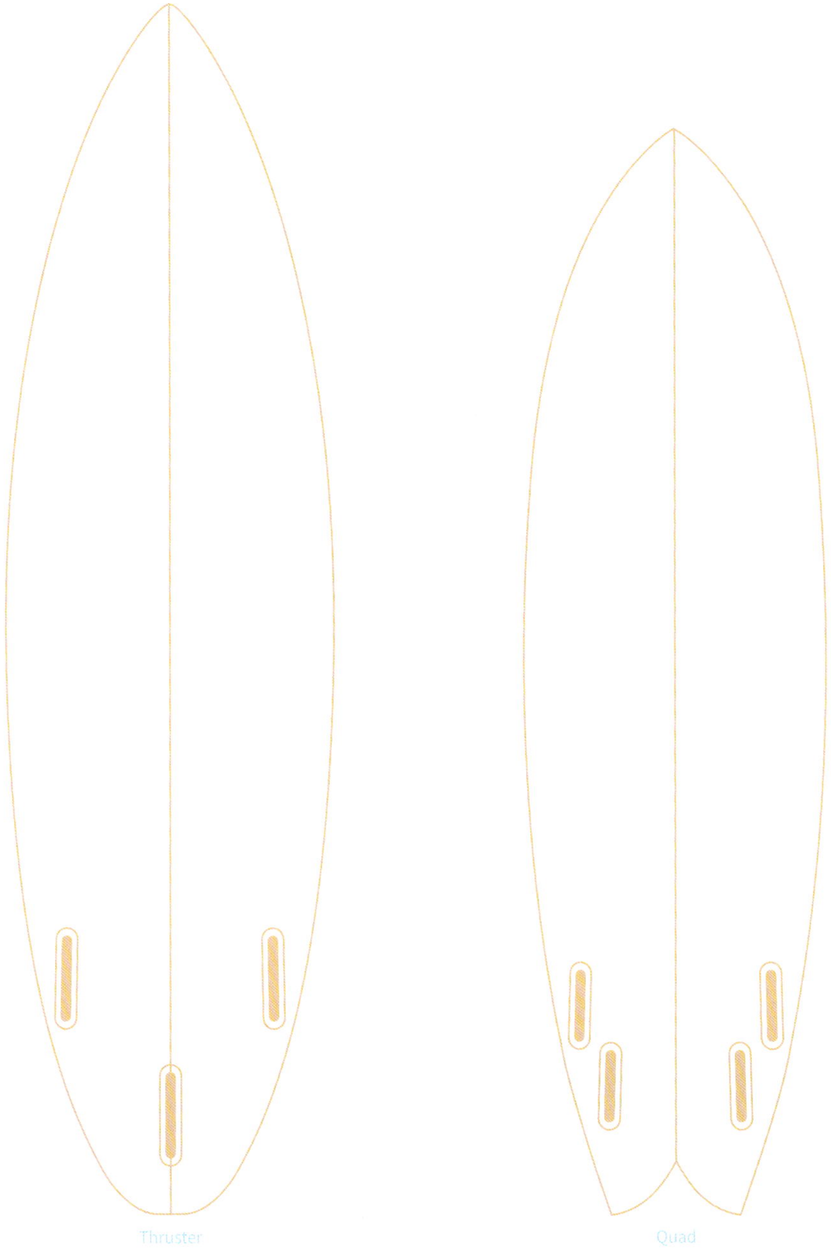
Thruster
Quad

Twin-Fins wurden in den 70ern in Verbindung mit den inzwischen deutlich kürzeren Brettern beliebt. Viele Pro-Surfer bauten sich damals ihre Bretter selbst und Mark Richards, einer der Pioniere in Sachen Twinnys, gewann auf seinen Designs viermal nacheinander den Worldtitle. Seine Boards mit zwei Finnen ermöglichten ein deutlich lebendigeres, bewegliches Surfen und er konnte auf engem Raum mehr Turns machen, als die Jungs mit den Single-Fins. Twin-Fins sind schnell und loose, sie laden zu Lipslides und 360s ein und es gibt auch heute noch einige sehr stylische Surfer, die darauf schwören.

Manchmal können Twin-Fins aber auch etwas zu loose sein, besonders für durchschnittliche Surfer und/ oder in anspruchsvollen Wellen.

Thruster sind mit gutem Grund bis heute die am meisten benutzten Boards.

Auch dem Worldchamp von '81, Simon Anderson, passten die loosen Eigenschaften der Twins nicht so richtig in den Kram. Seine Vision, wie er surfen wollte, brachte ihn dazu, das Thruster-Board zu erfinden.

Wie der Name schon sagt, war das Design mit den drei kleinen Finnen der Schlüssel, seinem Brett auch in kritischen Situationen vertrauen zu können und sich mit einer neuartigen Entschlossenheit und Radikalität in seine Turns zu werfen. Thruster sind mit gutem Grund bis heute die am häufigsten benutzten Boards. Die seitlichen Finnen bieten Halt beim Bottomturn und auch in steilen Walls und durch die Aufsplittung des Fin-Clusters haben Thruster einen weit vorne liegenden Pivot Point und einen hinten liegenden Controlpoint.

Die Anwinkelung der Seitenfinnen sorgt dafür, dass diese ihren Zweck erfüllen können, wenn das Board aufs Rail gekippt in einer Kurvenbahn gleitet. Die Bremswirkung der angewinkelten Finnen hebt der besondere Drive auf, der sich bei entsprechender Surftechnik generieren lässt. Aber auch für Anfänger ist dies das verlässlichste Finnen-Setup.

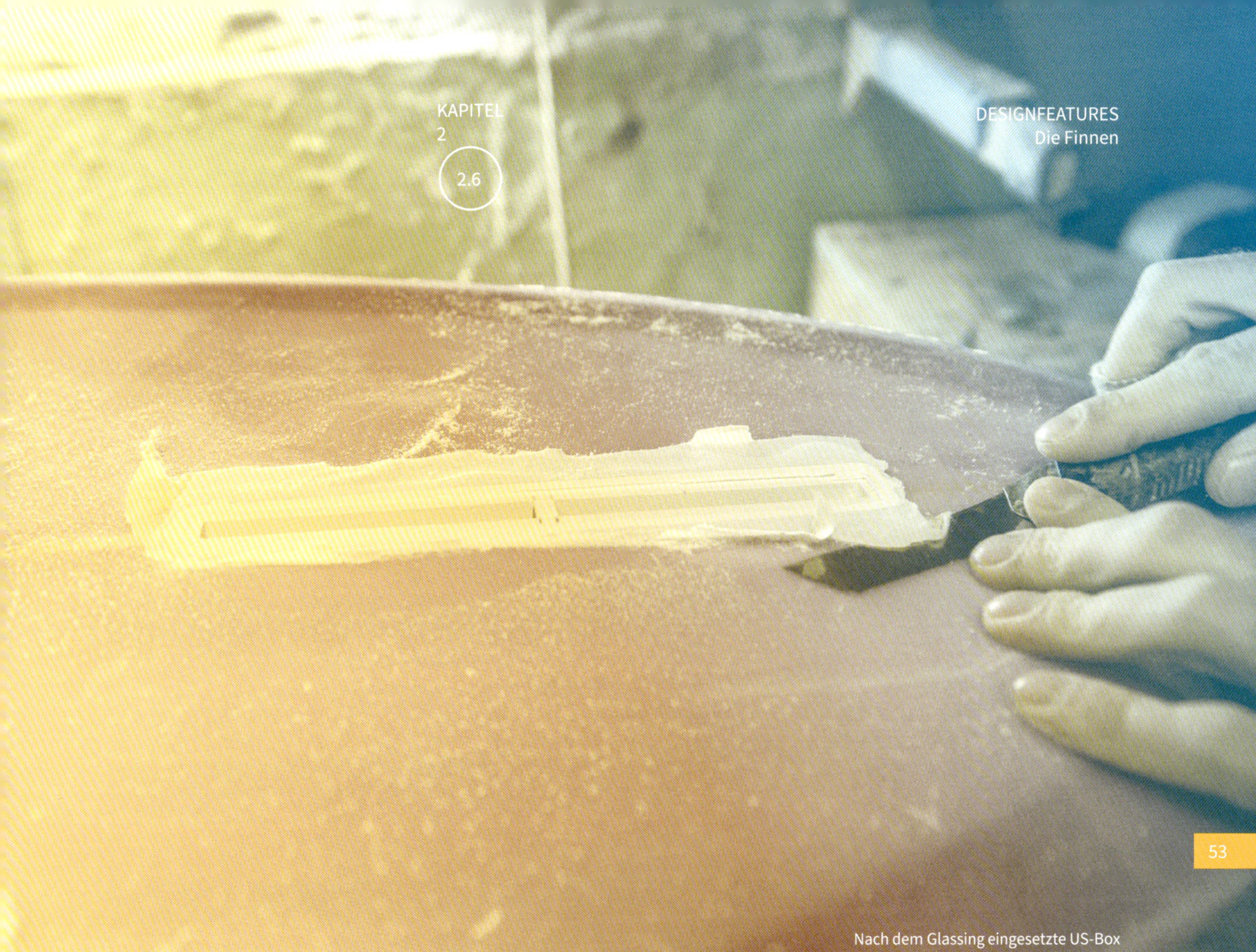

Nach dem Glassing eingesetzte US-Box

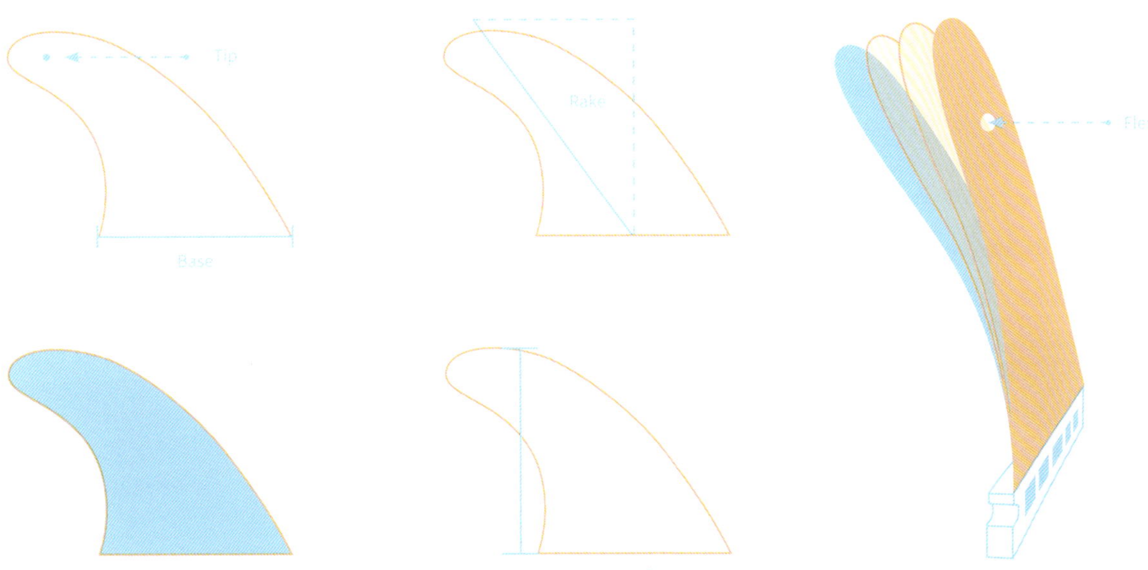

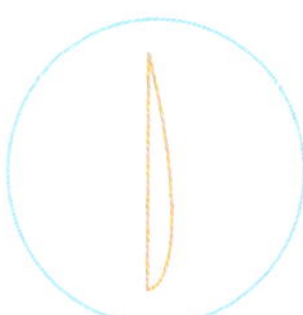

Flat-Foil

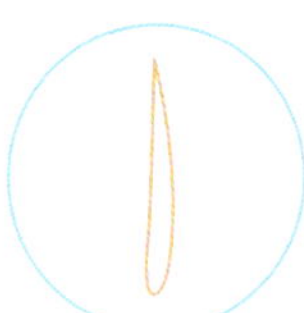

Inside-Foil

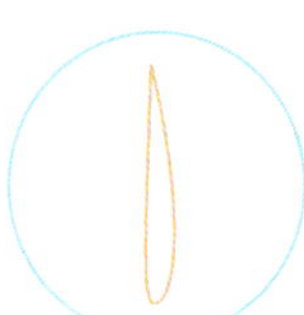

80/20 Foil

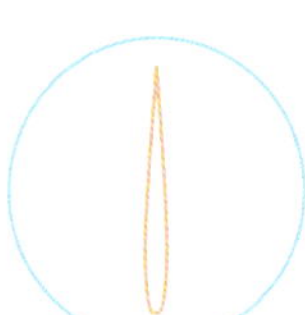

50/50 Foil

- Quads sind im Prinzip eine Weiterentwicklung der Twin-Fins. Bei gleicher Gesamtfläche wird die Fin-Area auseinandergezogen und man bekommt mehr Drive und Stabilität. Trotzdem sind sie fast so loose wie Twin-Fins, verlangen aber einen aktiven, engagierten Fahrstil. Quads finden meistens Verwendung in Boards für kleine Wellen, sind aber auch eine Option für Step-up-Boards in Tubes. In diesem Fall werden die hinteren Finnen etwas nach innen in Richtung Stringer versetzt, wodurch das Feeling dem Thruster wieder näher kommt, aber mit einem leichten Vorteil, was den Halt und auch das Speed-Pumpen in der steilen Wand der Tube betrifft. Wenn jedoch in diesen Bedingungen auch Turns gefragt sind oder wenn die Wellen nicht ganz clean sind, ist das Thruster-Setup immer noch überlegen.

Die Größe der Finnen richtet sich vor allem nach dem Gewicht des Surfers und der Größe des Boards. Je schwerer die Person und je größer das Board, umso größer die Finnen. Bei Single-Fins gilt auch: je breiter das Tail, umso größer die Finne. Aber auch in großen Wellen hat man mit größeren Finnen ein Plus an Kontrolle. Außerdem spielt die Position dabei eine Rolle: manche Personen bevorzugen kleinere Finnen, dafür weiter hinten, andere fühlen sich mit einem großen Schwert etwas weiter vorne wohl. Wenn man viel Zeit und Muße hat, kann man da einiges ausprobieren, aber zum Glück gibt es gewisse Standards, die sich bewährt haben und die der erfahrene Shaper feinfühlig anpassen kann, abhängig von seiner Wahrnehmung des Kunden und von der Idee für das jeweilige Board.

Flex ist ein subtiles, aber sehr interessantes Thema bei Finnen. Fangen wir mal bei den günstigen Plastikfinnen an. Die können härter oder weicher sein, twisten tun sie alle bei entsprechender Belastung. Diese einfachen Finnen kommen jedoch nur sehr langsam wieder in ihre Ausgangsform zurück, haben also einen langsamen Flex. Deswegen fühlen sie sich nicht so lebendig an wie Glasfaser- oder Carbonfinnen. Härtere Finnen sind gut für Powersurfer oder schwere Jungs und Mädels und außerdem bieten sie in heftigen Bedingungen mehr Kontrolle. Man könnte sagen, sie sind präziser. Ein softer, aber dynamischer Flex von einer Faserfinne wird von leichteren, geschmeidigen Surfern bevorzugt.

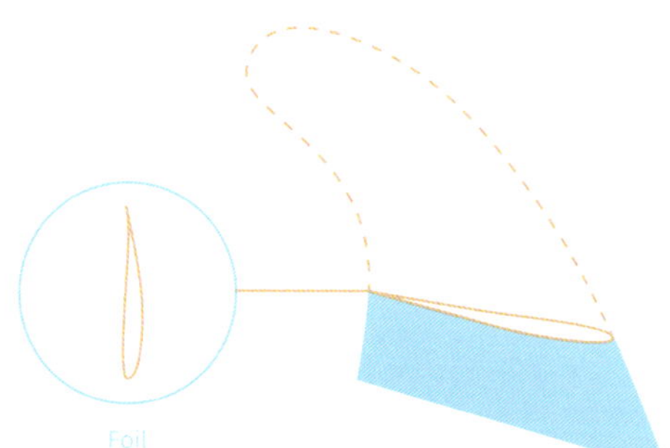

Foil

Solche Finnen geben ein gutes Feedback für dosierte, mehr oder weniger starke Kraftausübung des Surfers und können helfen, die Turns auf der Welle mit einem guten Flow schön zu verlinken und auch zu variieren.

Bei gutem Boardgefühl führt Flex sogar zu einer Beschleunigung am Ende des Turns. Wenn die zuvor unter Druck getwistete Finne wieder in ihre Normalform zurück flext, katapultiert sie das Board sozusagen auf seinen neuen Kurs. Dies trifft besonders auf Flex-Fins (Single-Fins) zu.

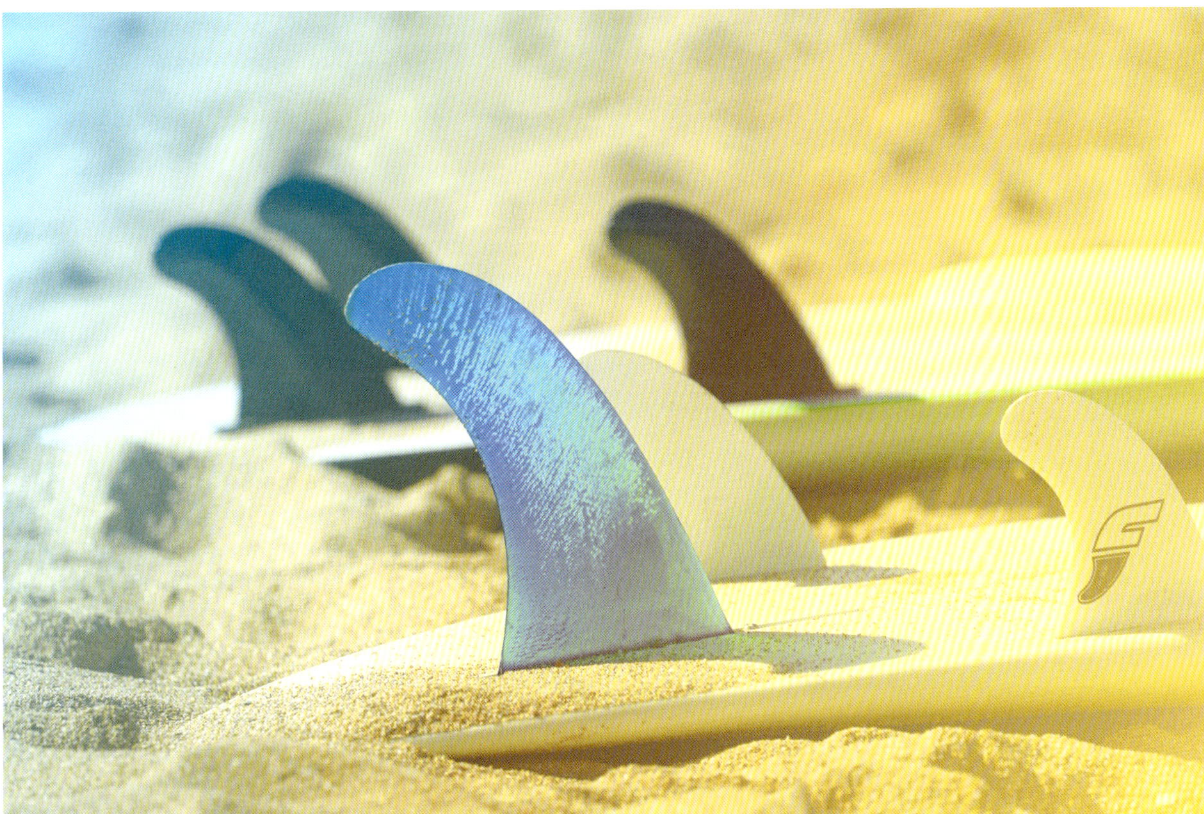

Vorne 2+1 Set up, hinten Thruster

Finnenmodelle gibt es wie Sand am Meer und die Hersteller verwirren ihre Kunden momentan durch eine grandiose Flut von verschiedenen Technologien und Klassifizierungen. Um sich dort zurechtzufinden, sollte man folgende Basics kennen:

- Eine schlanke Outline und ein moderates Rake, also eine eher aufrechte Form steigern den Pivot-Faktor, die Finne macht das Board drehfreudig.
- Eine breite Base sorgt für Drive.
- Ein volles Tip sorgt für guten Grip bei Powerturns.
- Finnen mit viel Rake geben Führung bei langgezogenen Speedcarves, den Longboardern helfen große sweeping Single-Fins, Noserides zu kontrollieren.

Eine spannende Sache ist noch das Inside-Foil, mit dem manche Side-Fins ausgestattet sind. Die Innenseiten der normalen seitlichen Finnen sind für gewöhnlich flach. Diese Finnen aber wurden mit einem konkaven Profil auf den Innenseiten versehen. Im Querschnitt sieht das Ganze wie ein Flügel oder Segel aus – es hat auch denselben Effekt, generiert Vortrieb und macht das Board tatsächlich schneller. In kleinen Wellen eine coole Sache, in saftigen Bedingungen haben diese Finnen aber zu viel Eigenleben.

Die hinteren Quad-Fins für das Tube-Setup haben weder ein flaches Innenprofil, noch Inside-Foil, sondern eine leicht konvexe Form. 20% der Finnenstärke befindet sich innen und 80% außerhalb der umlaufenden Kante (20/80 Foil).

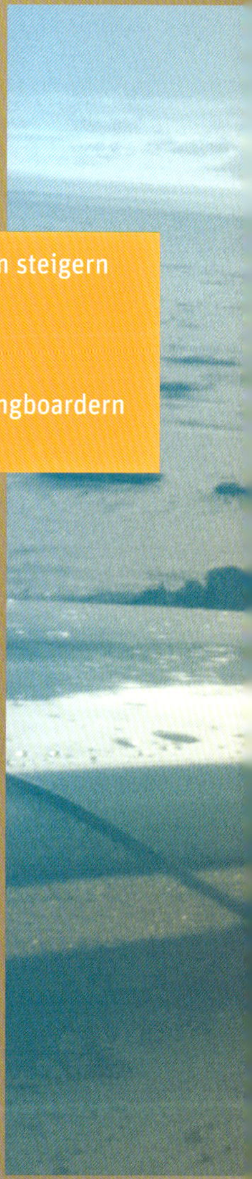

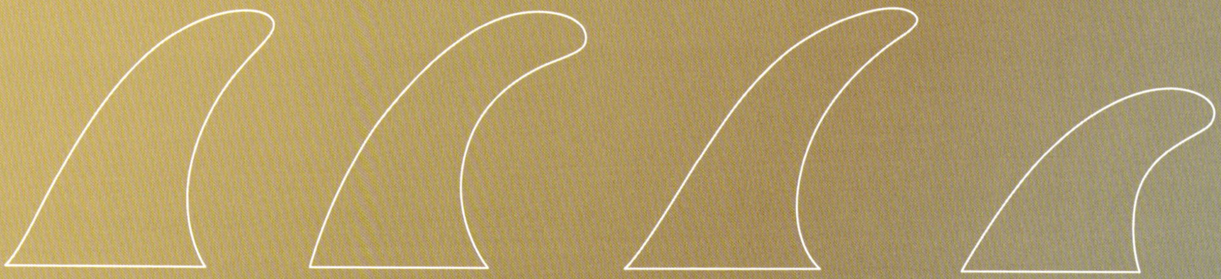

Pivot-Fin Raked-Fin Flex-Fin Modern Thruster-Fin

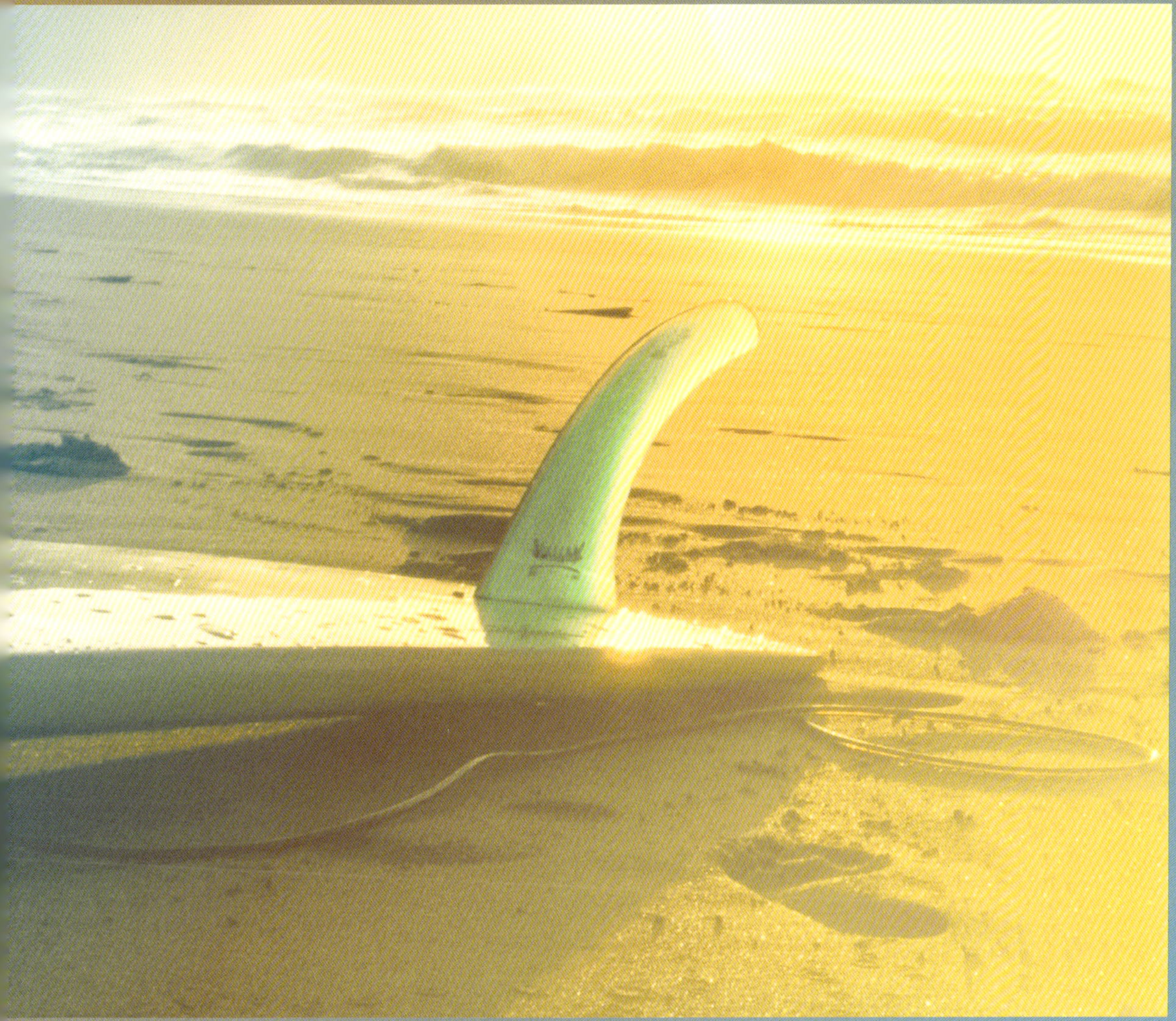

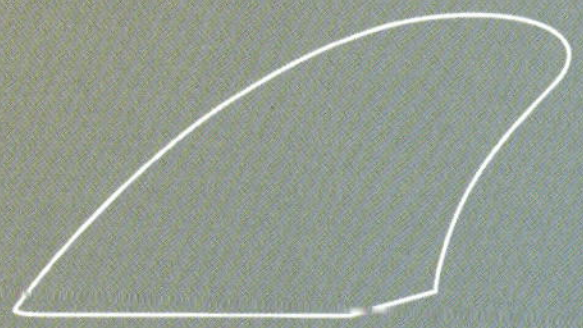

Modern Keel-Fin

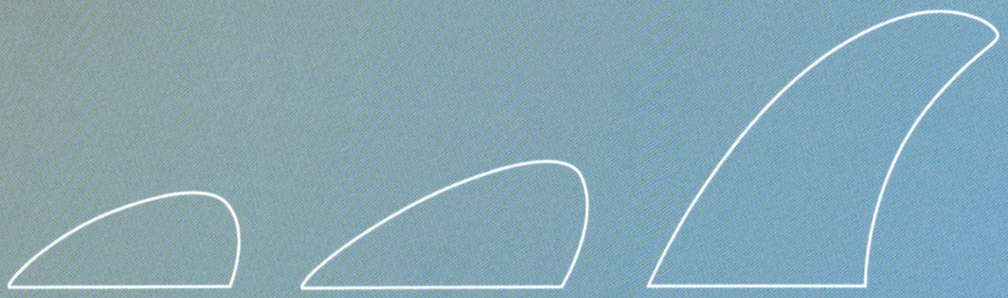

Bonzer Fins

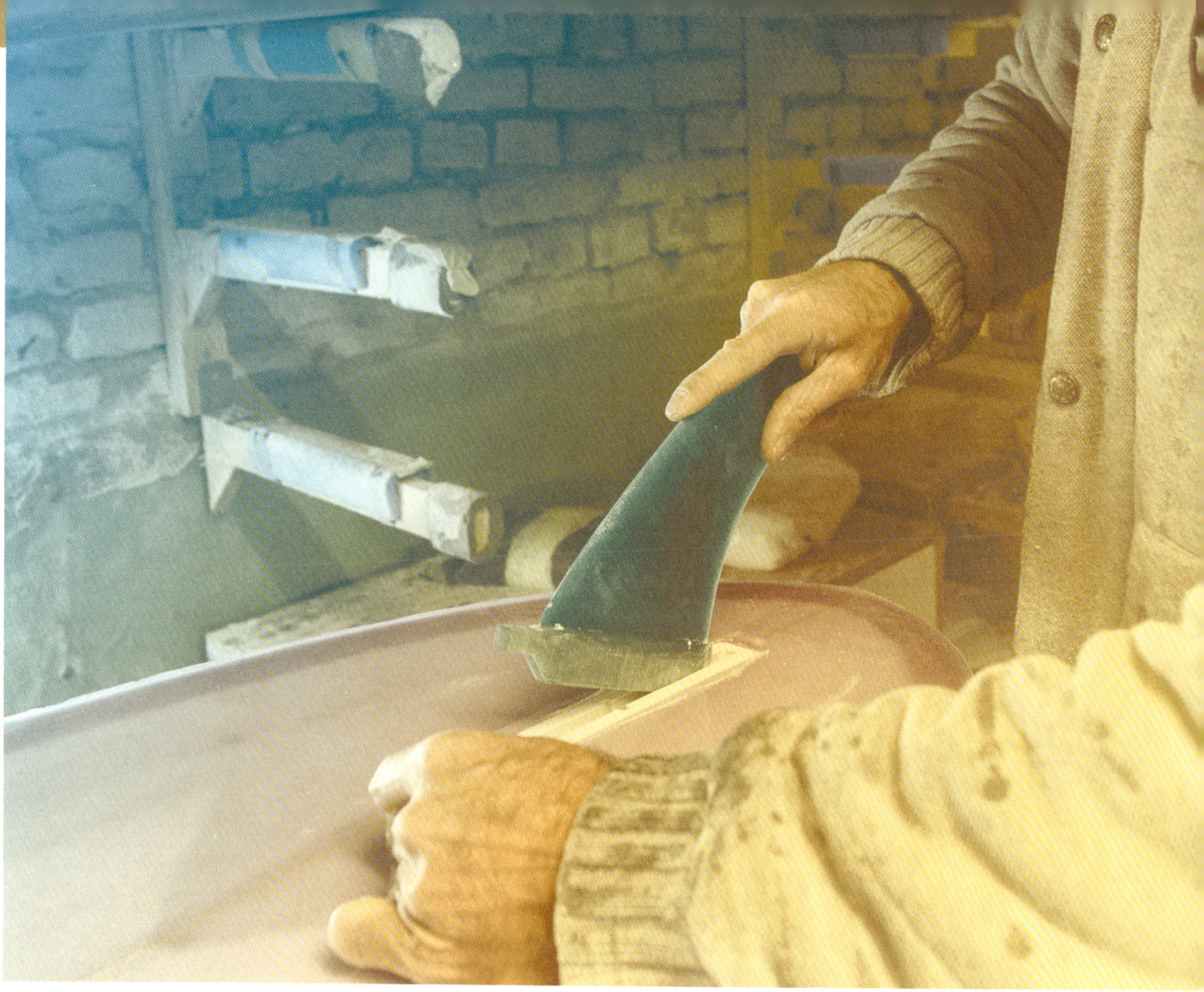

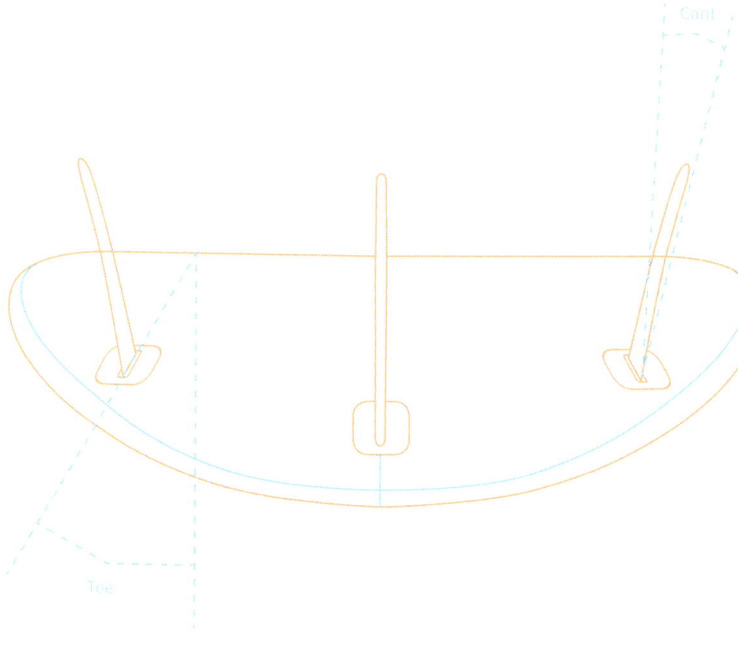

Cant
Toe

Die Finnenplatzierung

Weiter vorne platzierte Finnen erhöhen die Drehfreude und weiter hinten platzierte die Kontrolle und den Biss.

Bei Thruster-Boards und Quads hat man die Möglichkeit, vordere und hintere Finnen weiter auseinander anzubringen, was Control und Drive verbessert – oder näher zusammen, das macht das Board drehfreudig.

Toe-In bezeichnet den Winkel, um den die Vorderkante der Seitenfinne nach innen verdreht ist. Mehr Toe-In erzeugt Drehfreude und weniger Toe Laufruhe geradeaus. Der Toe-In wird nicht in Grad angegeben, sondern in Inch. Der Abstand der Finnen-Hinterkante zum Stringer ist zum Beispiel 1/4" größer als der Abstand der Vorderkante zum Stringer.

Cant ist die Neigung des Finnentips zur Boardaußenseite und sorgt dafür, dass die Finne senkrechter im Wasser steht, wenn das Board im Turn angekantet wird. Auf diese Weise kann die Finne ihren Zweck auch in der Schräglage am besten erfüllen. Zu viel Cant stört aber beim Down-the-Line Surfen. Cant wird in Grad gemessen und beträgt meistens ca. 6°.

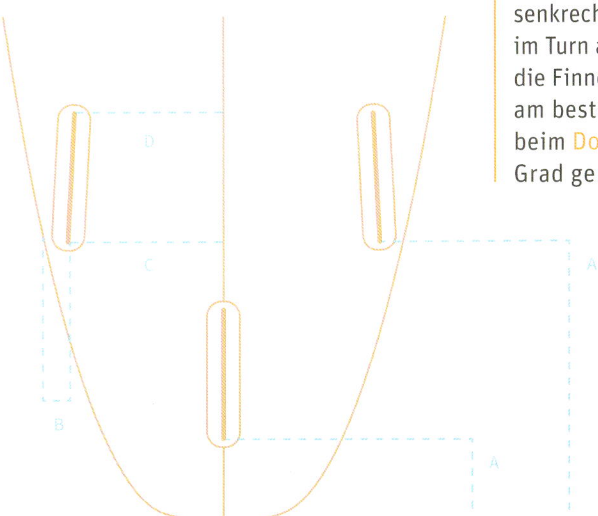

A: Distanz zum Tail
B: Distanz zum Rail
C–D = Toe-In

Futures- und FCS2-Finnen haben den Cant schon eingebaut.
Bei FCS müssen die Plugs mit Cant eingesetzt werden.

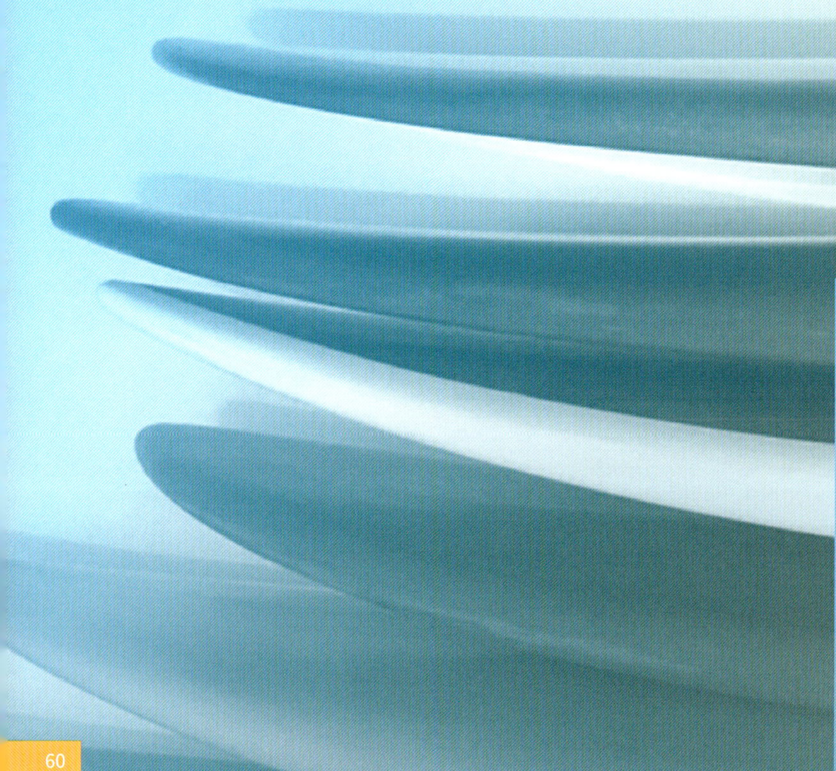

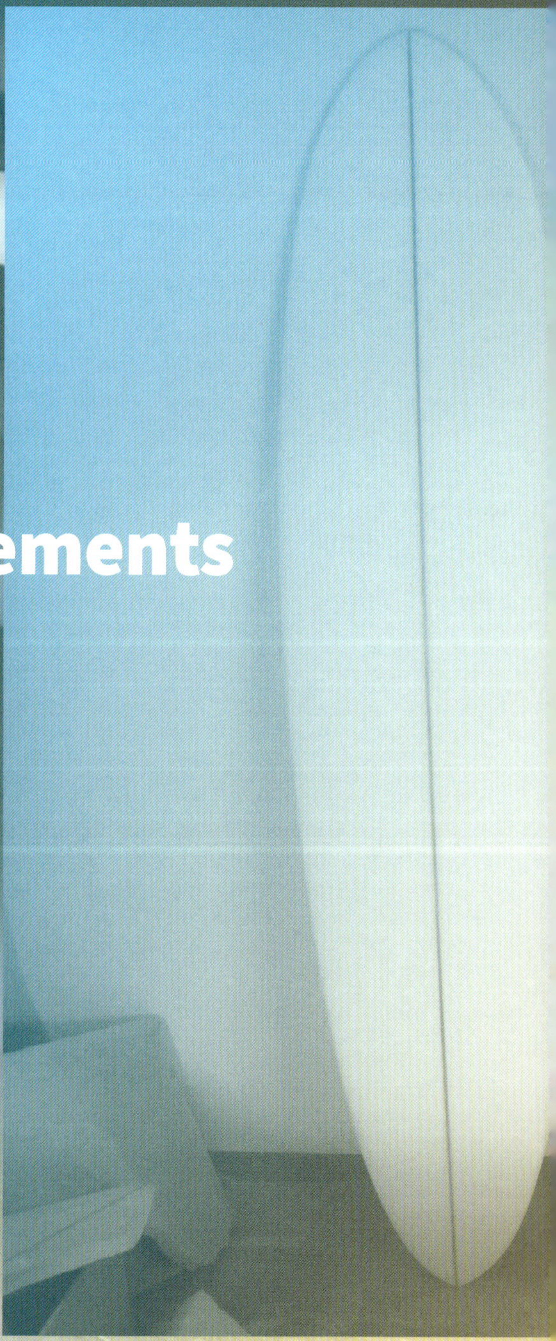

Some Basic Measurements

In diesem Kapitel sind alle wichtigen Maße einiger classic Boards aufgelistet, damit Du Anhaltspunkte hast, wie die Details bei den verschiedenen Boardtypen sein können. Kommentare wie ‚moderater Rocker' beziehen sich auf den jeweiligen Boardtyp, zum Beispiel Shortboard. Im Vergleich zu einem Fish ist dieser Rocker natürlich gar nicht moderat.

Ein Maßband in Feet (') und Inches (") ist Pflicht, um die eigenen Shapes mit internationalen Standards vergleichen zu können. Und man sollte auch gar nicht auf die Idee kommen, da irgendwas in Zentimeter umzurechnen. Man gewöhnt sich an das gebräuchliche System und was soll man schon mit der Information anfangen, dass ein Board 186,69cm lang ist? 6'1" ist für uns aussagekräftiger.

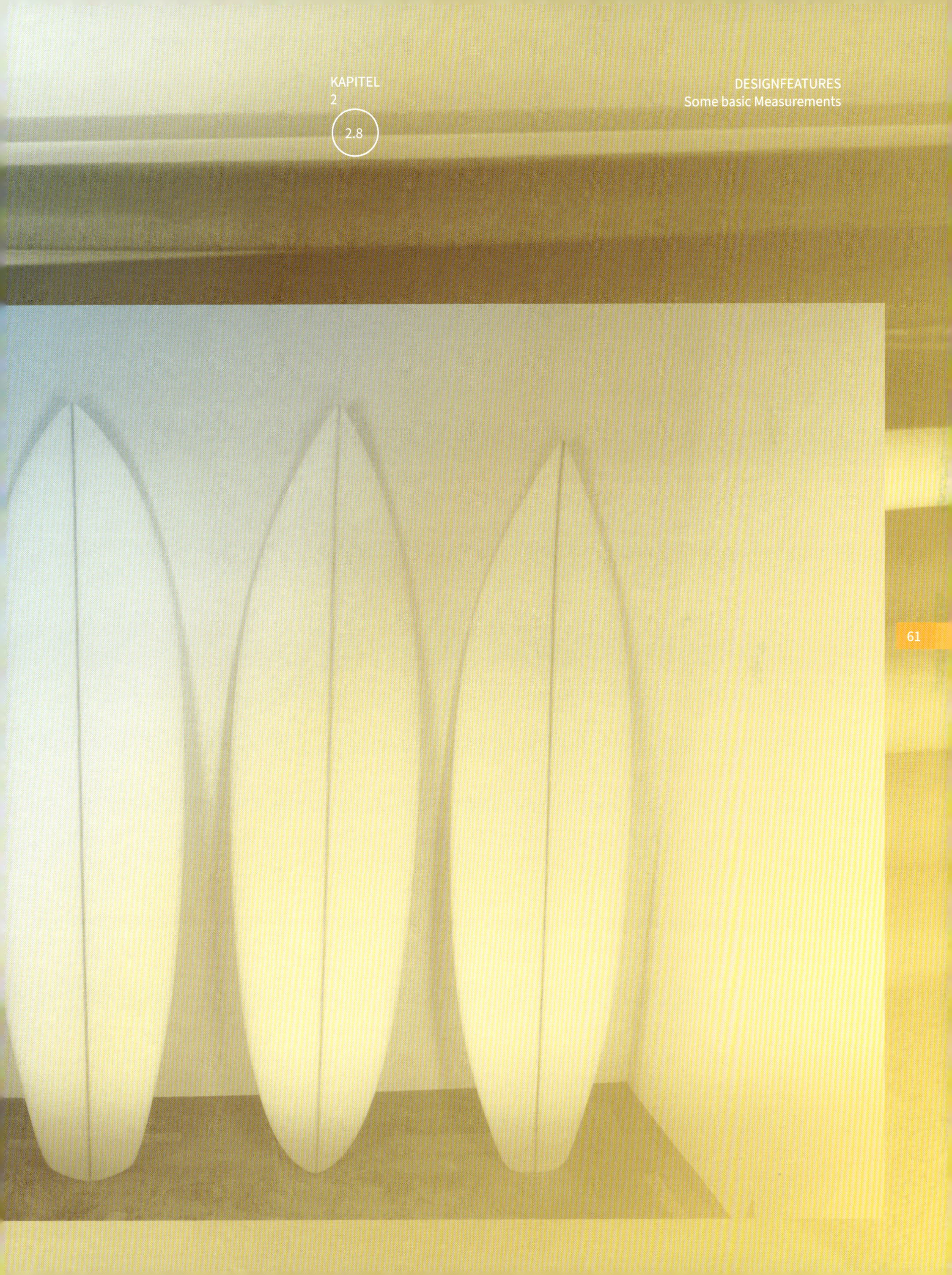

JE Thrusty

Modernes Performance-Shortboard mit relativ großzügigem Volumen und moderatem Rocker. Single-Concave und etwas Double-Concave zwischen den Finnen. Geniale Finnen-Position.

Länge x Breite x Dicke:
5'11" x 19 1/4" x 2 1/2"

Rocker:
Nose 4 5/8" • One-Foot-off 1 3/8"
Tail 2 1/4" • One-Foot-off 1"

Finnen-Position:
3 1/2" • 11" vom Tail • Front-Fins 1 1/4" vom Rail
1/4" Toe-In • 6 1/2° Cant

Rails:
Medium-dünn

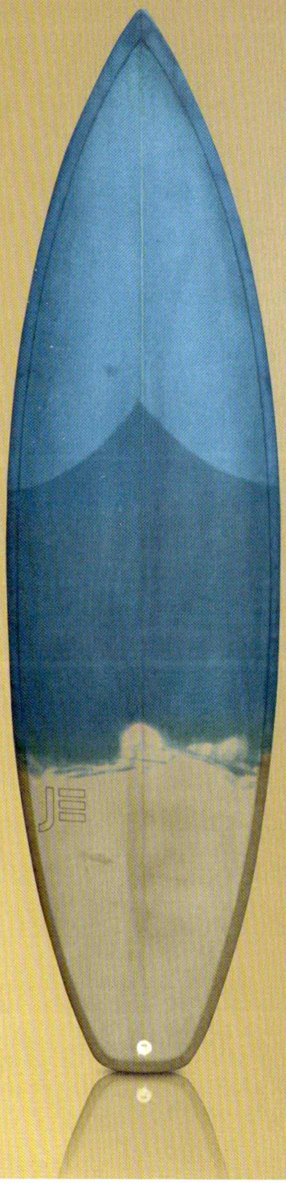

JE
Step Up

Länger, mehr Rocker, ausreichend Volumen, um in dicke Dinger zu paddeln. Single- to Double-Concave mit etwas mehr Double für erhöhte Kontrollierbarkeit. Thruster.

Länge x Breite x Dicke:
6’3” x 19 1/2” x 2 1/2”

Rocker:
Nose 5 1/2” • One-Foot-off 1 3/4”
Tail 2 1/2” • One-Foot-off 1 1/4”

Finnen-Position:
3 3/8” • 11 1/8” vom Tail • Front-Fins 1 1/4” vom Rail
1/4” Toe-In, 6 1/2° Cant

Rails:
Medium-dünn

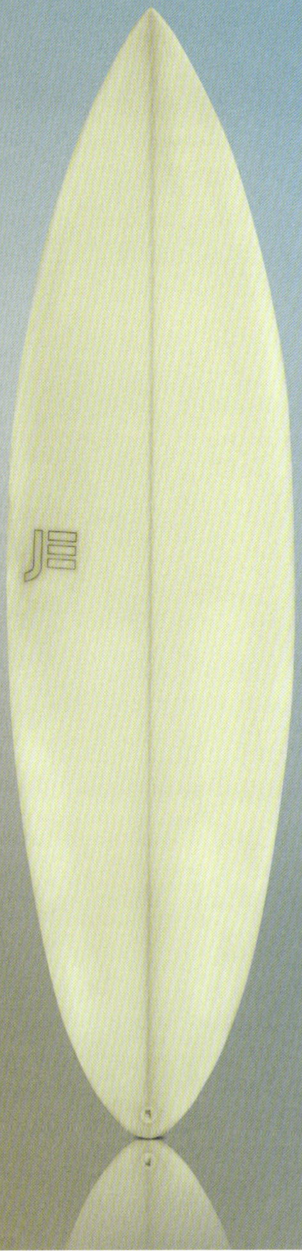

JE Vatti

Thruster-Shortboard mit sehr viel Volumen. Entweder für Shortboard-Einsteiger oder schwere Jungs und Mädels oder einfach für Leute, die die chilligen Eigenschaften von viel Volumen zu schätzen wissen. Ähnliches Konzept wie das Same same, nur größer und fetter.

Länge x Breite x Dicke:
6'4" x 20 5/8" x 2 5/8"

Rocker:
Nose 4 1/2" • One-Foot-off 1 1/4"
Tail 2" • One-Foot-off 7/8"

Finnen-Position:
3 1/2" • 11 vom Tail • Front-Fins 1 1/4" vom Rail
1/4" Toe-In • 6 1/2° Cant

Rails:
Medium-voll

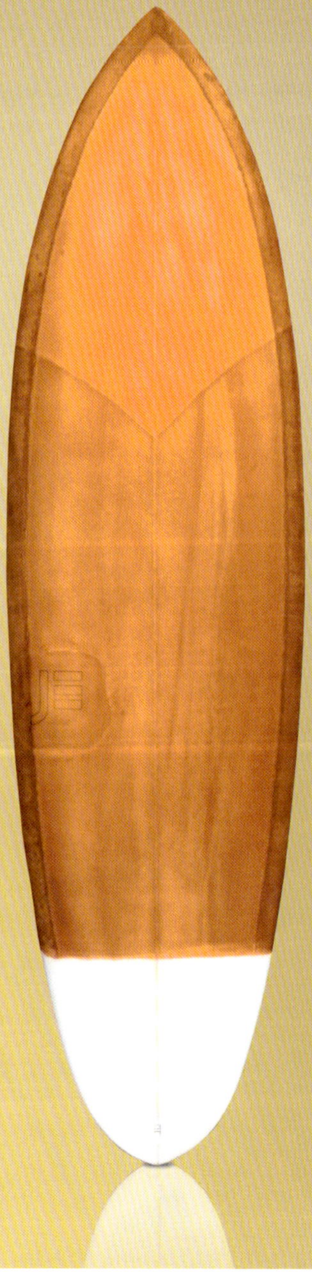

JE
Same same but different

Hypto rip-off mit etwas mehr Double-Concave und leicht nach hinten versetzten Finnen im Vergleich zum Hayden, somit etwas mehr Control. Breit und kurz – super Paddler, schön beweglich und smooth dank Round-pin-Tail. Single- to Double-Concave.

Länge x Breite x Dicke:
5'11" x 20 1/4" x 2 1/2"

Rocker:
Nose 4 1/4" • One-Foot-off 1 1/4"
Tail 2" • One-Foot-off 7/8"

Finnen-Position:
3 1/2" • 11 vom Tail • Front-Fins 1 1/4" vom Rail
1/4" Toe-In • 6 1/2° Cant

Rails:
Medium

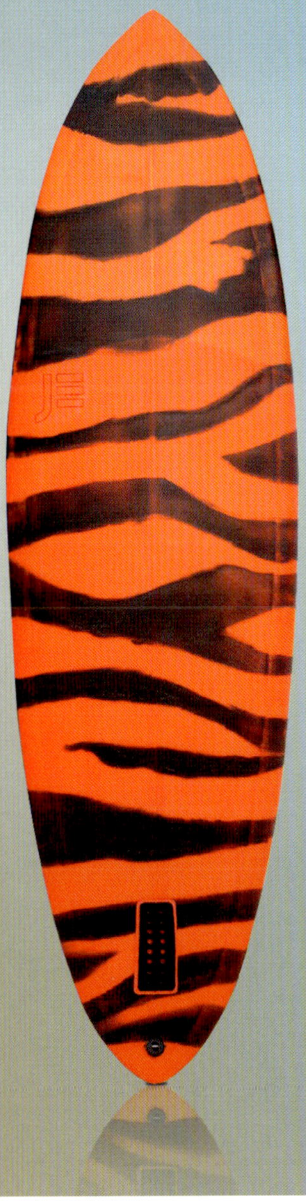

JE Solo

Vee-Bottom geht gut bei Single-Fins. Bei diesem Board geht das Vee von der Nose bis zum Tail. So kann man auch noch gut steuern, wenn man zum Beschleunigen etwas weiter vorne auf dem Volumenmittelpunkt steht. Etwas Concave vor der Finne macht es schneller.

Länge x Breite x Dicke:
6'4" x 20 5/8" x 2 3/4"

Rocker:
Nose 4 1/2" • One-Foot-off 1 1/4"
Tail 2" • One-Foot-off 7/8"

Finnen-Position:
7" vom Tail • 7,5" Single-Fin

Rails:
Voll

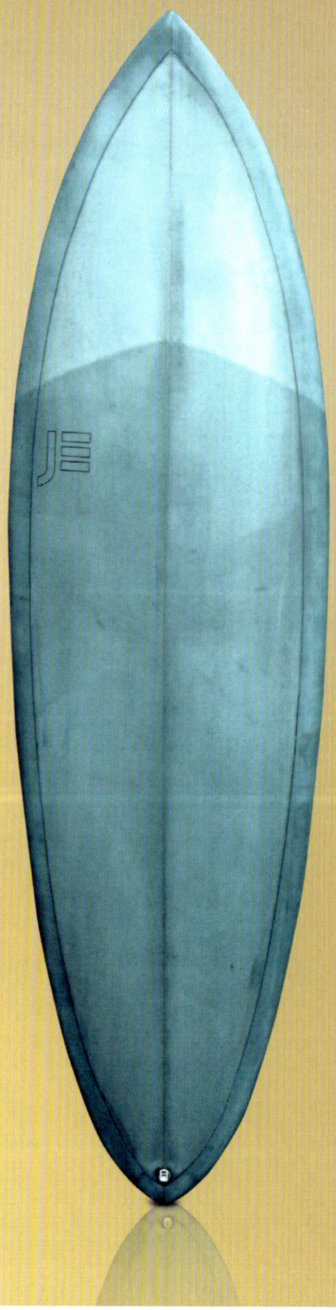

JE
Smile and be blond

Allroundiges Midlength-Single-Fin, modernes Eggshape mit zur Länge passendem Volumen. Vee mit etwas Concave vor der Finne.

Länge x Breite x Dicke:
7'2" x 21 3/4" x 2 3/4"

Rocker:
Nose 4 3/4" • One-Foot-off 1 1/2"
Tail 2 1/4" • One-Foot-off 1"

Finnen-Position:
7 1/2" vom Tail • 8,5" Single-Fin

Rails:
Medium-dünn

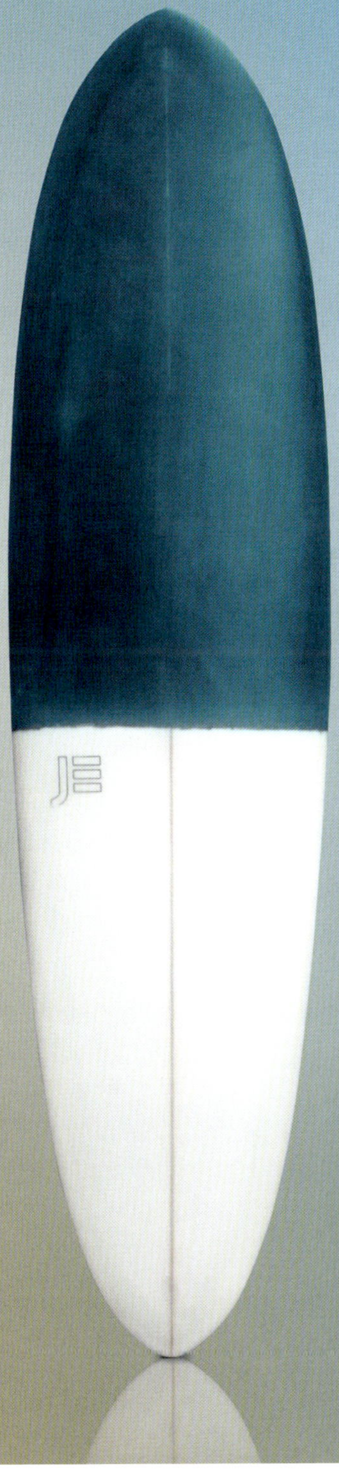

JE
Le Poisson

Twinny-Fish, sieht retro aus, kann man aber mit modernem Foil- und Railshape zeitgemäß interpretieren. Ausreichend Rocker, Single-Concave to Vee-Concave im Finnen- und Tailbereich.

Länge x Breite x Dicke:
5'11" x 21 3/8" x 2 1/2"

Rocker:
Nose 3 3/4" • One-Foot-off 7/8"
Tail 1 7/8" • 7/8"

Finnen-Position:
7" vom Tail • 1 1/4" vom Rail
3/16" Toe-In • 6 1/2° Cant

Rails:
Medium

JE Mnef

Sportlicher Quad-Fish. Nicht ganz so breit und dick. Drive orientierte Finnen-Positionen nah am Rail und Vee-Concave.

Länge x Breite x Dicke:
6'0" x 20 5/8" x 2 1/2"

Rocker:
Nose 3 3/4" • One-Foot-off 7/8"
Tail 1 7/8" • One-Foot-off 7/8"

Finnen-Position:
6" • 11" vom Tail • Rear-Fins 1 1/2" vom Rail
3/16" Toe-In • Front-Fins 1 1/4" vom Rail
1/4" Toe-In • 6 1/2° Cant

Rails:
Medium

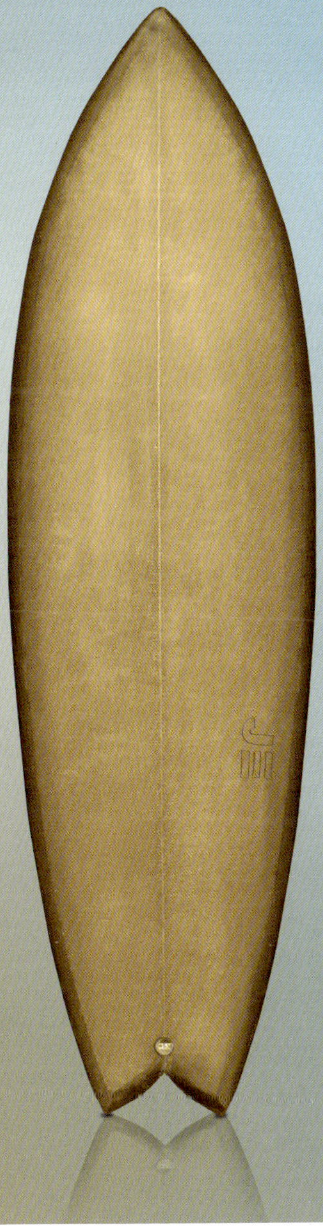

JE Blind Melon

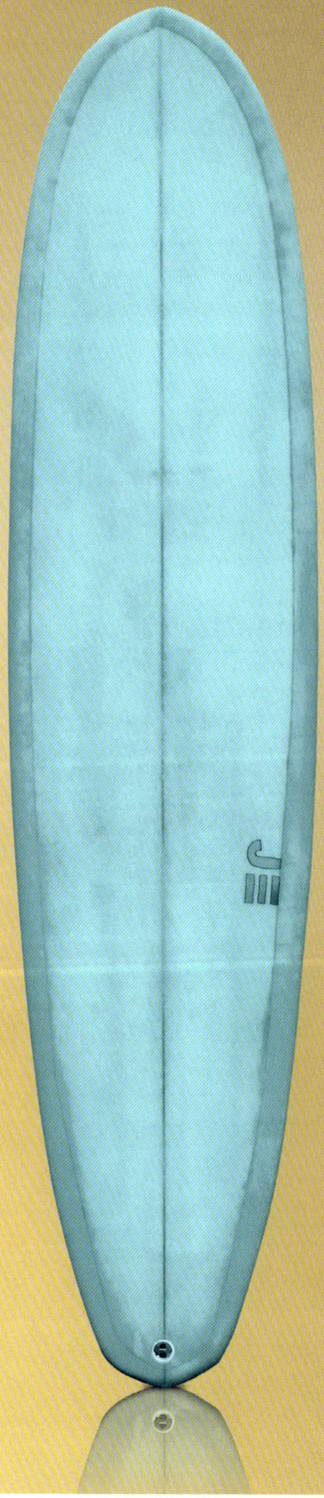

Sportliches Malibu. Macht auch guten Surfern Spaß, da es für ein Board dieser Art eher schmal und responsiv ist, aber trotzdem alles an Wellen catcht, was da ist.

Länge x Breite x Dicke:
7’6” x 21 3/4” x 2 3/4”

Rocker:
Nose 4” • One-Foot-off 1 7/8”
Tail 2 5/8” • One-Foot-off 1 1/2”

Finnen-Position:
4 • 12 • Front-Fins 1 1/4” vom Rail
1/4” Toe-In • 6 1/2° Cant

Rails:
Medium-voll

JE
Easy Ekkat

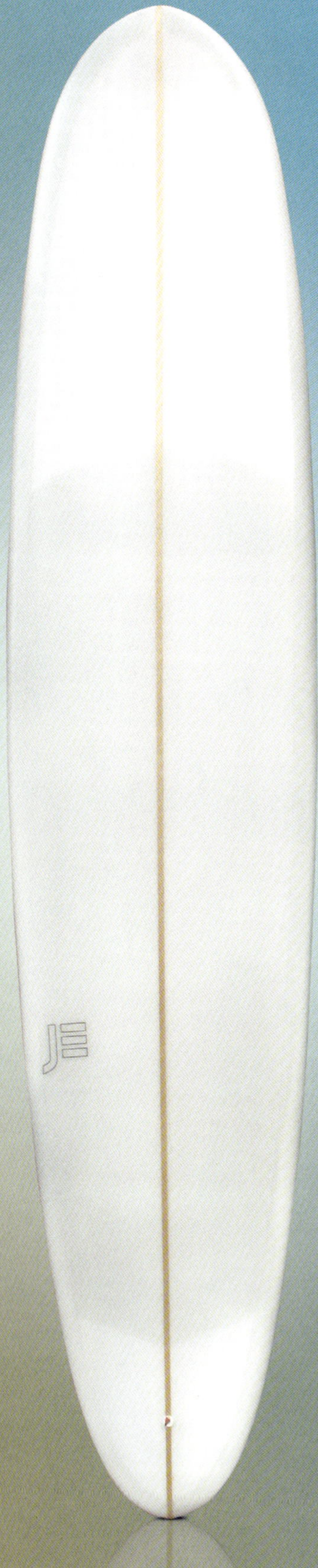

Classic Longboard. Hat nicht die breiteste Nose, legt also weniger Wert auf Noserides. Dafür hat es einen großen Sweetspot und dreht gut wegen des reduzierten Swingweights in der Nose. Single-Concave unter der Nose auf den ersten 2 1/2 Fuß. Dahinter Vee, eventuell mit etwas Concave vor den Finnen – 2+1 Finnen-Setup.

Länge x Breite x Dicke:
9'0" x 22 7/8" x 2 3/4"

Rocker:
Nose 4 1/4" • One-Foot-off 2 1/4"
Tail 4 1/4" • One-Foot-off 2 1/4"

Finnen-Position:
9 1/2" • 15 1/2" • Front-Fins 1 1/4" vom Rail
1/4" Toe-In • 6 1/2° Cant

Rails:
Medium-voll

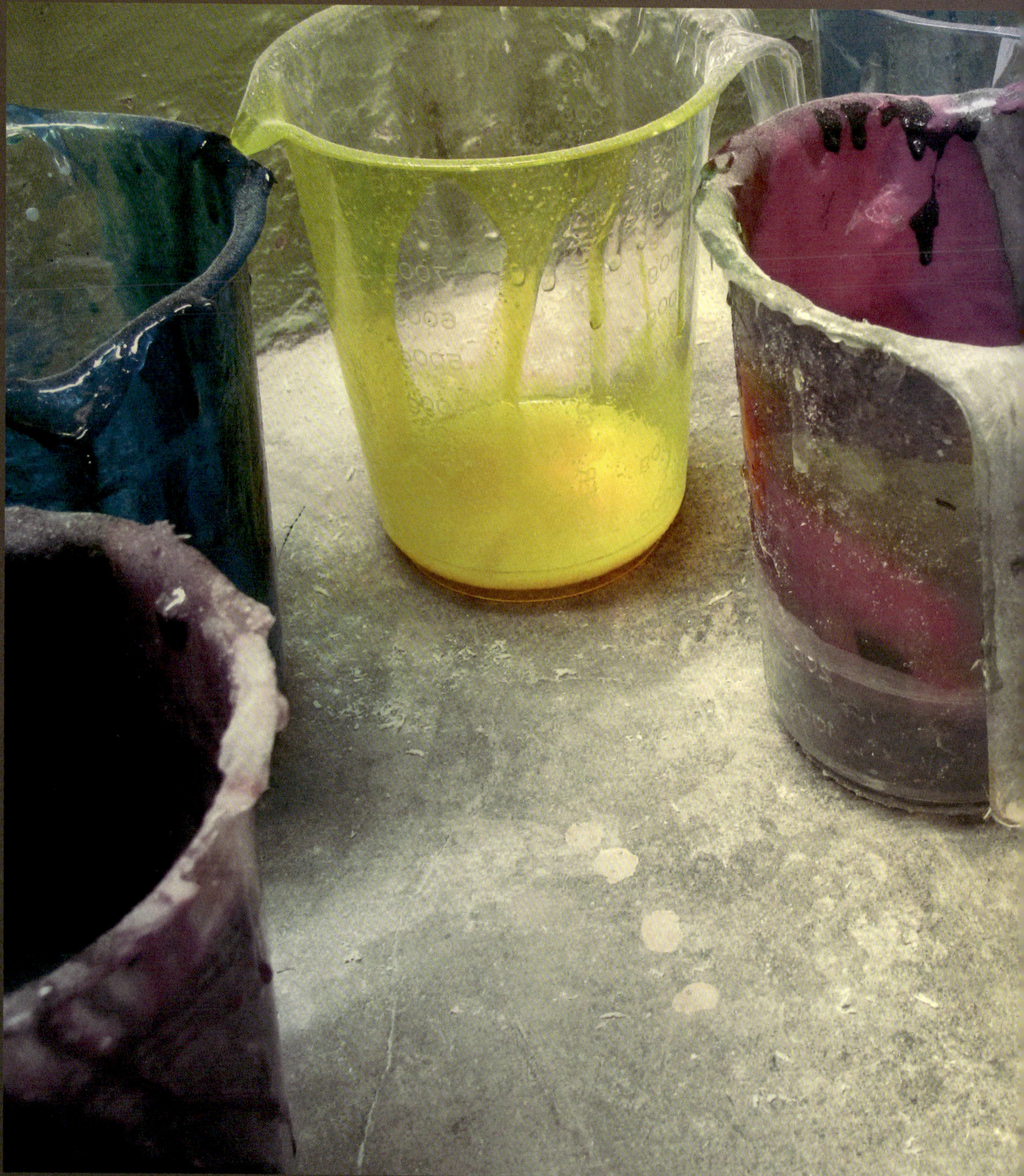

Material

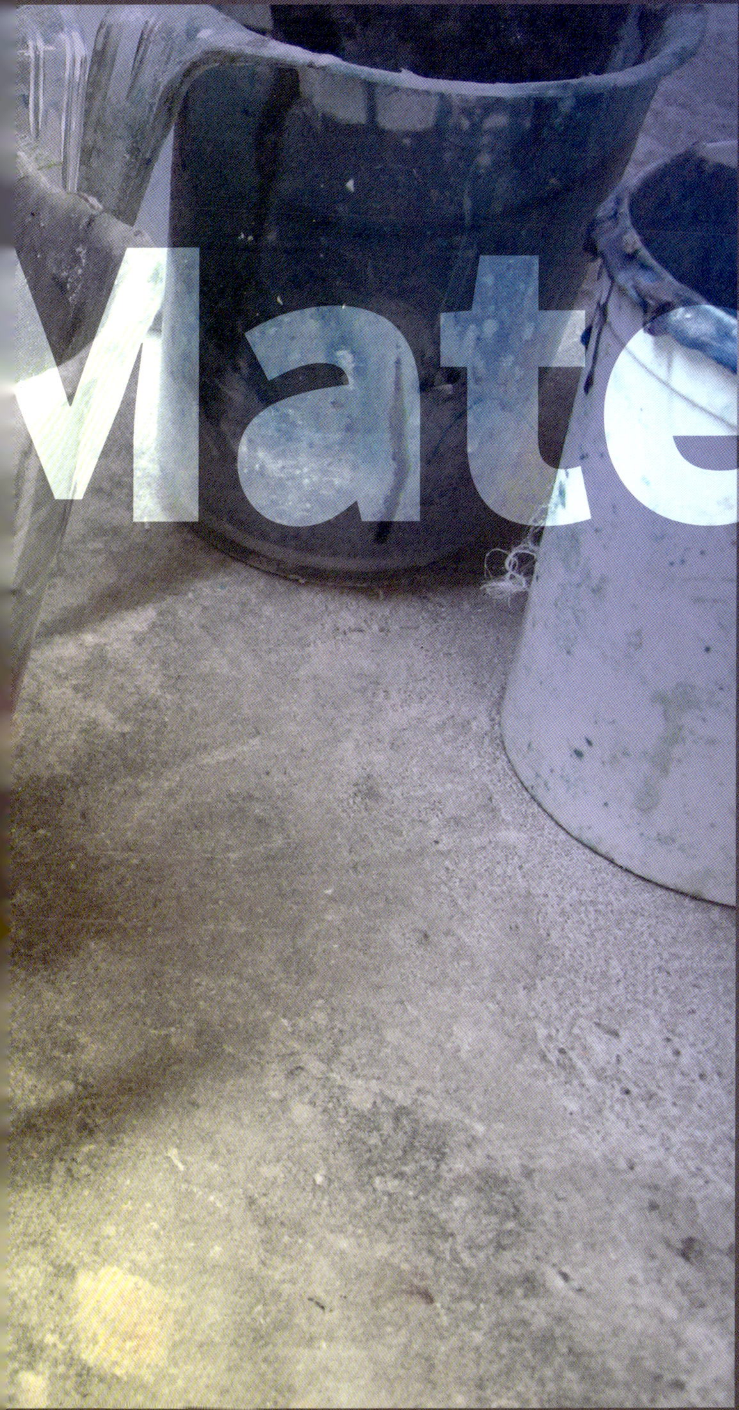

Die Werkstoffe

Wir alle wünschen uns umweltfreundliche Boards, die in der Produktion ohne giftige Materialien auskommen, lange halten und sich recyceln lassen. Aber sie sollen auch eine gute Performance liefern, leicht sein, den richtigen Flex haben und gut aussehen. Leider hat sich die Technologie in den letzten 60 Jahren kaum verändert. Das Standard-Surfboard besteht heute genauso wie damals aus einem PU-Schaum-Kern, Glasfasergewebe und Polyester-Harz – alles Materialien, die während der Produktion giftige Dämpfe und Treibgase verursachen, bei unsachgemäßer Verarbeitung und Entsorgung das Grundwasser verseuchen und sich kaum bis gar nicht recyceln lassen.

Auch die Industrieboards, die teilweise anders aufgebaut werden, vielleicht einen Sandwich – Materialmix verwenden, bestehen grundsätzlich aus demselben Zeug.

Es gibt Bemühungen Blanks zu recyceln, was sich aber aufgrund der Ästhetik und Bearbeitungsqualität der aus dem Recycling-Material neu produzierten Blanks nicht durchgesetzt hat. Eine Alternative zum Schaumkern sind Holzbretter aus Balsa oder Paulownia, die aber sehr aufwendig zu bauen und dementsprechend teuer sind. Weitere Nachteile sind das Gewicht, für viele Leute auch die Optik, und normalerweise werden auch Holzboards mit Harz und Glasfasern laminiert. Man hat also aus ökologischer Sicht wenig gewonnen. Es gibt Öko-Zertifikate für Epoxy-Harze, die schon viel besser sind als Polyester, weil sie zu großen Teilen aus nachwachsenden Rohstoffen und Abfallprodukten aus der Petrochemie hergestellt werden. Reichen tut das auf Dauer leider nicht. Hoffentlich setzen die großen Firmen ihr Kapital auch ein, um Lösungen auf diesem Gebiet zu finden. Bis dahin können die kleinen Shaper vor allem eins tun, nämlich stabile Bretter bauen, die lange halten und wenn doch mal ein Ding reinkommt, sie immer wieder reparieren.

Wir konzentrieren uns in diesem Kapitel auf die etablierten Materialien und Konstruktionsweisen, die sich auch für den Eigenbau besonders gut eignen. Natürlich gibt es noch viele weitere Möglichkeiten Boards zu bauen, aber es soll an dieser Stelle nicht zu kompliziert werden.

Das Standard-Surfboard besteht heute genauso wie damals aus einem PU-Schaum-Kern, Glasfasergewebe und Polyester-Harz.

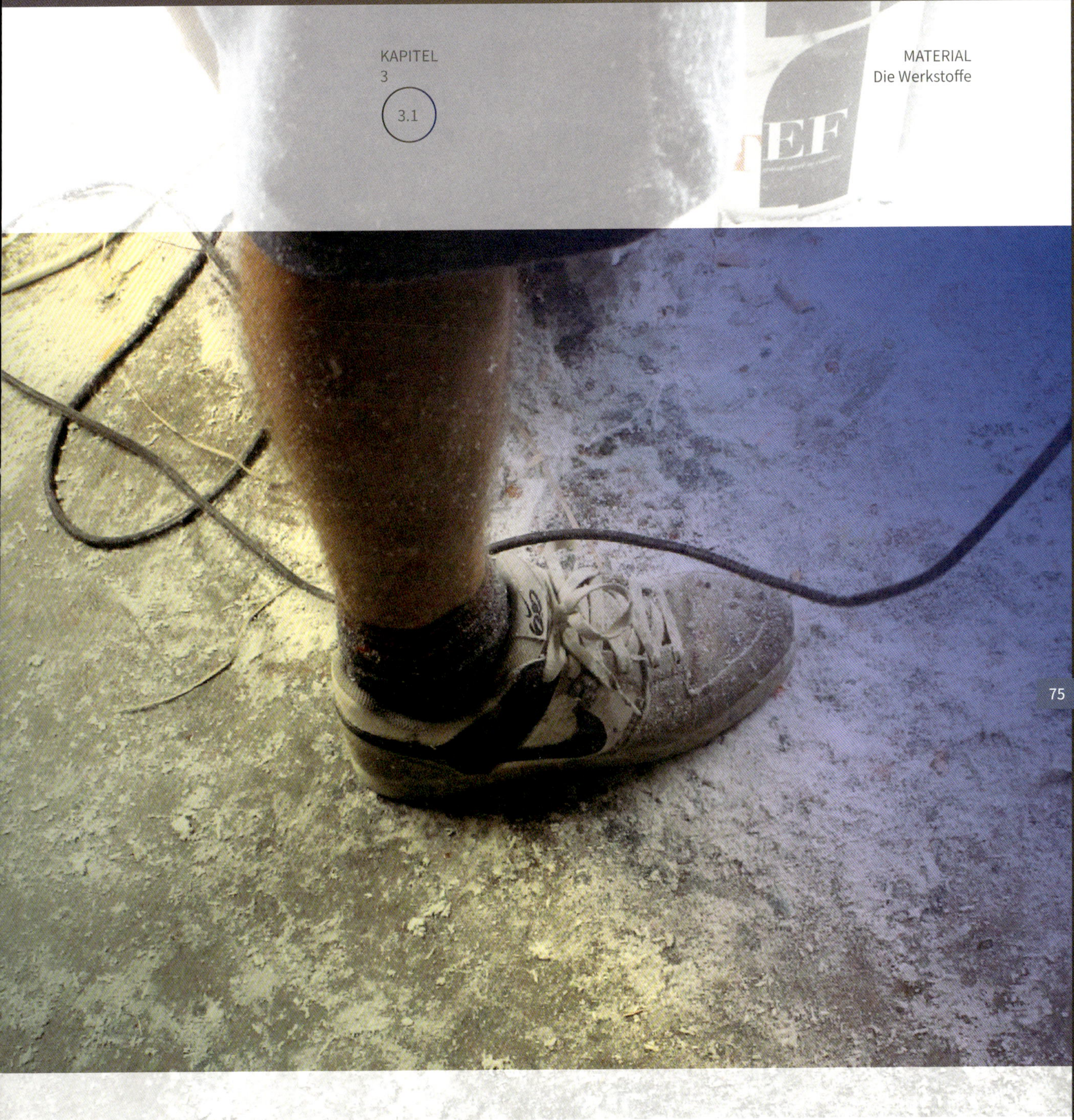

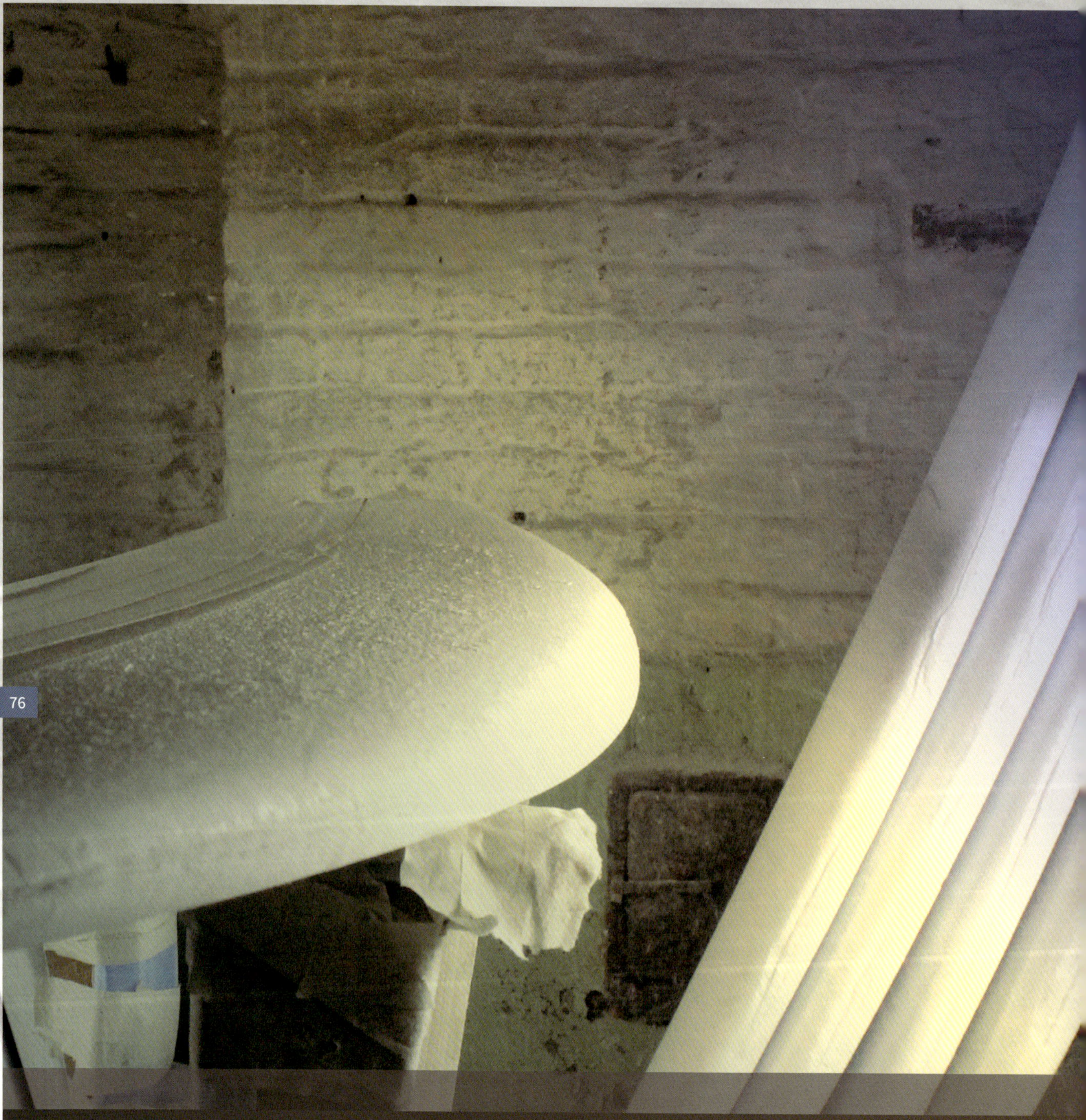

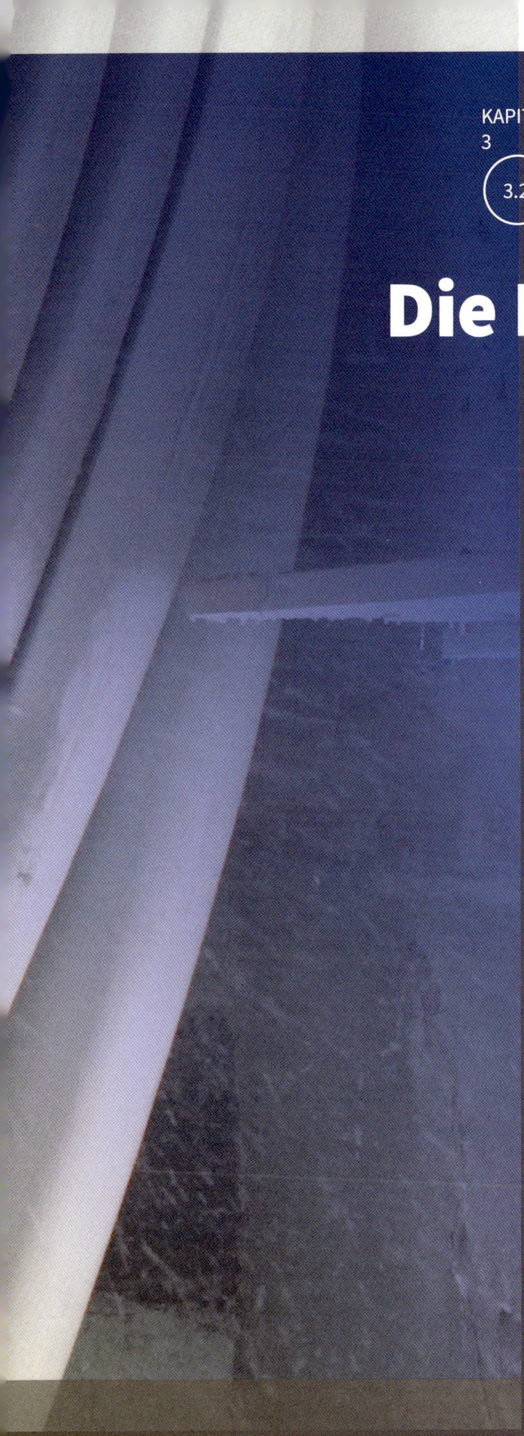

Die Blanks

Die besten Blanks zum Handshapen sind die klassischen PU-Blanks, die es in vielen verschiedenen Längen gibt und auch in unterschiedlichen Dichten, also mehr oder weniger Gramm pro Kubikmeter. Die Standard-Dichte bietet einen sehr guten Kompromiss aus Gewicht, Stabilität und Flex. Wer aber ein extra leichtes oder extra stabiles Board machen will, kann ein anderes Blank verwenden oder auch einen entsprechenden Aufbau der Glasfaserschichten wählen.

PU-Blanks werden normalerweise mit bereits eingeklebtem Holzstringer geliefert. Sie lassen sich sehr fein mit allen erdenklichen Werkzeugen wie Hobel, Raspel, Schleifpapier oder Cuttermesser bearbeiten – da bröselt nichts weg. Kanten und Rundungen entstehen wie von Zauberhand.

Wenn mit Polyester-Harz laminiert wird, gibt es keine Alternative zum PU-Blank, weil dieses aggressive Harz alle anderen Schaumarten zum Schmelzen bringt. Mit der Verwendung von Epoxy-Harz kommen aber auch EPS- oder XPS-Blanks infrage. Diese sind leichter, aber auch weniger stabil und haben eine gröbere Zellstruktur, was die Bearbeitung erschwert. Um die Stabilitätseinbußen durch das Blank auszugleichen, laminiert man auf beide Seiten eine zusätzliche Lage Glasfasern und hat immer noch einen Gewichtsvorteil. Der Flex ist dann steifer, aber es gibt diverse Möglichkeiten, darauf Einfluss zu nehmen, zum Beispiel indem man auf den Holzstringer verzichtet und stattdessen die Rails mit einem Carbon-Band überzieht (Parabolic-Carbon-Stringer). Oder man shaped feine Rillen in das Blank, die beim Laminieren mit Harz gefüllt werden und das Board so versteifen.

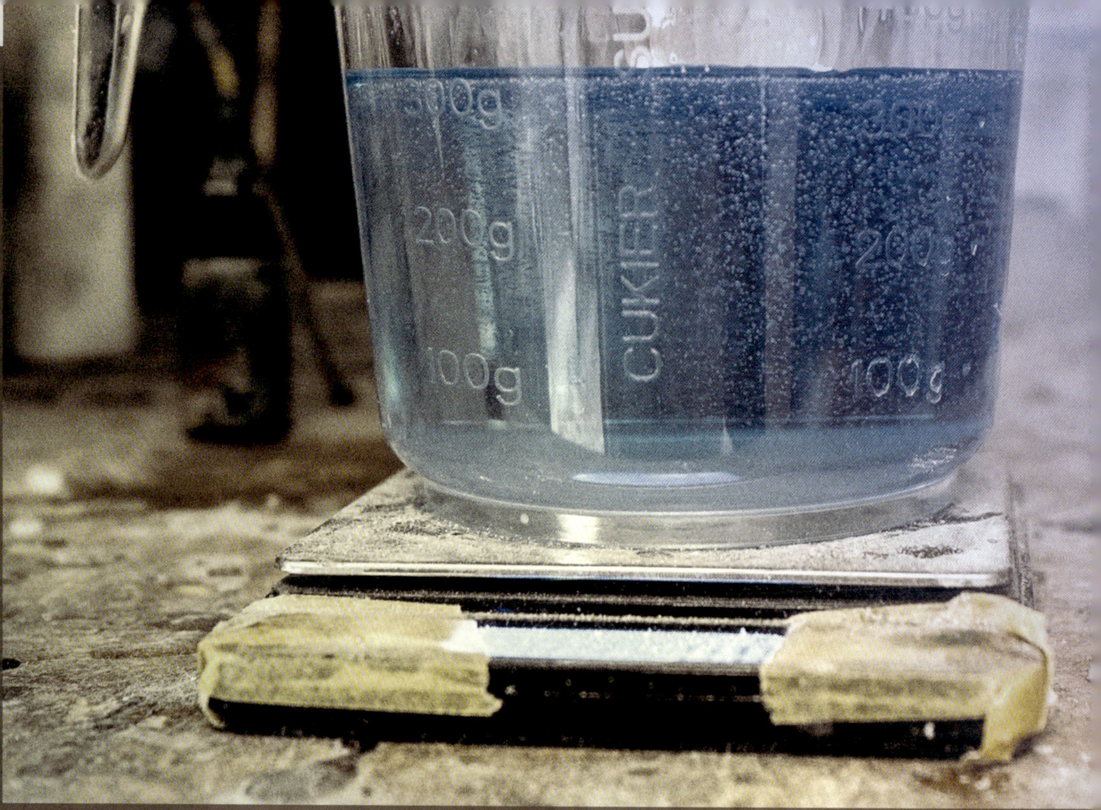

Harz auf der Waage

Das Harz

Modernes Epoxy-Harz setzt im Vergleich zu Polyester-Harz nur 1/50 der Dämpfe frei. Das freut besonders die Menschen, die das Zeug verarbeiten. Aber absolut giftig ist auch Epoxy und zudem unangenehm bei Hautkontakt.

Trotzdem muss man zur Zeit Epoxy empfehlen, insbesondere das Harz von Resin Research, das es mit unterschiedlich schnell wirkenden Härtern gibt. Es hat sich aufgrund seiner Robustheit und seiner guten Flexcharakteristik bewährt.

Gegenüber anderen „Bio"-Epoxys zeichnet es sich außerdem durch die besten Verarbeitungseigenschaften beim Laminieren und Hotcoaten aus. Und solange man Schutzhandschuhe und Gasmaske trägt, ist man auf der sicheren Seite. Giftig ist Epoxy wie gesagt trotzdem und Reste sollten bei den entsprechenden Entsorgungsstellen abgegeben werden.

Resin Research-Harz wird seit Jahrzehnten speziell für Surfboards immer weiterentwickelt und es gibt drei verschieden schnell wirkende Härter. Die Zugabe des Additivs Agent F hat positive Auswirkungen auf die Viskosität und so wird die Glasfaser leichter getränkt, der Hotcoat verläuft besser und die Schleifbarkeit und die Haftvermittlung zwischen den Schichten werden optimiert.

Für Polyester hingegen spricht vor allem das unschlagbare Finish dieses Materials, besonders wenn ein Board poliert werden soll. Es lässt sich einfacher sehr fein schleifen, ist

klarer, bekommt einen schönen Glanz.
Ein weiterer Punkt ist der etwas weichere Flex von Poly, der in unsauberen Surfbedingungen den Chop dämpft. Das Board absorbiert die Schläge der Kabbelwellen besser und ist einfacher zu kontrollieren. Bei der konventionellen Bauweise mit einem PU-Blank und oben zwei, unten einer Lage Glasfaser, ist der Flex von Polyester und Epoxy nur marginal unterschiedlich.

Der Ruf des steifen Epoxy-Boards rührt wohl eher daher, dass Industriefirmen Epoxy meistens in Verbindung mit EPS oder XPS-Schaumkernen verwenden, weil diese billiger sind. Der Schaum ist nicht so stabil und wird dicker laminiert. So erhält man ein günstiges und stabiles Brett, das aber ziemlich steif ist.

Wer unbedingt mit Polyester arbeiten will, muss wissen, dass es dafür keine langsamen Härter gibt und man eine komplette Boardseite samt Laps in ca. 15 Min. laminieren muss, bevor das Zeug plötzlich anfängt zu gelieren und hart zu werden. Das ist für Anfänger ein ambitioniertes Projekt.

Auf jeden Fall sollte man bei Poly immer nur 1% Härter zugeben, sonst härtet es noch schneller aus. Polyester bleibt auch nach dem Aushärten etwas klebrig an der Oberfläche, was den Zwischenschliff der Laps mühsam macht und weshalb man für die Hotcoat- bzw. Sandingcoat-Schicht 3% Wax in Styrene hinzufügen muss. Wax setzt sich an der Oberfläche ab und nimmt dem Material die Klebrigkeit. Es lässt sich dann sehr gut schleifen. Die Styrene verflüssigen das Harz, sodass sich diese reine Harzschicht beim Auftragen schön glattzieht.

Für einen zusätzlichen Glosscoat muss man zu dem Wax in Styrene nochmals 5% reine Styrene hinzufügen, da diese Schicht noch dünner und glatter werden soll. Man will nicht zu viel Gewicht haben, sondern nur einen Film erstellen, der ein perfektes Finish ermöglicht.

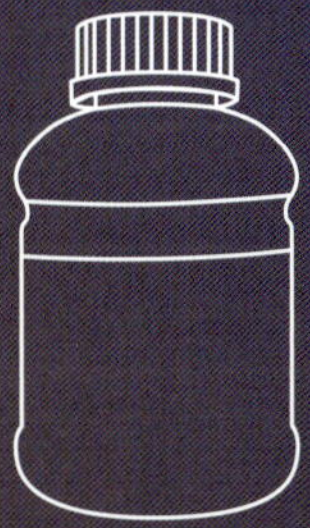
Härter

Harz

Die Glasfaser

Das Glasfasergewebe, das mit Hilfe des Harzes auf die Blanks laminiert wird, gibt dem Board die eigentliche Stabilität. Es gibt unterschiedliche Grammaturen, die besagen, wie viel Gewicht das Tuch bei einer bestimmten Fläche aufweist. Ein schweres Tuch ist natürlich stabiler.

Genau wie bei den Längenmaßen in Feet und Inch hat sich für die Grammatur die angloamerikanische Maßeinheit Ounce (Oz) durchgesetzt. Gebräuchlich sind vor allem 4 Oz und 6 Oz schwere Tücher. Ein Quality Glassing für Boards bis ca. 7'4" besteht aus einer 4 Oz + einer 6 Oz-Lage auf dem Deck und einer 4 Oz Lage auf dem Bottom mit einem zusätzlichen Patch im Finnenbereich.

Wer es leichter haben will, macht zum Beispiel 4 + 4/4 oder nur eine 6 Oz oben und eine 4 Oz unten. Wer es robust mag, kann z. B. 6 + 4/6 machen. Bei Midlength Boards ist 6 + 4/6 normal und bei Longboards 6 + 6/6. Auch hier sollte man keine billigen Materialien kaufen, sondern etwas Gutes, z.B. von Aerialite oder Hexcel. Die Qualität hat ihren Preis, aber wir reden hier nur über ein paar Euro.

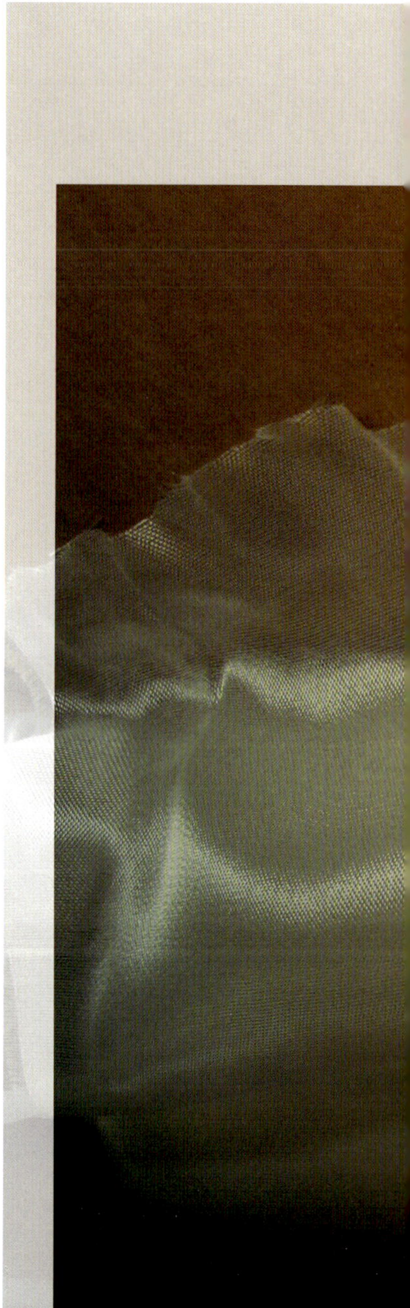

Die Hersteller bieten unterschiedliche Arten von Tüchern an:

- Das Standard-Gewebe ist das E-Glass, bei dem die Fasern mit einem Finish versehen sind. Dieses Finish macht das Tuch weicher und geschmeidiger, wodurch es optimal zu verarbeiten ist. Dies ist die Referenz, die auch mindestens zu 90% benutzt wird.
- Beim Warp-Glass laufen mehr Fasern in Längsrichtung als quer. Somit bietet es mehr Stabilität und Steifheit auf dieser Achse, bei mehrlagiger Verarbeitung kann es aber zu Komplikationen durch Unebenheiten führen.
- D-Glass kommt ohne Finish, ist dadurch stabiler, aber unschön zu verarbeiten.
- S-Glass, besteht aus einer etwas anderen Glasfasermischung, ist teurer und etwas stabiler.
- Volan-Glass ist ein schönes Old School Tuch mit diesem leichten Grünschimmer, den Du vielleicht schon mal bei Classic Longboards gesehen hast. Da es Volan nur in 8 Oz und 10 Oz gibt, ist es auch eher etwas für den wohlüberlegten Einsatz bei großen Brettern. Es ist nicht einfach zu glassen, weil es ziemlich steif und beim Laminieren schwierig mit Harz zu durchtränken ist.

Wer ein Logo oder Ähnliches ins Laminat einarbeiten will, kann das Design auf dünnes Reispapier drucken und dieses unter dem transparenten Laminat als erstes auf laminieren. Das Papier wird dabei durchsichtig und der Druck sichtbar. Bei der Verwendung von Tinted Resin kommt das Logo über das Glasfaserlaminat.

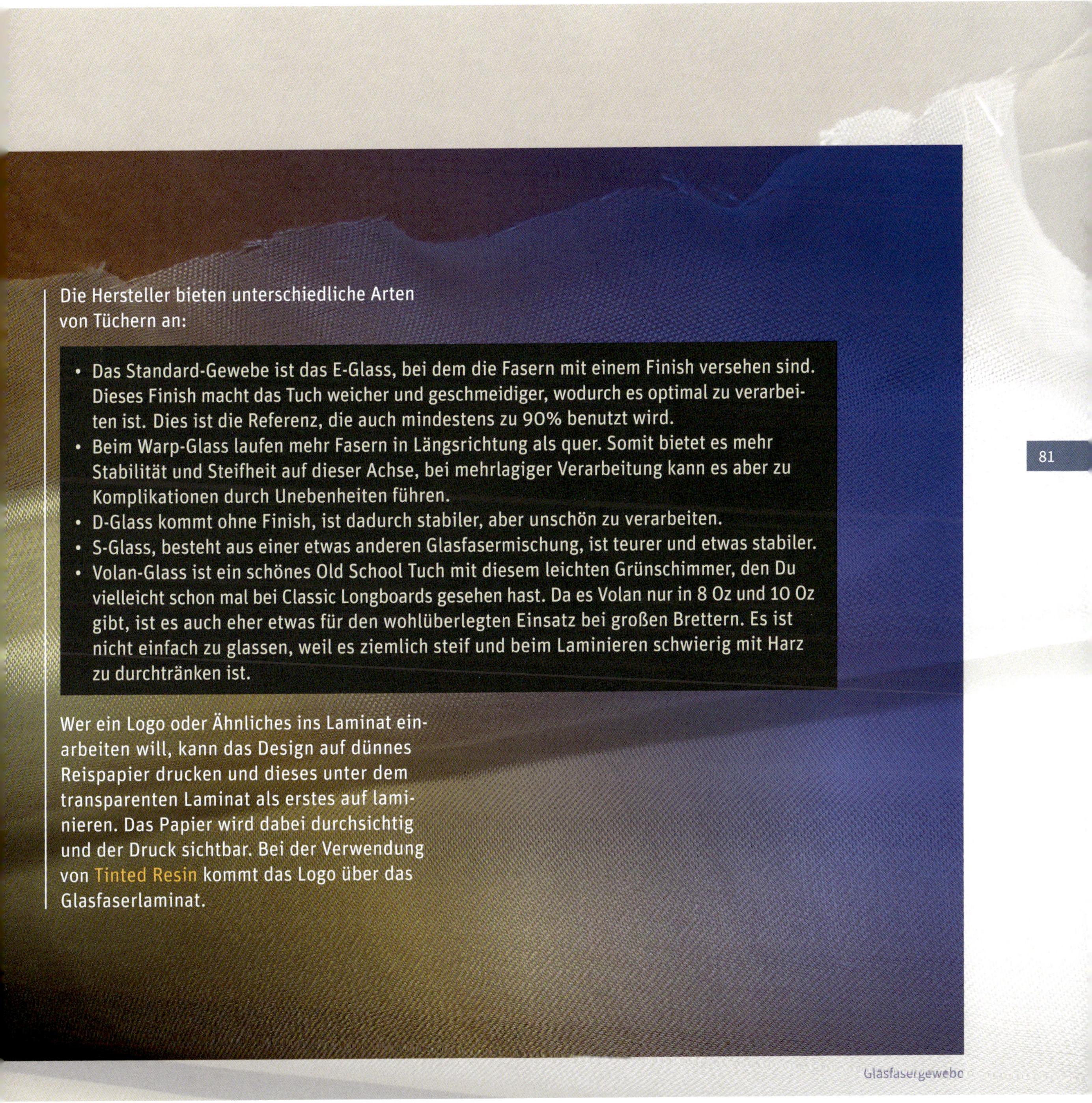

Glasfasergewebe

Die Finnensysteme

Glassed-on-Fins sind stylish und cool, aber auch unpraktisch zum Reisen und sie anzubringen ist relativ viel Arbeit. Außerdem entfällt die Möglichkeit des Finetunings durch unterschiedliche Finnen-Sets oder das Verschieben in der US-Box.

US-Boxen für Single-Fins gibt es in verschiedenen Längen, die Aussparung wird vor dem Sanding in das fertig gecoatete Board gefräst und die Box dann mit Harz eingesetzt.

Von Futures gibt es auch eine US-Box, die genau wie die kleinen Futures-Plugs vor dem Laminieren installiert wird. Die große Box hat genau wie die kleinen den Futures-typischen Kragen, der unter das Glasfaserlaminat ragt – etwas aufwendiger einzubauen, aber sehr stabil.

Wer findet die alten runden FCS-Plugs eigentlich cool? Wenn die Finne mal etwas klemmt und man nicht aufpasst, rammt man beim Versuch sie herauszunehmen die Ecke der Finne ins Laminat, die Kunststoffgewinde sind wenig robust und manchmal wird sogar die Fuge zum angrenzenden Glass undicht. Es ist immer noch das meistverkaufte System, was wohl an der einfachen und kosteneffizienten Installation liegt. Die Haltbarkeit überzeugt jedoch nicht.

Von links nach rechts: FCS, FCS2, Futures, US-Box und US-Box von Futures

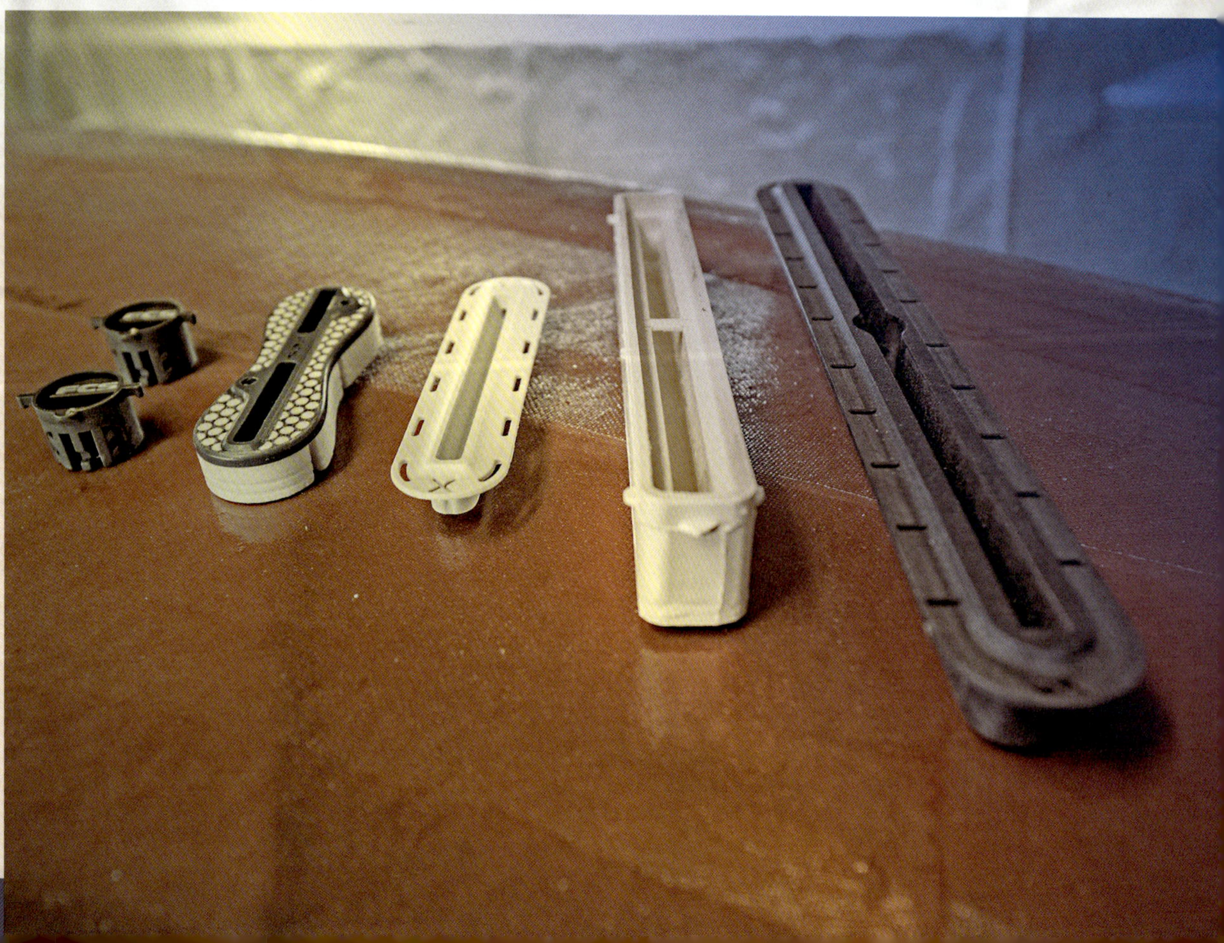

FCS-Fusion-Plugs sind schon besser, sie werden wie Futures vor dem Glassing eingebaut und ebenso FCS2. Diese sind eine super praktische Sache, zackbumm ist die Finne drin. Aber ab und zu verliert man auch mal eine, wenn die Finnen nicht zusätzlich mit Schrauben fixiert sind. Beim Herausnehmen muss man kräftig an Plugs und Laminat zerren. Das führt auf Dauer zu Ermüdungserscheinungen und gelegentlich zu notwendigen Reparaturen.

Das beste System ist wohl das von Futures. Der Kragen der Box, die vor dem Laminieren eingesetzt wird, liegt unter dem Glas und das hält bombig, wenn es ordentlich gemacht ist. Die Form des Plugs ist simpel und somit ist die Herstellung der Vertiefung einfach. Der Schaft der Finne, der in der Box klemmt, erstreckt sich über die gesamte Finnen-Base und das garantiert die bestmögliche Verbindung zwischen Finne und Board. Hinten wird die Finne eingehakt und vorne mit einer Schraube fixiert. Gute Sache.

Leashplugs gibt es in verschiedenen Größen und Farben und die sind alle okay. Der Stahlstift, an dem das Bändchen für die Leash fixiert wird, gehört quer zum Stringer.

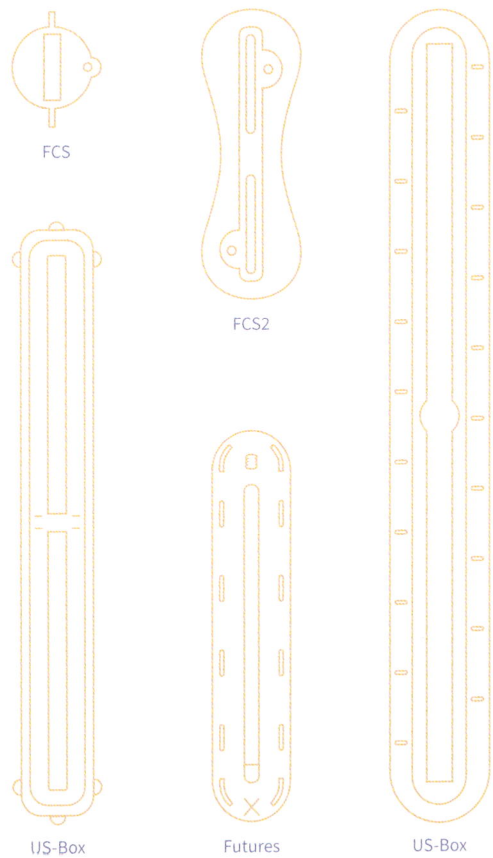

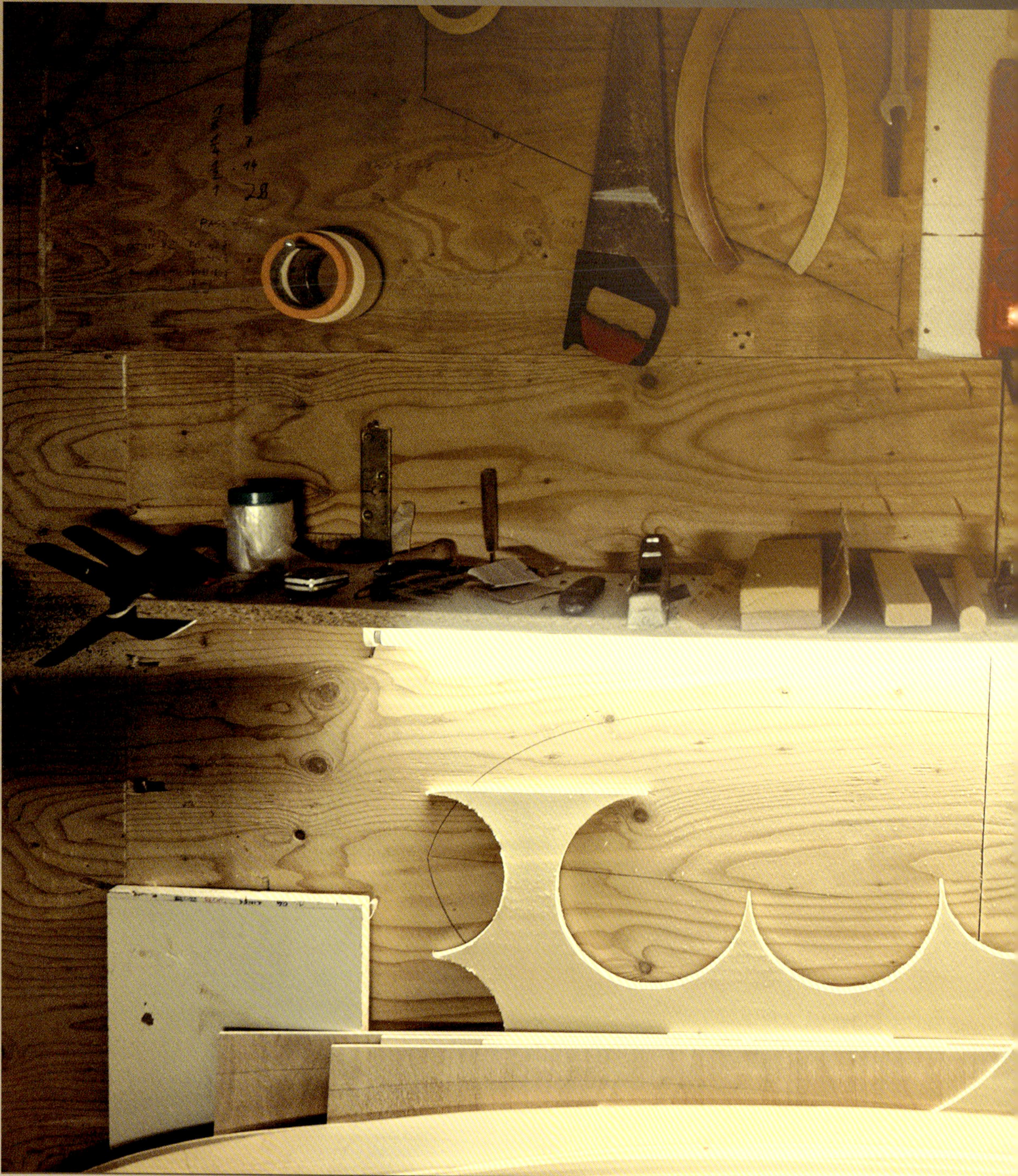

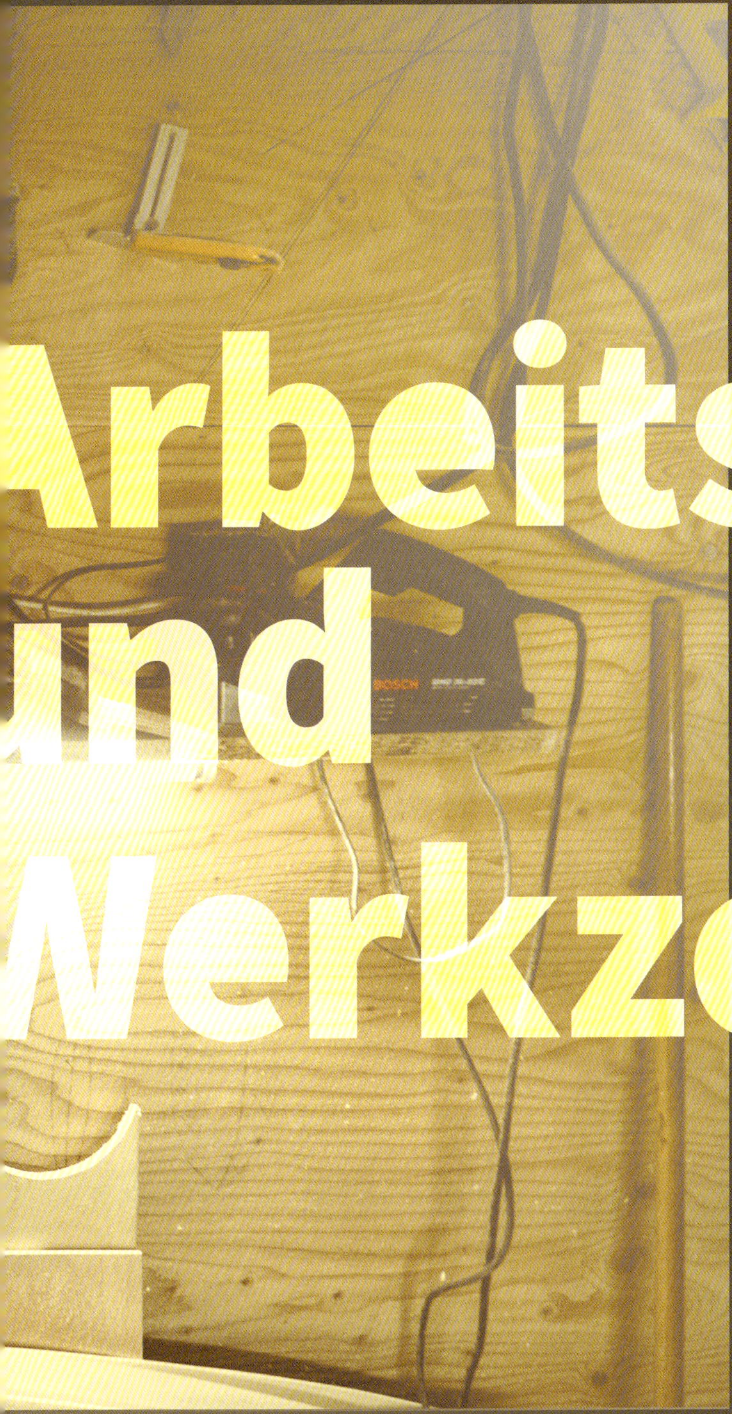

Arbeitsplatz und Werkzeuge

Bevor wir jetzt richtig anfangen können, sind noch einige Dinge zu erledigen:

- Vorbereitung des Arbeitsplatzes (Shaping Bay)
- Werkzeugbeschaffung
- Materialeinkauf
- Planung des Shapes

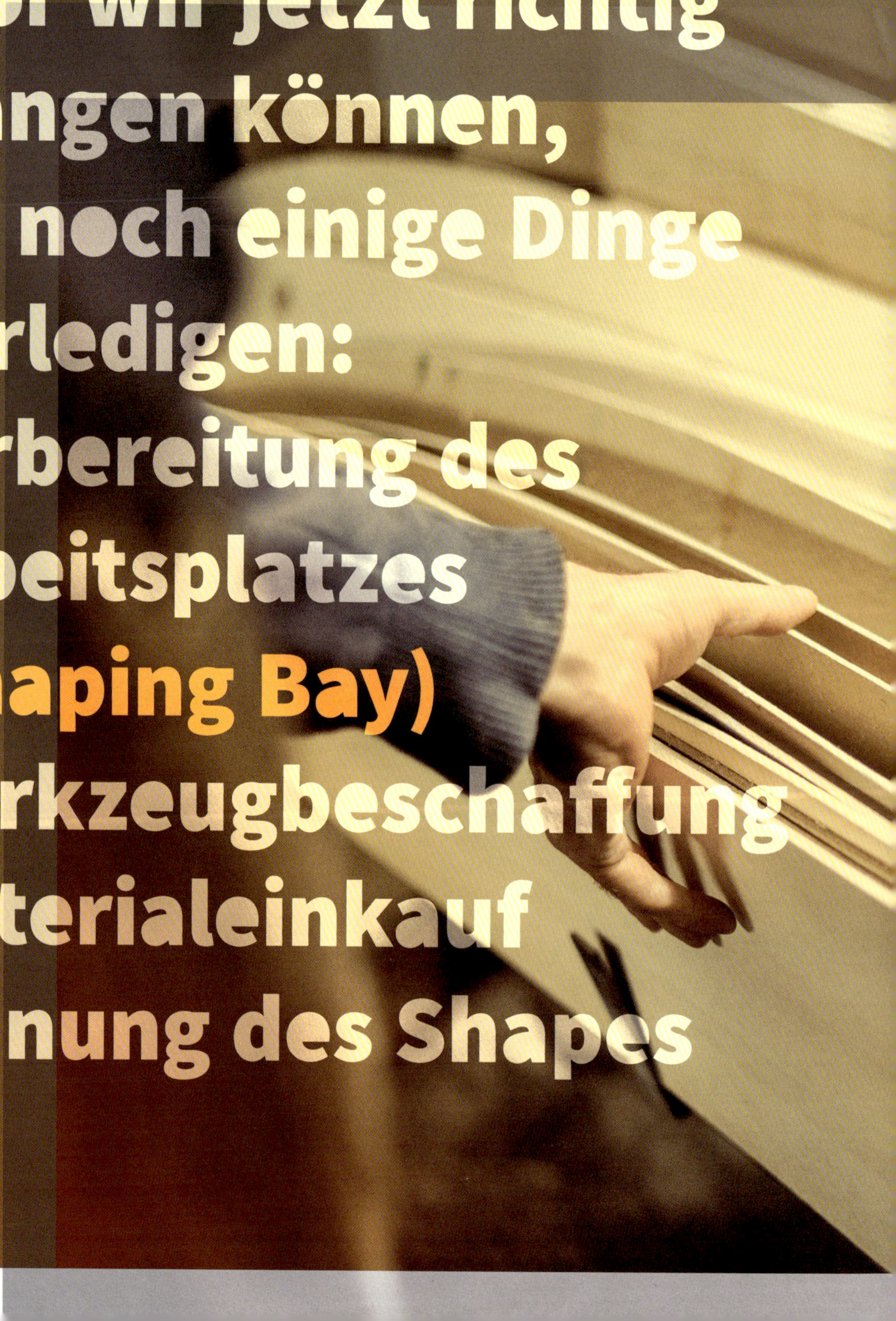

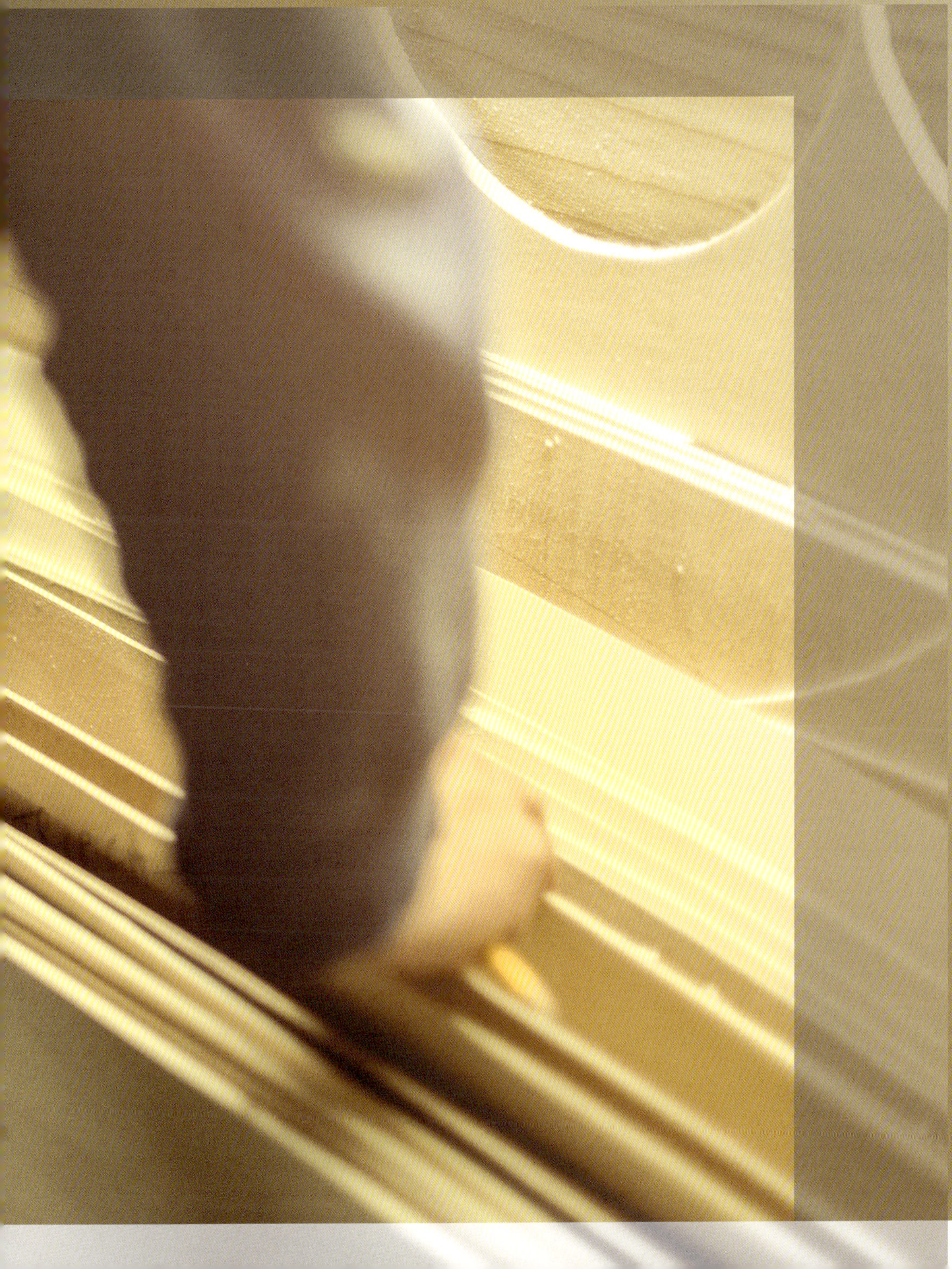

Die Shaping Bay

Zum Shapen brauchst Du einen geeigneten Ort, wo Du Dreck und Lärm machen kannst. Beim Glassen wird mit Harz gekleckert und es entstehen Dämpfe, verbunden mit dem typischen Geruch. Dieser Duft nach frisch geglassten Boards mag Dich und Deine Freunde entzücken, aber im heimischen Keller sollte man nicht unbedingt ein Board laminieren.

Wirklich schlimm sind die Dämpfe vor allem, wenn man Polyester verarbeitet. Modernes Epoxy hingegen setzt viel weniger Dämpfe frei und ist entsprechend weniger geruchsintensiv und vor allem weniger gesundheitsschädlich (siehe hierzu auch das Kapitel ‚Material'). Natürlich verarbeiten wir alle Harze nur mit einer geeigneten Atemmaske und Handschuhen. Zudem muss der Raum über Belüftungsmöglichkeiten verfügen!

Eine Garage ist von der Größe her völlig ausreichend. Vielleicht hast Du ja eine? Oder jemand, den Du kennst? Oder Du tust Dich mit ein paar Leuten zusammen und Ihr sucht euch gemeinsam eine kleine Werkstatt, Garage, Gartenhütte oder so.

Wenn der Raum gefunden ist, wird erst einmal der Boden mit Filzpappe (dicke graue Papprolle aus dem Baumarkt) oder Ähnlichem abgedeckt. Beim Laminieren tropft immer Harz herunter und falls Du den Raum irgendwann wieder verlassen musst, willst Du ja nicht komplett renovieren. Dann können wir den Arbeitsplatz einrichten und zwar zu allererst mit den Shaping Racks.

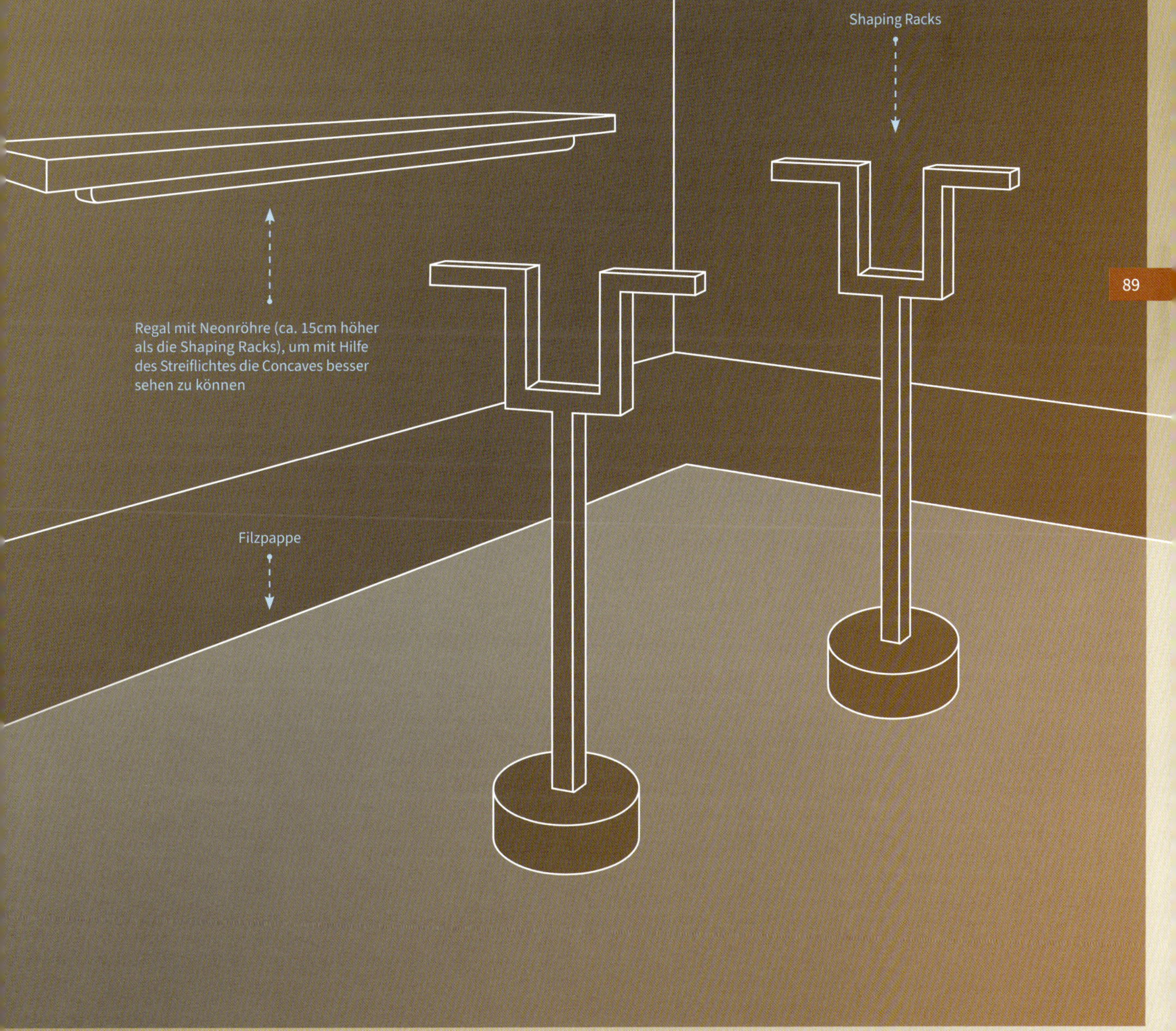
Shaping Racks
Regal mit Neonröhre (ca. 15cm höher als die Shaping Racks), um mit Hilfe des Streiflichtes die Concaves besser sehen zu können
Filzpappe

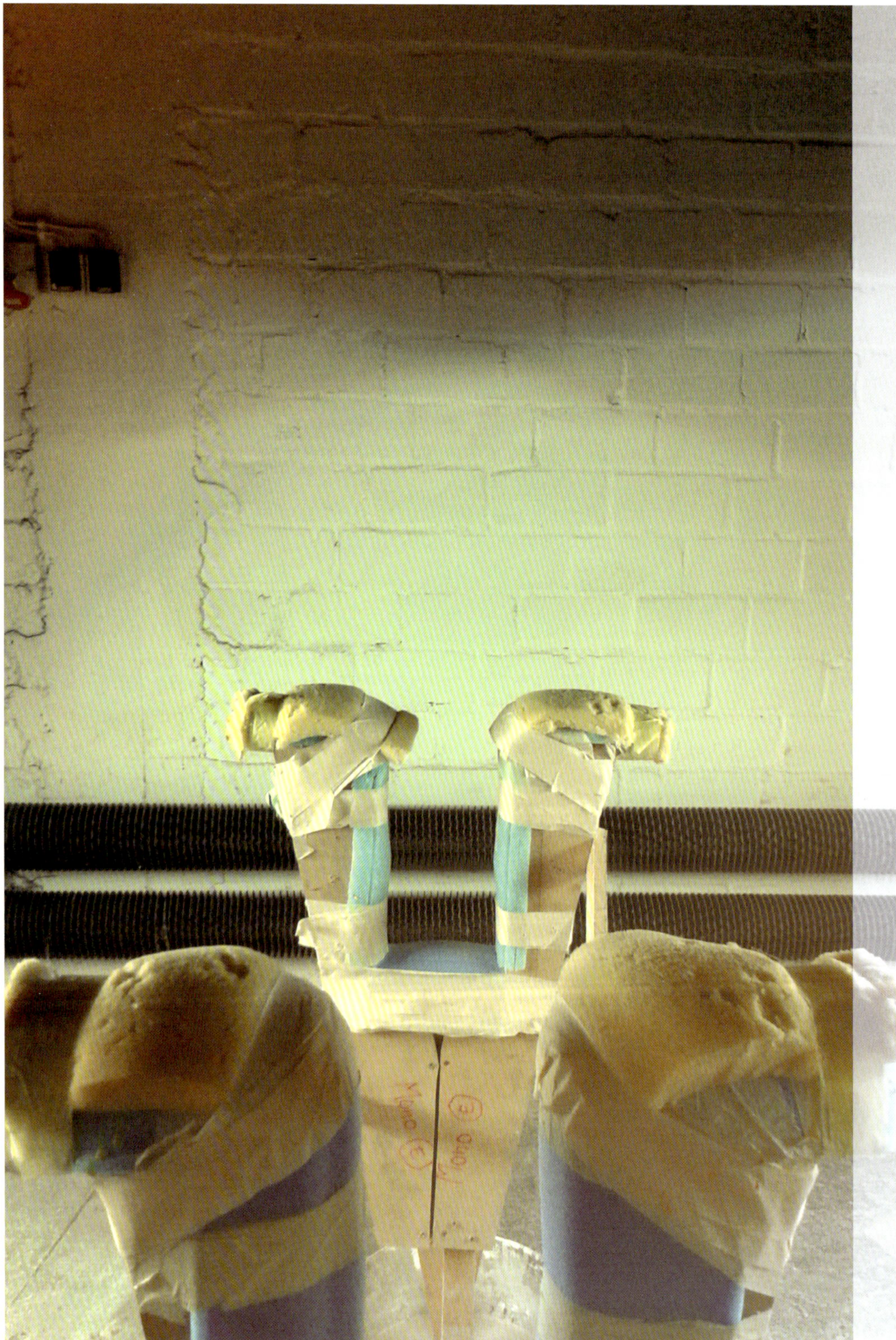

Shaping Racks aus Holz. Im Hintergrund sieht man den Schattenwurf von perfekt symmetrisch montierten Lampen

Die Shaping Racks

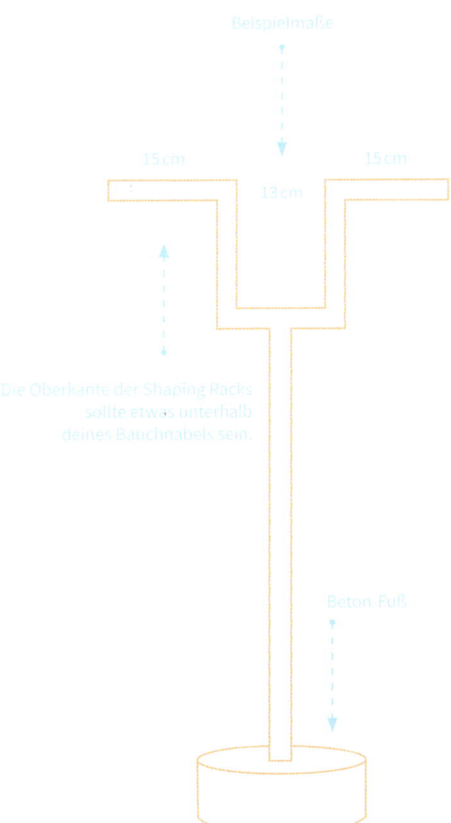

Du musst Dir zwei Shaping Racks anfertigen. Das sind die Arbeitsböcke, auf denen Dein Blank in verschiedenen Positionen gut und sicher liegt und nicht wackelt, während Du daran arbeitest. Man kann sie aus Holz herstellen, sollte sie ausreichend versteifen und in jeweils einem Eimer mit ca. 25kg Estrichbeton eingießen, um ein standfestes Fundament zu haben (Anleitung zum Anmischen des Estrichs steht auf dem Sack).
Natürlich müssen die Auflageflächen gepolstert sein, z.B. mit dünnem Schaumstoff aus dem Baumarkt, damit das Blank beim Shapen nicht verletzt wird und nicht rutscht.

Für das erste Brett vielleicht nicht unbedingt nötig, aber auf Dauer sehr sinnvoll und auch gar nicht teuer, sind Neonröhren. Auf beiden Längsseiten montiert produzieren sie Streiflicht, das hilft, sowohl die Concaves und die Foil, als auch eventuelle Dellen und Unebenheiten zu sehen. Die Bretter oberhalb der Lampen verhindern, dass der Shaper geblendet wird und eignen sich perfekt als Ablage für die Werkzeuge, die auf diese Weise immer zur Hand sind.

Mit der Zeit wirst Du Deine Arbeitsumgebung immer weiter verbessern. Es werden Board Racks an der Wand hinzukommen, Schränke für Werkzeug und Material, vielleicht ein Ventilator, der beim Laminieren den Raum belüftet. Ein kleiner Tisch zum Abwiegen und Anmischen des Harzes ist eigentlich Pflicht. Die Verarbeitungszeit von zweikomponentigen Harzen ist zeitlich sehr beschränkt. Man muss schnell und effizient arbeiten und deshalb sollte der Arbeitsplatz beim Laminieren übersichtlich sein.

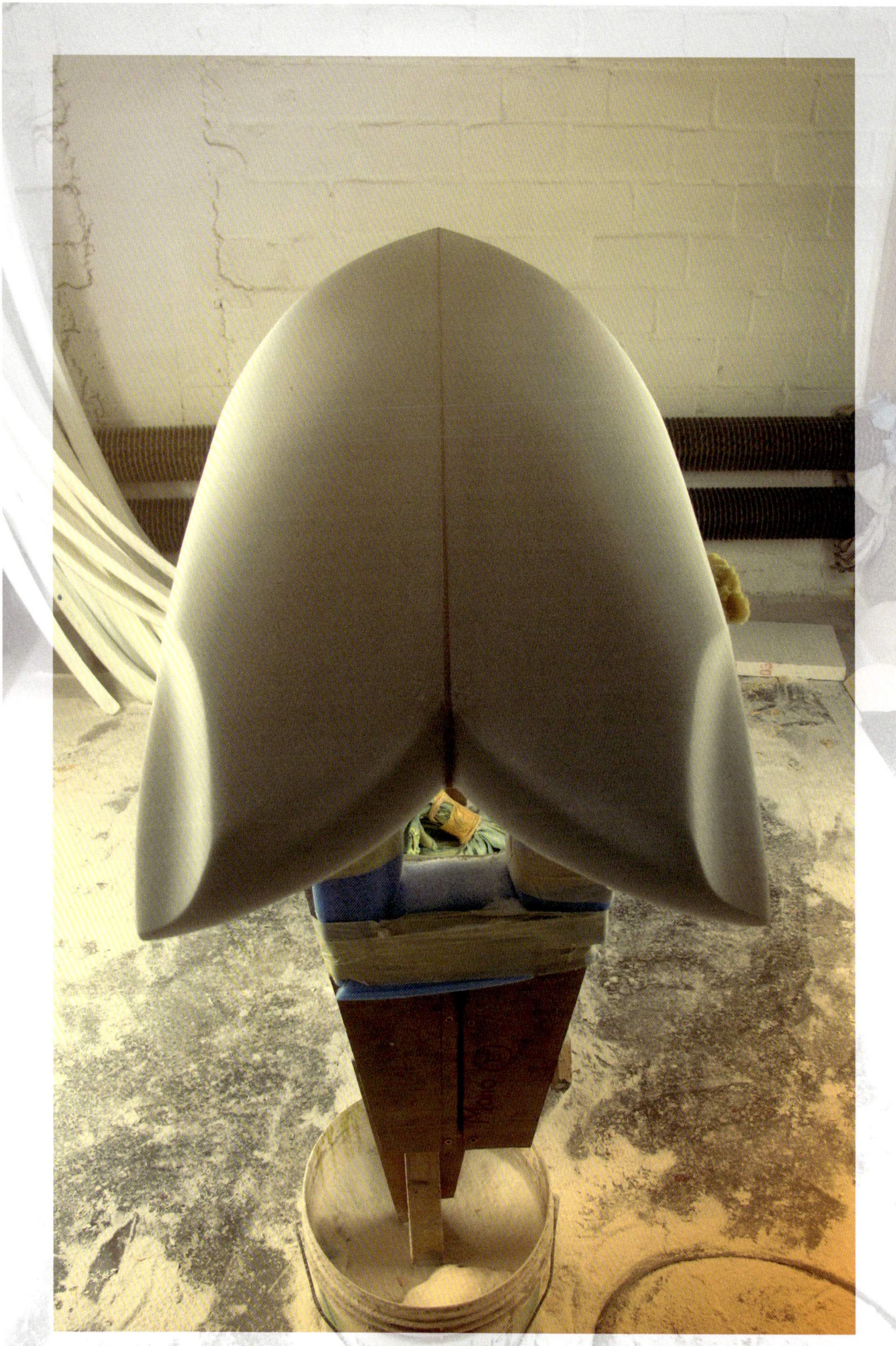

Das Streiflicht betont die Konturen des Boards

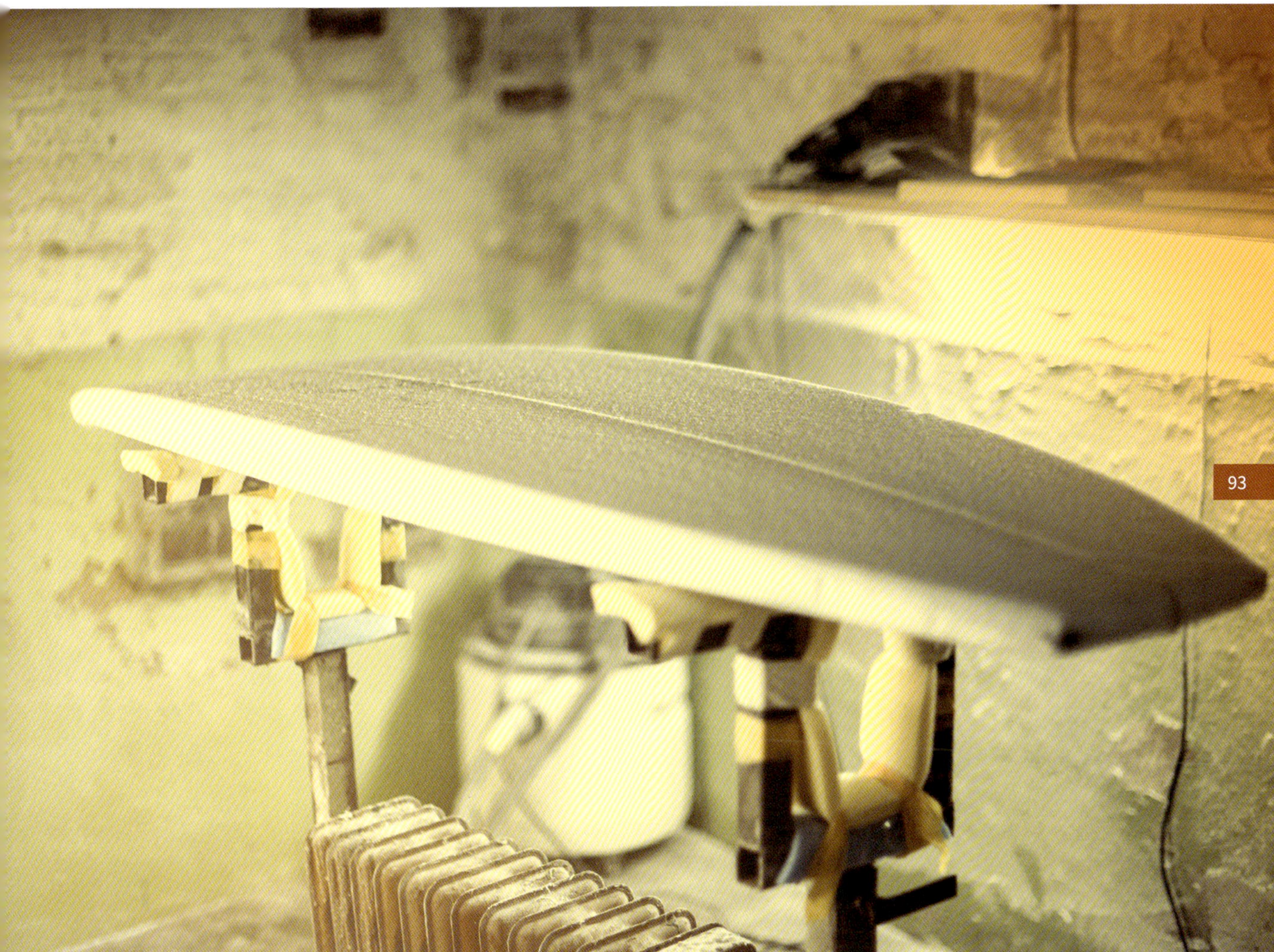

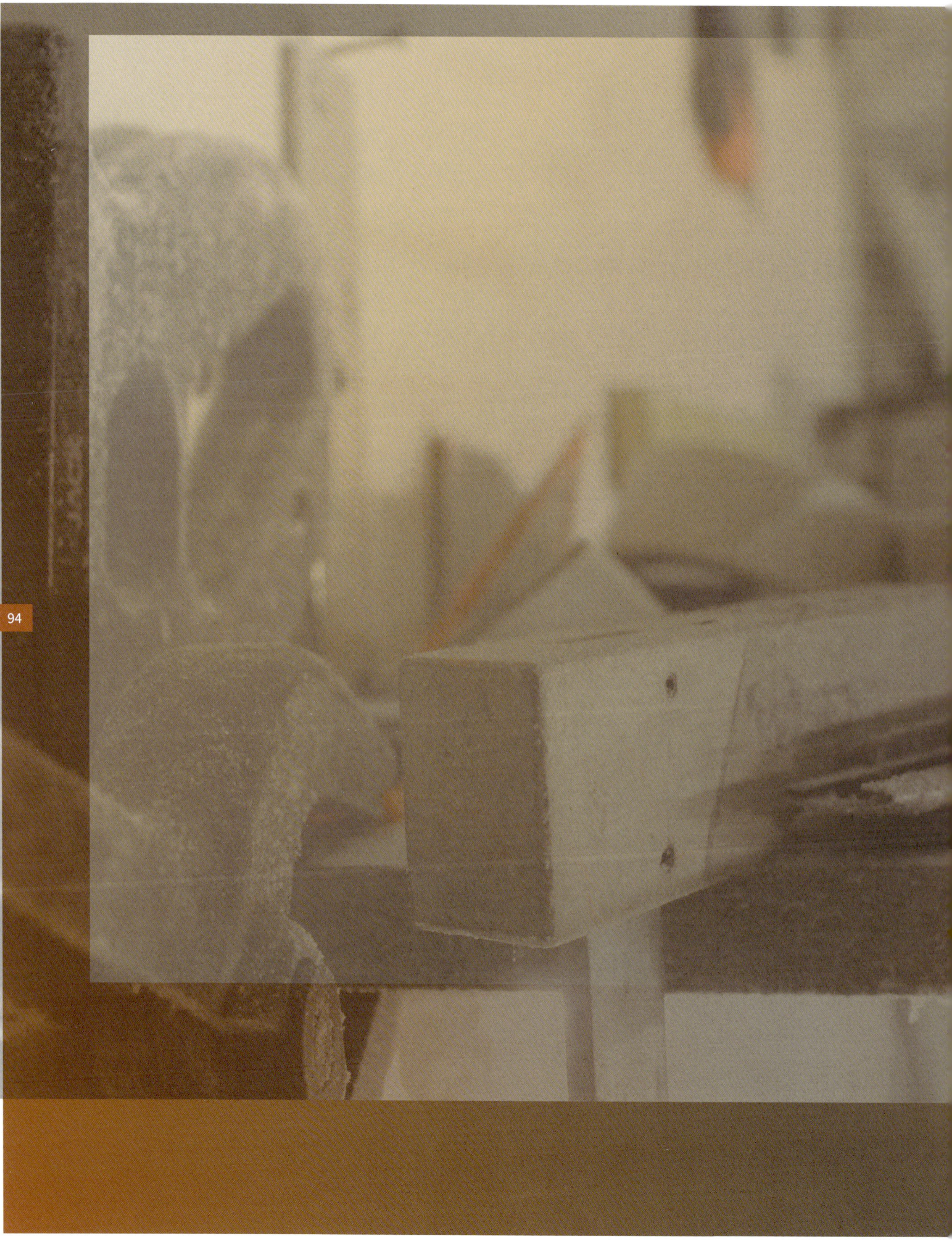

Im Folgenden sind alle Werkzeuge aufgelistet, die Du benötigst. Es sind fünf Elektromaschinen und ein Haufen Kleinkram. Wenn Du billige Geräte kaufst, kostet Dich die Anschaffung weniger als ein vernünftiges Board im Surfshop, aber empfehlenswert ist mindestens mittlere Qualität. Den Hobel und die Schleifmaschine kann man auch für kleines Geld tageweise mieten, was für den Anfang wahrscheinlich eine gute Option ist.

Die Elektrowerkzeuge

Stichsäge zum Herstellen einer Schablone für die Outline des Boards (Template) – muss keine besonders gute sein und hat man vielleicht eh schon.

Hobel, um die Dicke des Blanks gleichmäßig anzupassen und die Foil und den Rocker zu modifizieren. Je mehr Watt der Hobel hat und je besser die Qualität, umso laufruhiger ist er. Die blaue Boschserie ist sehr empfehlenswert oder Makita, Hitachi usw. wichtig ist, dass man am Hobel die Tiefe, die er abträgt, gut einstellen und diese auch während des Hobelns verstellen kann. Normalerweise passiert das, indem man am vorderen Haltegriff dreht. Wenn diese Verstellung stufenlos ohne zu klicken läuft, ist das optimal. Passionierte Werkzeugbenutzer werden sich noch einen kleinen Hebel an den Griff bauen, um diesen besser drehen zu können.

Akkuschrauber zum Anmischen von Epoxy-Harz mit dem Quirl und zum Bohren der Vertiefungen für Leashplugs/FCS-Plugs – findet sich wohl auch in den meisten Haushalten.

Schleifmaschine für den finalen Schleifvorgang. Kann man sich für das erste Board vielleicht irgendwo leihen oder mieten. Wenn Du sie öfter brauchst und Dir eine anschaffen möchtest, tu Dir einen Gefallen und kaufe keine billige Maschine. Darüber ärgert man sich nur. Es sollte eine Bosch GX 150 oder eine Festool Ro 150 sein. Beides sind starke Maschinen, die zwei Modi haben, von denen der kraftvolle für uns interessant ist. Man kann auch die Geschwindigkeit verstellen. Je feiner man schleift, umso schneller darf der Rotex drehen.

Druckluft-Kompressor zum Abpusten des Blanks vor jeder Laminier- bzw. Hotcoatschicht. Da gibt es auch kleine Geräte für wenig Geld.

Der Umgang mit dem Elektrohobel, aber auch mit anderen Werkzeugen wie z.B. Schleifmaschine, Oberfräse, Cutter oder Säge birgt gewisse Gefahren, für die der Autor keine Verantwortung übernimmt.

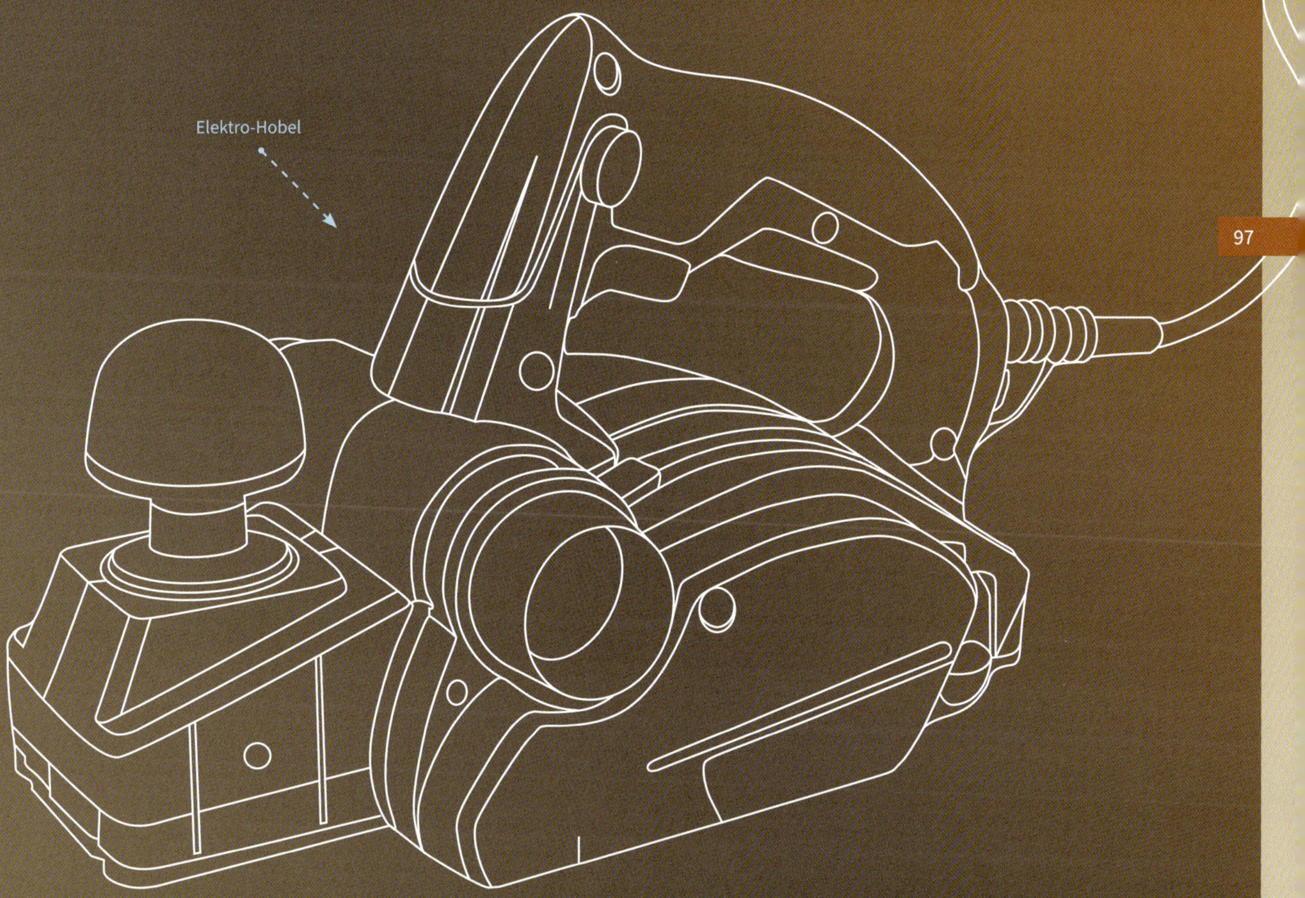
Elektro-Hobel

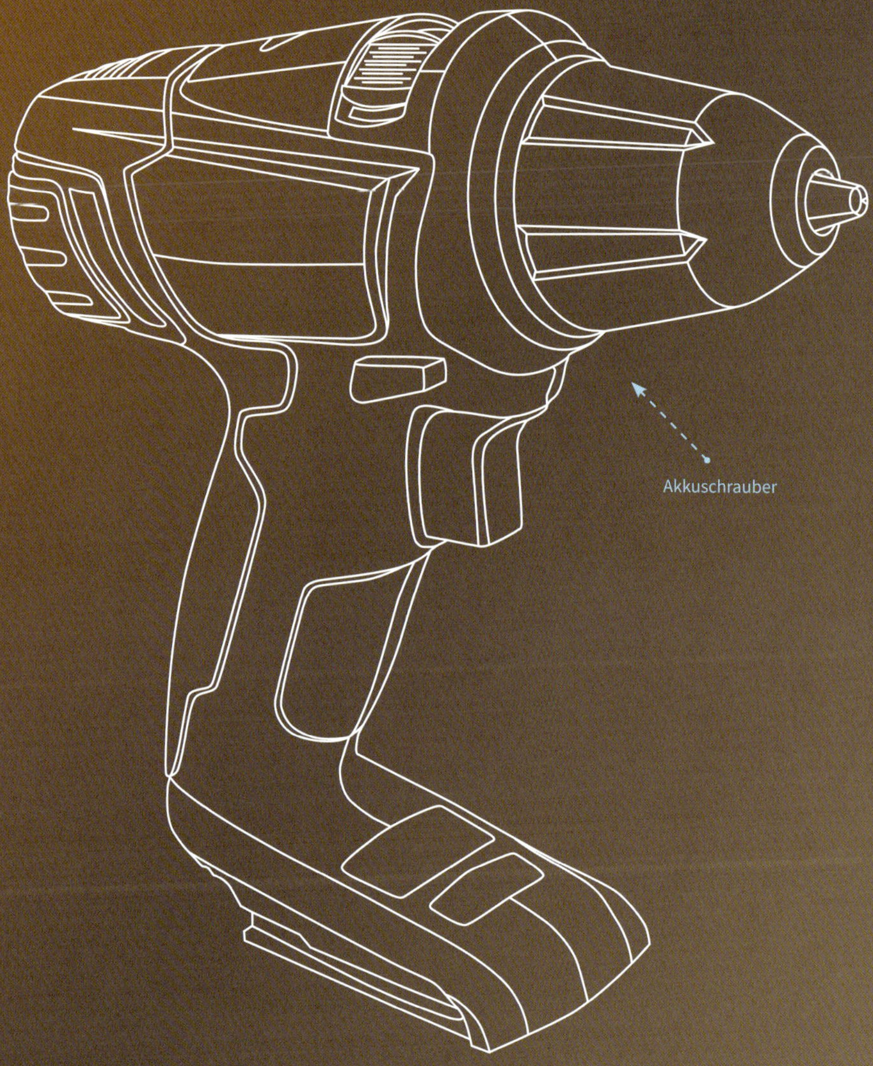
Akkuschrauber

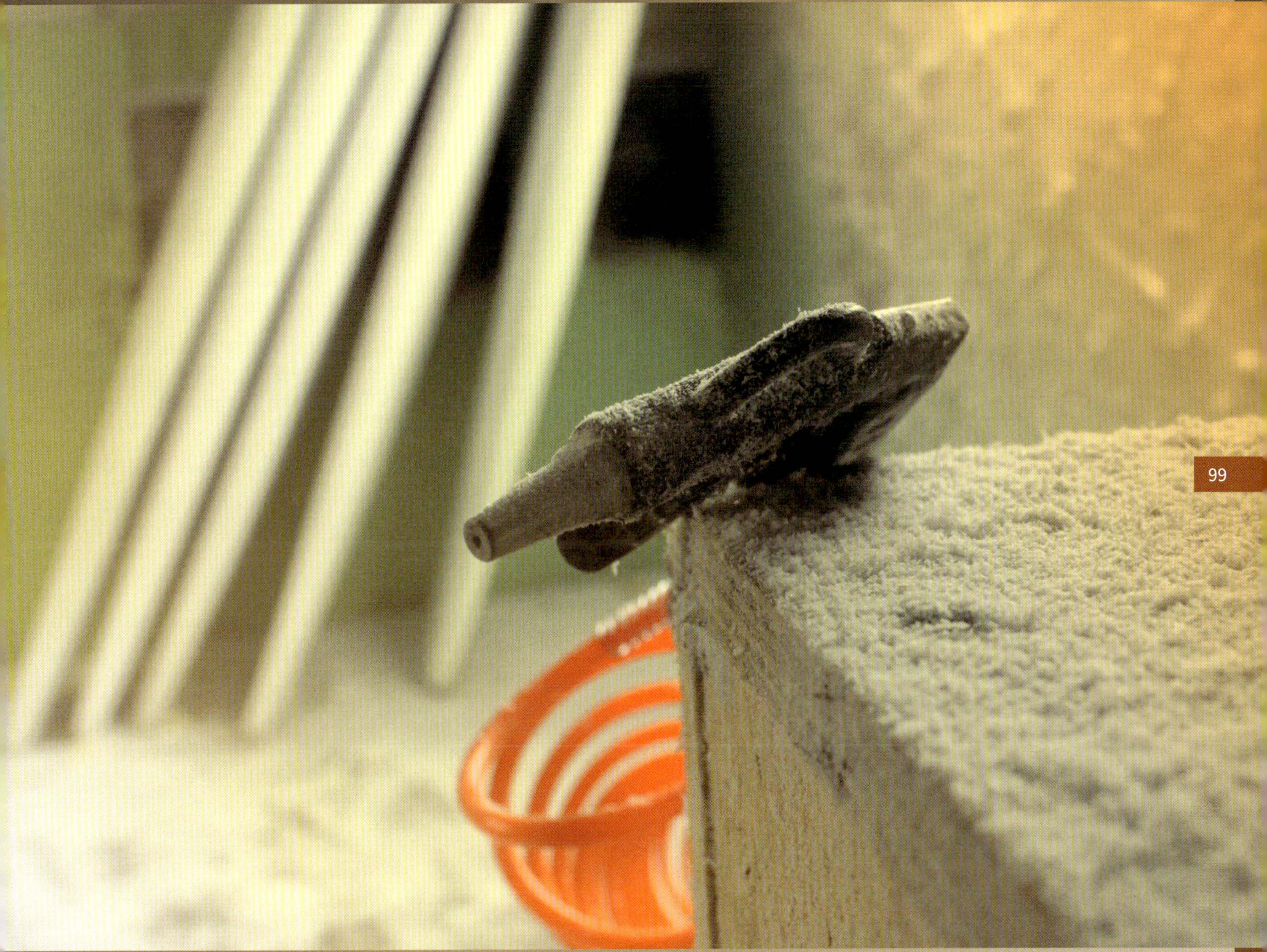

Druckluft zum Entstauben des Blanks oder der Werkzeuge

Werkzeuge für das Shaping

- Maßband in Feet und Inch
- Bleistift in beliebiger Härte und sehr weicher Bleistift (6B o. 8B) zum Signieren
- Ein 2 mm dünner Glasfaserstab oder eine dünne, biegsame Holzleiste, o.Ä. zum Zeichnen schöner Templatekurven 150 - 200 cm lang)
- 2 Klemmen zum Fixieren des Templates auf dem Blank beim Anzeichnen
- Malerklebeband, ca. 40mm breit
- Fuchsschwanz zum Aussägen der Outline
- Selbst gebauter Schleifklotz (s. Foto S. 105), eine Seite hart, die andere weich, Grundfläche: 8x27,5cm
- Schleifpapierbogen 60er-Korn
- Gipshobel (möglichst Stanley Surform)
- Kleiner Holzhobel (möglichst Kombihobel, der mit der runden Seite auch auf dem Deck in den Bereich der Nose an den Stringer passt)
- Dickenmessgerät, selbst gebaut
- Richtlatte + kleine Wasserwaage zum Messen des Rockers
- Runder oder schmaler Schleifklotz für die Concaves
- Gerade Leiste in Breite des Boards zum Kontrollieren der Concaves/Vee
- Schleifgitterstreifen ca. 10x40cm, 80er- und 120er-Korn für die Rails (Trockenbau-Zubehör)
- ‚Fred' (siehe Seite 104) – das selbst gemachte Raspeltool für die Rails, die Kante des Holzbrettes hat 120° und hier werden die beiden kurzen Gipselhobelblätter in entgegengesetzter Richtung angeschraubt
- Schaumstoff 40x40x4cm und Schleifgitter 40x40cm mit 120er-Korn für das finale Blending des Shapes
- Kleiner Sandsack oder weich eingepackter Stein zum Beschweren des Blanks

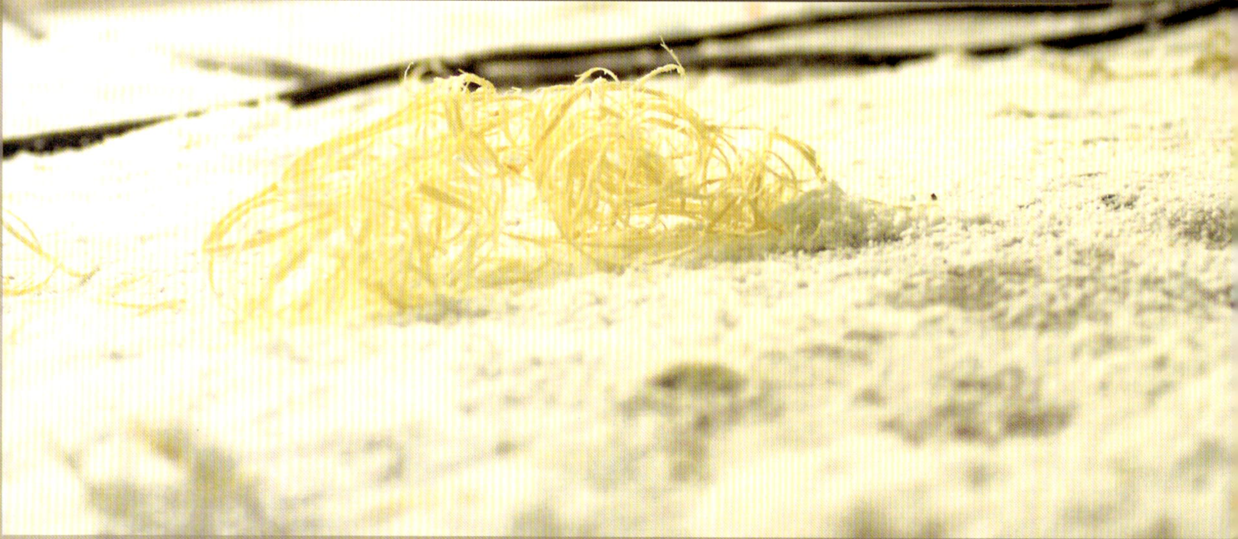

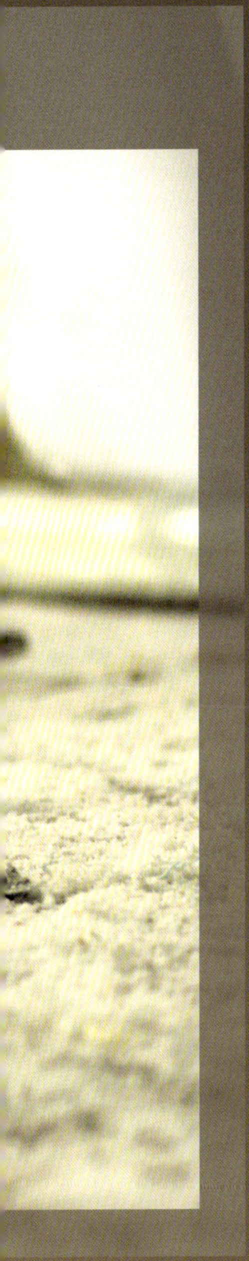

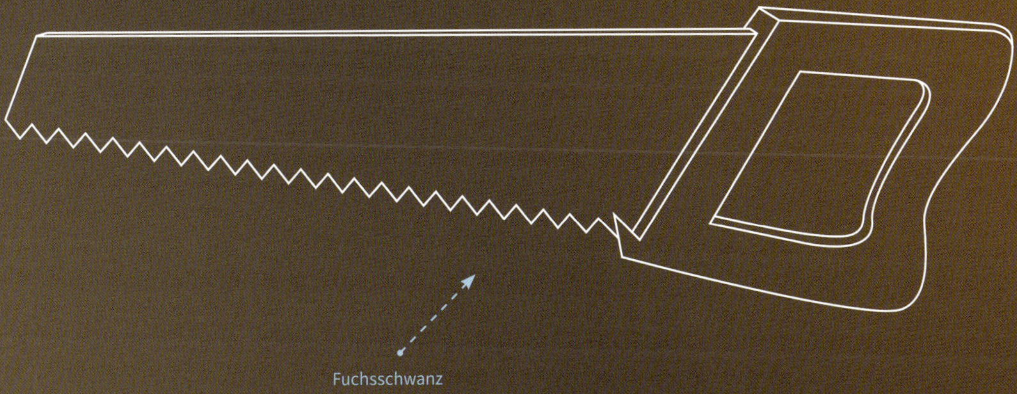
Fuchsschwanz

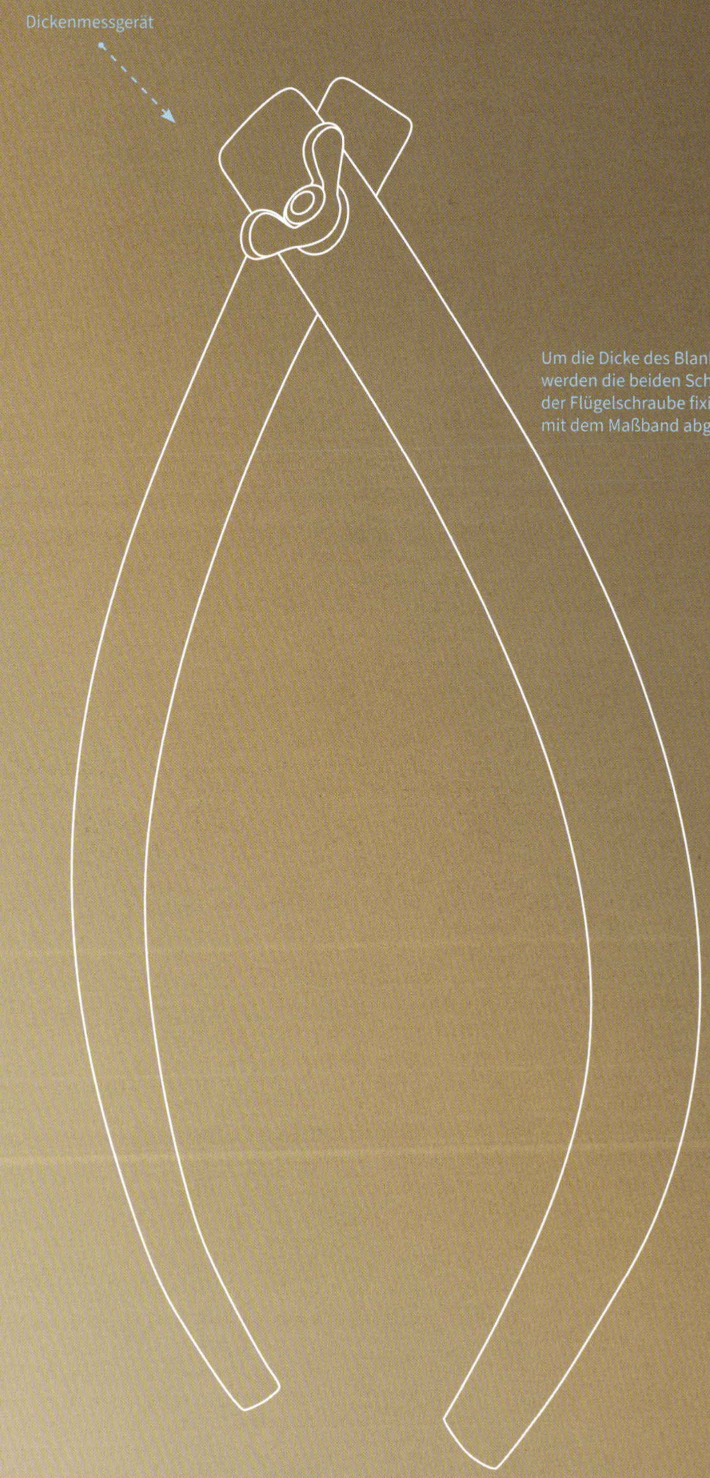

Um die Dicke des Blanks zu messen, werden die beiden Schenkel mit Hilfe der Flügelschraube fixiert und dann mit dem Maßband abgemessen.

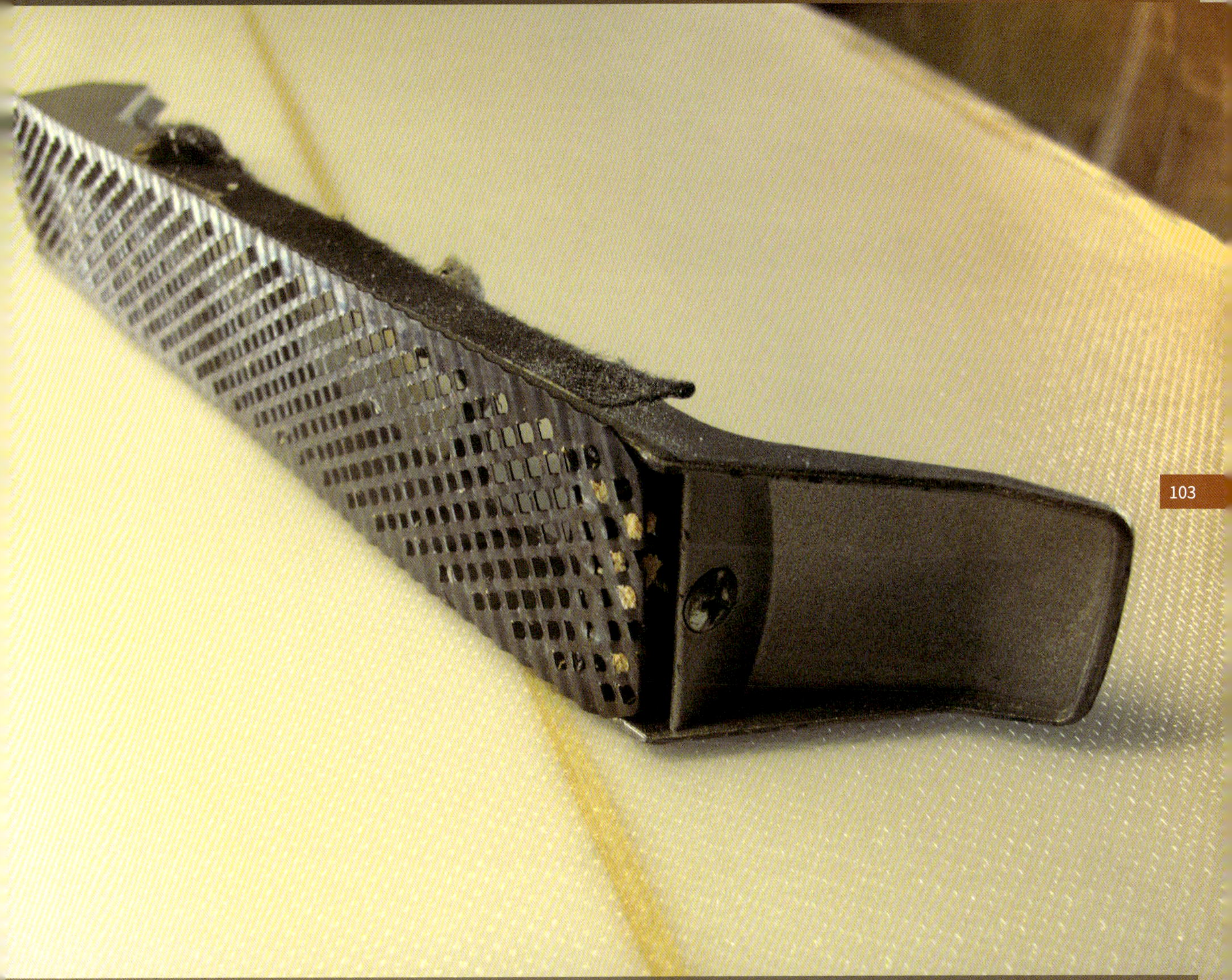

Mit dem Gipshobel wird das grobe Shape hergestellt

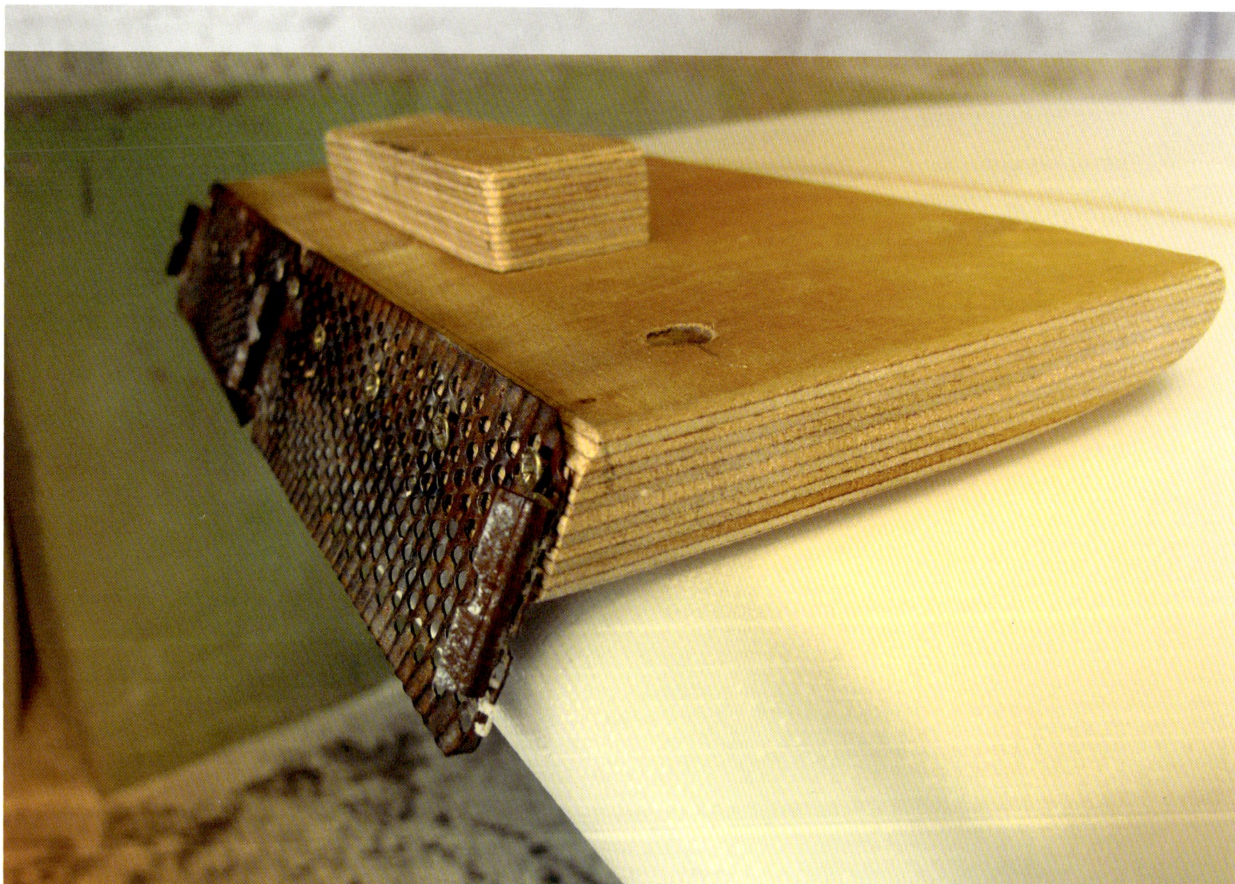

Das ‚Fred-Tool' ist eine geniale Hilfe, um die unteren Rails gleichmäßig zu shapen

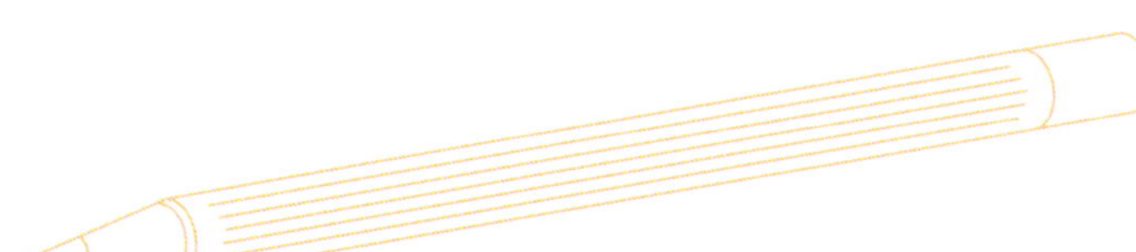

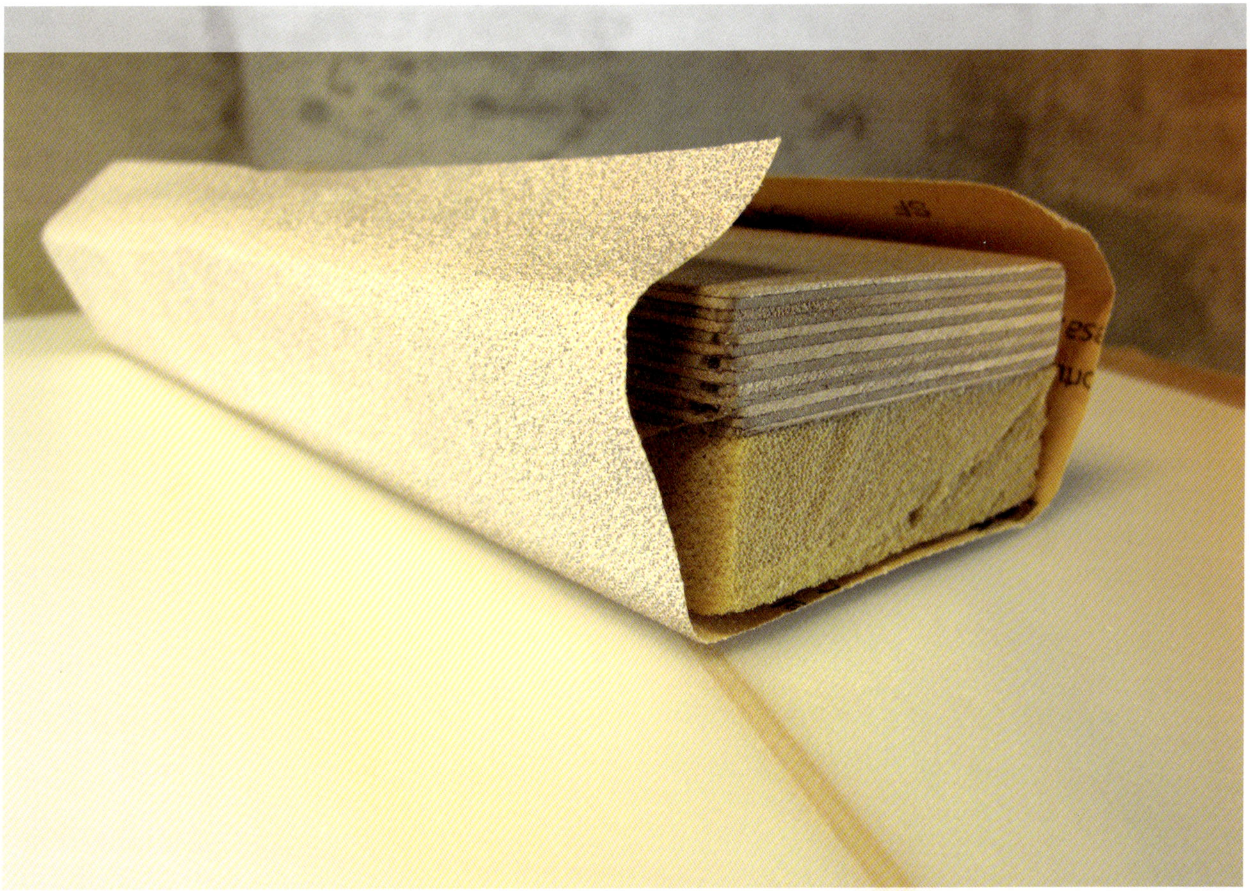

Schleifklotz mit wahlweise weicher oder harter Auflage, mit dem 60er-Papier kann präzise geshaped werden

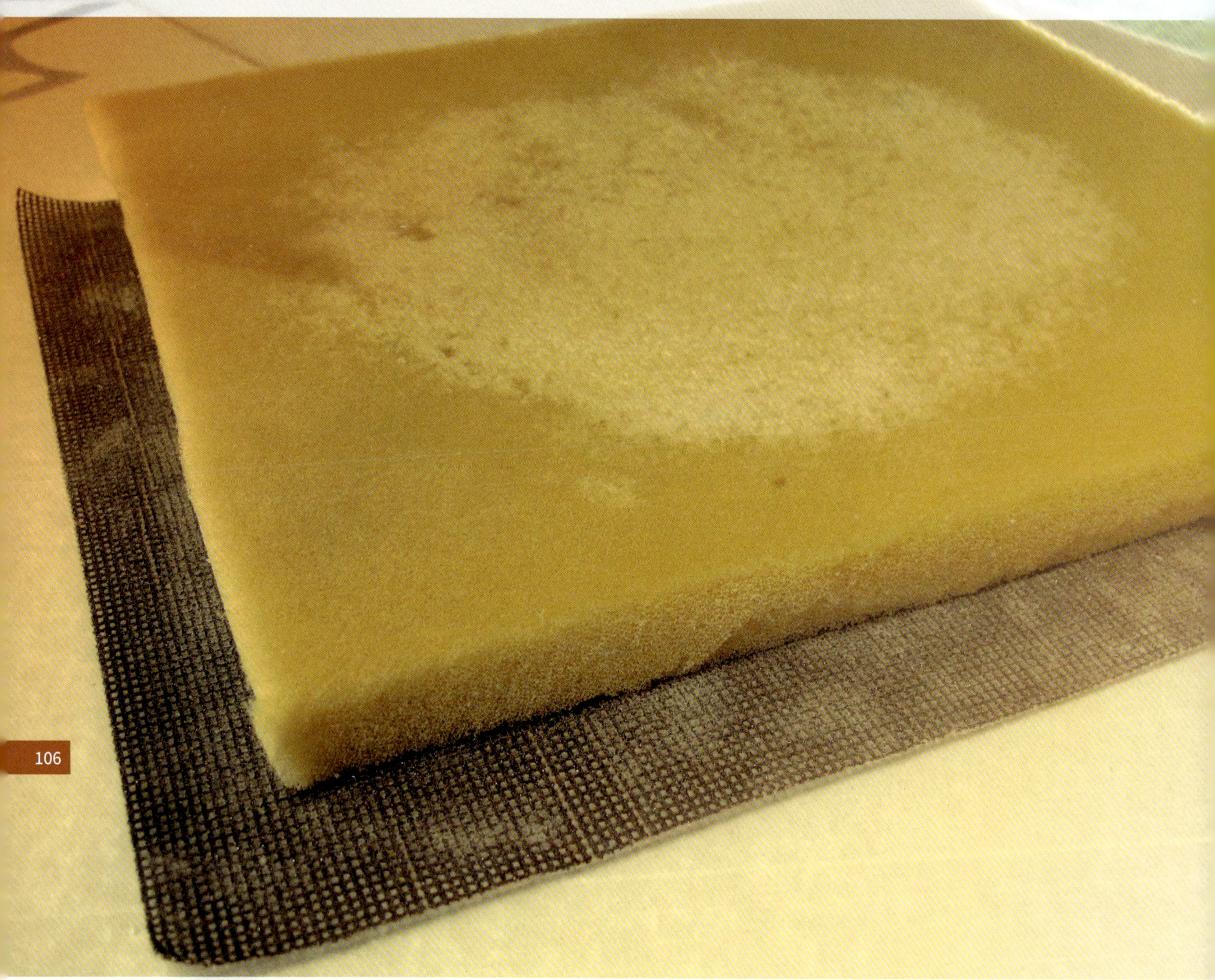

Schaumstoff mit 120er-Schleifgitter für das finale ‚Blending'

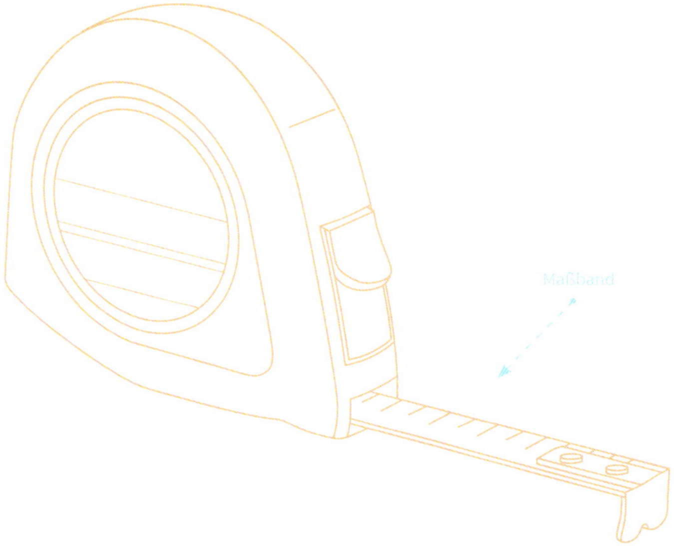

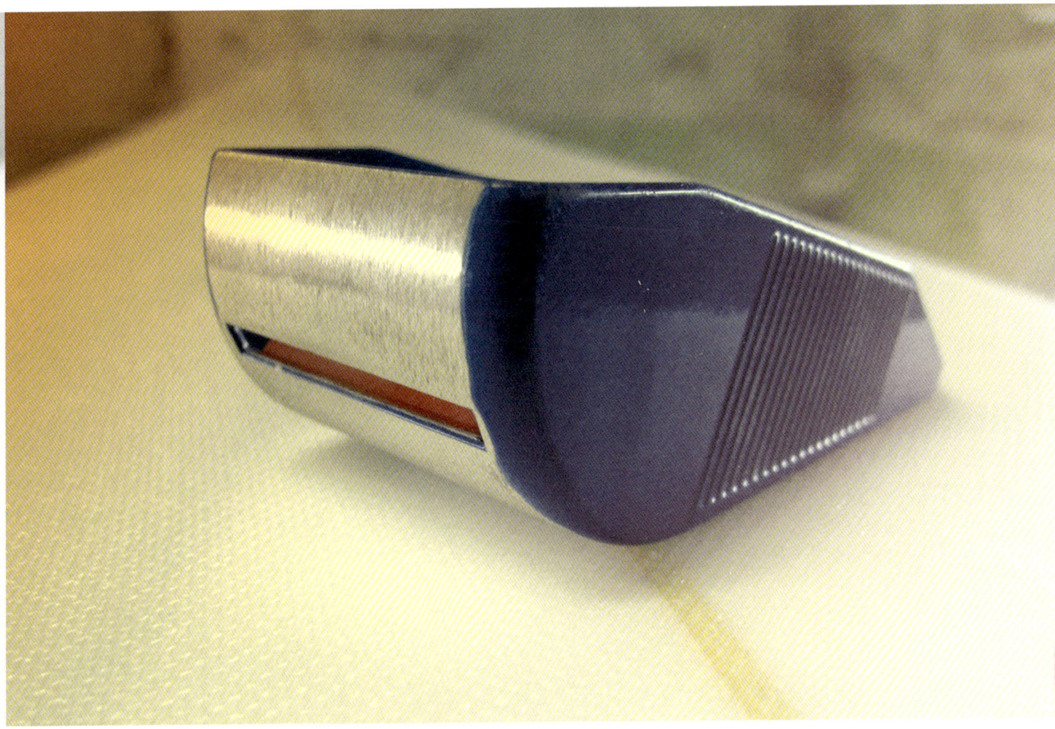

Mit einem Hobel mit gerundeter Sohle erreicht man den Stringer auch im Nosebereich der Boardoberseite

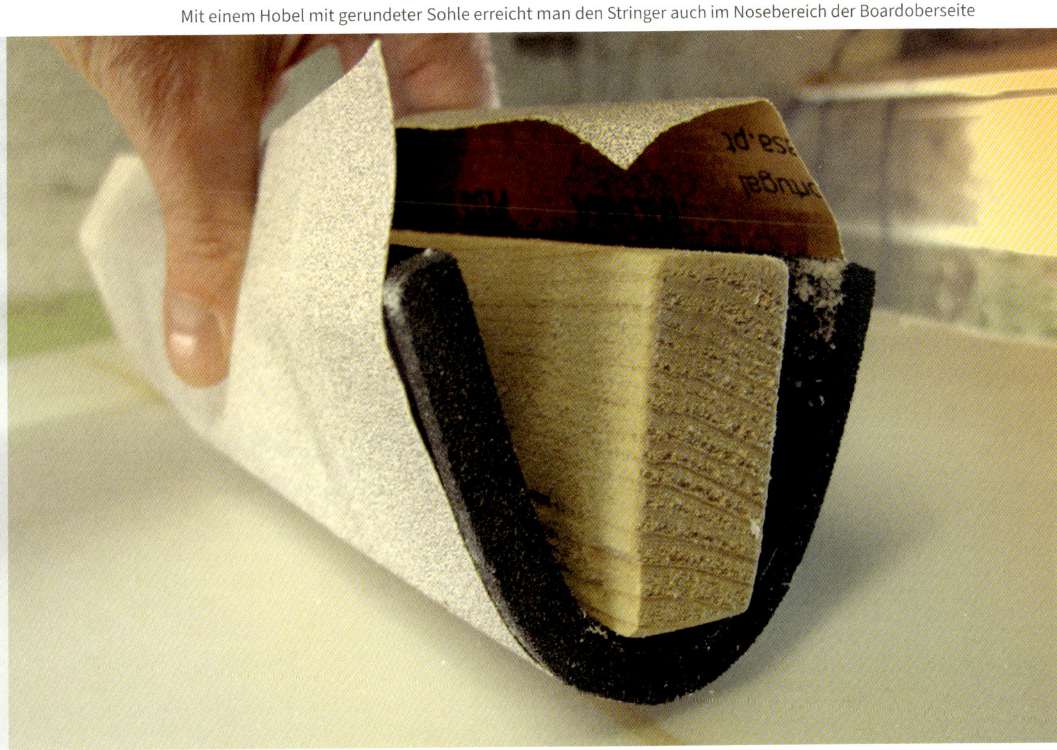

Improvisiertes Tool zum Shapen enger Doubleconcaves

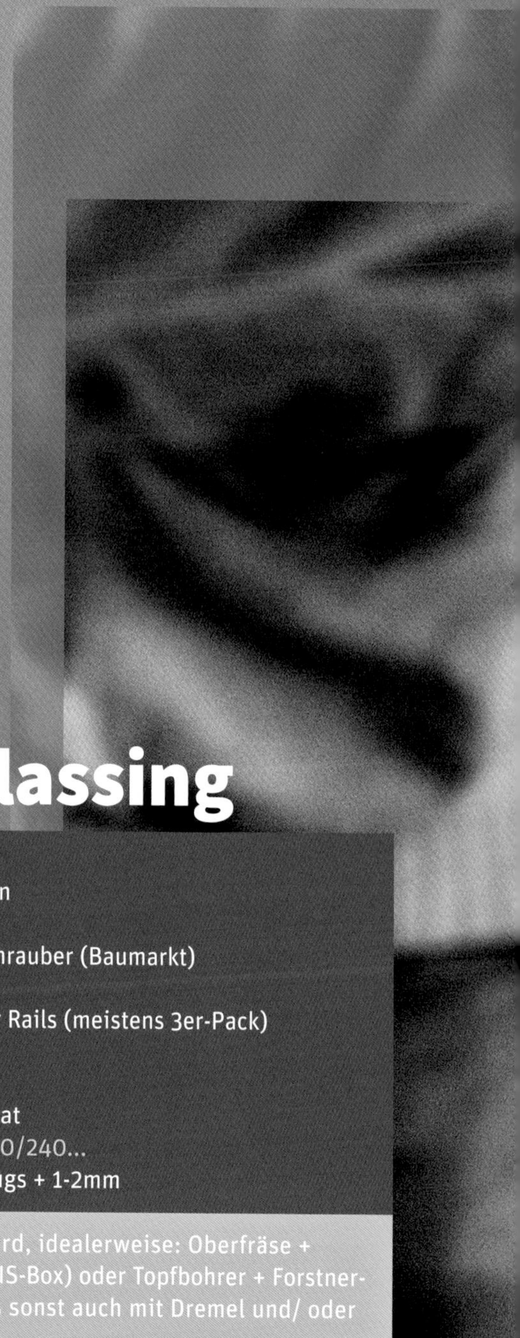

Werkzeuge für das Glassing

- Eine gute, große Schere
- Elektronische Waage 2000g in 0,1 g-Schritten
- 1 Liter Rührbecher
- Kleiner Quirl zum Einspannen in den Akkuschrauber (Baumarkt)
- Latex-Squeegee zum Laminieren
- Kleiner Kunstoffspachtel zum Laminieren der Rails (meistens 3er-Pack)
- Cuttermesser + Ersatzklingen
- Kleiner Pinsel 10mm für Finnenboxen
- Großer Pinsel ca. 700mm (2 Stück) für Hotcoat
- Schleifmittel für Schleifmaschine 80/120/180/240...
- Forstnerbohrer im Durchmesser des Leashplugs + 1-2mm

Je nachdem welches Finnensystem verbaut wird, idealerweise: Oberfräse + Schablone (Futures, FCS FUSION, FCS2, und US-Box) oder Topfbohrer + Forstnerbohrer (FCS), mit etwas Geduld kann man das sonst auch mit Dremel und/ oder Cutter und kleinem Bohrer erledigen.

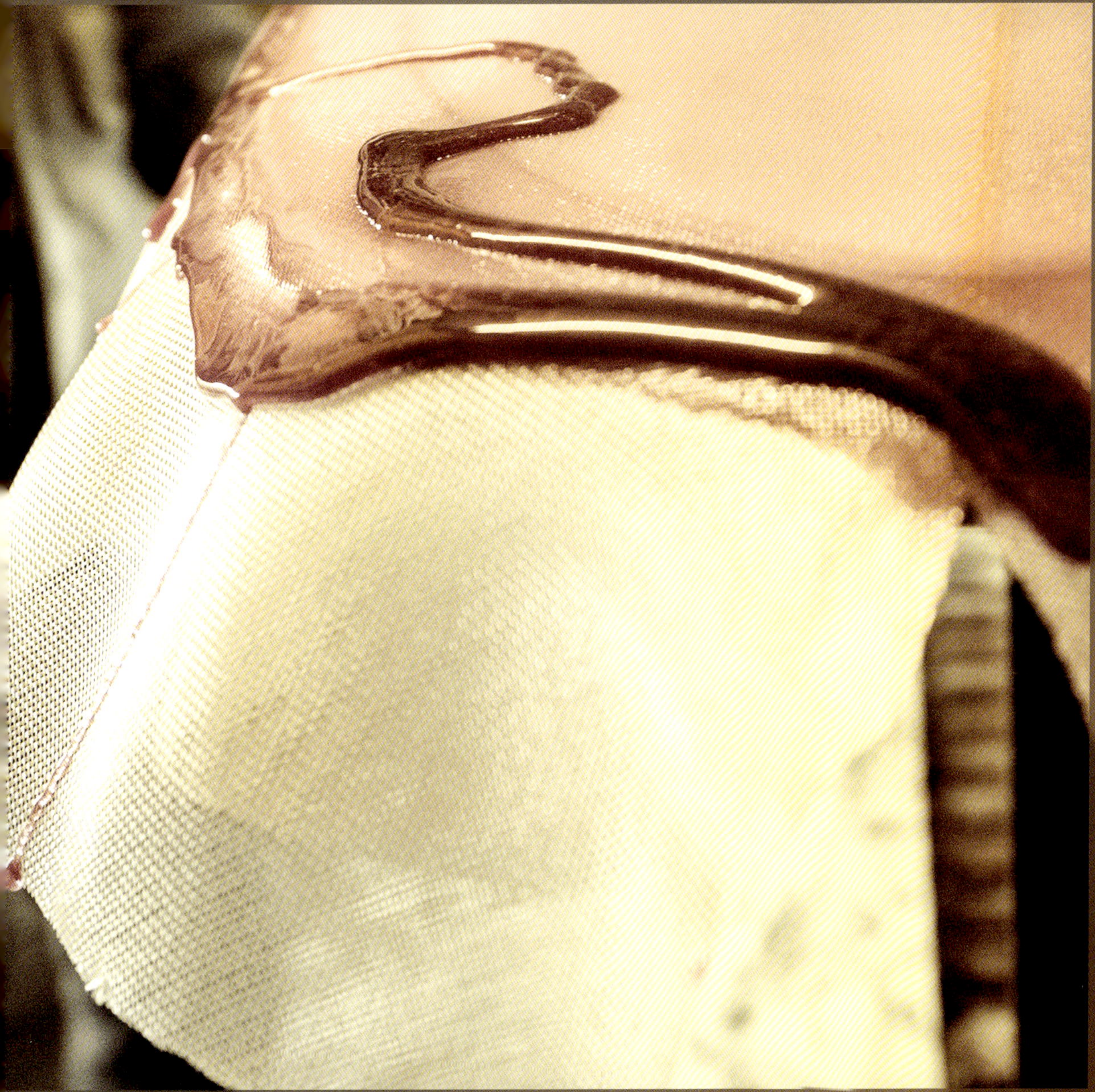

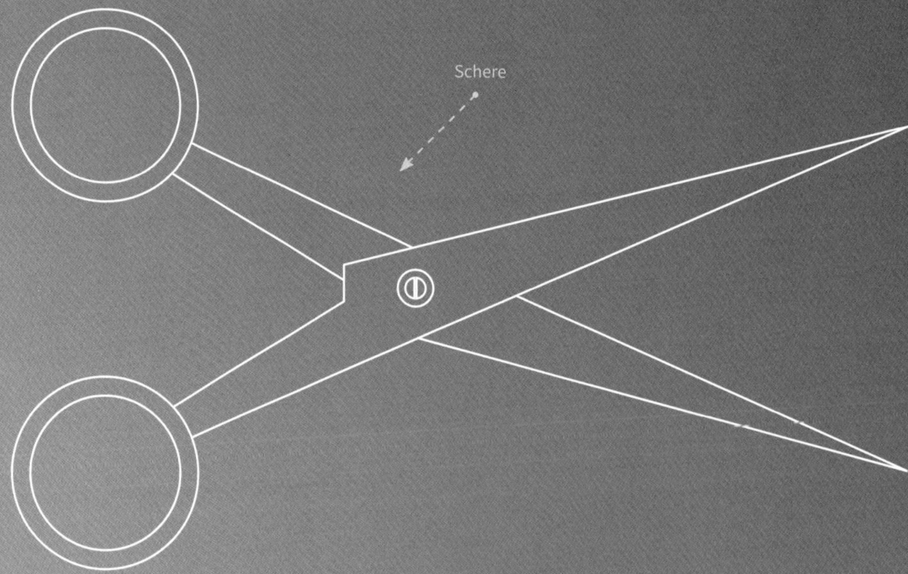
Schere

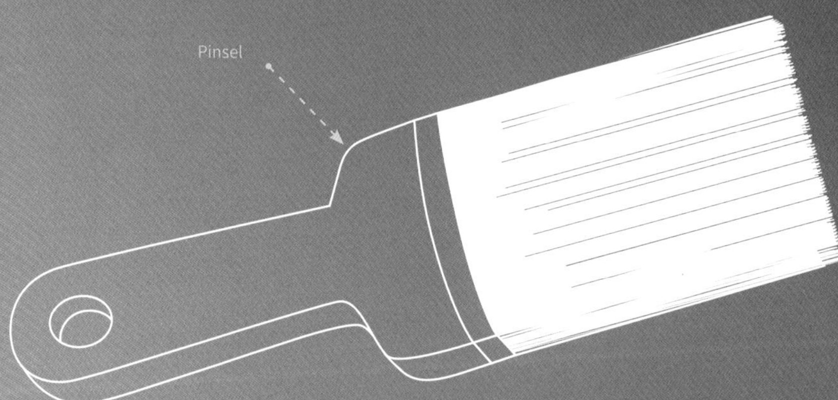
Pinsel

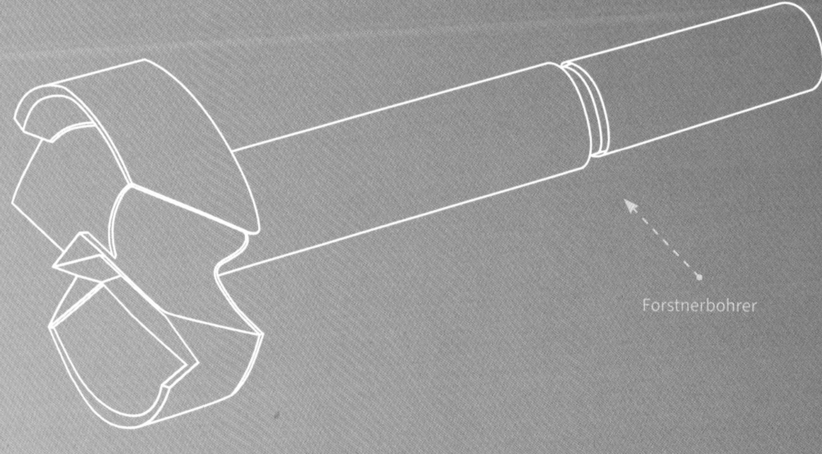
Forstnerbohrer

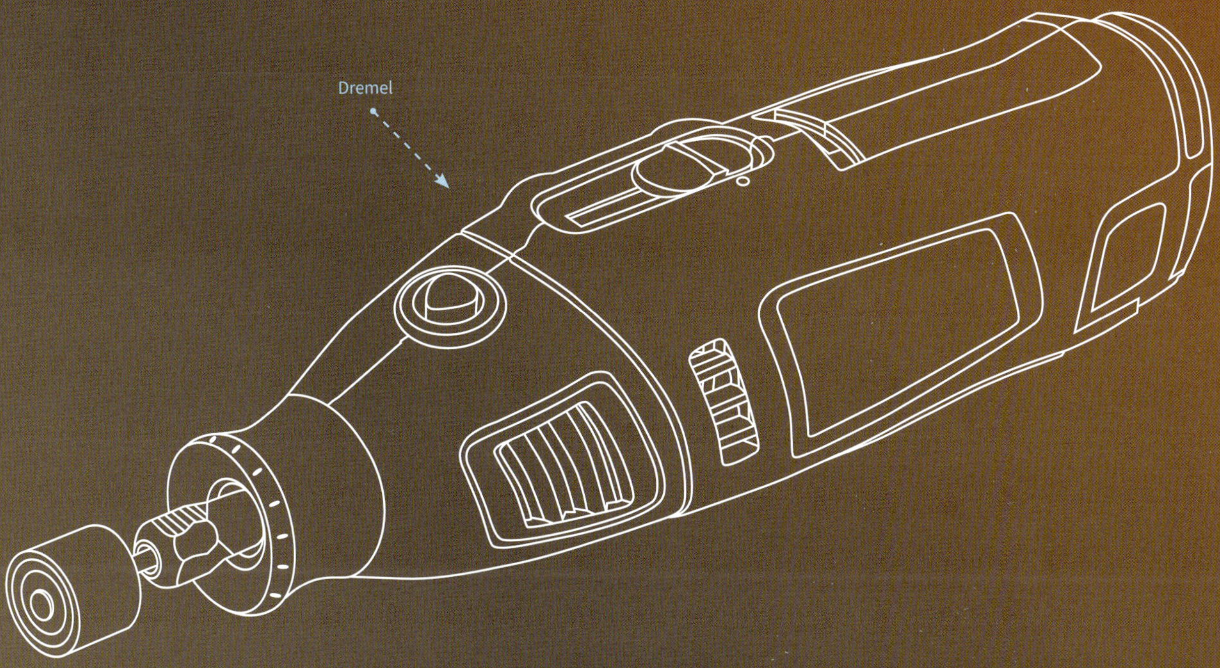
Dremel

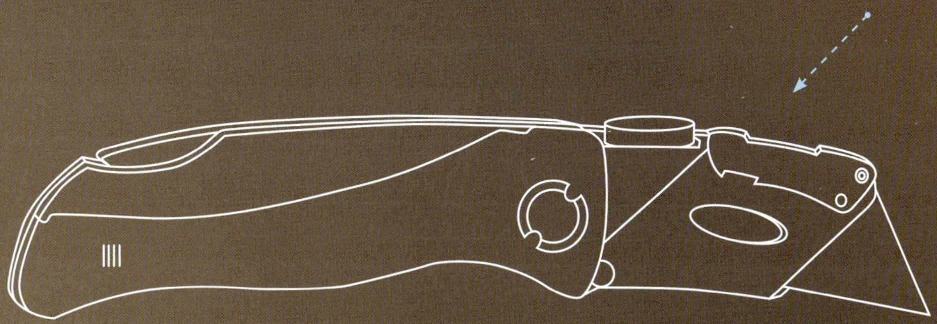
Cuttermesser

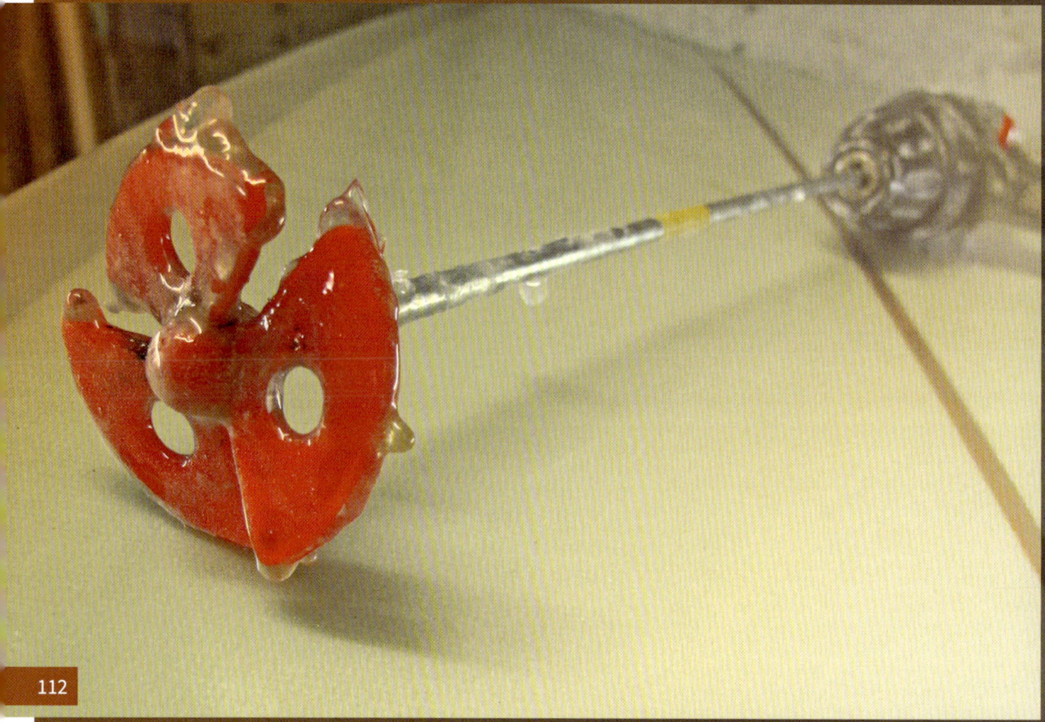

Kleiner Quirl zum Harzrühren

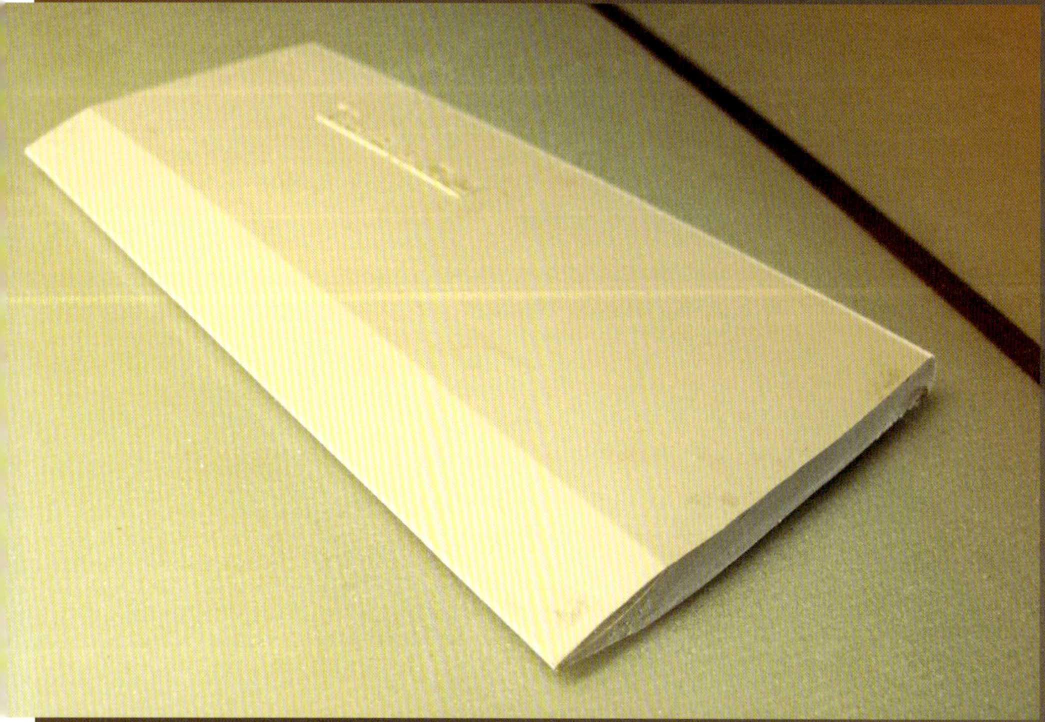

Squeegee

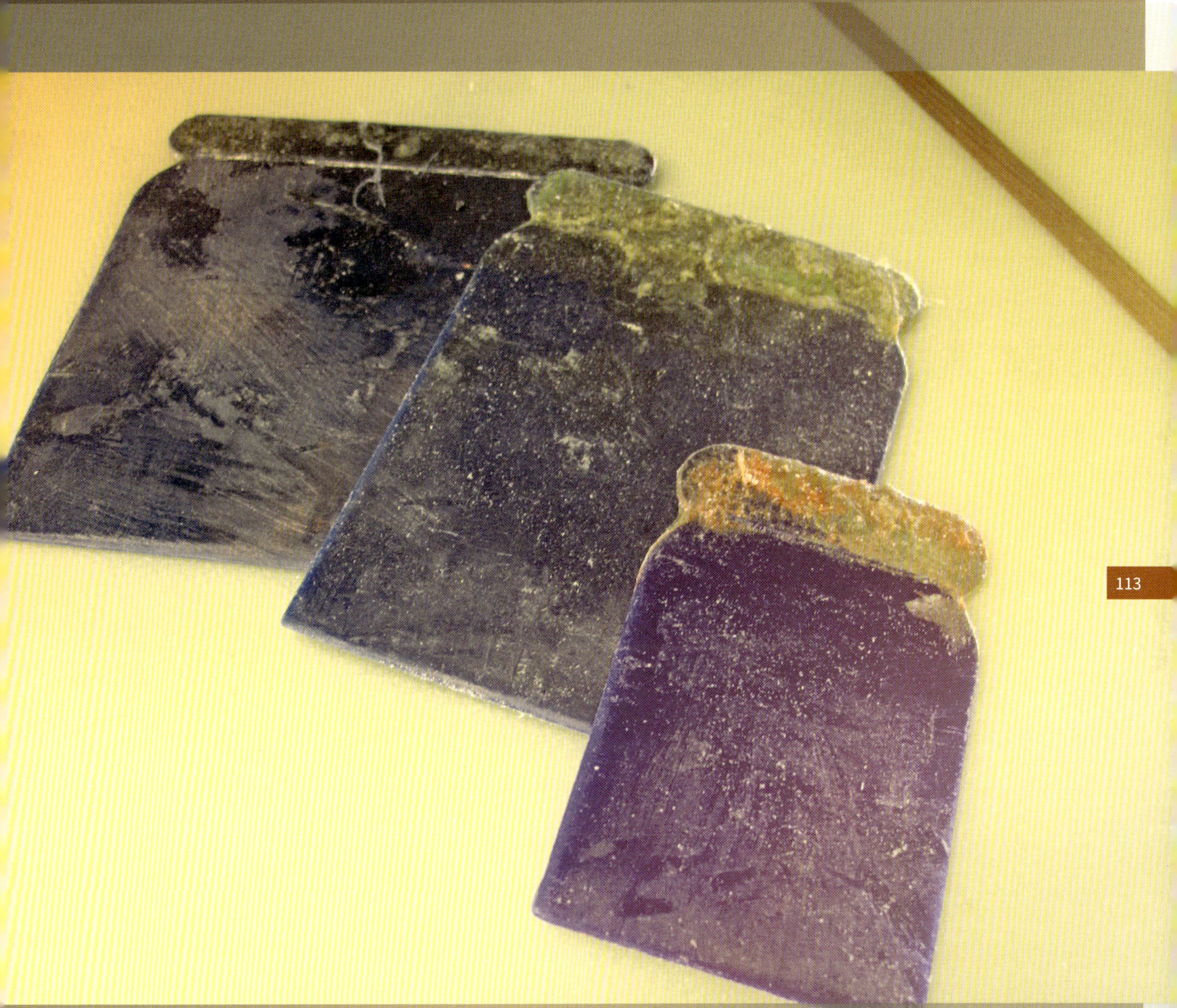

Kunststoff-Spachtel zum Laminieren der Rails

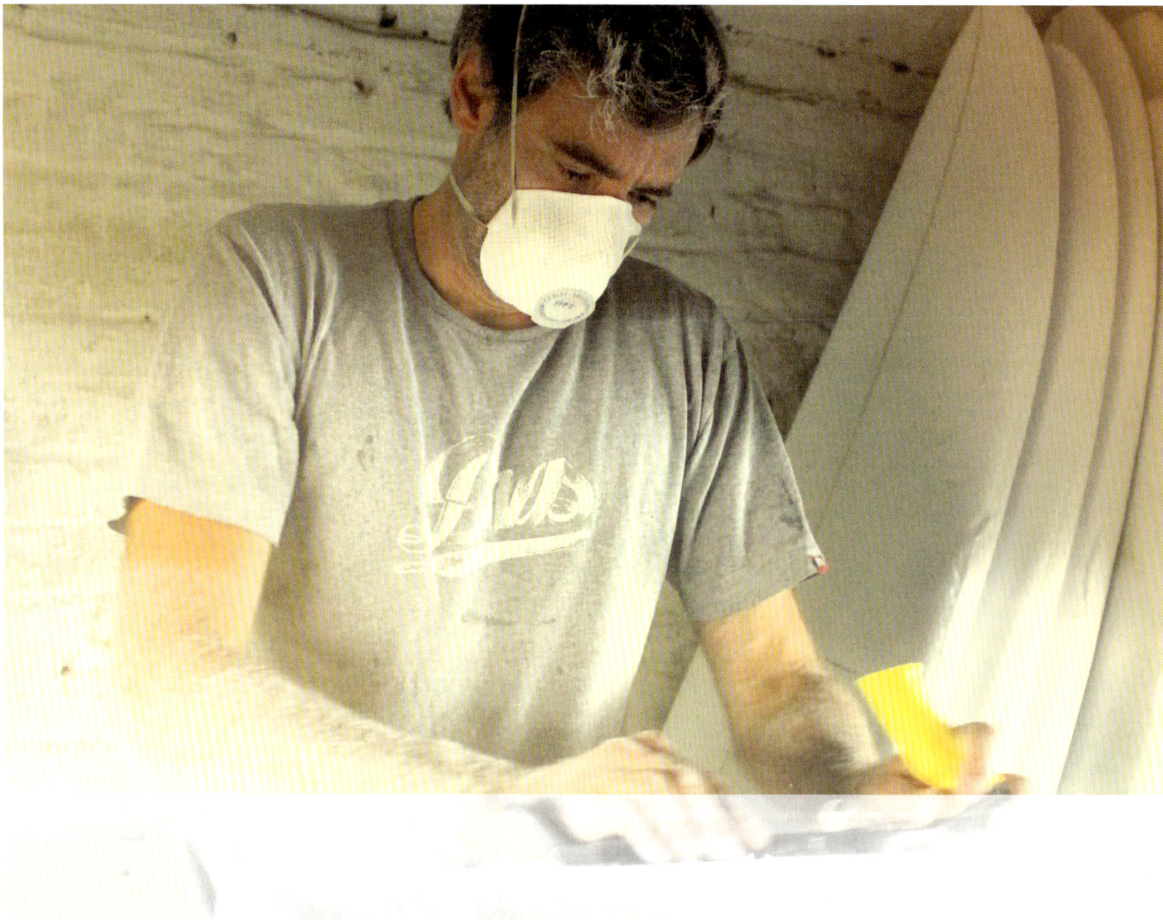

Safety Equipment

- Staubmaske – für mehr Geld bekommt man etwas komfortablere Masken
- Gasmaske – darauf achten, dass der Filter für Kunstharzdämpfe geeignet ist, also vor organischen Gasen und Dämpfen schützt. Das sind sogenannte A-Filter, Kennzeichenfarbe braun. Zusätzlich kann ein Partikelfilter nicht schaden, falls die Maske auch mal beim Schleifen getragen wird
- Gehörschutz – entweder die Stöpselversion oder Mickymäuse
- Schutzhandschuhe – diese sollten aus Nitril sein, um zuverlässigen Schutz zu gewährleisten

Der Autor übernimmt keine Verantwortung für die vollständige Aufklärung bezüglich der Gefahren im Umgang mit Kunstharzen!

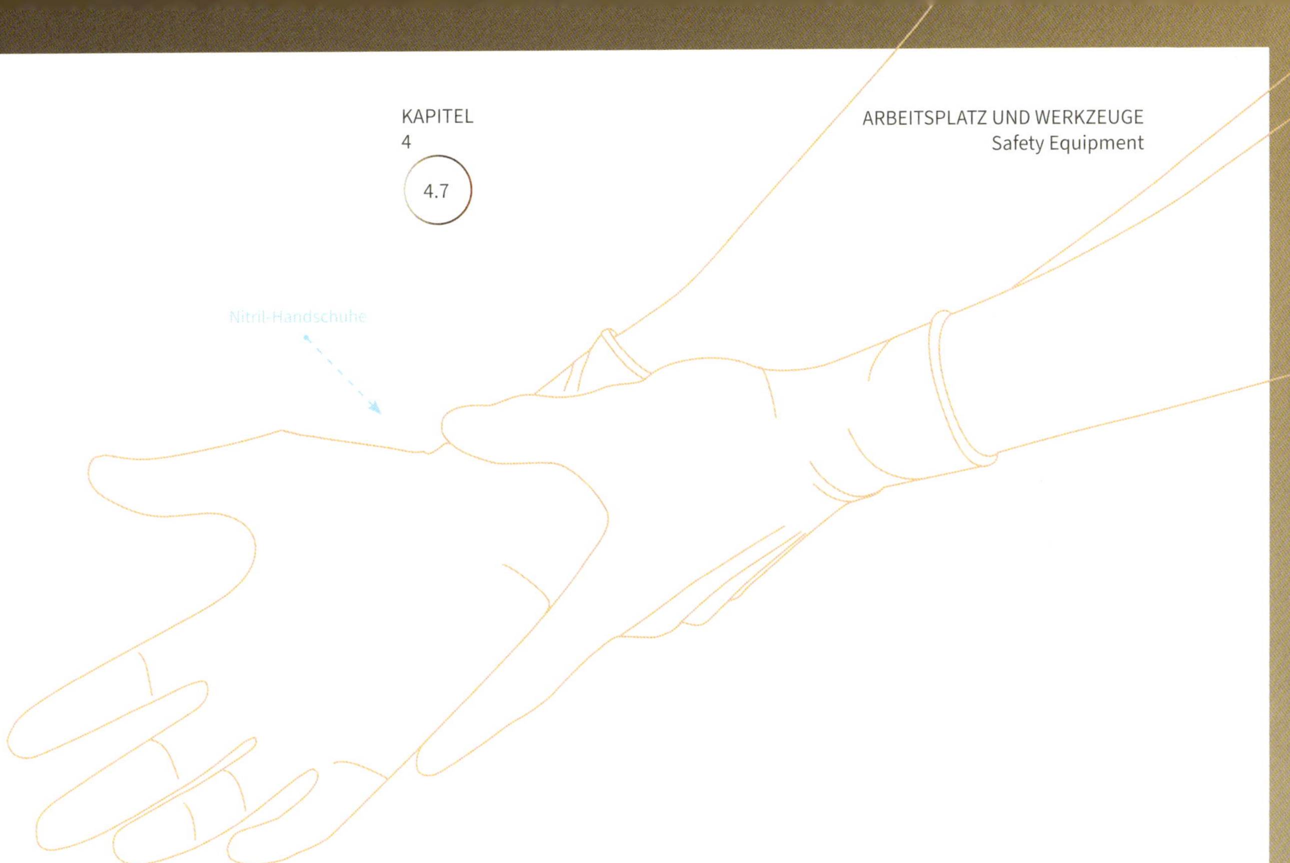
Nitril-Handschuhe

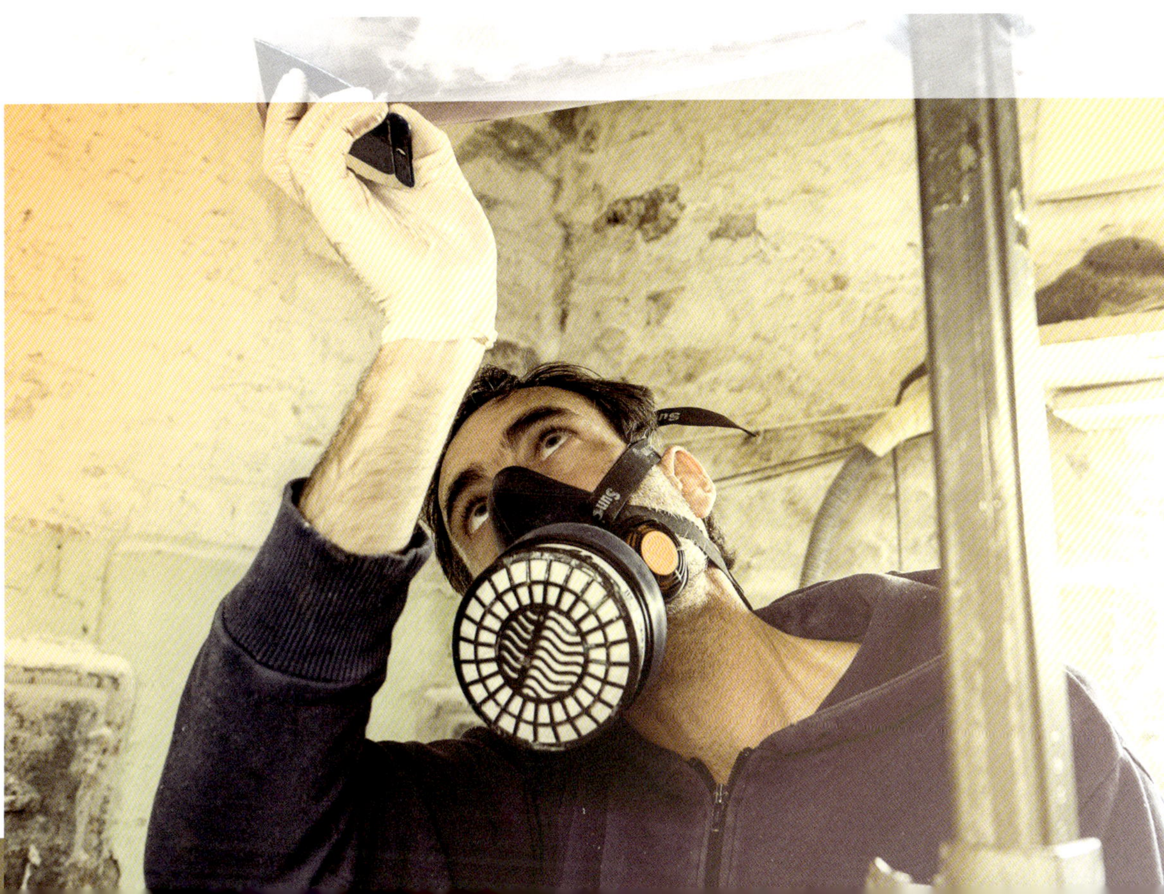

Materialliste

- Packpapier zum Zeichnen der Outline
- 3-4mm Sperrholzplatte in Größe des Templates (z.B. Half-Template für ein 6'0" ca. 30x190cm)
- Blank
- Glasfasergewebe
- Harz + Härter
- Finnenboxen
- Leashplug

- Die Glasfasermengen sind inklusive eines zusätzlichen Patches im Finnenbereich mit 6 Oz.
- Die Harzmengen sind Minimalmengen, aber inklusive Cheatercoat. Zur Sicherheit eventuell 0,5kg mehr bestellen.
- Für Epoxy 1% Agent F hinzufügen, für Polyester 3% Wax in Styrene für den Hotcoat mitbestellen (also 1,5% der gesamten Harzmenge)
- Bei breiten Boards auf ausreichende Tuchbreite der Glasfaser achten!

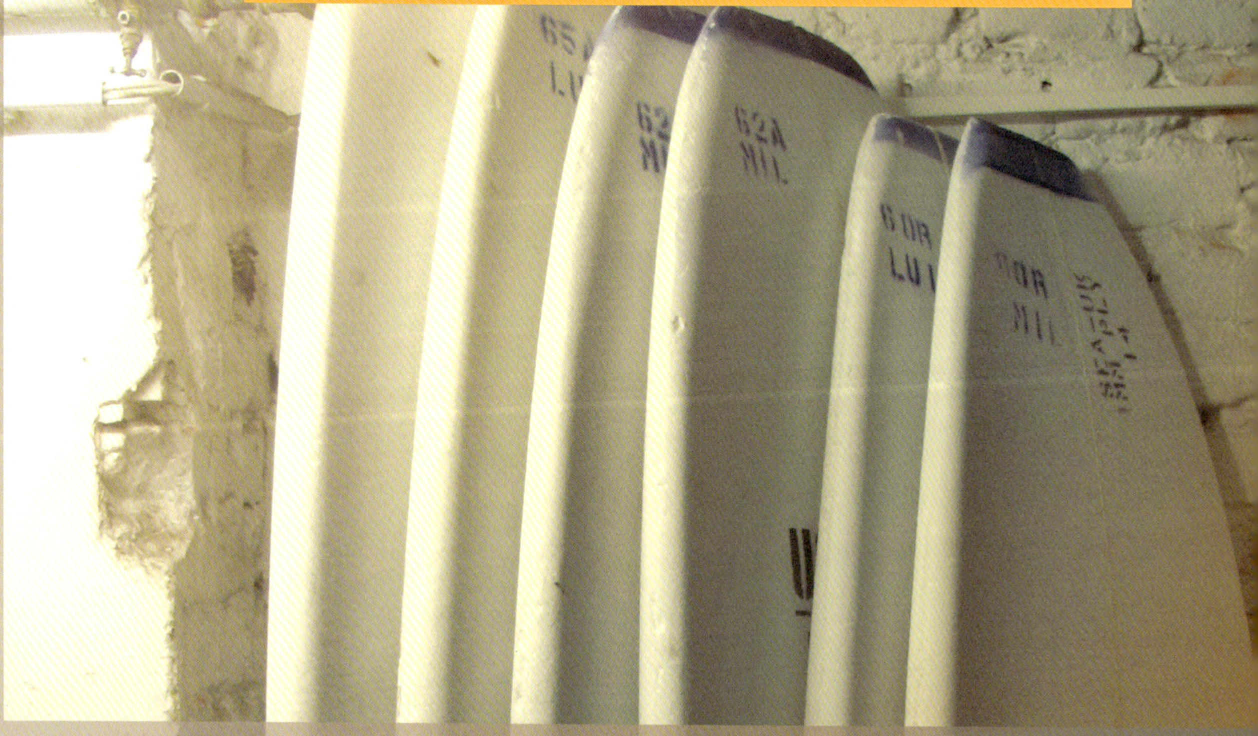

Eine Hilfestellung für den Materialkauf

Boardlänge (in Fuß/ Inch)	Aufbau des Laminats, oben / unten (in Oz)	4 Oz Glasfasertuch (laufende Meter)	6 Oz Glasfasertuch (laufende Meter)	Harz (kg)
6'0"	4+6 / 4	4	2,5	2,8
7'0"	4+6 / 4	4,6	2,8	3,3
8'0"	4+6 / 6	2,6	5,7	3,9
9'0"	6+6 / 6	–	9,5	4,6

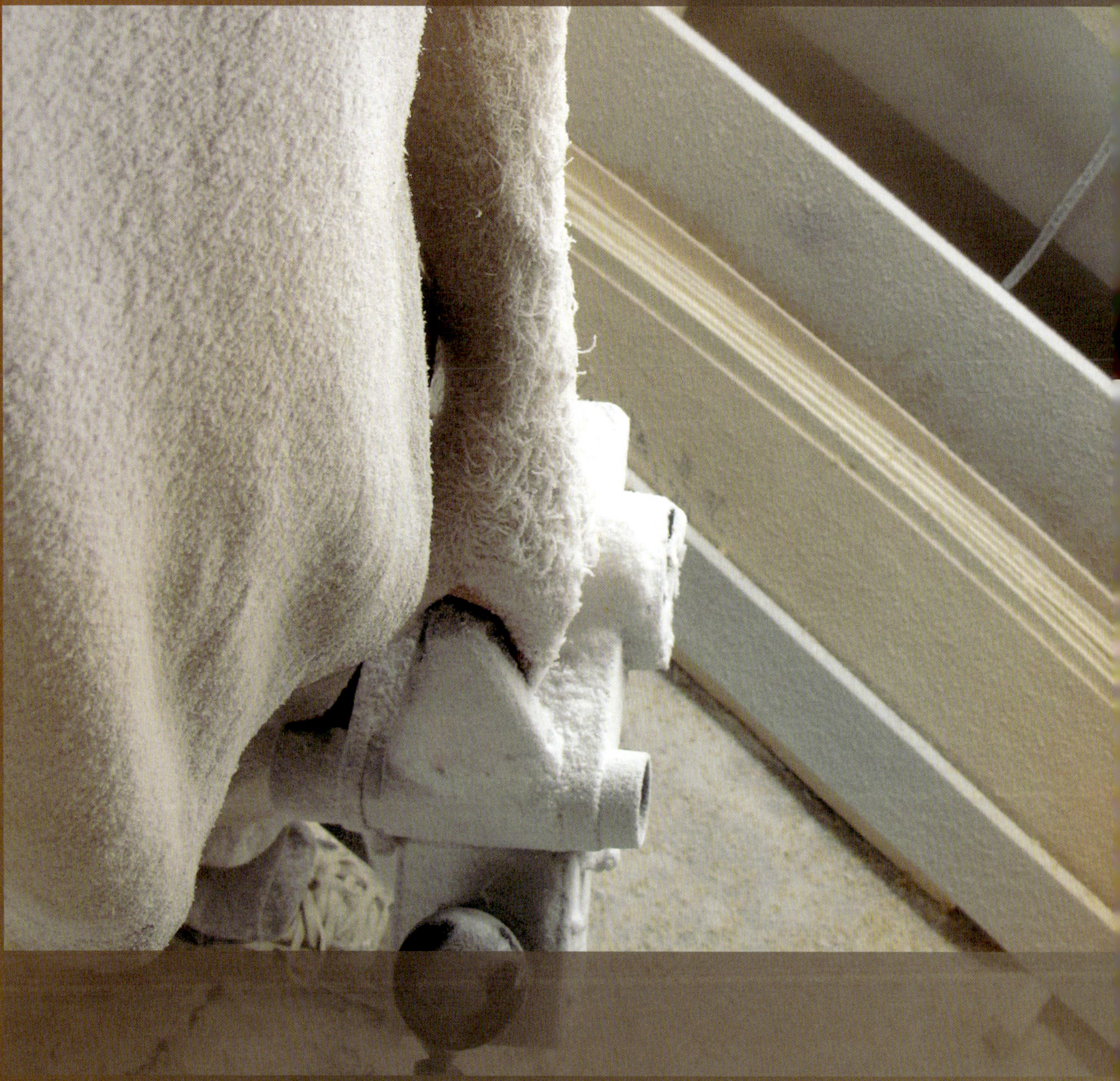

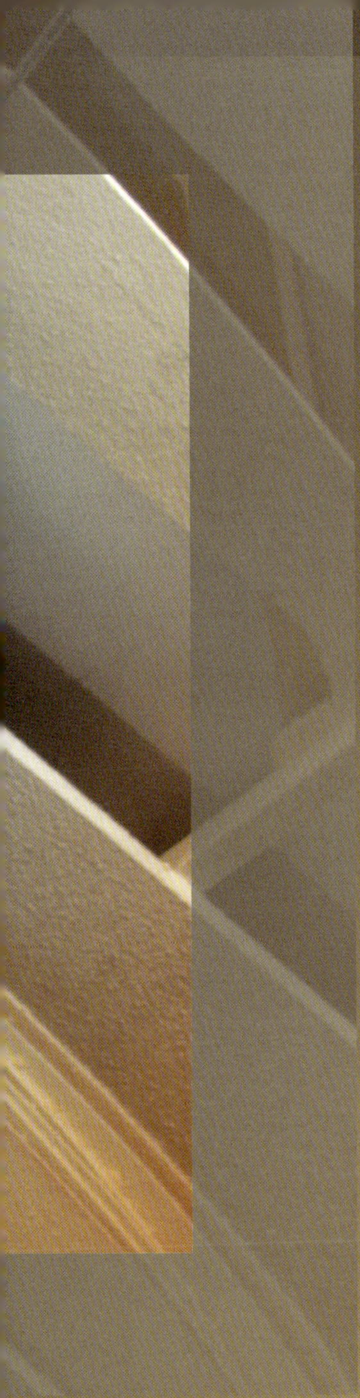

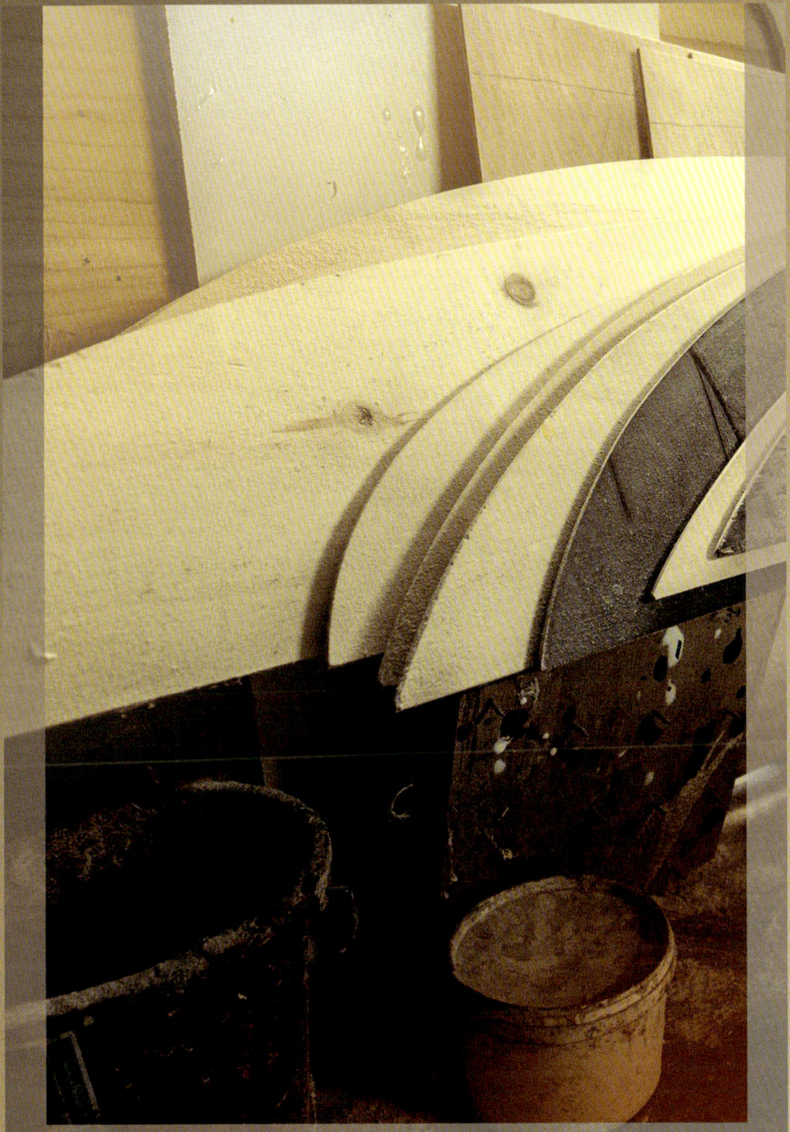

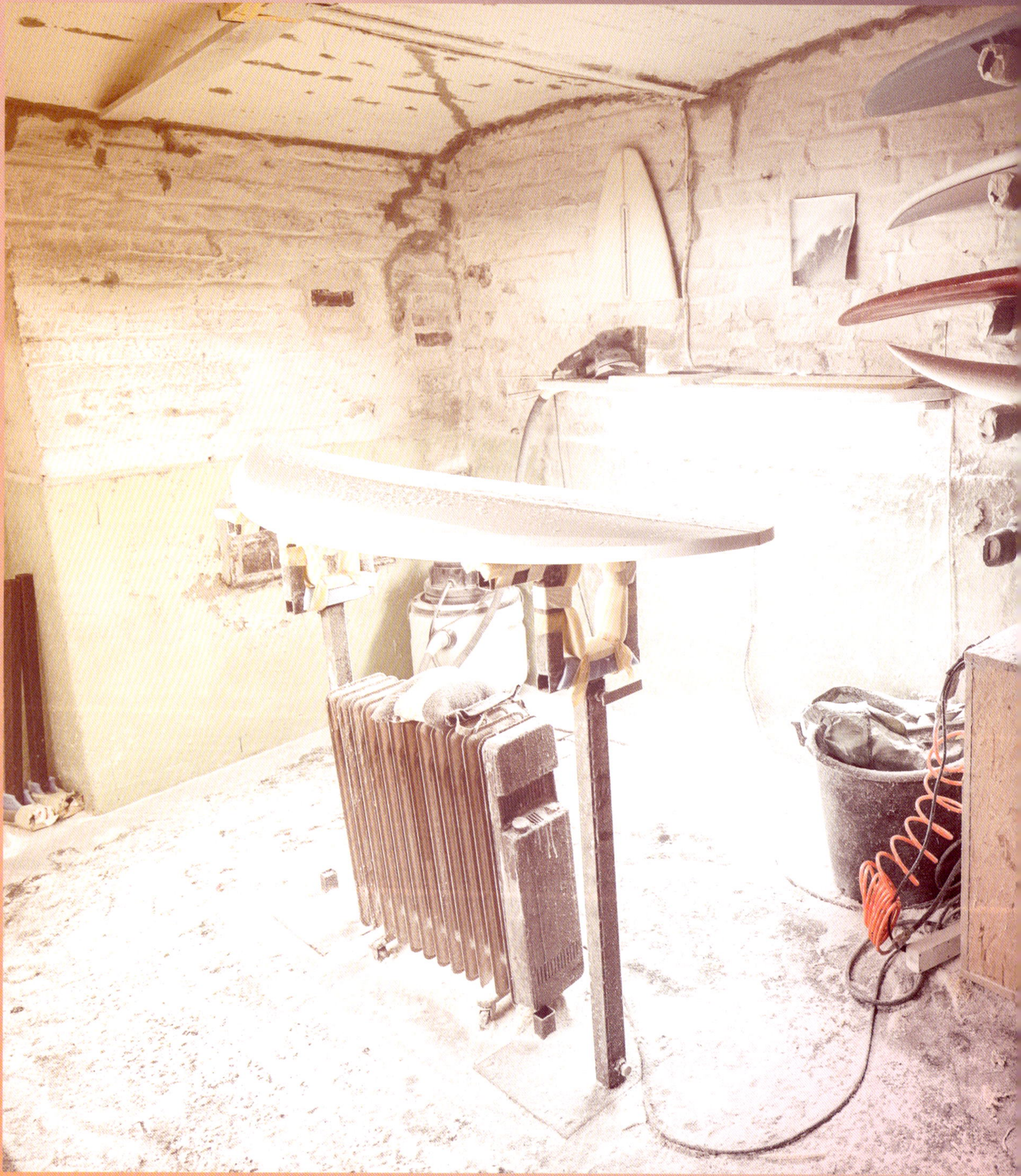

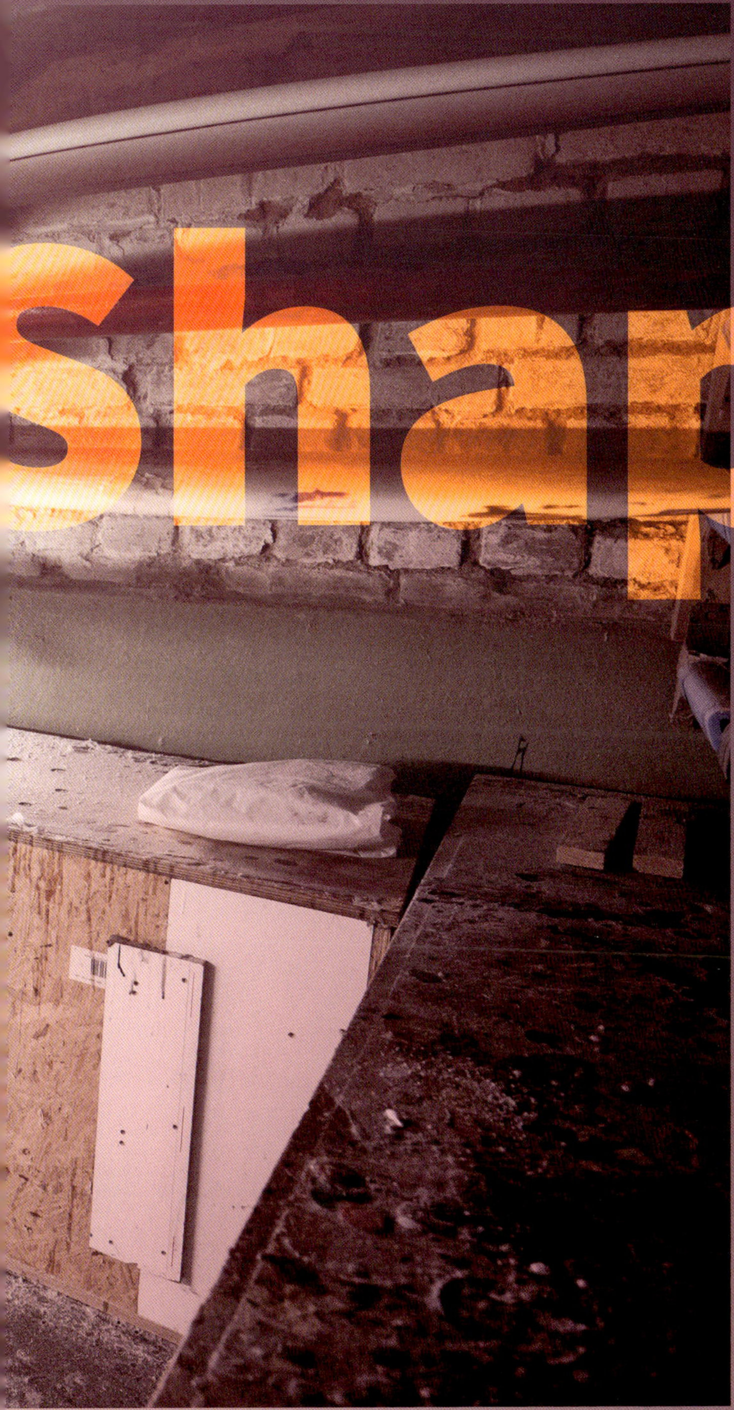

Shaping

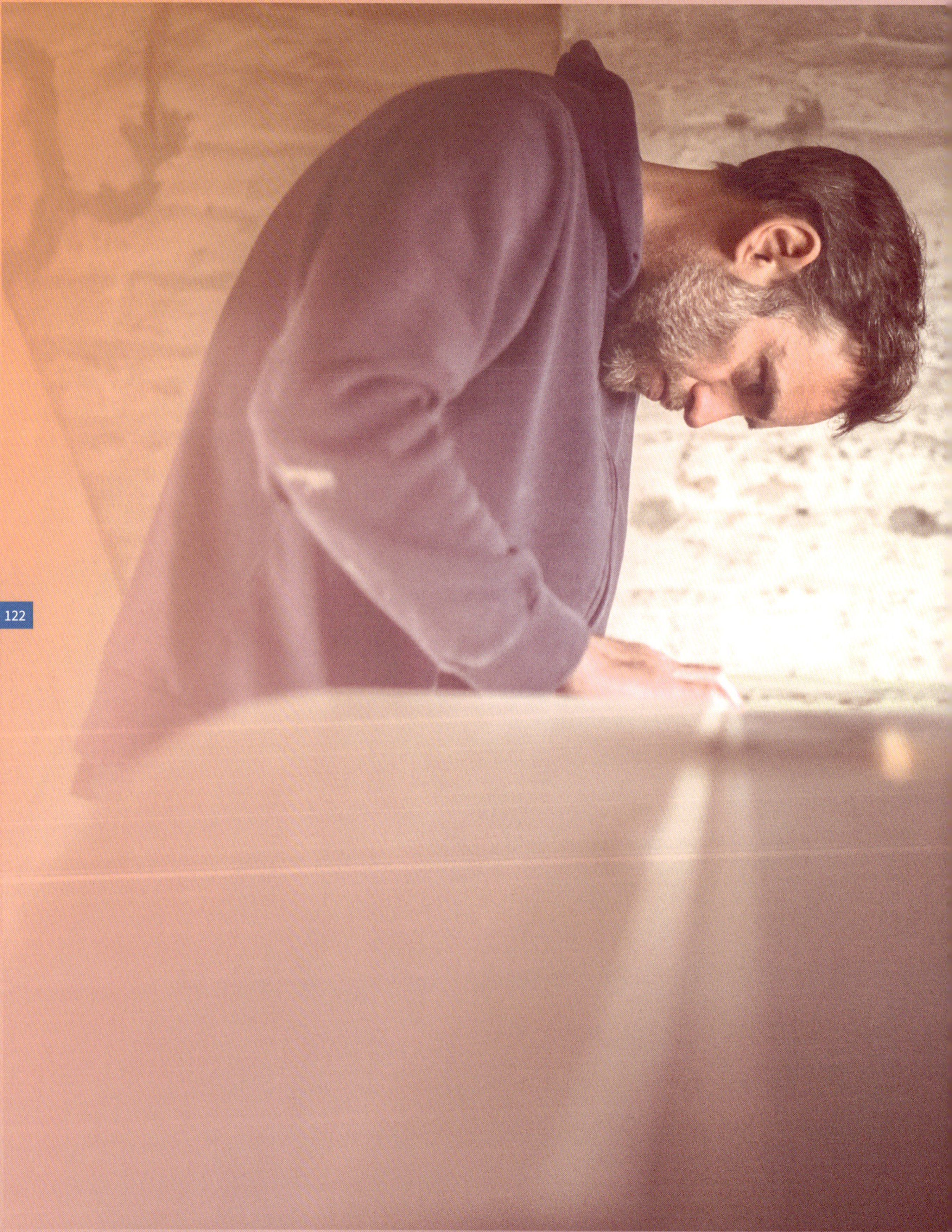

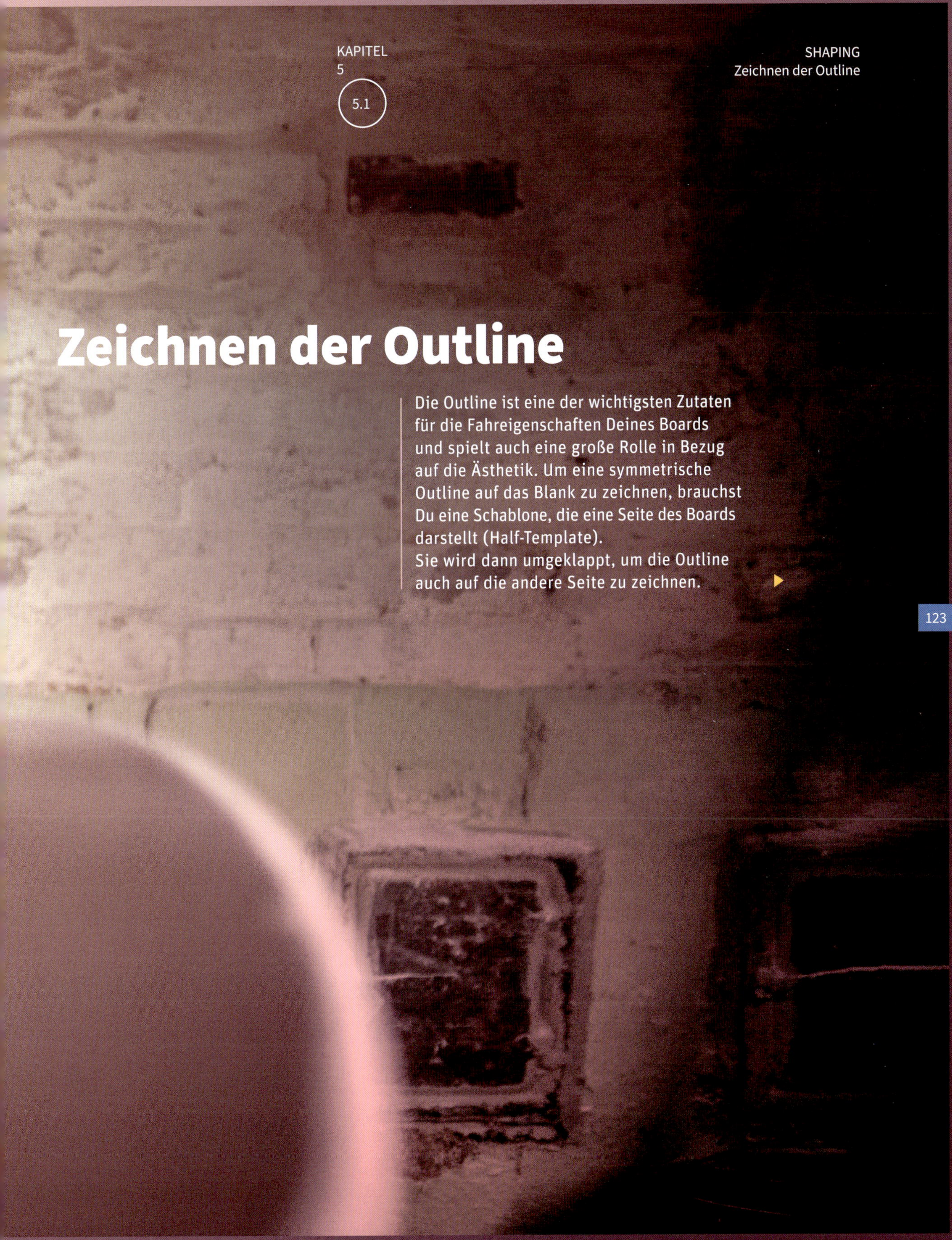

Zeichnen der Outline

Die Outline ist eine der wichtigsten Zutaten für die Fahreigenschaften Deines Boards und spielt auch eine große Rolle in Bezug auf die Ästhetik. Um eine symmetrische Outline auf das Blank zu zeichnen, brauchst Du eine Schablone, die eine Seite des Boards darstellt (Half-Template).
Sie wird dann umgeklappt, um die Outline auch auf die andere Seite zu zeichnen.

- Es ist empfehlenswert, erst mal eine Outline auf Packpapier zu zeichnen und an die Wand zu hängen um zu sehen, wie sie wirkt. Es sind oft minimale Veränderungen der Kurve, die aus einer hässlichen Nose eine gefällige Nose machen und so weiter.

Du nimmst also eine Bahn Packpapier und zeichnest mit der Richtlatte die Mittellinie, quasi den Stringer an. Nun wird nur die eine Seite der Outline gezeichnet, später werden aber beide Seiten gleichzeitig ausgeschnitten, weil Du vorher das Papier entlang der Stringerlinie faltest.

Markiere das vordere und hintere Ende des Boards mit Hilfe des Maßbandes (z.B. im Abstand 6'6" voneinander). Markiere auch den Mittelpunkt auf dem Stringer (wäre dann bei 3'3"). Von diesem ausgehend kannst Du die Breite Deines Designs festlegen (wenn es 21 1/2" breit sein soll, machst Du die Markierung natürlich 10 3/4" entfernt von der Stringerlinie). Soll der Widepoint hier oder etwas nach vorne oder nach hinten verschoben sein?

Nun kannst Du die Breite One-Foot-off an Nose und Tail festlegen (wer das Ganze etwas weniger wissenschaftlich angehen will, kann die One-Foot-off-Maße vernachlässigen und sich auf sein optisches Gefühl verlassen, um den Kurvenverlauf festzulegen).

Wenn es ein Squash- oder Swallow-Tail werden soll, brauchen wir noch einen Punkt für die Ecke des Tails. Inklusive des vorderen Endpunktes haben wir nun die Punkte, durch die unsere Outline verlaufen soll. Mithilfe eines dünnen Glasfaserstabes oder eines ähnlich flexiblen Gegenstandes kann die Kurve gezeichnet werden.

Den Stab mit kleinen Tapestreifen (leicht klebendes Tape) oder mit Gewichten oder Ähnlichem auf dem Papier fixieren und die Kurve zeichnen. Dann das Papier entlang der Stringerlinie falten und beide Seiten auf einmal ausschneiden.

Wenn Du das Blatt wieder auffaltest und an eine Wand hängst, siehst Du den ersten Entwurf für Deine Outline. Muss die Kurve an Nose oder Tail noch ein bisschen feingetuned werden? Nimm Dir Zeit! Vielleicht sind auch fünf Versuche nötig, bis Du zufrieden bist, aber dann hast Du Deine Outline.

Um das Half-Template herzustellen, wird nun eine Hälfte davon auf die 3mm dicke Sperrholzplatte übertragen und vorsichtig mit der Stichsäge ausgesägt. Es empfiehlt sich eher, minimal außerhalb der Linie zu sägen und anschließend mit einem Schleifklotz die Kurve zu glätten.

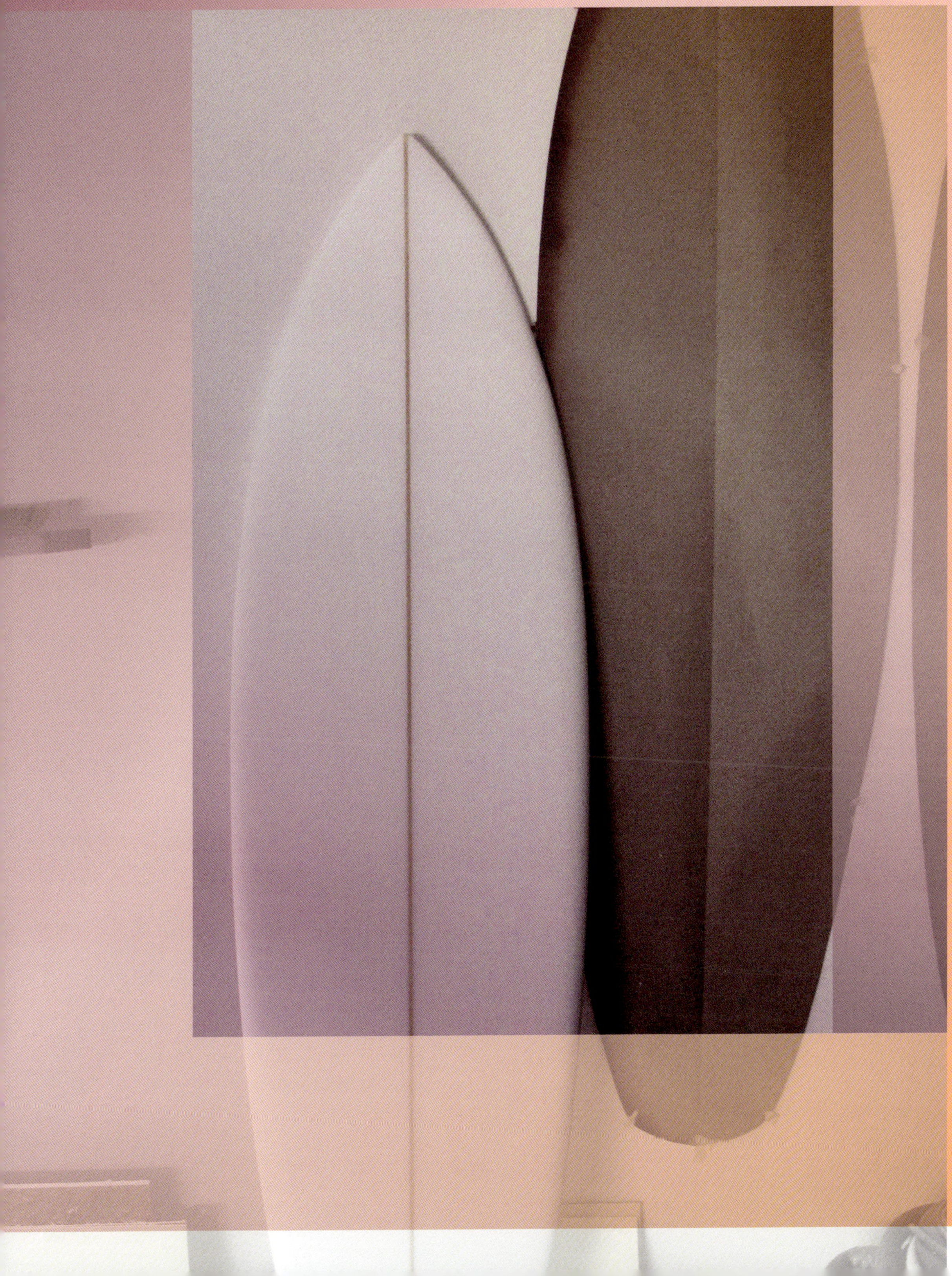

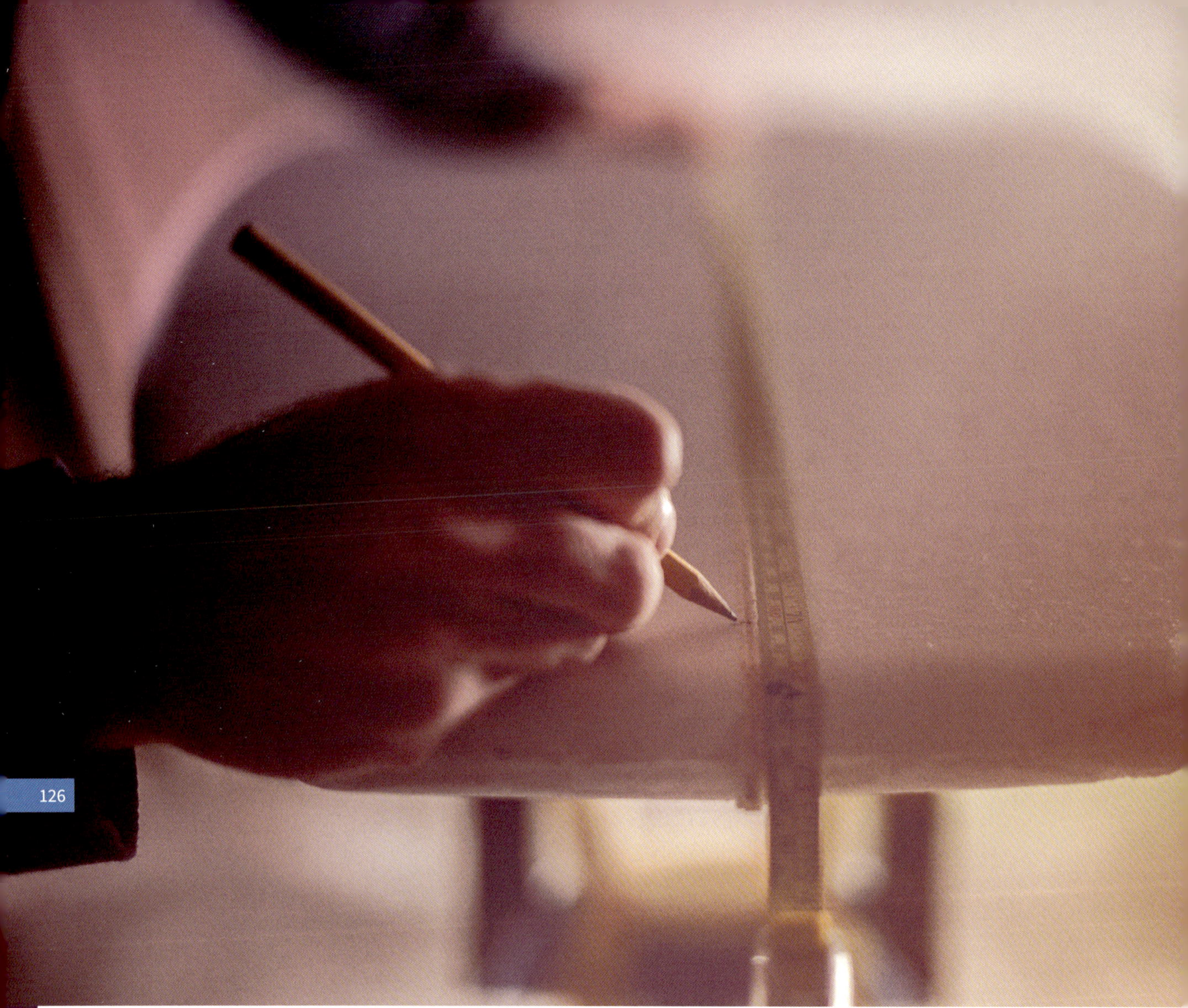

Nose- und Tail-Endpunkte anzeichnen

Die Outline

Endlich liegt das Blank auf den Racks und Du legst das Template auf. Pass gut auf, dass es nicht verrutscht. Fixiere es vielleicht mit zwei Klemmen und zeichne die eine Seite an. Drehe das Template um und zeichne die andere Seite an.

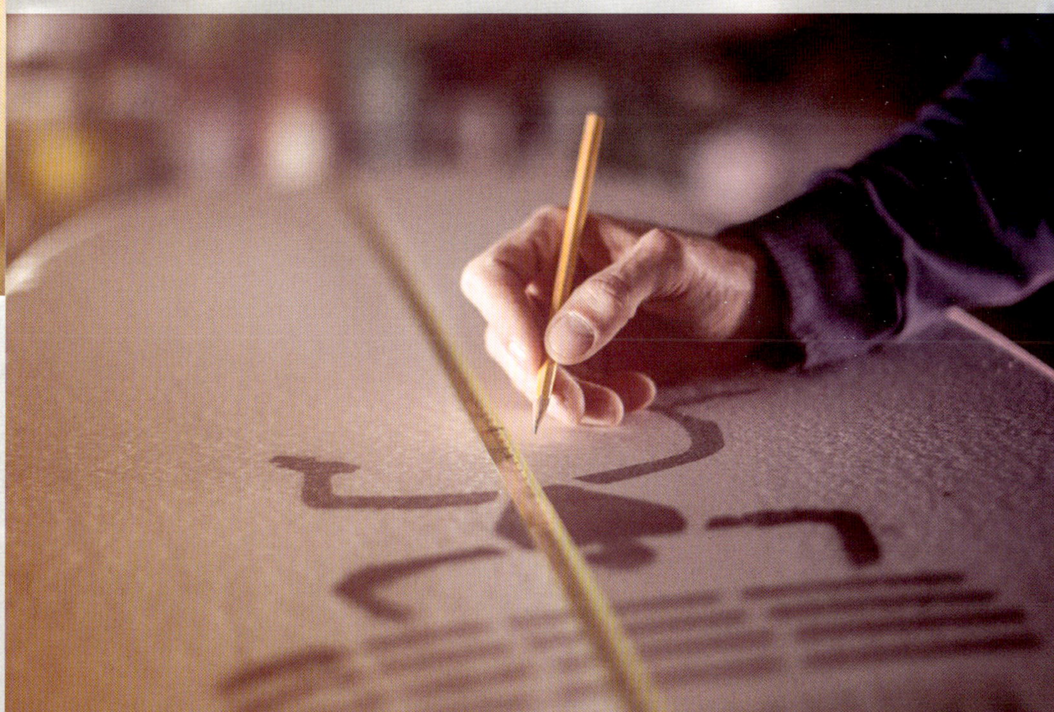

Center anzeichnen

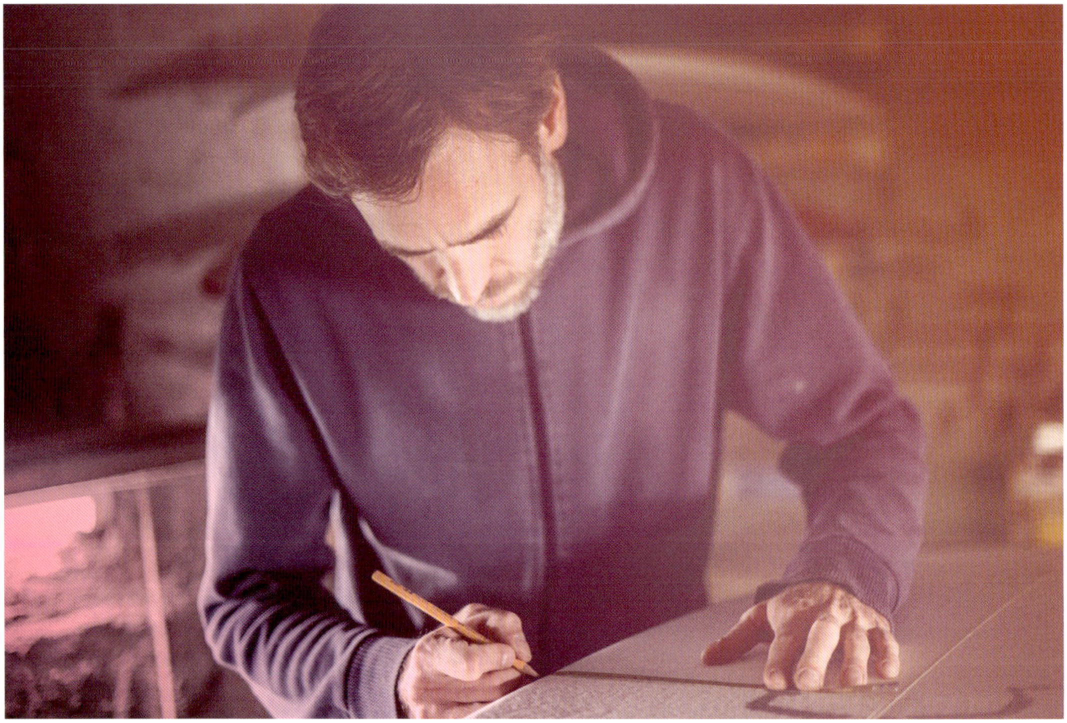

Breite anzeichnen

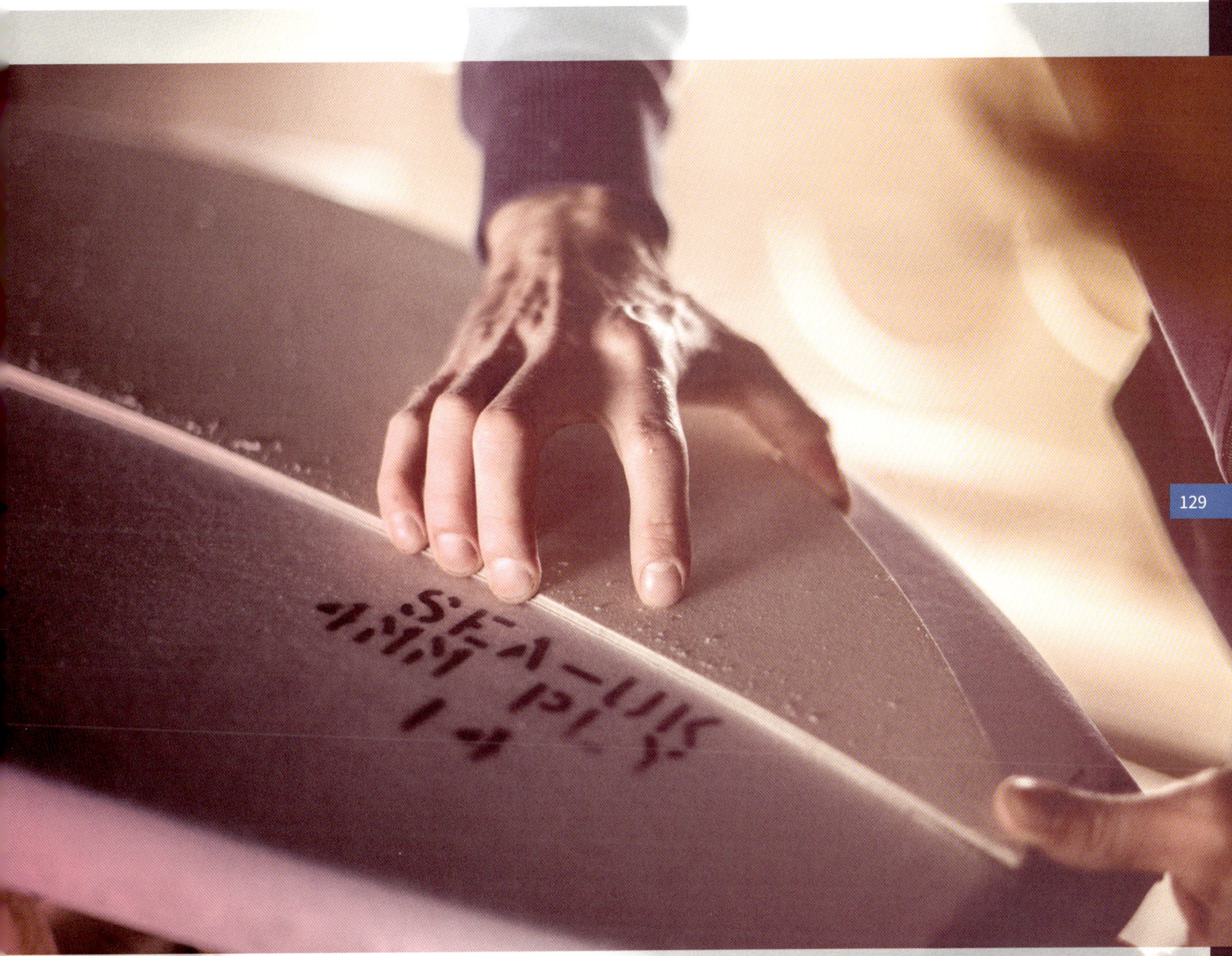

Das Template auflegen und die Outline anzeichnen

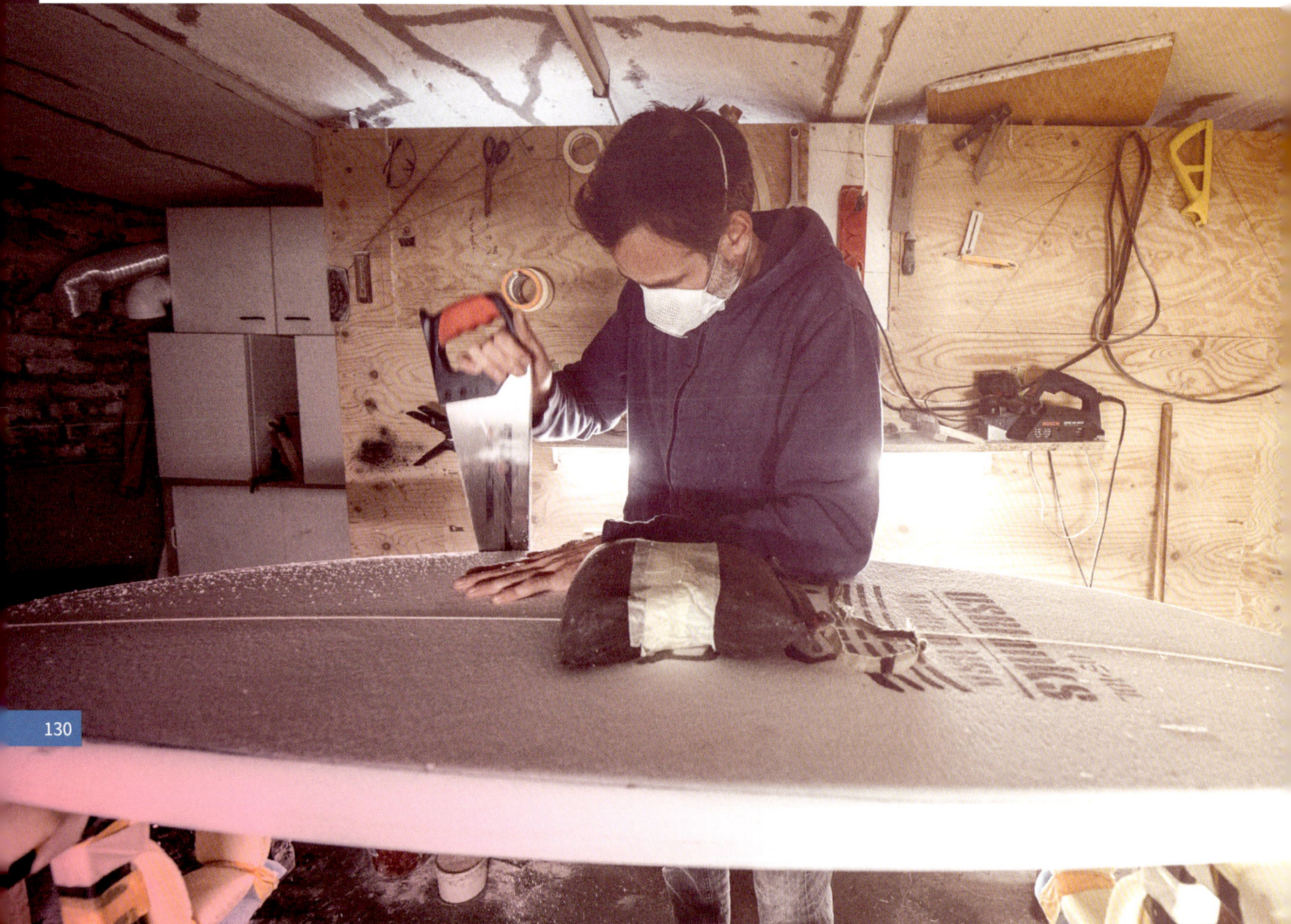

Aussägen

Lege den Sandsack zum Beschweren auf das Blank und säge mit dem Fuchsschwanz zunächst an Nose und Tail einen gerade Schnitt durch den Stringer. Dann kannst Du die Outline leicht außerhalb der Linie sägen. Achte darauf, die Säge senkrecht zu führen, damit Du kein schiefes Rail bekommst.

Lege das 60er-Papier um die Holzseite des Schleifklotzes und säubere die Outline entsprechend der angezeichneten Linie.

Arbeite konzentriert und gehe mit dem Flow.

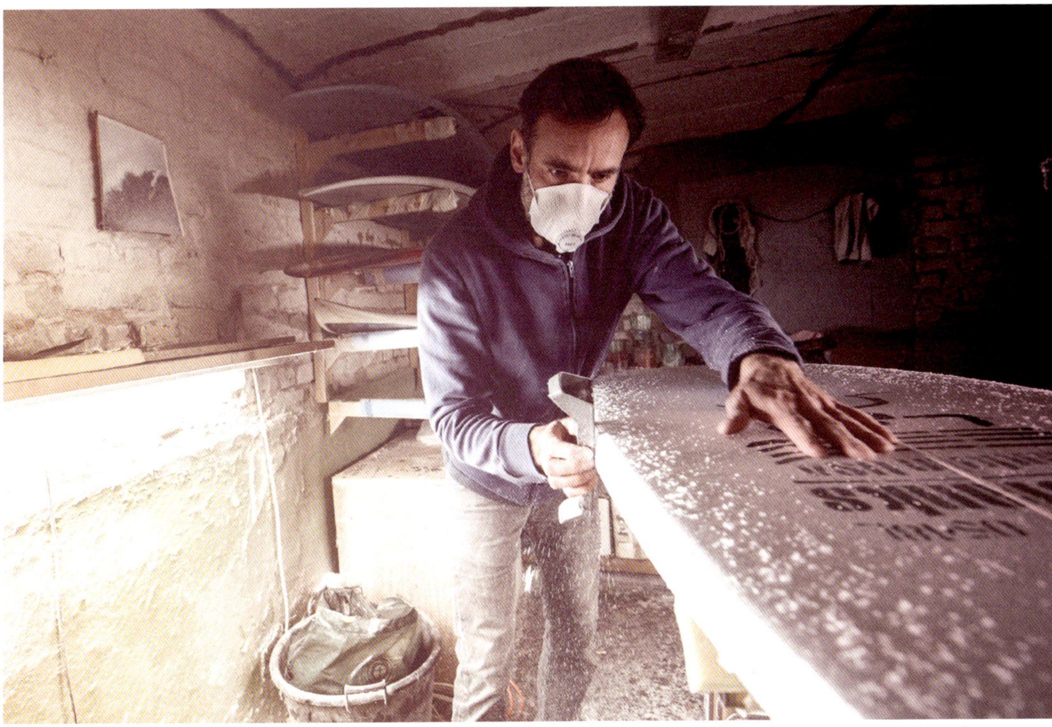

Bearbeiten mit Gipshobel

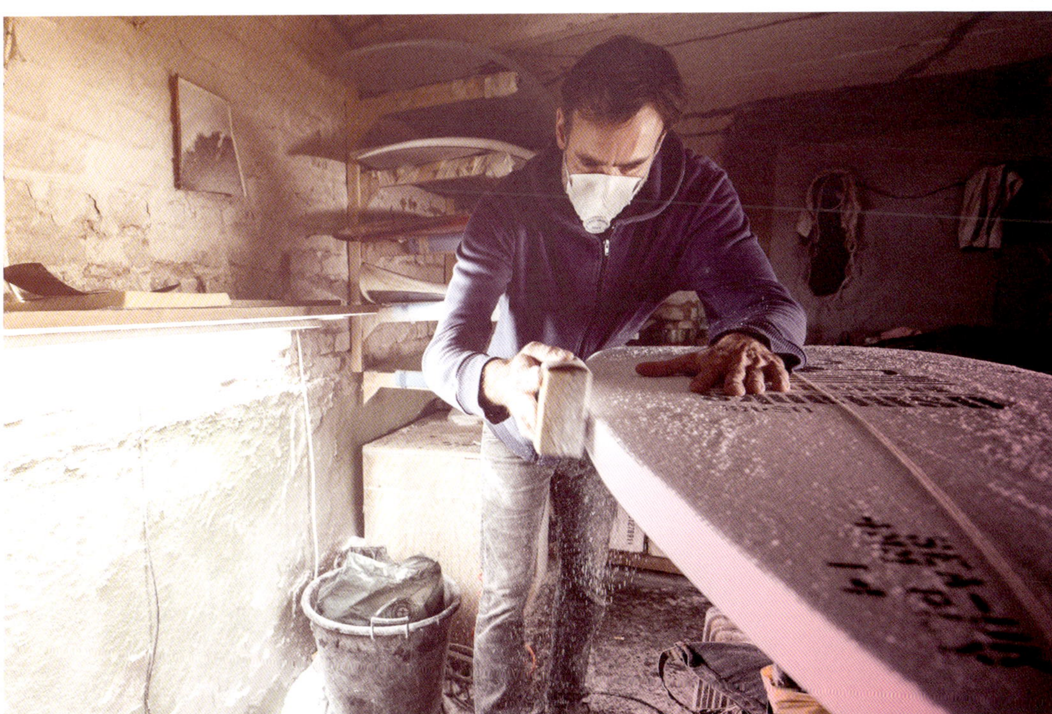

Bearbeiten mit Schleifklotz

Dave Parmenter hat mal gesagt, die Symmetrie von Surfboards sei überbewertet.

Also mach Dich nicht verrückt.

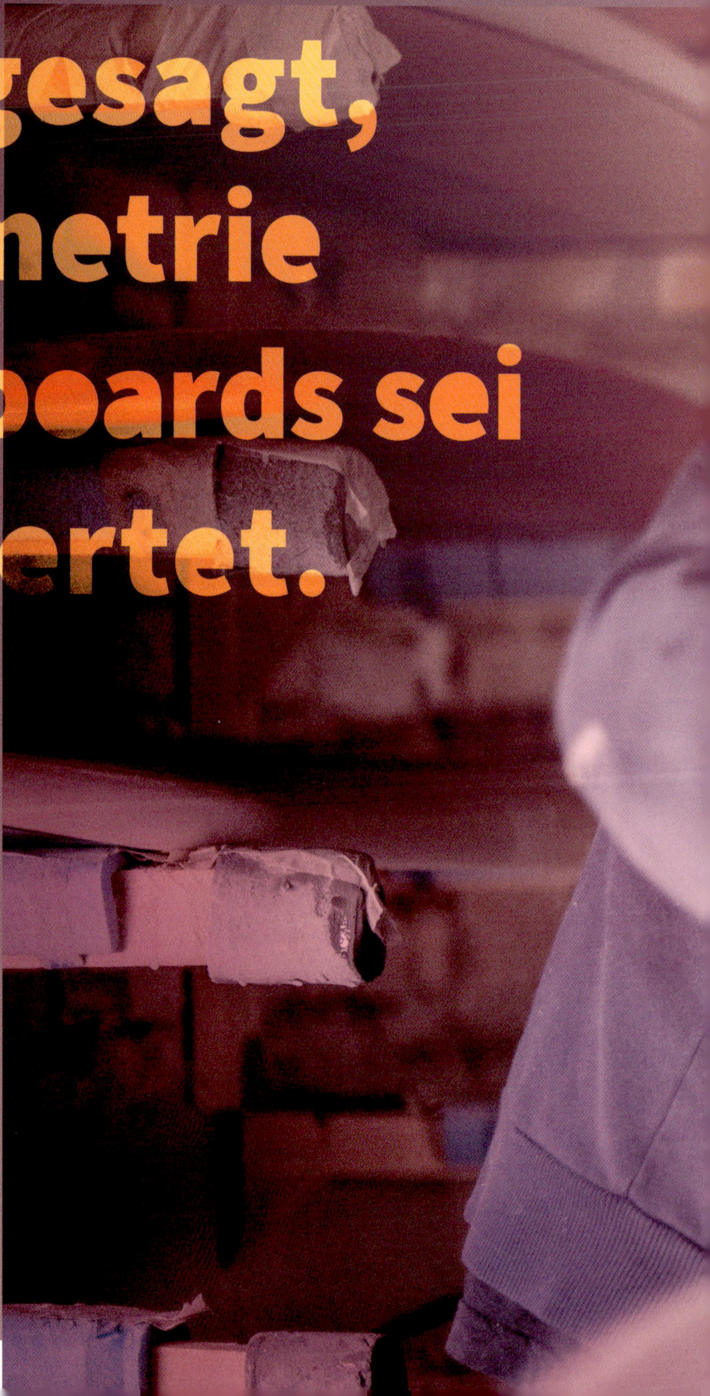

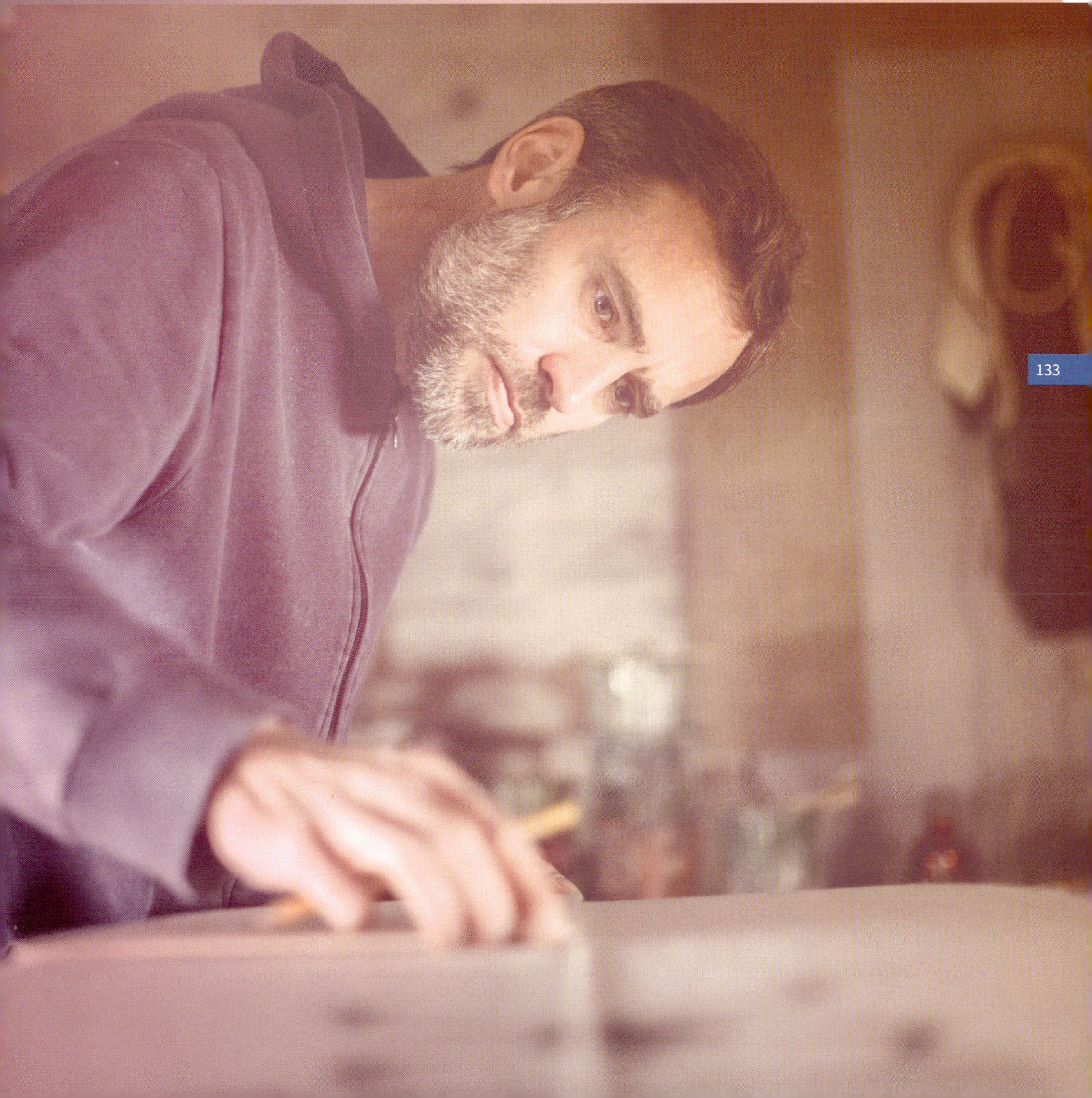

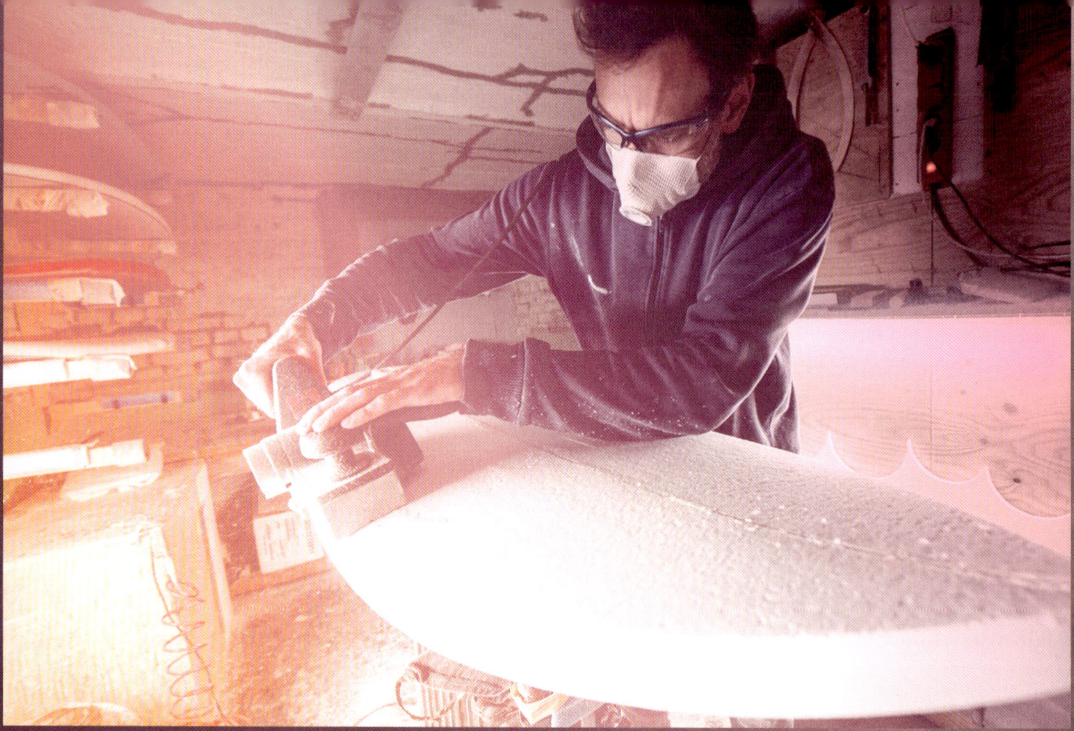

Kruste am Deck abnehmen

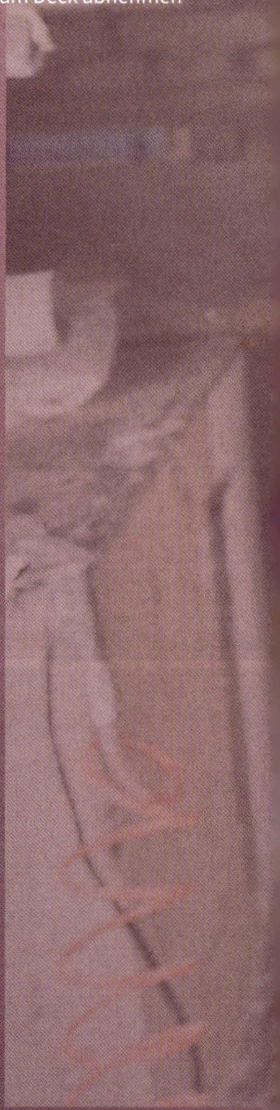

Die Dicke

Als Erstes nehmen wir am Deck nur die äußere harte Kruste des Blanks ab. Der Elektrohobel wird auf 2mm Tiefe eingestellt und vom Tail her mittig und gleichmäßig über den Stringer geschoben. Anschließend hobelt man beide Seiten Bahn für Bahn.

Nose von der Kruste befreien

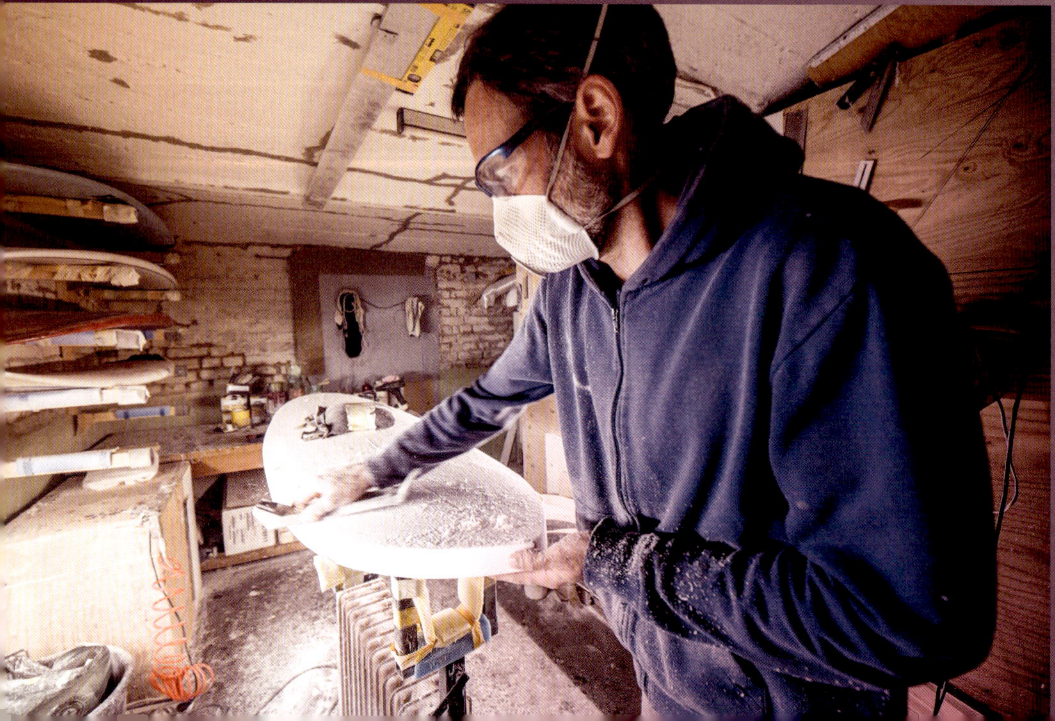

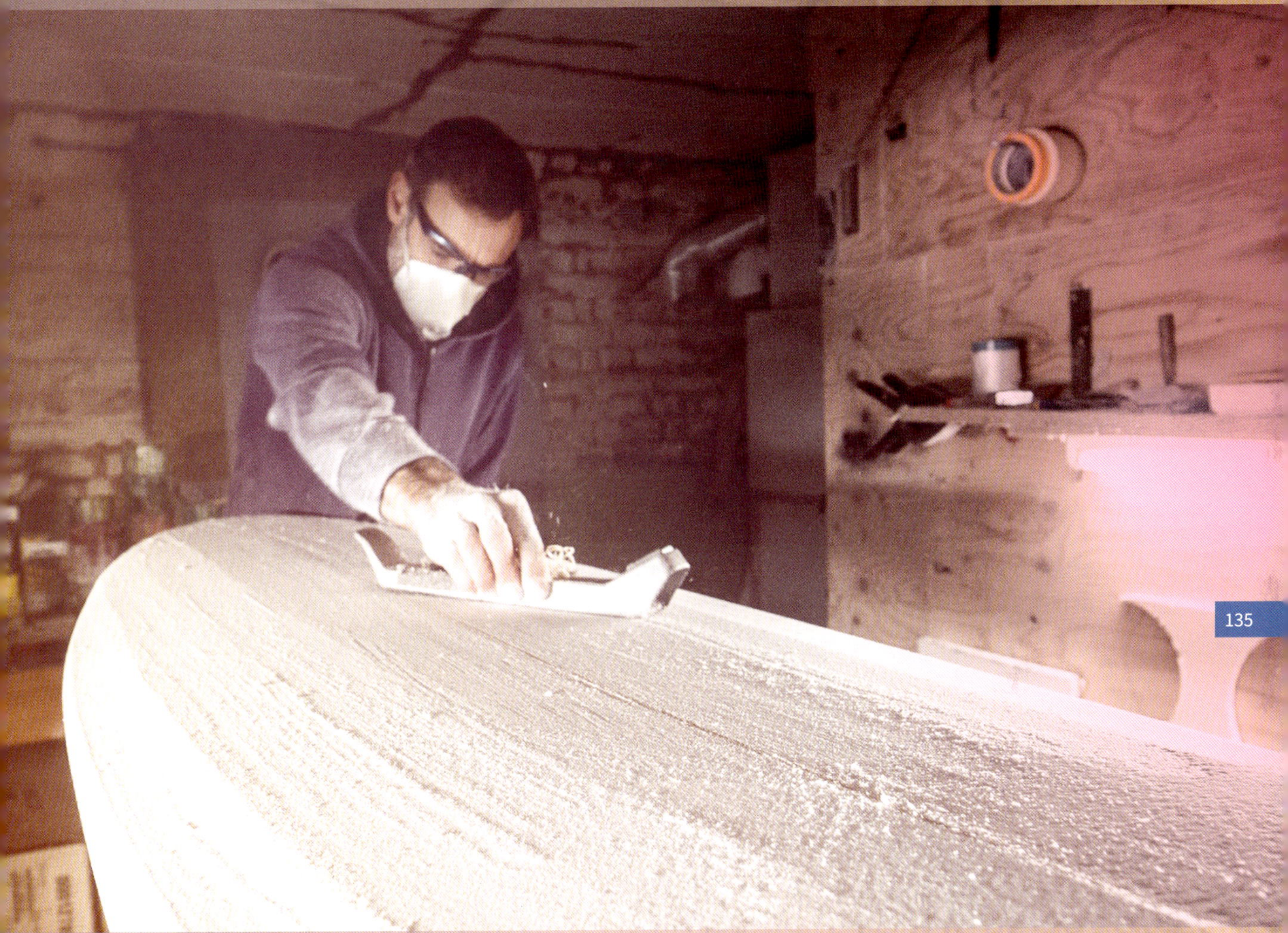

Fläche glätten

In der Mulde vor der Nose hängt der Hobel mit seiner geraden Sohle in der Luft und erreicht das Blank nicht.

In diesem Bereich wird die Kruste mit dem Surform entfernt, wobei wieder der Sandsack zum Beschweren hilfreich ist.

Du kannst ihn auch beim Hobeln auflegen, aber vielleicht stört er Dich dann in Deinem Workflow. Das musst Du ausprobieren.
In den meisten Fällen ist das Blank deutlich dicker, als das Board werden soll. Um auf die gewünschte Dicke zu kommen, nehmen wir nun vor allem an der Unterseite Material weg. ▶

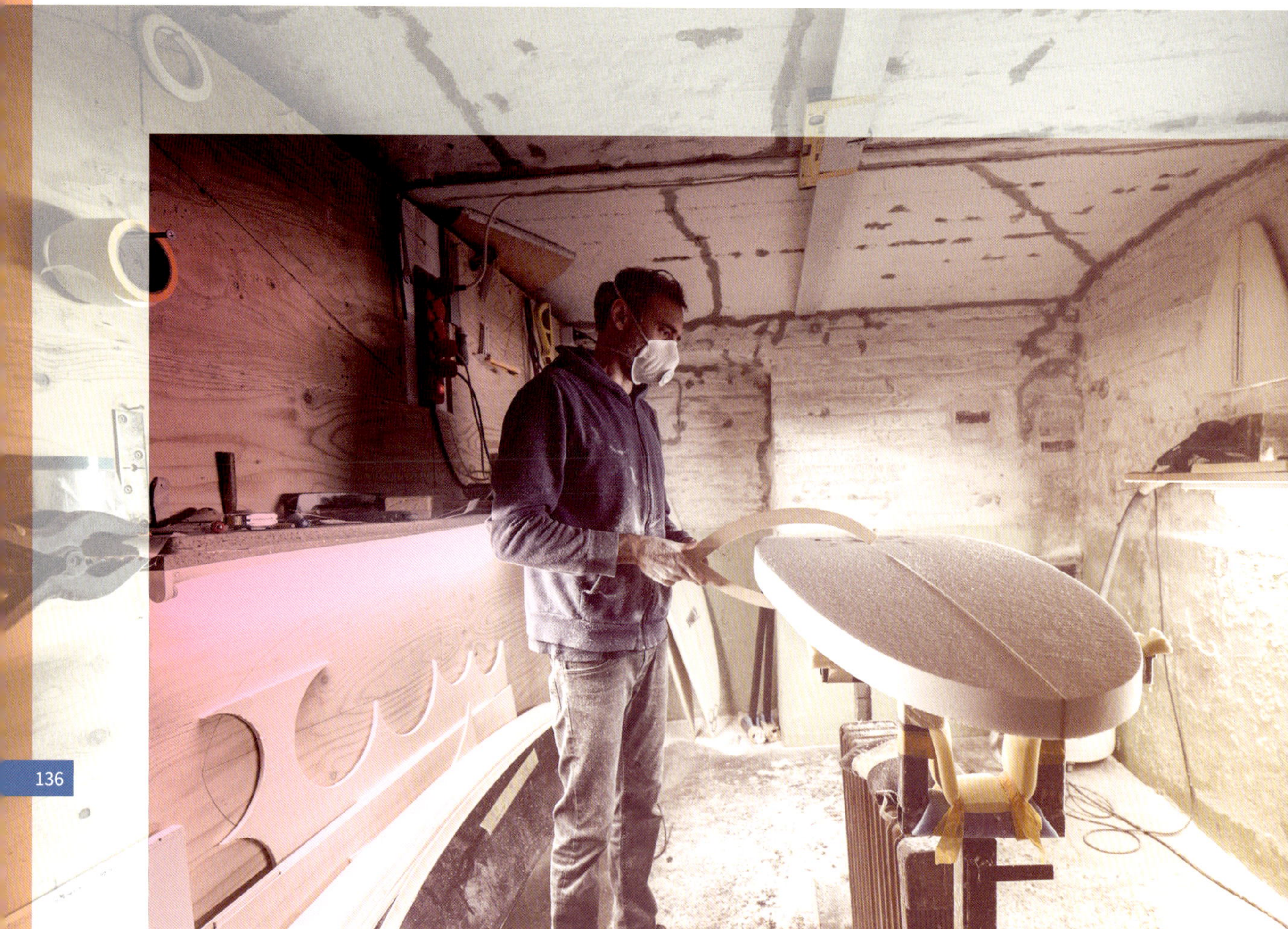

Dicke messen

Denn das Blank wird nach innen hin weicher und auf dem Deck wollen wir das Board so hart wie möglich haben, damit es beim Surfen von den Füßen nicht so leicht eingedrückt wird.

Erst einmal drehst Du das Blank upside down und misst die Dicke. Wenn das Blank nun z.B. 3 1/8" dick ist, Du aber nur 2 5/8" haben willst, musst Du entsprechend 1/2 Inch runter hobeln. Je nachdem, wie tief Dein Hobel mit einer Bahn hobeln kann, musst Du dafür die gesamte Unterseite zwei-, drei- oder vielleicht viermal abhobeln. Zwischen jeder Schicht solltest Du mit dem Surform eventuell entstandene Überstände glätten, um dort beim nächsten Hobelgang nicht hängenzubleiben.

Lass das Brett 1/8" dicker als es am Ende werden soll, da bei den restlichen Arbeitsschritten noch etwas verloren geht und Anfänger sowieso dazu tendieren, das Blank zu ‚overshapen'.

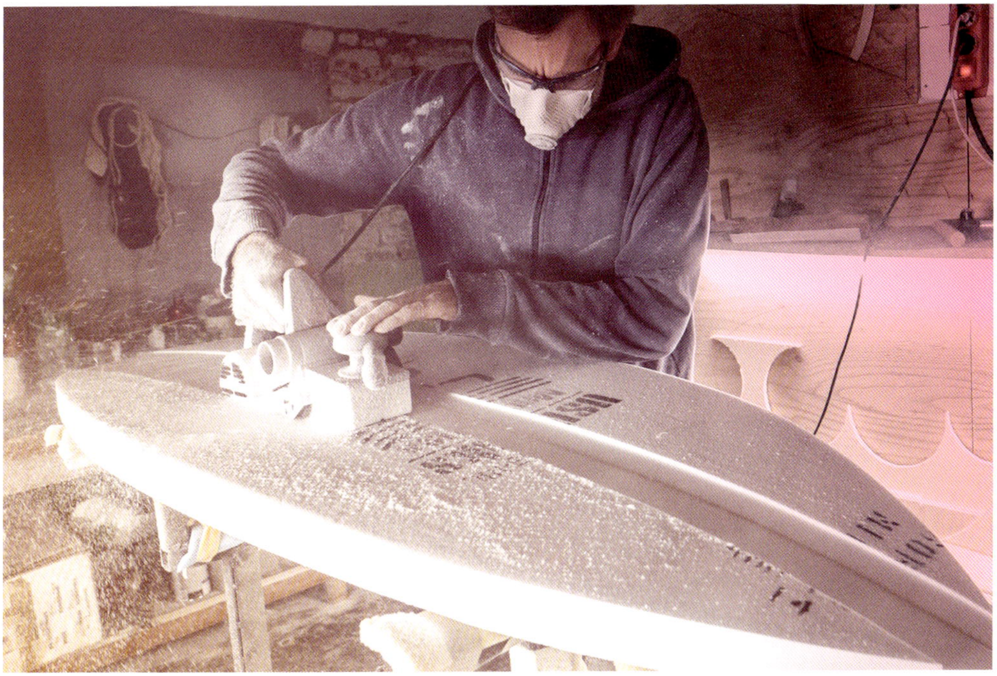

Ganzes Blank auf Dicke hobeln

Aber Achtung! Erst mal nimmst Du auch am Bottom nur die Kruste ab und bevor Du das Blank wirklich auf die gewünschte Dicke hobelst, bearbeitest Du den Rocker!

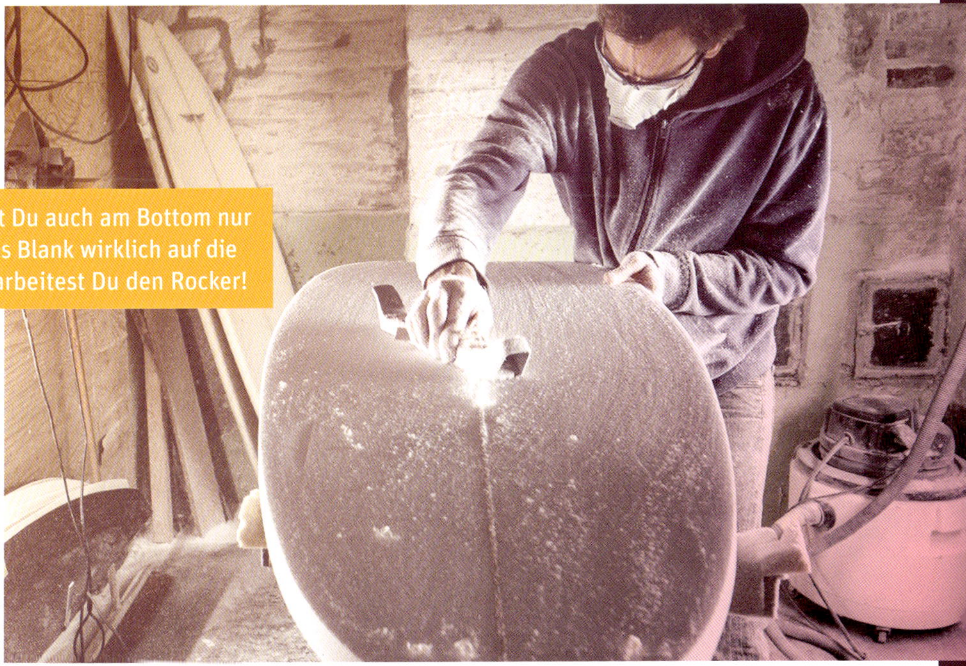

Das Blank glätten

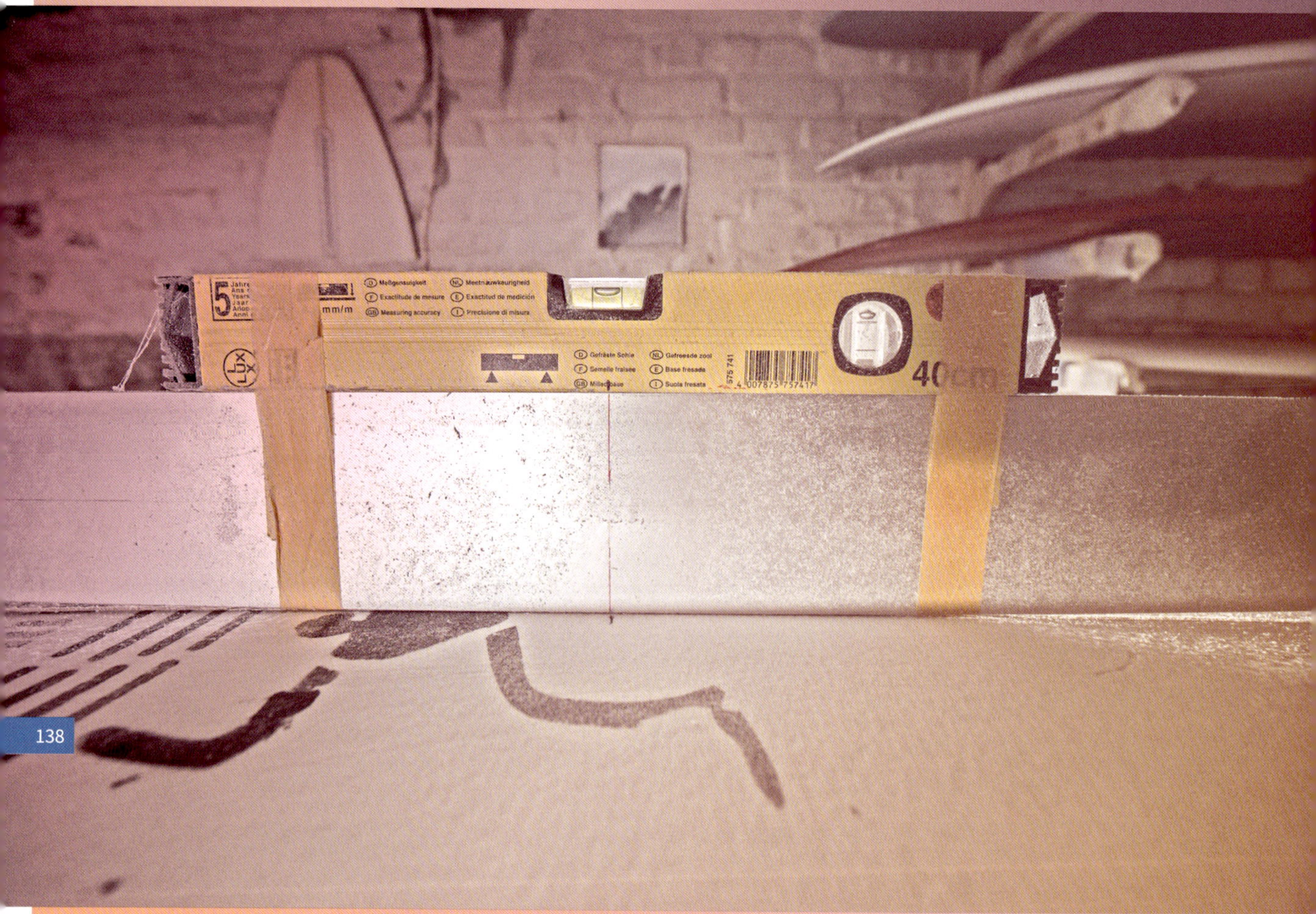

Der Rocker

Die Blanks werden mit einem flachen, neutralen Rocker geliefert, der entsprechend der eigenen Wünsche mehr oder weniger modifiziert werden kann.

Miss zunächst den vorhandenen Rocker. Markiere dafür den Mittelpunkt auf der Länge des Stringers und lege dort den Mittelpunkt der Richtlatte mit eingebauter Libelle oder angetapter Wasserwaage auf. Verschiebe das Blank auf den Racks, bis die Libelle in der Waage ist.

Eventuell musst Du am Tail etwas unterlegen, um das zu erreichen. Jetzt kannst Du am Endpunkt von Nose und Tail den Abstand zwischen Blank und Richtlatte messen.

Das ist Dein Rocker. Wenn Du die Feinheiten berücksichtigen willst, misst Du auch noch den Rocker One-Foot-off an Nose und Tail, aber für die ersten Boards wollen wir es nicht zu kompliziert machen.

Den gewünschten Entry- und Exit-Rocker zeichnen wir nun an den beiden Enden des Stringers an. Gehe sicher, dass anschließend noch genug Dicke in Nose und Tail vorhanden ist, um die gesamte Unterseite soweit herunter zu hobeln, dass in der Mitte die beabsichtigte Dicke zustande kommt!

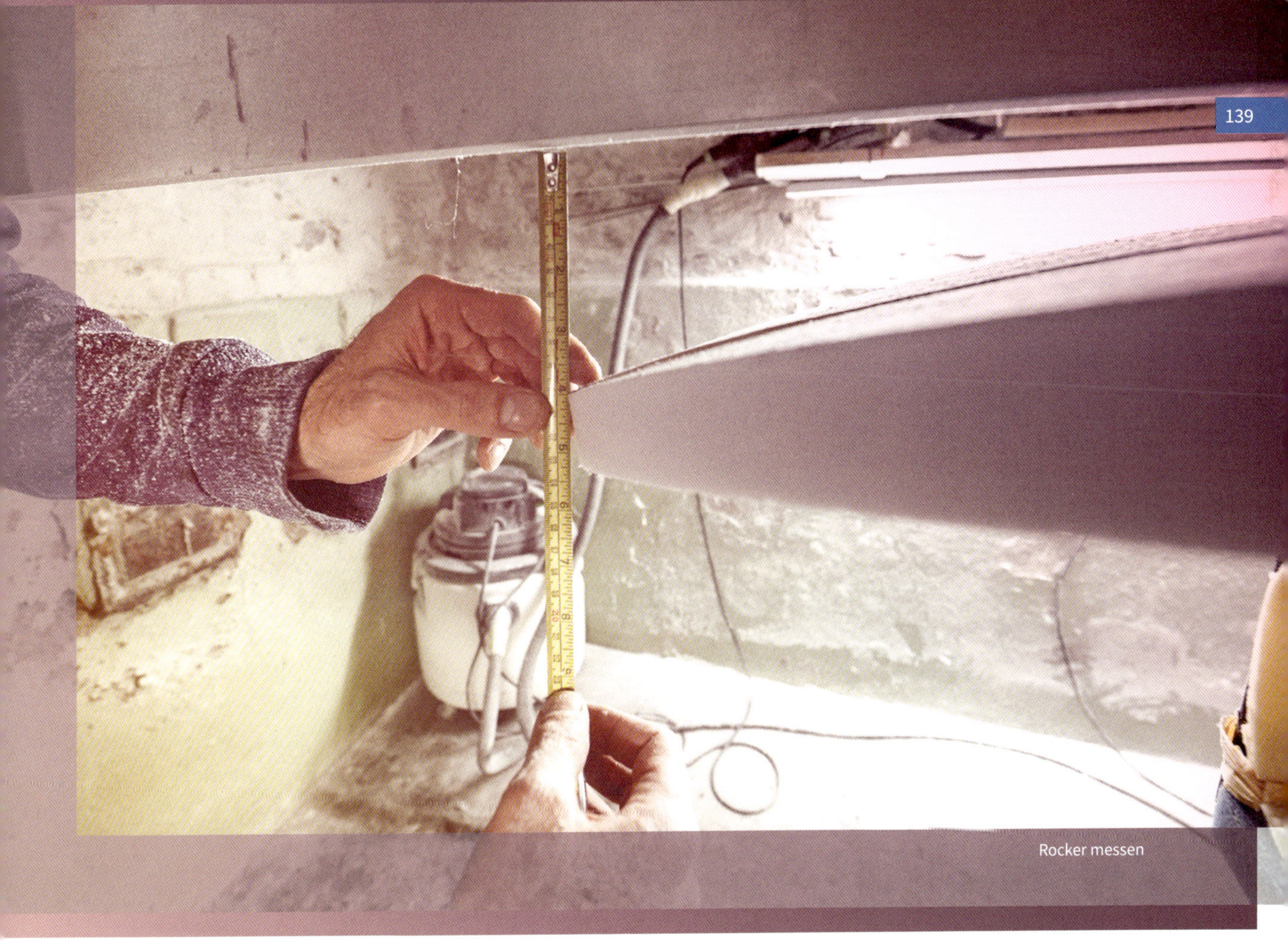

Rocker messen

Blank
Dicke: 3 1/16" | Rocker: Nose 4 1/16" | Tail 1 3/4"

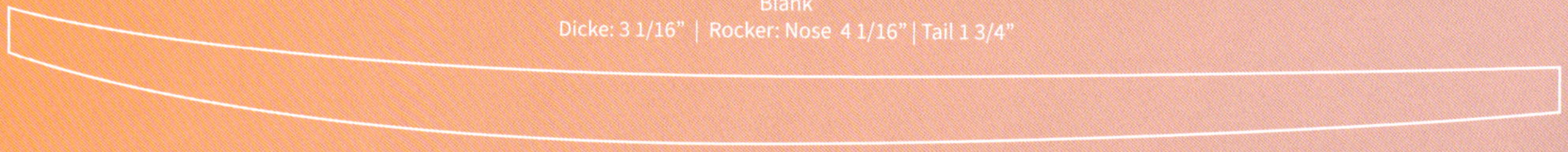

Step 1: Rocker modifizieren
Dicke: 3 1/16" | Rocker: Nose 4 7/8" | Tail 2 1/2"

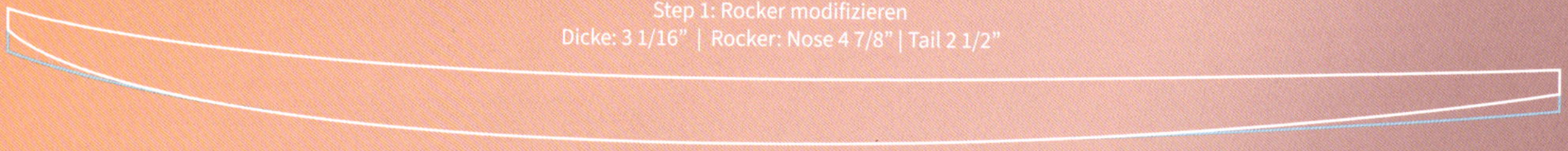

Step 2: Ganze Unterseite auf richtige Dicke hobeln
Dicke: 2 5/8" | Rocker: Nose 4 7/8" | Tail 2 1/2"

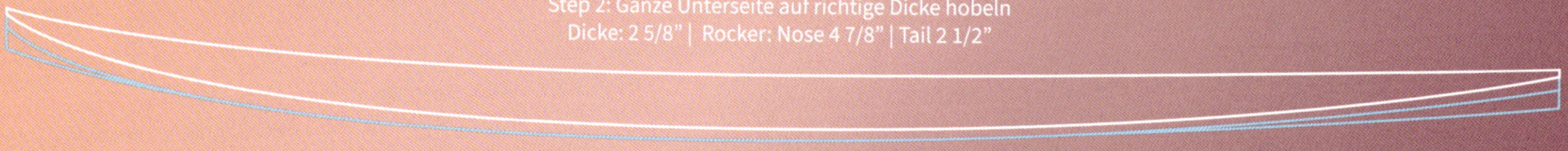

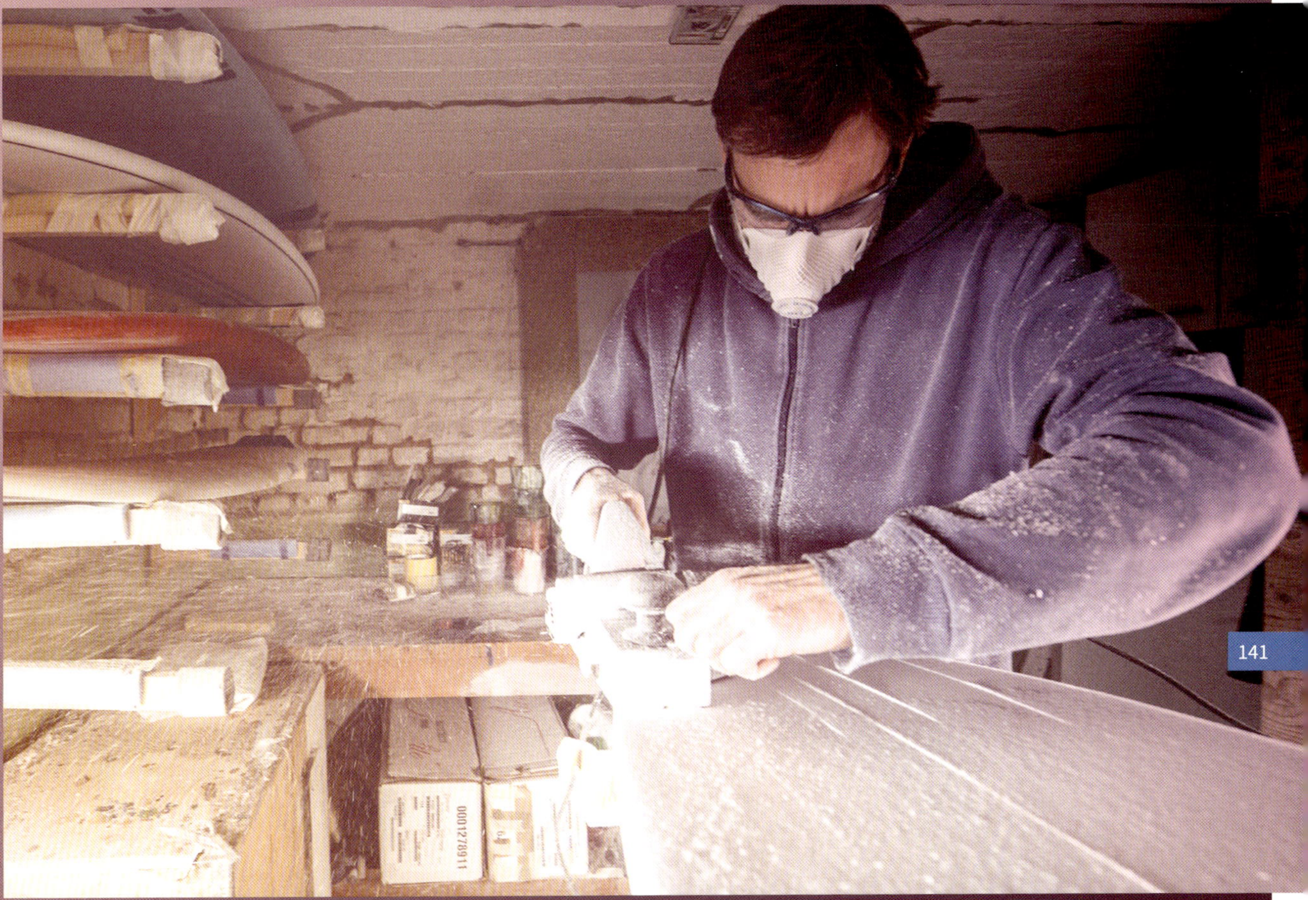

Rocker im Tail bearbeiten

Jetzt bearbeiten wir den Rocker. Setze den Hobel am Ende des Boards mit weit geöffnetem Hobelmaul an und schiebe ihn langsam in Richtung Boardmitte. Währenddessen verstellst Du gleichmäßig mit der vorderen Hand die Hobeltiefe, bis Du knapp hinter der One-Foot-off-Marke auf Null bist.

Hebe den Hobel in einer flüssigen Bewegung vom Blank ab. So erzeugst Du einen harmonischen Übergang vom alten zum neuen Rocker. Je nachdem, wie weit der Rocker zur Boardmitte hin bearbeitet wird und auf welcher Distanz Du die neue Rockerkurve mit der alten blendest, erzeugst Du Staged- oder Continuous-Rocker. Aber das sind Details, mit denen man sich wahrscheinlich beim ersten Board noch nicht zu sehr beschäftigt.

Eventuell musst Du diesen Hobelvorgang einige Male wiederholen, bis der Rocker so ist, wie er sein soll. Zwischendurch die Übergänge mit dem Surform glätten!

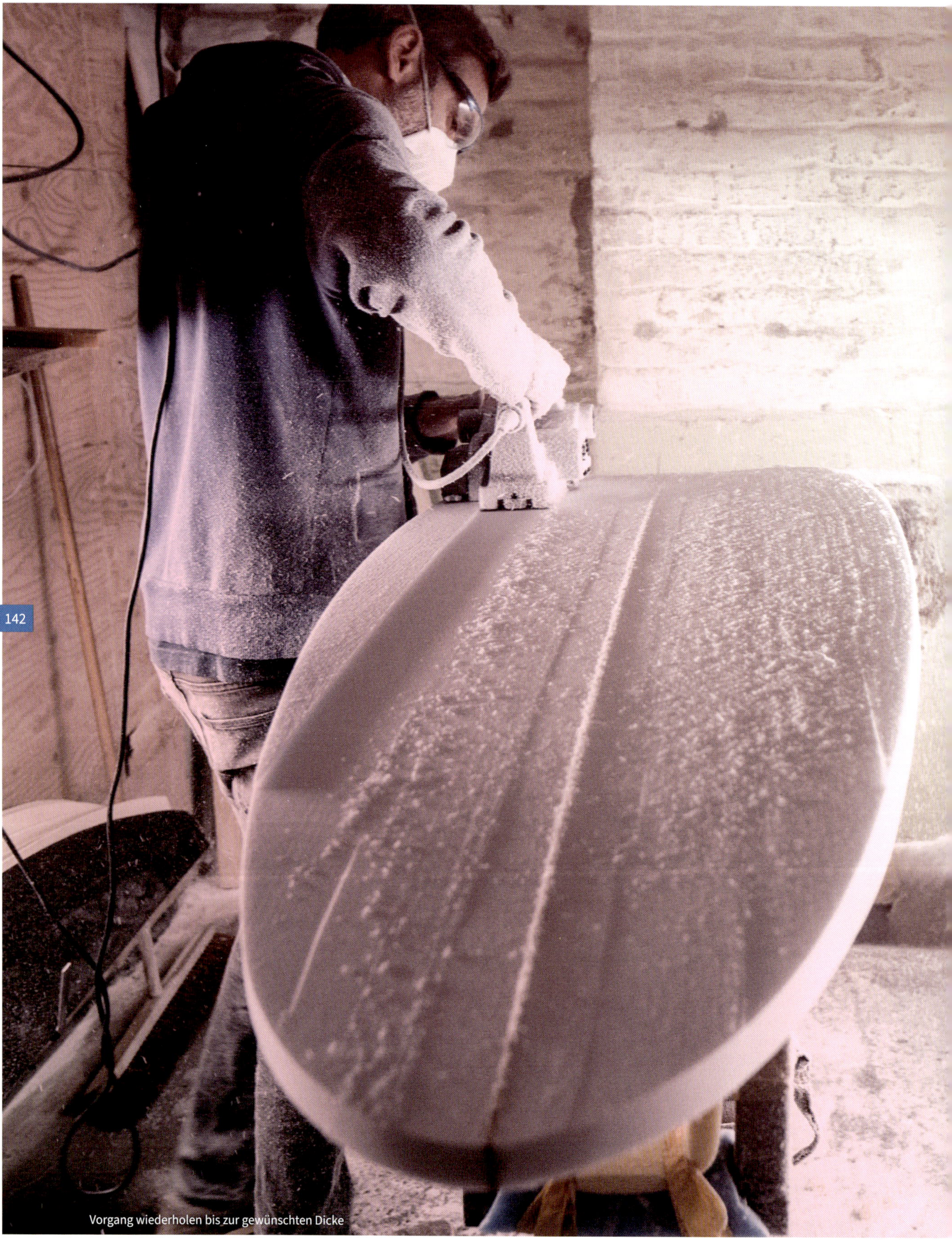
Vorgang wiederholen bis zur gewünschten Dicke

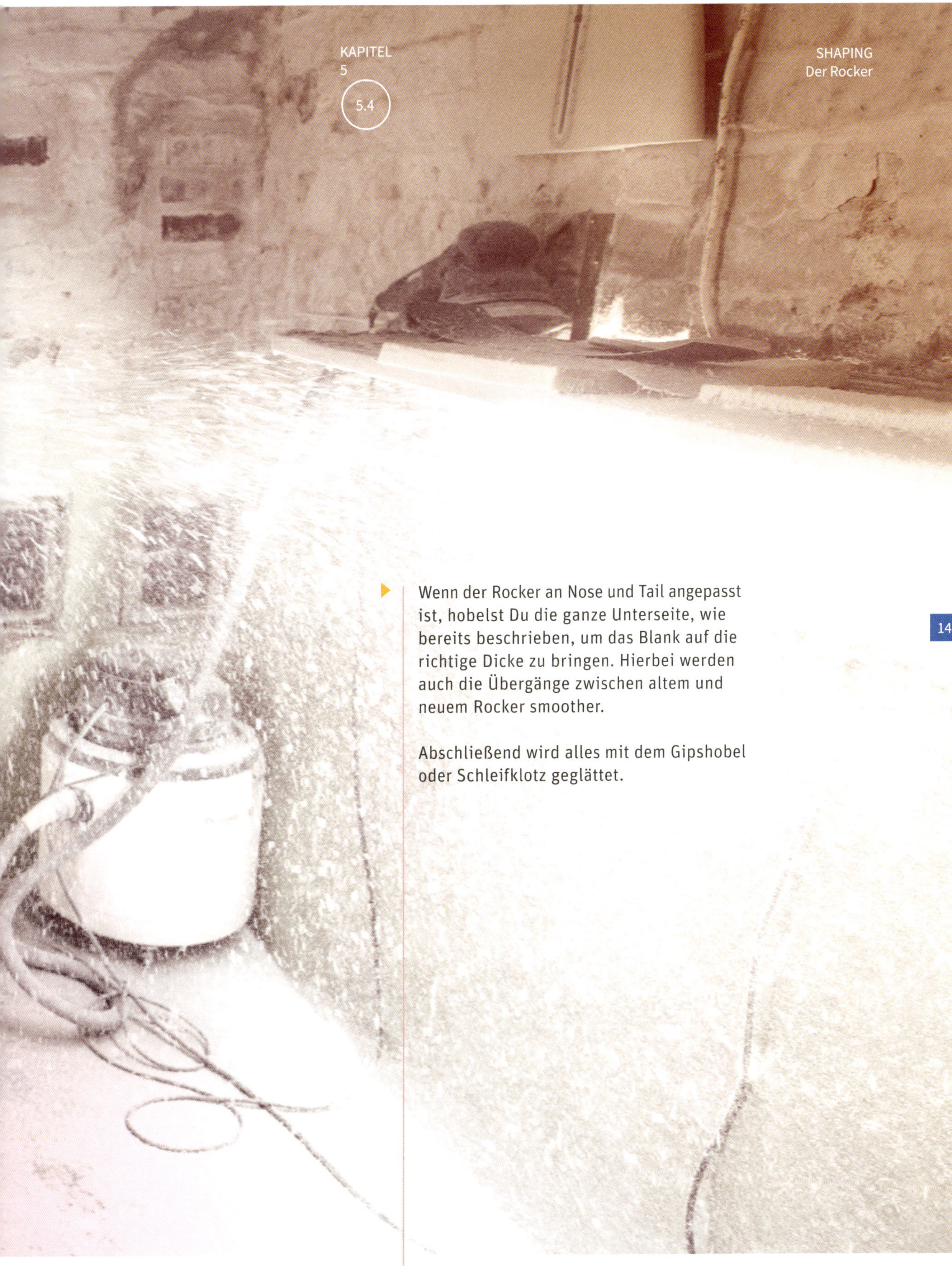

Wenn der Rocker an Nose und Tail angepasst ist, hobelst Du die ganze Unterseite, wie bereits beschrieben, um das Blank auf die richtige Dicke zu bringen. Hierbei werden auch die Übergänge zwischen altem und neuem Rocker smoother.

Abschließend wird alles mit dem Gipshobel oder Schleifklotz geglättet.

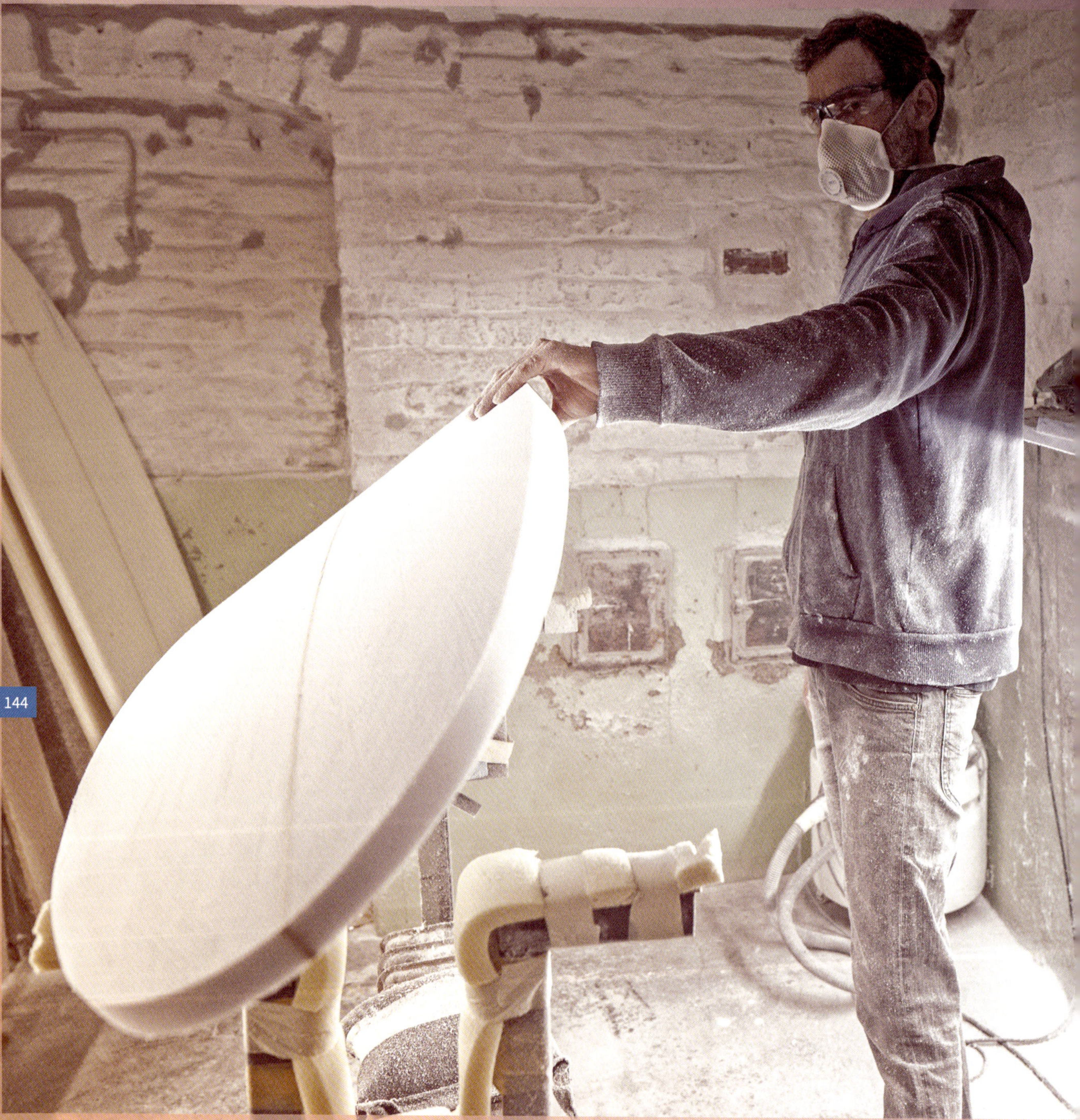

Das Checken der Foil hat viel mit Gefühl zu tun. Eventuell mit einem bewährten Board vergleichen

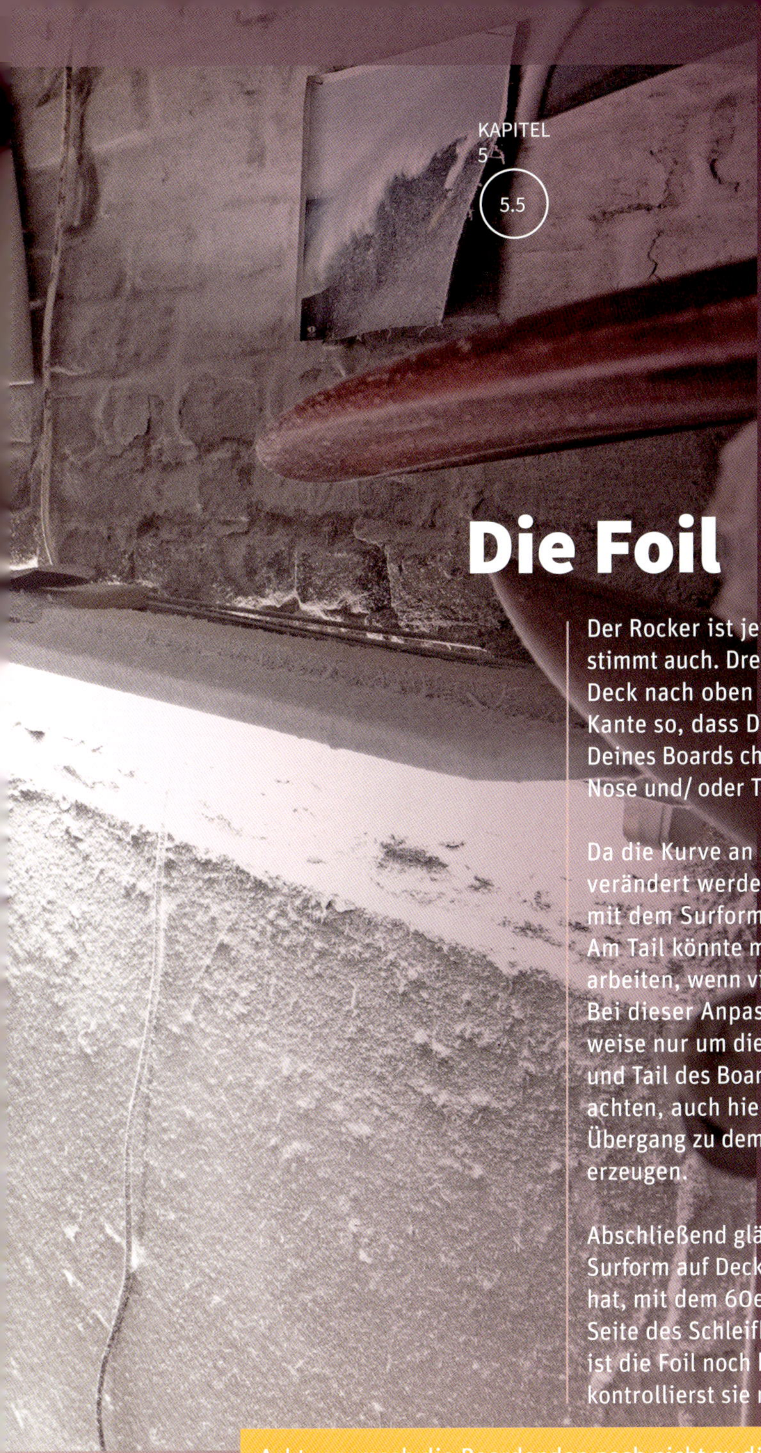

Die Foil

Der Rocker ist jetzt also drin und die Dicke stimmt auch. Drehe das Board wieder mit dem Deck nach oben und lifte mit der Hand die Kante so, dass Du den Dickenverlauf (Foil) Deines Boards checken kannst. Vielleicht sind Nose und/ oder Tail noch zu dick?

Da die Kurve an der Unterseite nicht mehr verändert werden darf, muss die Oberseite mit dem Surform angepasst werden.
Am Tail könnte man auch mit dem E-Hobel arbeiten, wenn viel abgetragen werden muss. Bei dieser Anpassung geht es normalerweise nur um die letzten paar Inch an Nose und Tail des Boards und Du solltest darauf achten, auch hier in der Foil einen schönen Übergang zu dem Mittelteil des Boards zu erzeugen.

Abschließend glättest Du alle Riefen, die der Surform auf Deck und Bottom hinterlassen hat, mit dem 60er-Papier, das um die weiche Seite des Schleifklotzes gelegt wird. Danach ist die Foil noch besser zu erkennen und Du kontrollierst sie noch einmal.

Achtung, mach die Boardenden noch nicht zu dünn! Der optische Eindruck ändert sich, wenn die Rails gerundet werden. Danach kann man z.B. die Nose nochmal unter die Lupe nehmen.

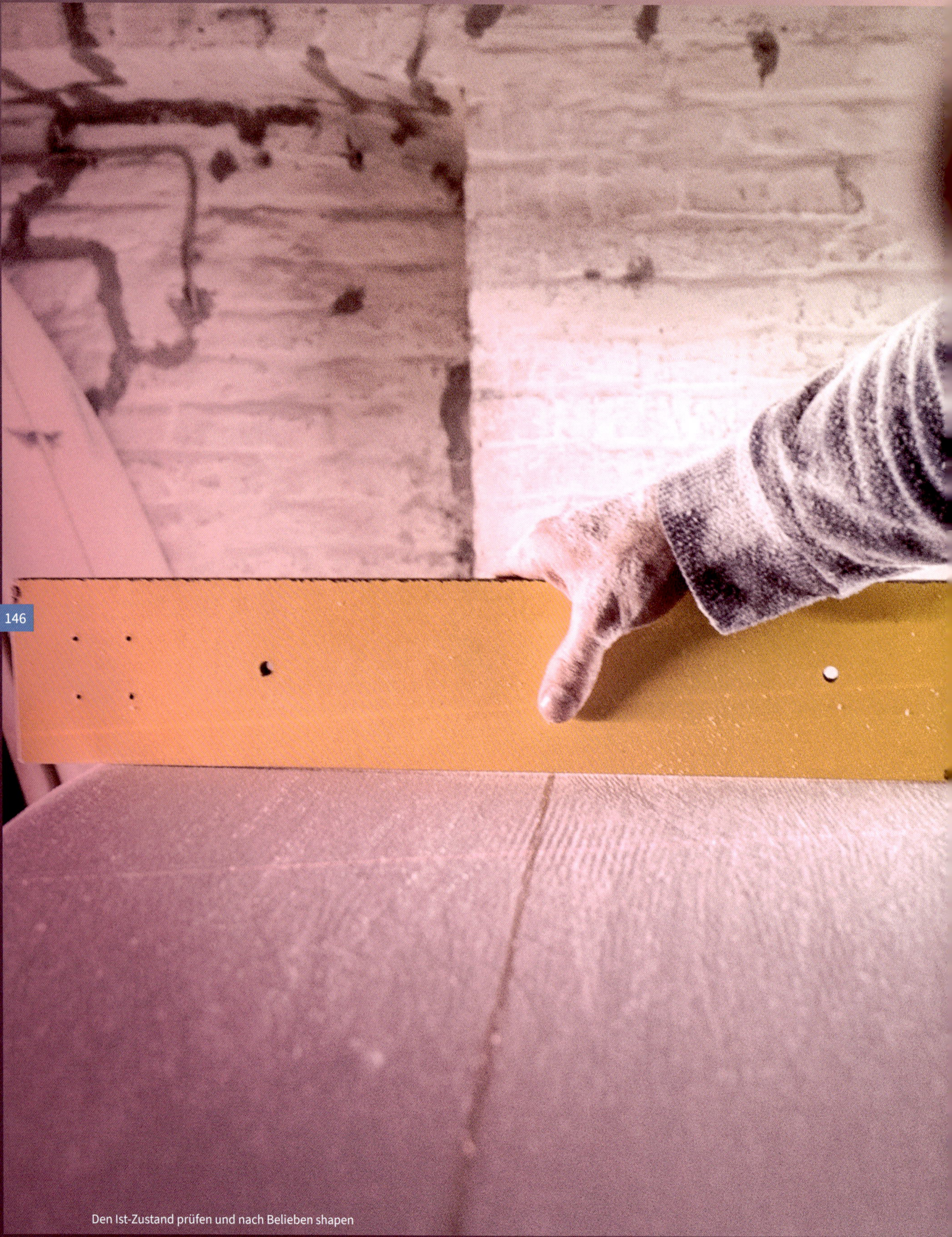

Den Ist-Zustand prüfen und nach Belieben shapen

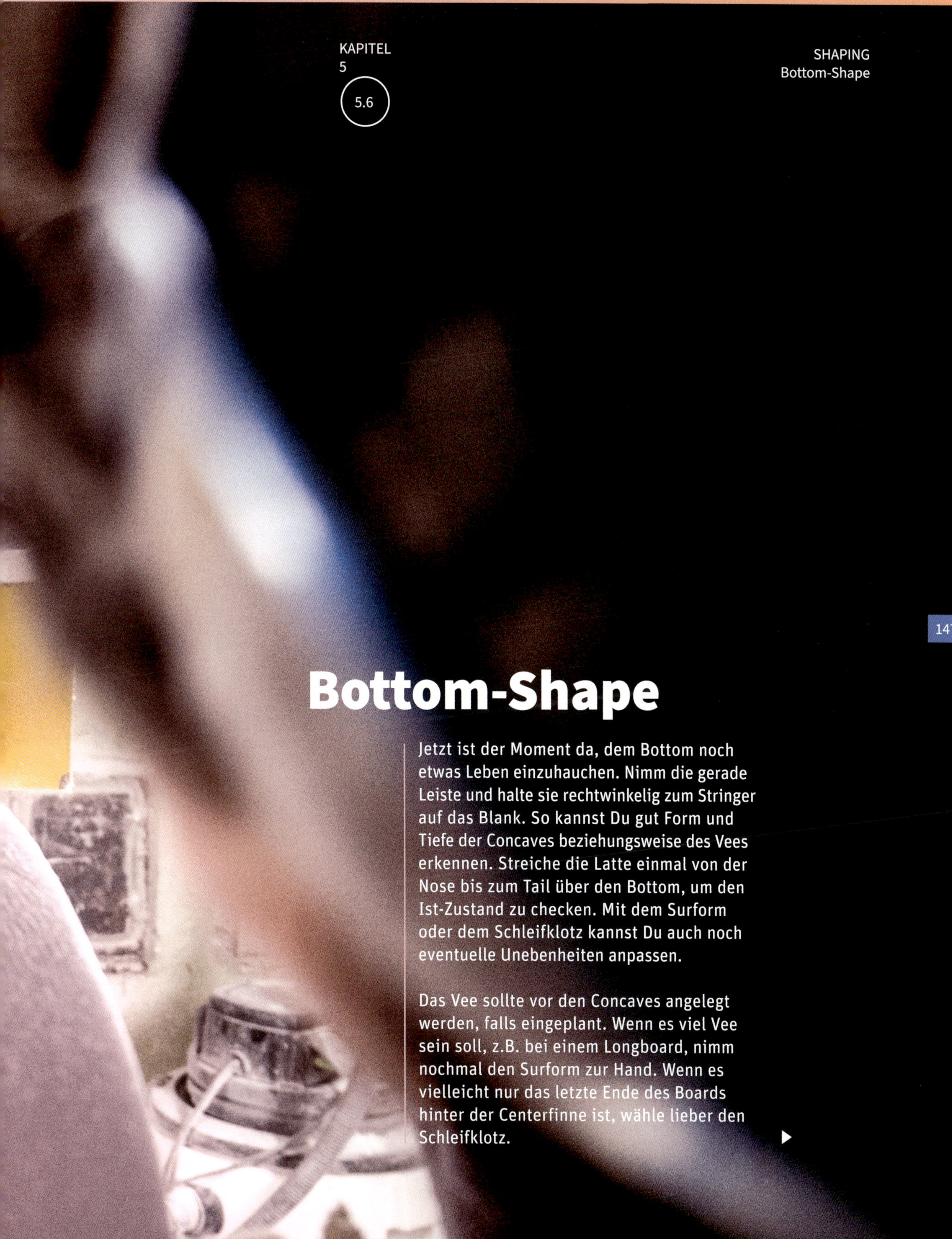

Bottom-Shape

Jetzt ist der Moment da, dem Bottom noch etwas Leben einzuhauchen. Nimm die gerade Leiste und halte sie rechtwinkelig zum Stringer auf das Blank. So kannst Du gut Form und Tiefe der Concaves beziehungsweise des Vees erkennen. Streiche die Latte einmal von der Nose bis zum Tail über den Bottom, um den Ist-Zustand zu checken. Mit dem Surform oder dem Schleifklotz kannst Du auch noch eventuelle Unebenheiten anpassen.

Das Vee sollte vor den Concaves angelegt werden, falls eingeplant. Wenn es viel Vee sein soll, z.B. bei einem Longboard, nimm nochmal den Surform zur Hand. Wenn es vielleicht nur das letzte Ende des Boards hinter der Centerfinne ist, wähle lieber den Schleifklotz. ▶

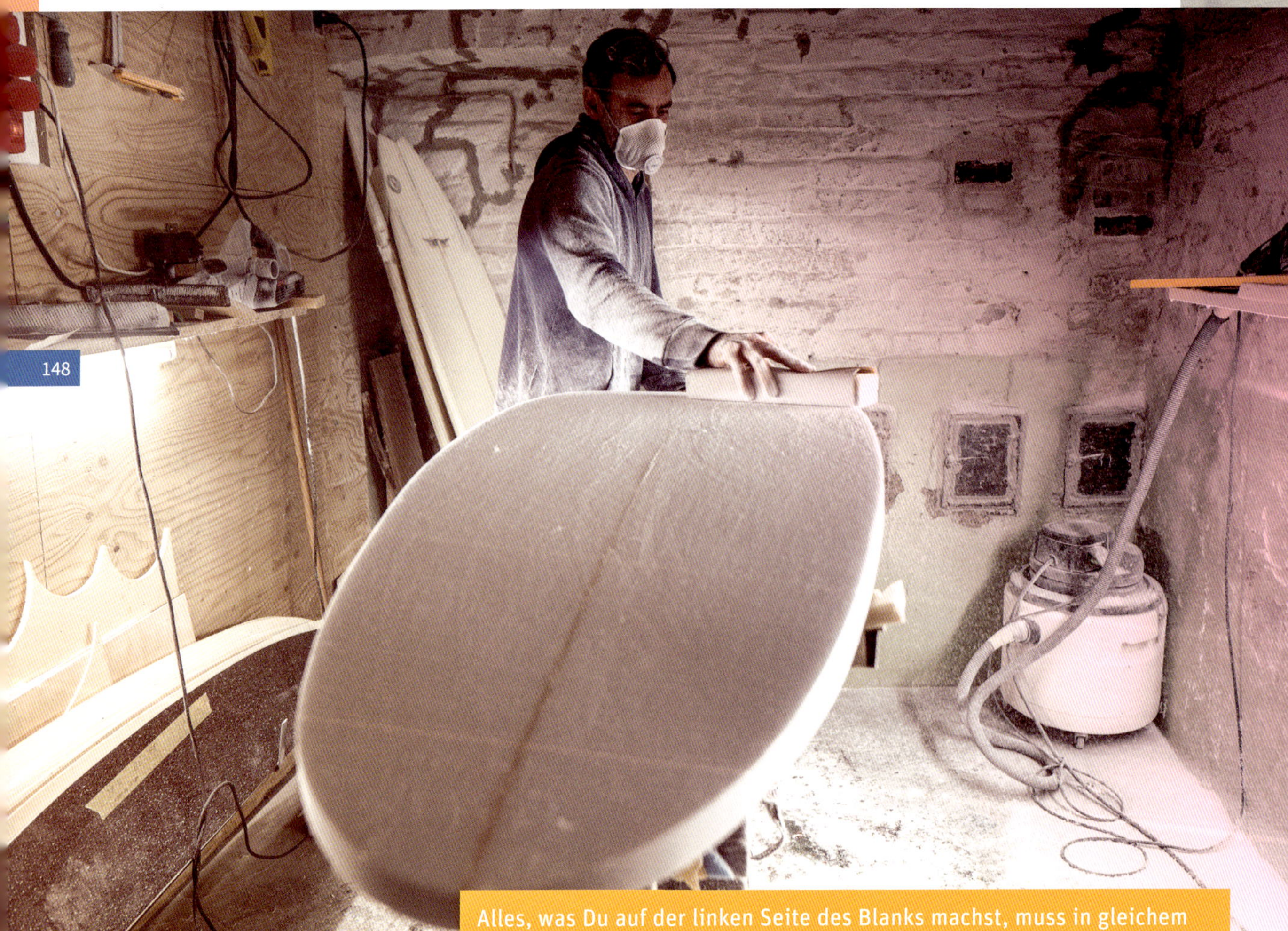

Belly

Alles, was Du auf der linken Seite des Blanks machst, muss in gleichem Maße auf der rechten Seite geschehen, damit das Board symmetrisch wird. Manche Shaper zählen die Züge mit dem Schleifklotz, die sie auf jeder Seite machen, andere haben das Thema mehr im Hinterkopf und gehen mit dem Flow.

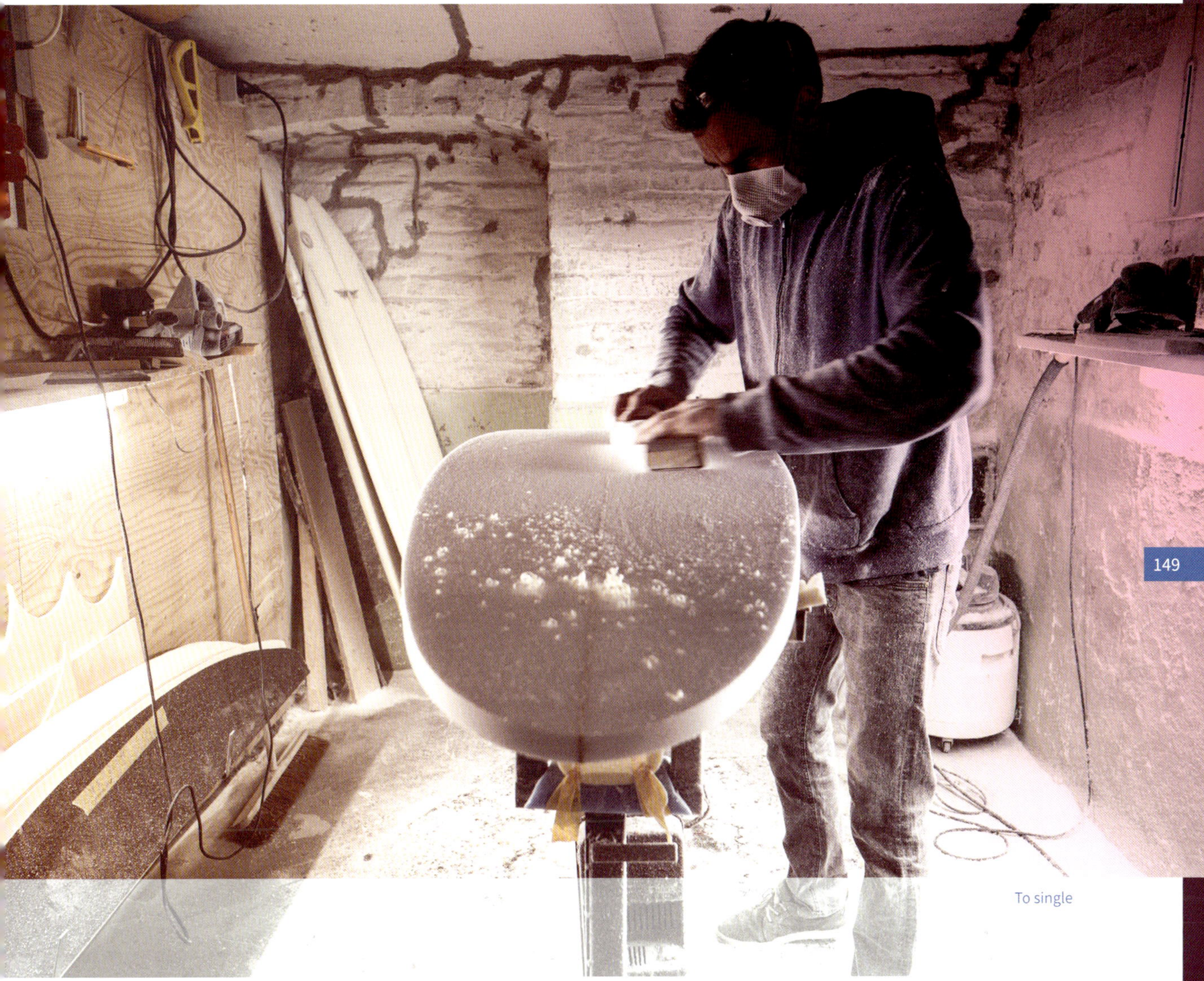

To single

Um ein Single-Concave zu shapen, musst Du mehrmals den Stringer mit dem kleinen Handhobel etwas absenken und mit dem Schleifklotz vom Rail aus darauf zuarbeiten. Wenig Druck am Rail und mehr Druck zur Mitte hin sorgen dafür, dass ein schönes, rundes Concave entsteht.

Hier kommt auf jeden Fall die weiche Seite des Schleifklotzes zum Einsatz.

Achte darauf, das Rail nicht zu verletzen. Der Schleifklotz schwebt mit minimaler Berührung über dem Rail und taucht dann zur Mitte hin ein.

Beim Double-Concave muss die Form auf engerem Raum hergestellt werden. Dafür benutzt man die Kante des Schleifklotzes oder einen sehr schmalen Klotz (ein Stück Dachlatte mit einer weichen Ummantelung) oder sogar einen mit gewölbter Sohle. Da kannst Du bestimmt etwas improvisieren!

Man fängt mit den Schleifbewegungen dort an, wo die tiefsten Stellen des Double-Concaves entstehen sollen, und weitet die Bewegungen dann in Richtung Stringer und Rails aus. Probiere es aus, letztendlich findet jeder seine eigene Technik.

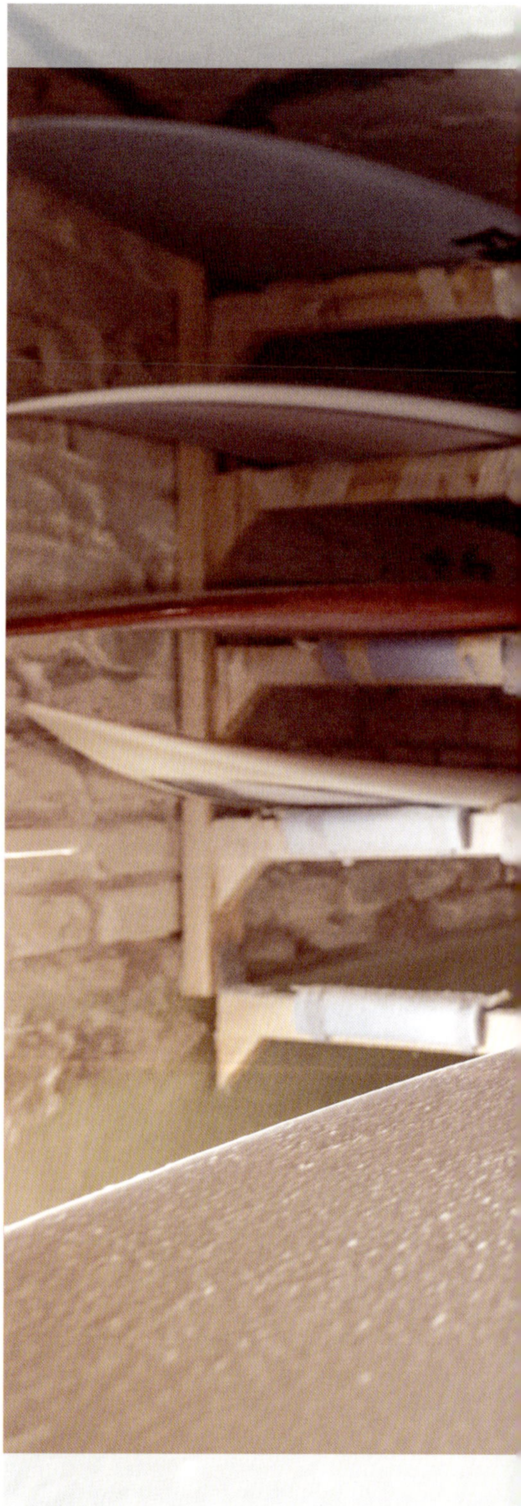

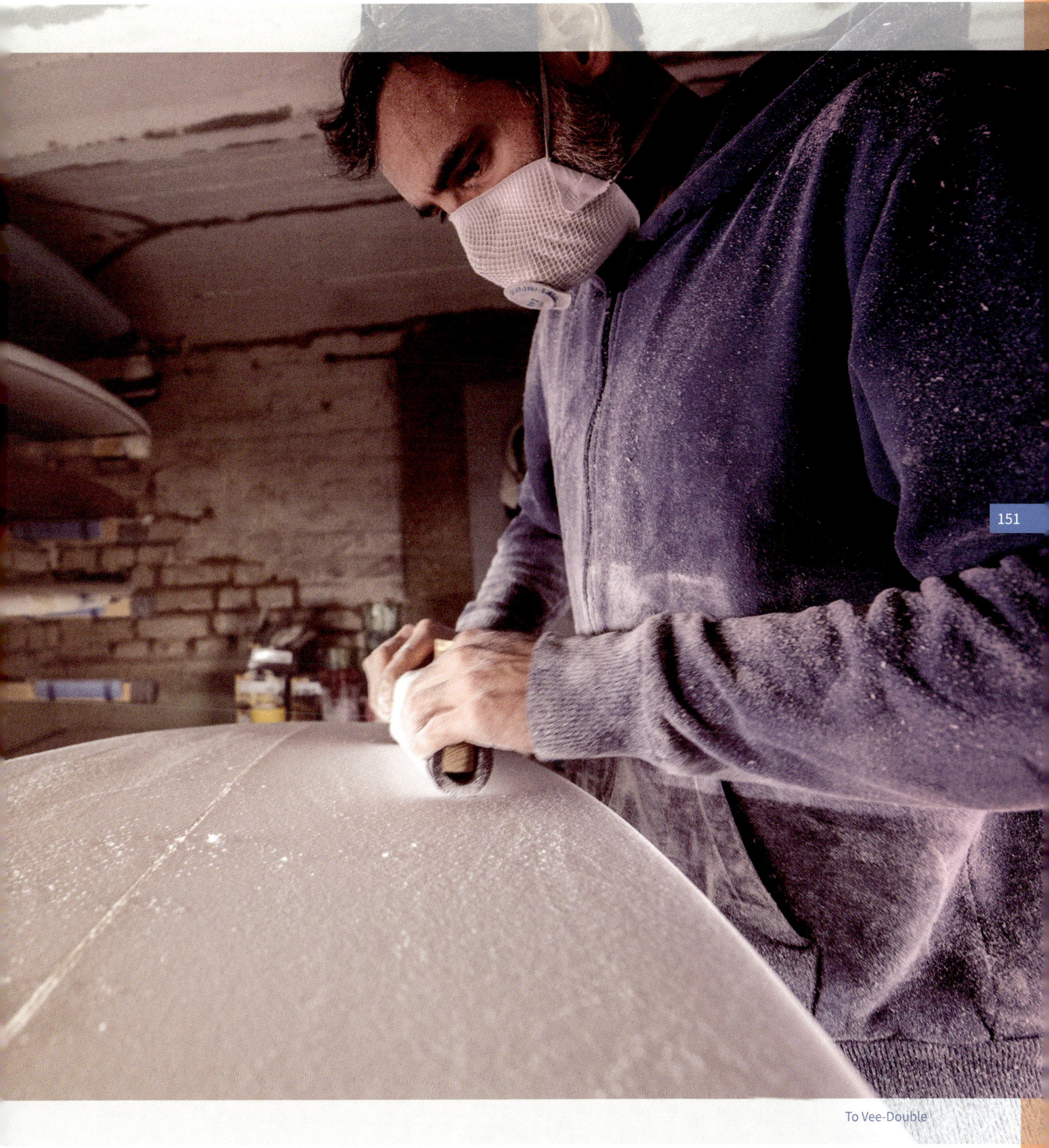

To Vee-Double

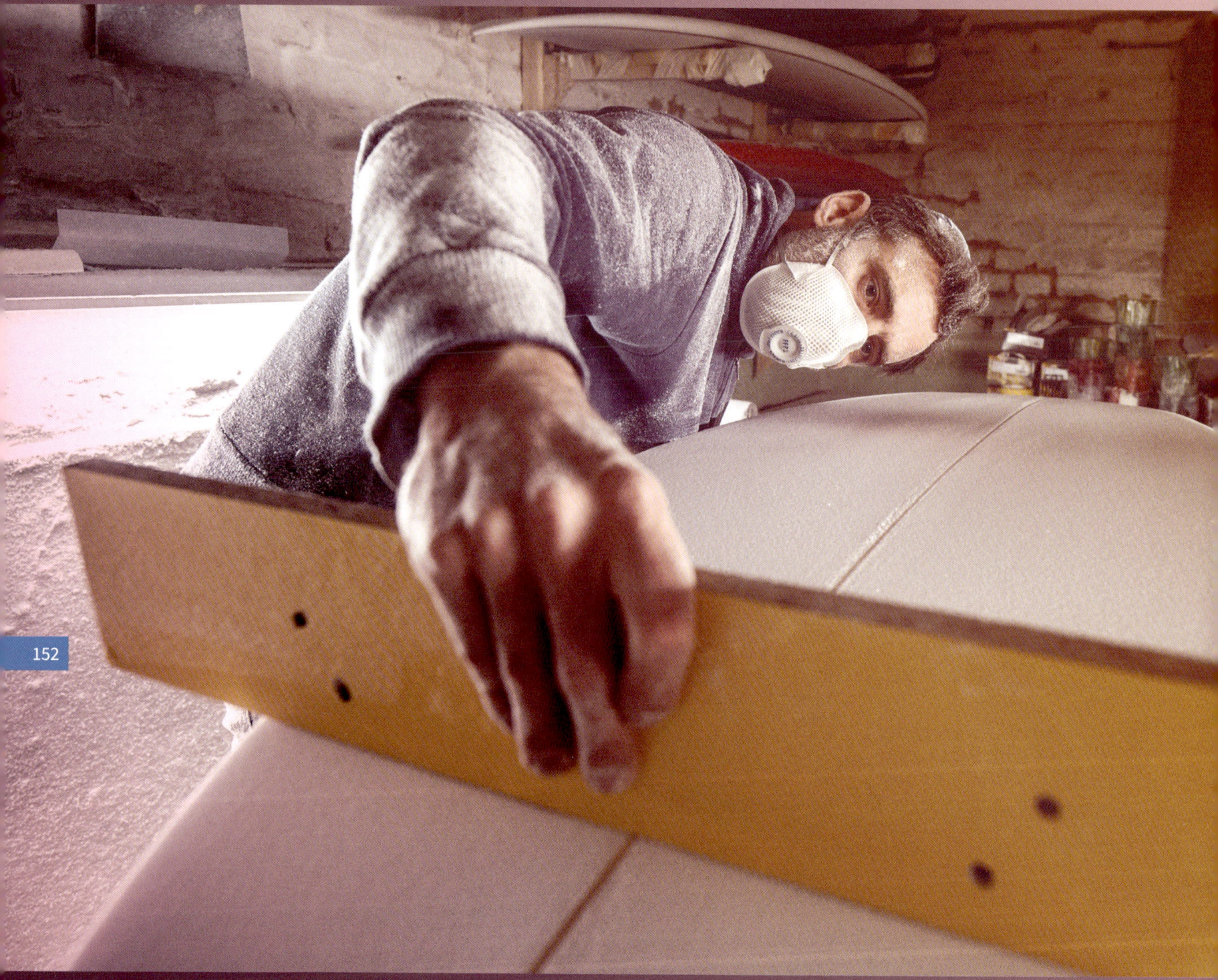

Immer wieder den Flow des Bottom-Shapes checken

▶ Arbeite Dich von der Nose in Richtung Tail durch die verschiedenen Concave-Features vor. Zum Beispiel von einem Flat-Entry zum Single-Concave im Center und zum Double zwischen den Finnen.

So nimmst Du mit Deinem Workflow dieselbe Richtung wie das Wasser, das später unter Deinem Board durchfließen wird, und hast gute Chancen, ein flüssiges Bottom-Shape zu erzeugen.

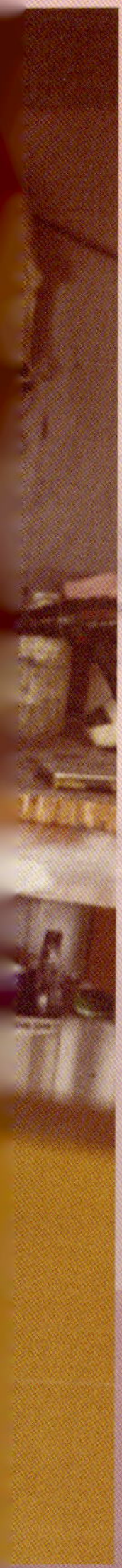

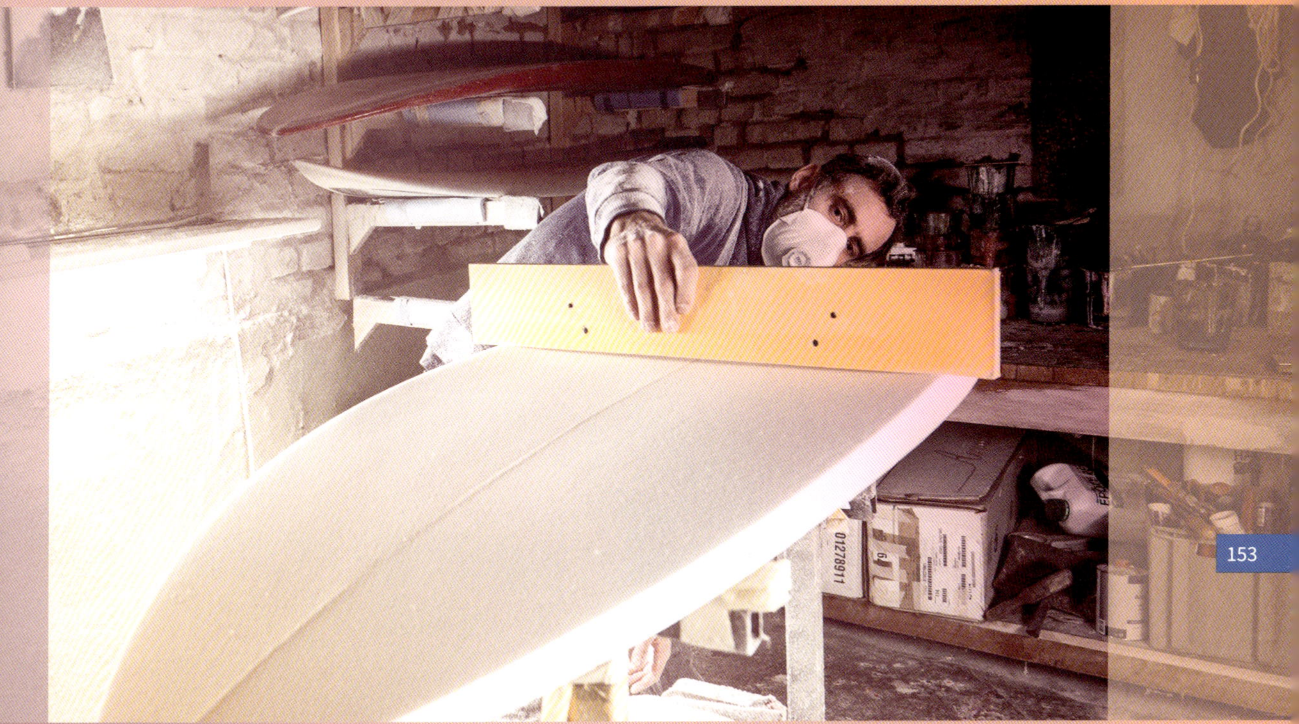

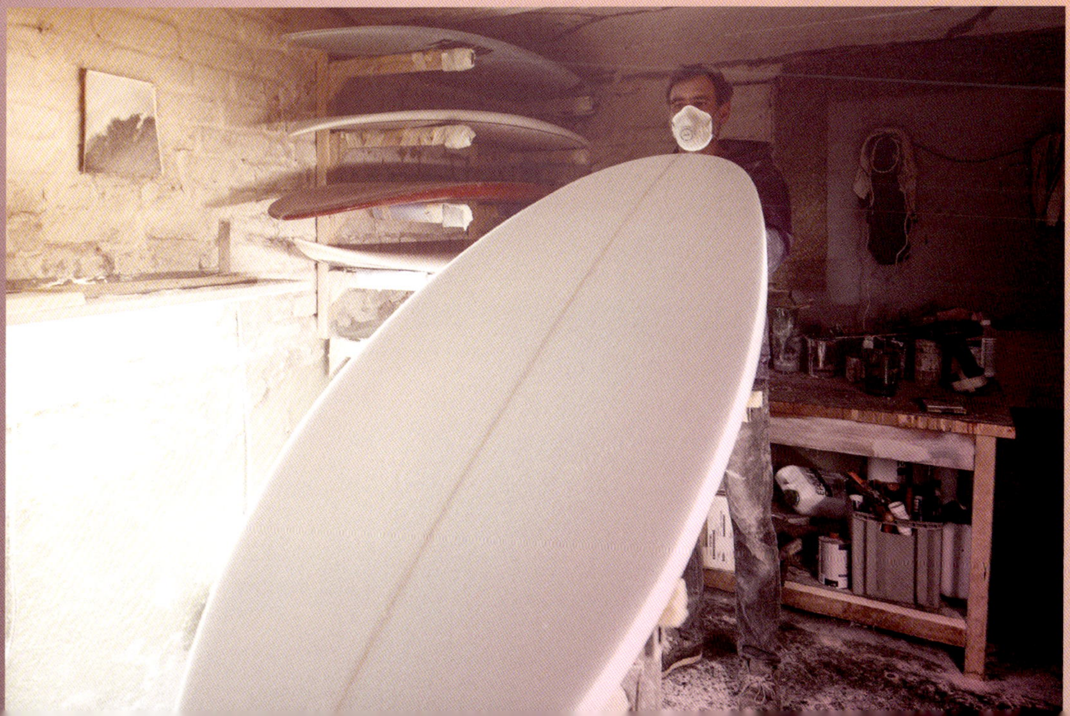

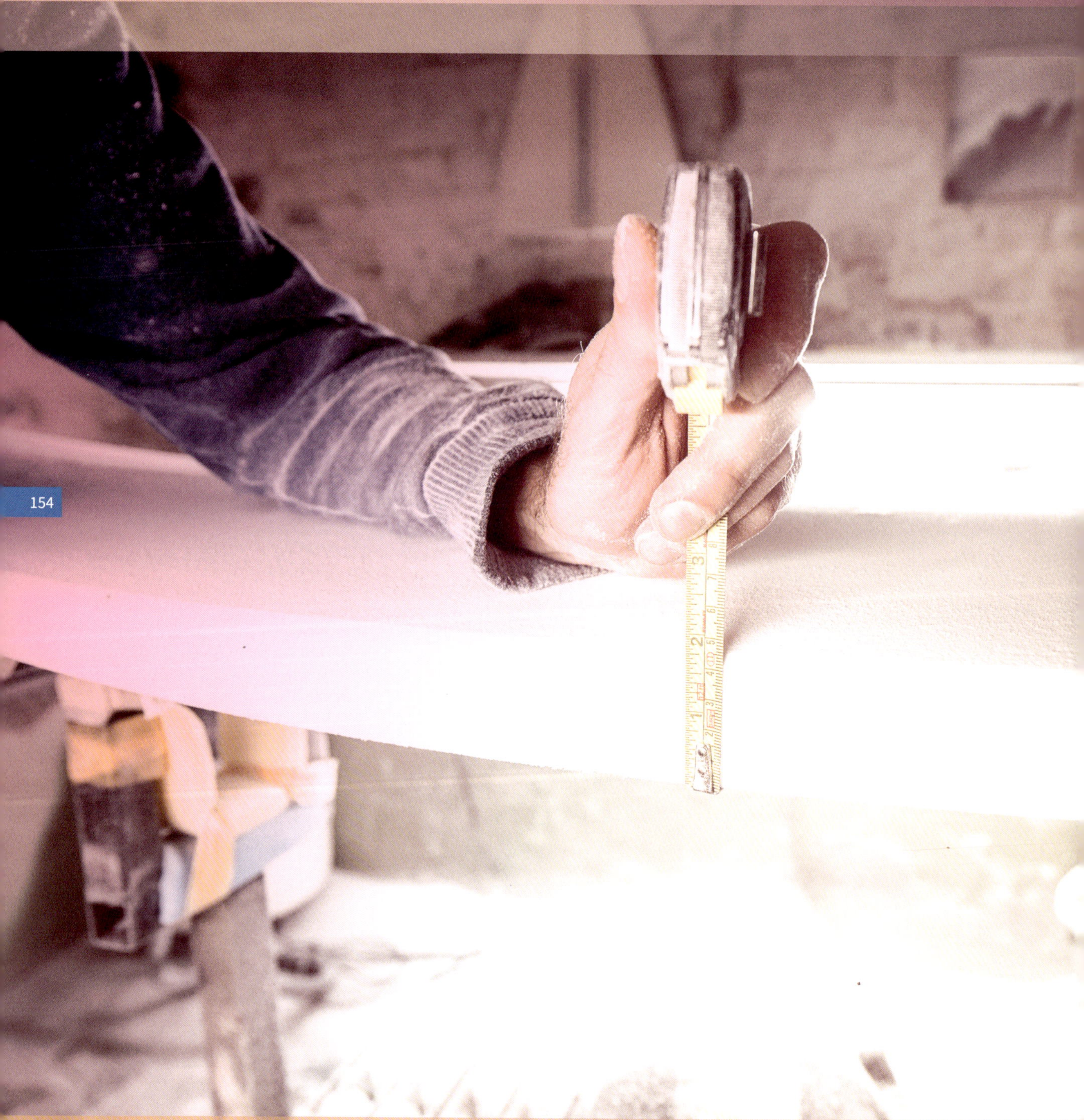

Im Center die Höhen der Railbands anzeichnen

Die Rails

Um die Rails grob zu shapen, braucht man erst nochmal den Elektrohobel. Bevor Du loshobelst, solltest Du allerdings Markierungen machen. Du legst das Boarddeck nach oben und zeichnest am Rail von der Unterkante ausgehend zwei Maße an. Damit legst Du die Dicke der Rails fest.

z.B.:
1 1/4” und 1 1/2” für ein eher dünnes Rail oder 1 1/2” und 1 3/4” für einen ziemlichen Tanker oder irgendwas dazwischen.

Je nachdem, wie weit Du die Railbands auf dem Deck hinein zur Mitte in Richtung Stringer ziehst, shapest Du ein Crowned-Deck oder ein Flat-Deck. Manche Shaper markieren dafür auch auf dem Deck, bis wohin die Railbands gezogen werden sollen.

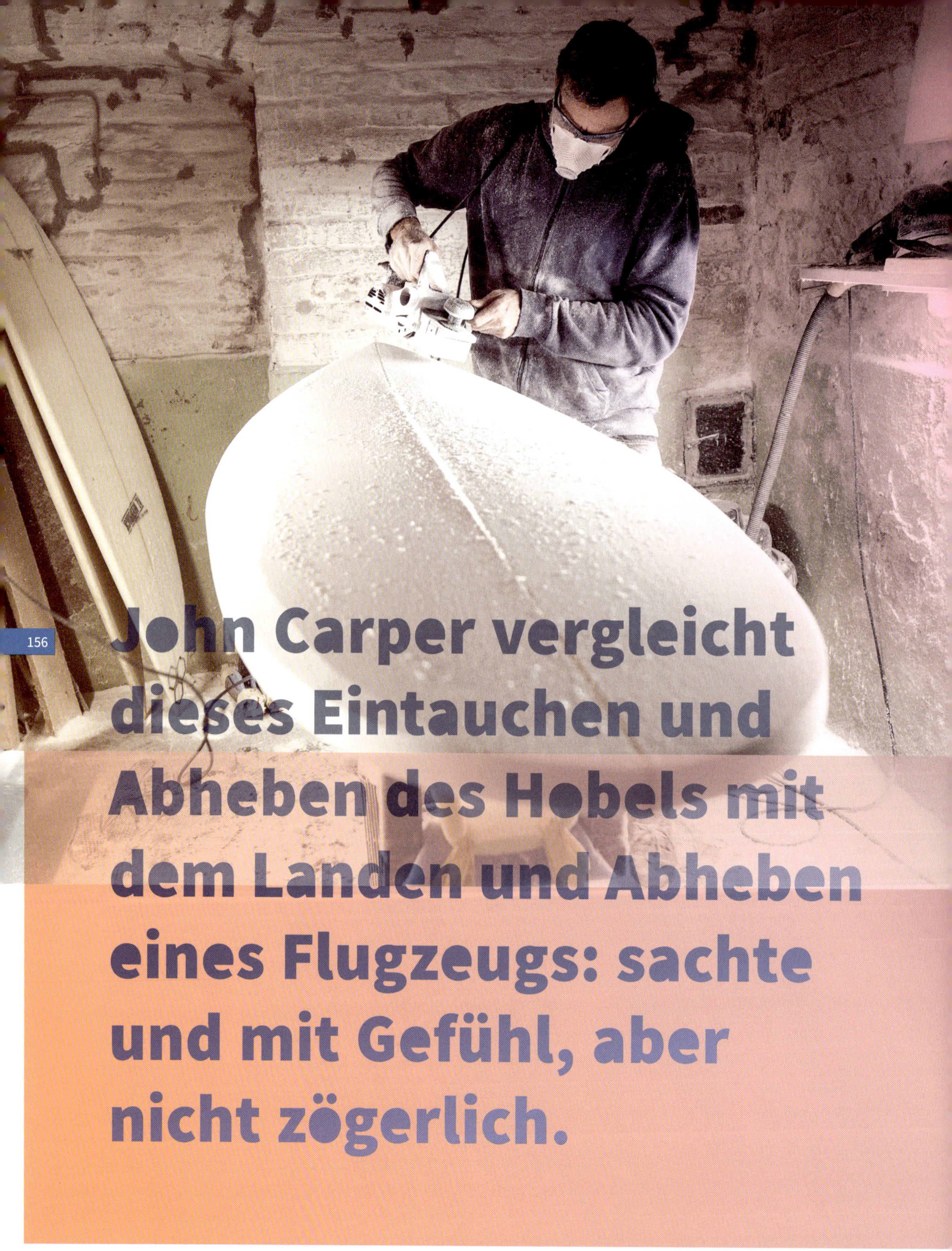

John Carper vergleicht dieses Eintauchen und Abheben des Hobels mit dem Landen und Abheben eines Flugzeugs: sachte und mit Gefühl, aber nicht zögerlich.

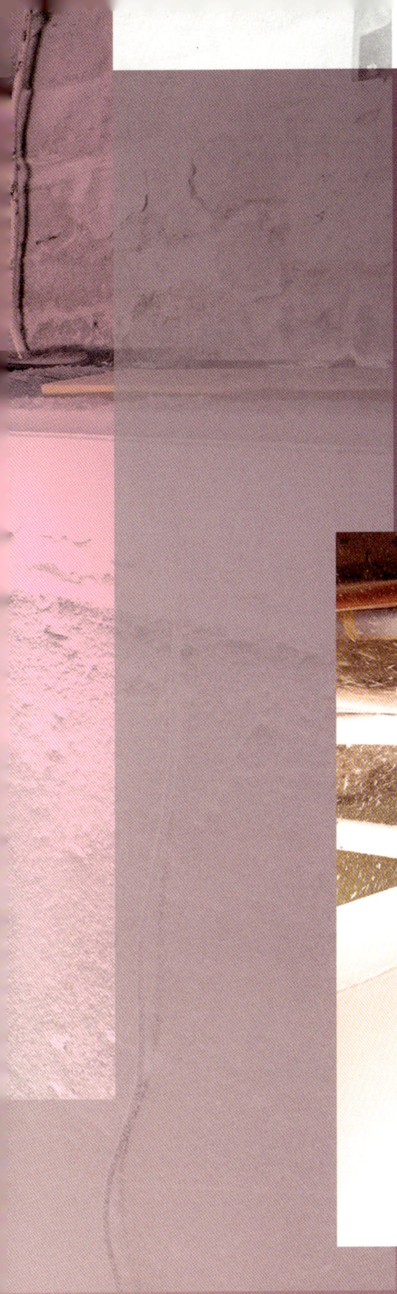

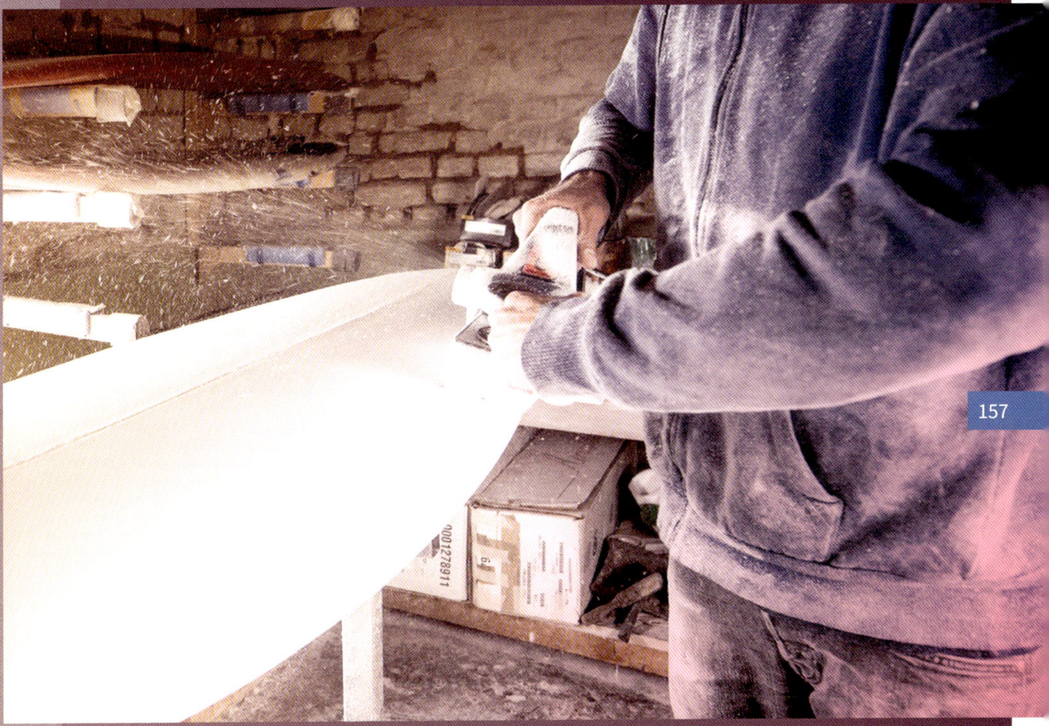

Erst das obere flache Band hobeln, dann das untere

Nun fährst Du mehrere Bahnen mit leicht schräg angesetztem Hobel, bis Du auf die obere Markierung am Rail stößt.

Dabei lässt Du den Hobel mit geschlossenem Maul zunächst über dem Ende des Boards schweben, tauchst ihn dann während der Vorwärtsbewegung ein und öffnest auf dem Weg zur Boardmitte das Hobelmaul bis zum Maximum.

Hinter der Mitte beginnst Du langsam, den Hobel wieder zu schließen und hebst die Maschine kurz vor dem Ende in einer flüssigen Bewegung ab.

Man endet auf beiden Seiten eine Hand breit vor dem Stringer und vor allem an der Nose musst Du aufpassen, dass das Rail nicht zu dünn wird.

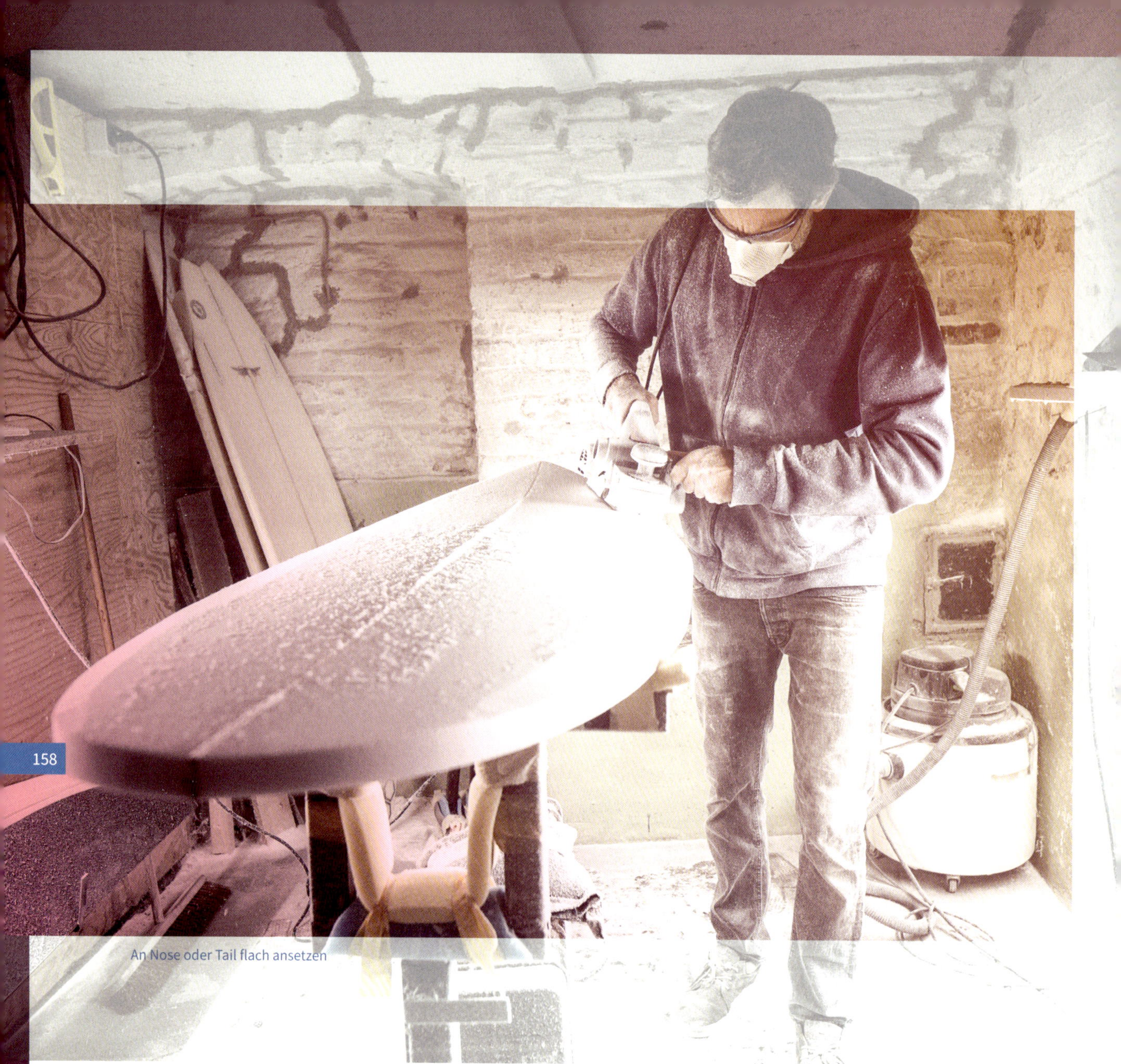

An Nose oder Tail flach ansetzen

Für das zweite Railband, das an der unteren Markierung enden soll, halten wir den Hobel noch etwas steiler, etwa 45°. Allerdings nur auf dem mittleren Segment des Bandes. An Nose und Tail gleitet der Hobel in einen flachen Winkel zum Deck, etwa wie bei dem vorherigen Band. Auch hier senken wir das Hobelmaul sachte in den Schaum und öffnen es zur Mitte hin.

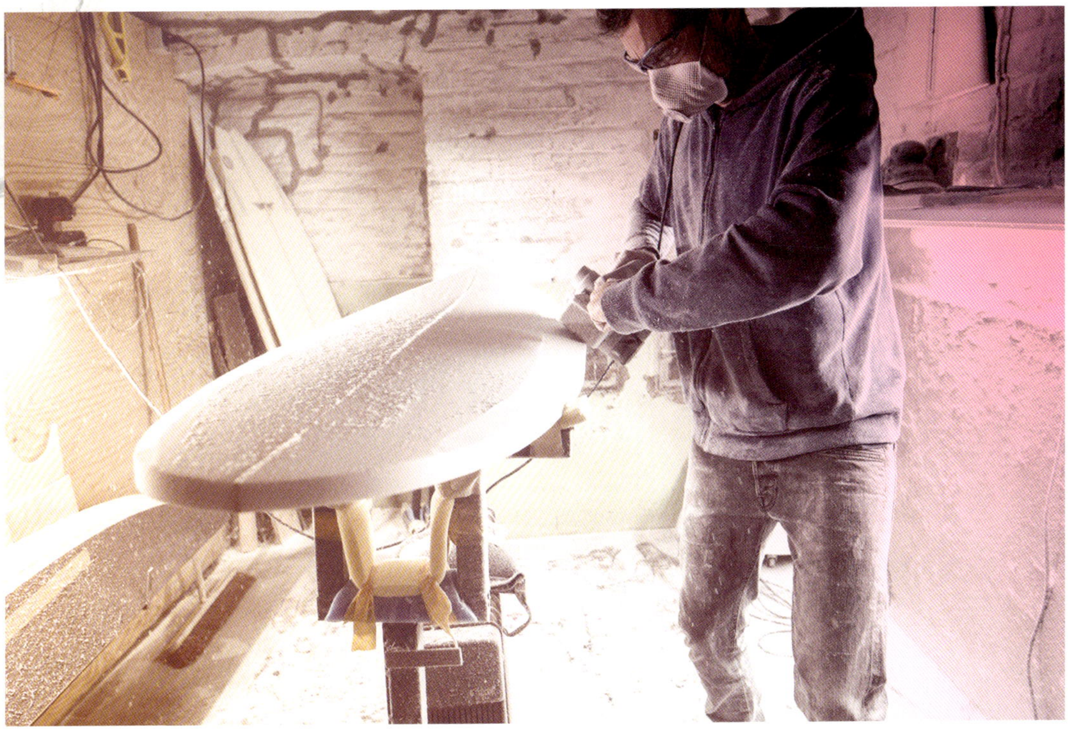

Zur Mitte hin den Hobel weiter öffnen und steiler halten

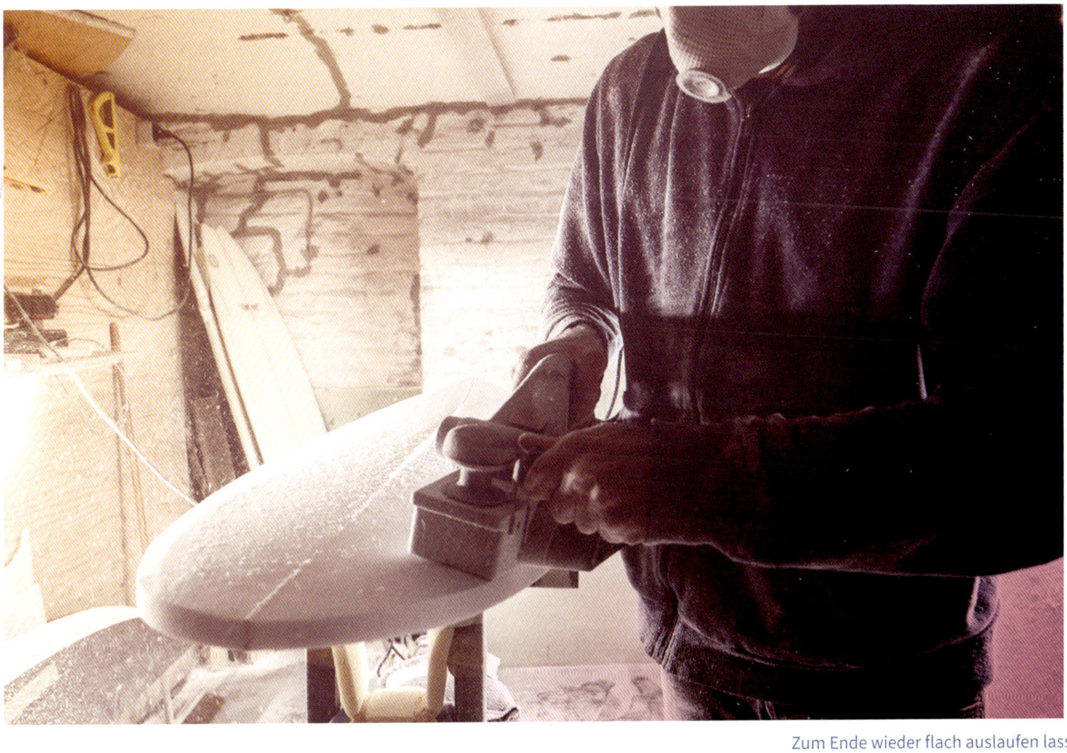

Zum Ende wieder flach auslaufen lassen

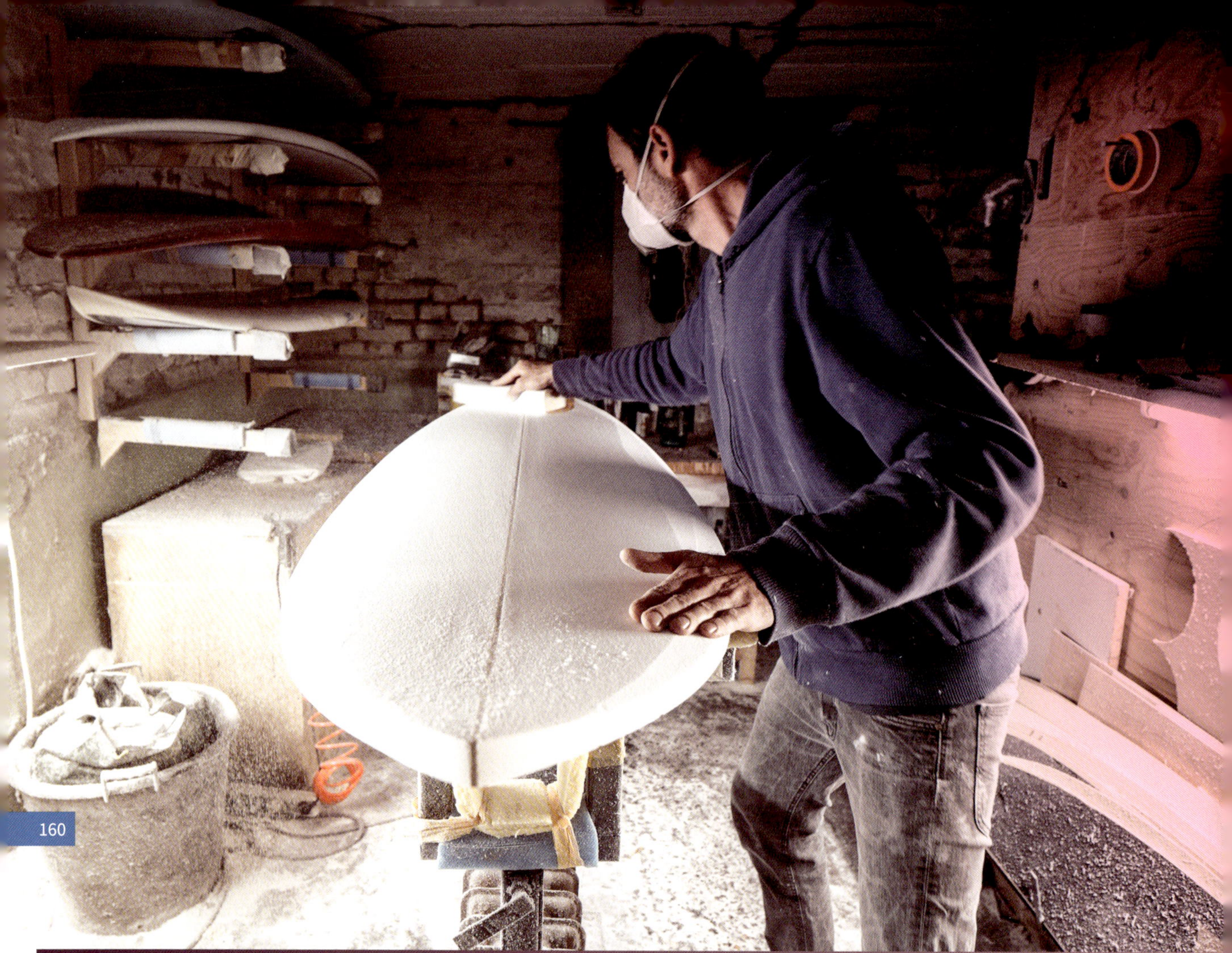

Die Bands zum Deck hin glätten

Wenn die Markierung erreicht ist, glättest Du den Übergang vom Deck zu den Railbands mithilfe Deines weichen Schleifklotzes und des 60er-Papiers. Bearbeite, während Du neben dem Blank stehst, die gegenüberliegende Seite mit langen gleichmäßigen Schleifbewegungen.

Denk daran, auf beiden Seiten etwa gleich viele Züge auszuführen. Du kannst auch hierbei etwas weiter hinein zum Stringer schleifen, um das Deck crowned zu machen, oder Dich darauf konzentrieren, den Übergang zwischen Deck und Rail nahe am Rail zu erzeugen. So erhältst Du ein Flat-Deck.

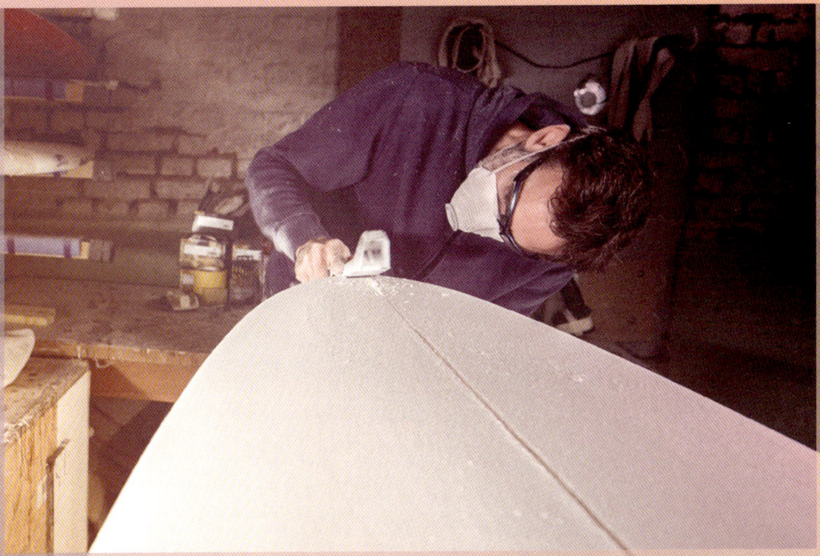

Vorbereiten des Stringers

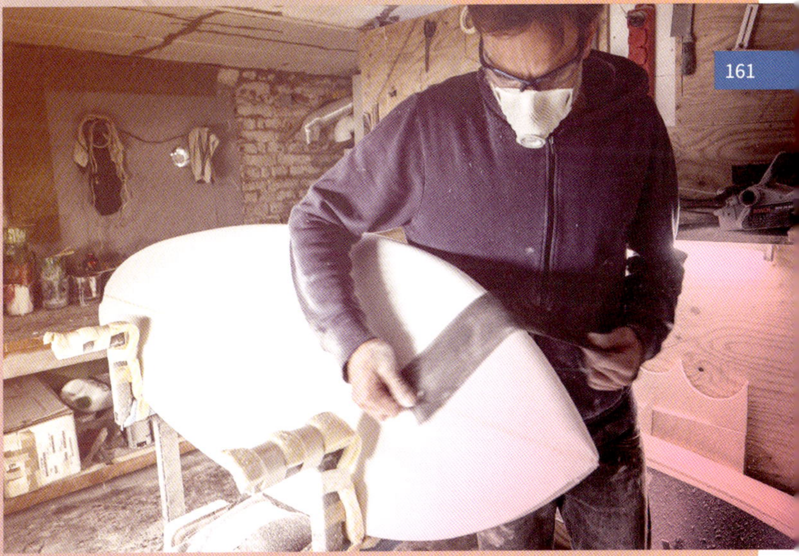

Verrundung vom Rail zum Deck mit dem Gitter

Für die Verrundung der letzten Kante stellen wir das Board hochkant in die Nischen der Shaping Racks und ziehen die 10cm breiten Schleifgitter leicht diagonal über das Rail – erst den 80er-, später den 120er-Streifen. Das sollte gleichmäßig, mit nicht zu viel Druck geschehen, um keine Beulen ins Rail zu machen. An Nose und Tail muss der Stringer mit einem kleinen Schleifkotz gerundet werden, damit Du das Rail geschmeidig durchziehen kannst.

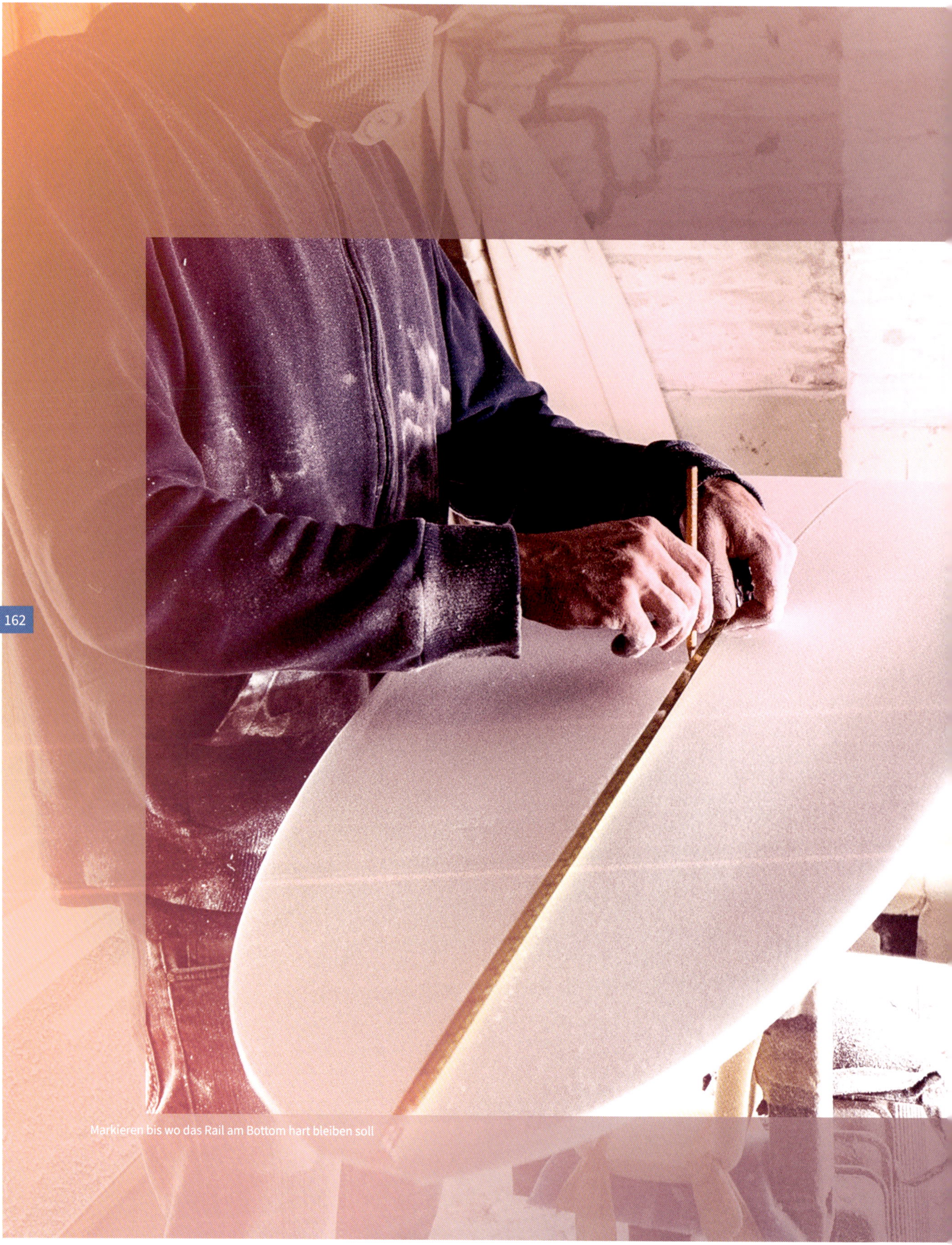

Markieren bis wo das Rail am Bottom hart bleiben soll

Die Rail Unterseite

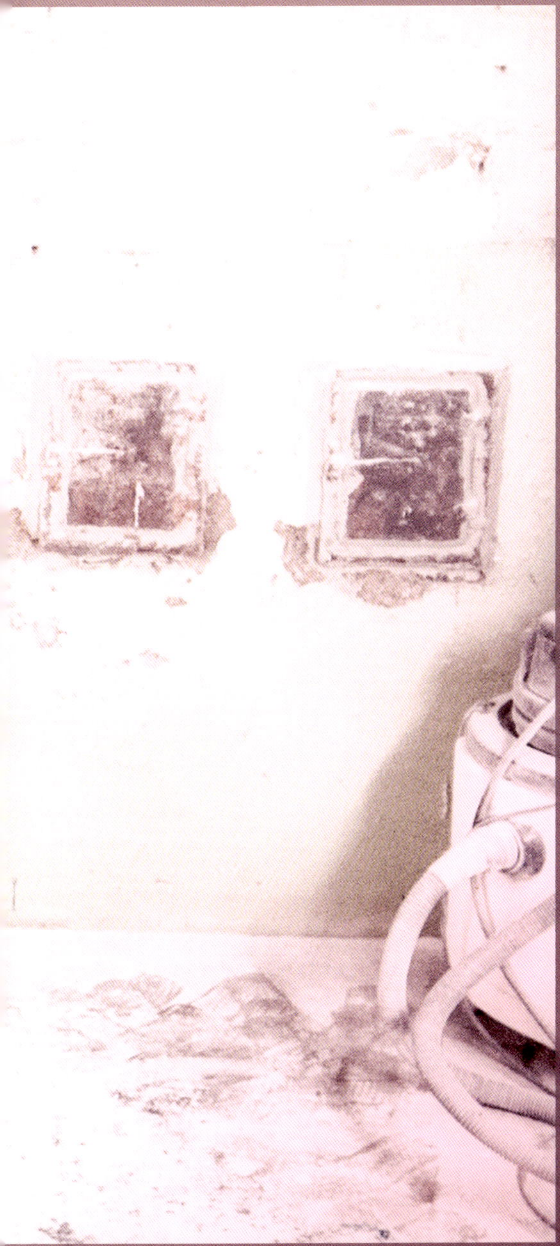

Um diesen Part des Shapes sauber und gleichmäßig hinzubekommen, empfiehlt es sich, das kleine Werkzeug mit den beiden entgegengesetzten Raspeln, genannt „Fred“, zu benutzen. Die Raspeln sind in einem 120°-Winkel am Trägerbrett angebracht, also um 30° über den rechten Winkel hinaus.

Mit dem Fred teilt man die Kante zwischen Rail und Bottom in zwei gleichmäßige Phasen. Zuerst legt man das Tool auf dem Bottom an und raspelt die erste Phase, dann mit dem Werkzeug am Rail angelegt die zweite. Anschließend lässt sich das Ganze mit den Schleifgitterstreifen sehr schön verrunden. Wer kein Fred bauen möchte, kann diesen Schritt auch freihändig mit dem Surform erledigen, aber eben nicht ganz so sauber.

Bei modernen Shapes ist der hintere Teil des Boards bis ca. 8 Inch vor den seitlichen Finnen mit einer harten Kante ausgestattet, die nur ein oder zwei Millimeter tucked under ist. Von dort an bis zur Nose ist die Kante rund und wird tendenziell weiter nach vorne hin immer softer.

Das Blank liegt upside down. Markiere mit dem Bleistift einen Punkt am Stringer ca. 8 Inch – oder ein Shaka – vor der vordersten Finne. Bis hierhin soll die Kante bei modernen Boards hart sein.

Um die erste Phase zu erzeugen, schiebst Du nun das Raspeltool mit dem Brett auf dem Bottom aufgelegt zwischen der Nose und der Markierung an der Kante hin und her. Dabei stoppst Du die Bewegung an beiden Enden jedes Mal ein bisschen früher. An der Nose wird der Schaum sonst wahrscheinlich zu dünn und nach hinten bekommst Du einen smoothen Übergang zu der harten Kante im hinteren Bereich. Rasple so lange, bis die Phase an der breitesten Stelle ca. 2cm breit ist (das variiert etwas, je nachdem, wie soft das Rail werden soll).

Dann lässt Du das Tool mit dem Trägerbrett am Rail entlanggleiten, damit die Raspel im anderen Winkel die zweite Phase erzeugt. Auch hierbei stoppst Du jede Bahn etwas früher als die Vorherige und raspelst bis beide Phasen gleich breit sind.

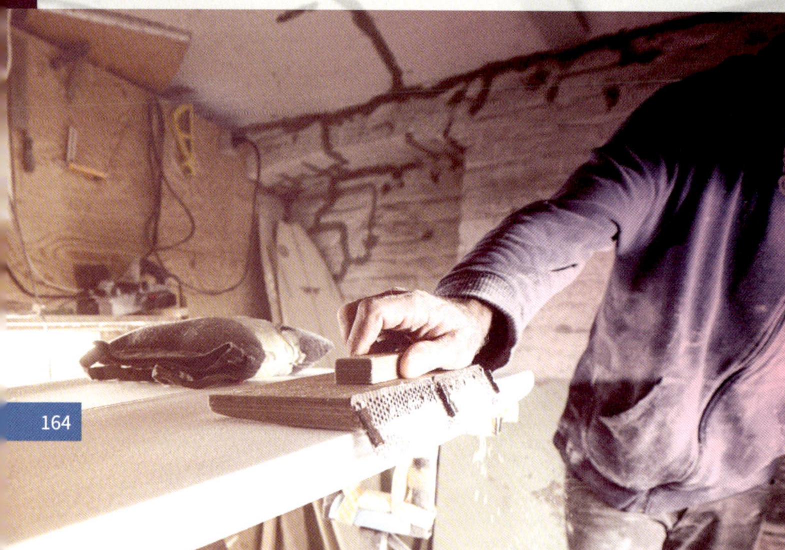

Mit dem Fred-Tool die zwei Phasen herstellen, in der Waagerechten

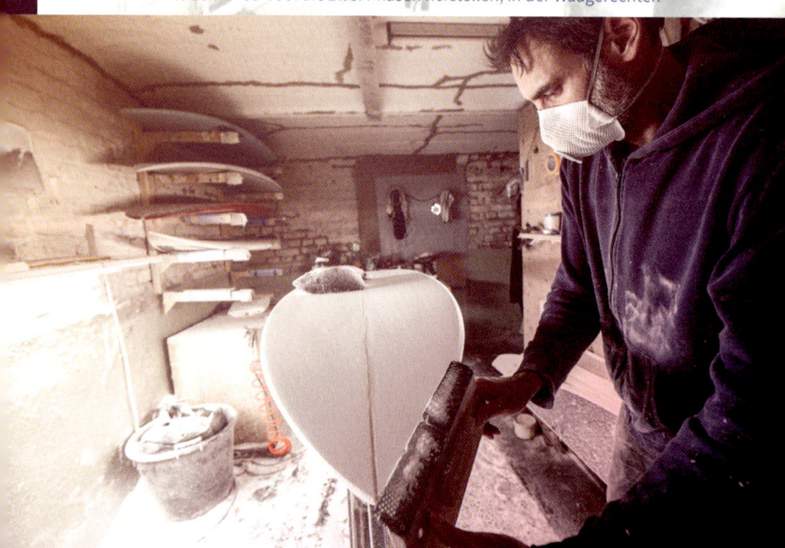

Und in der Senkrechten

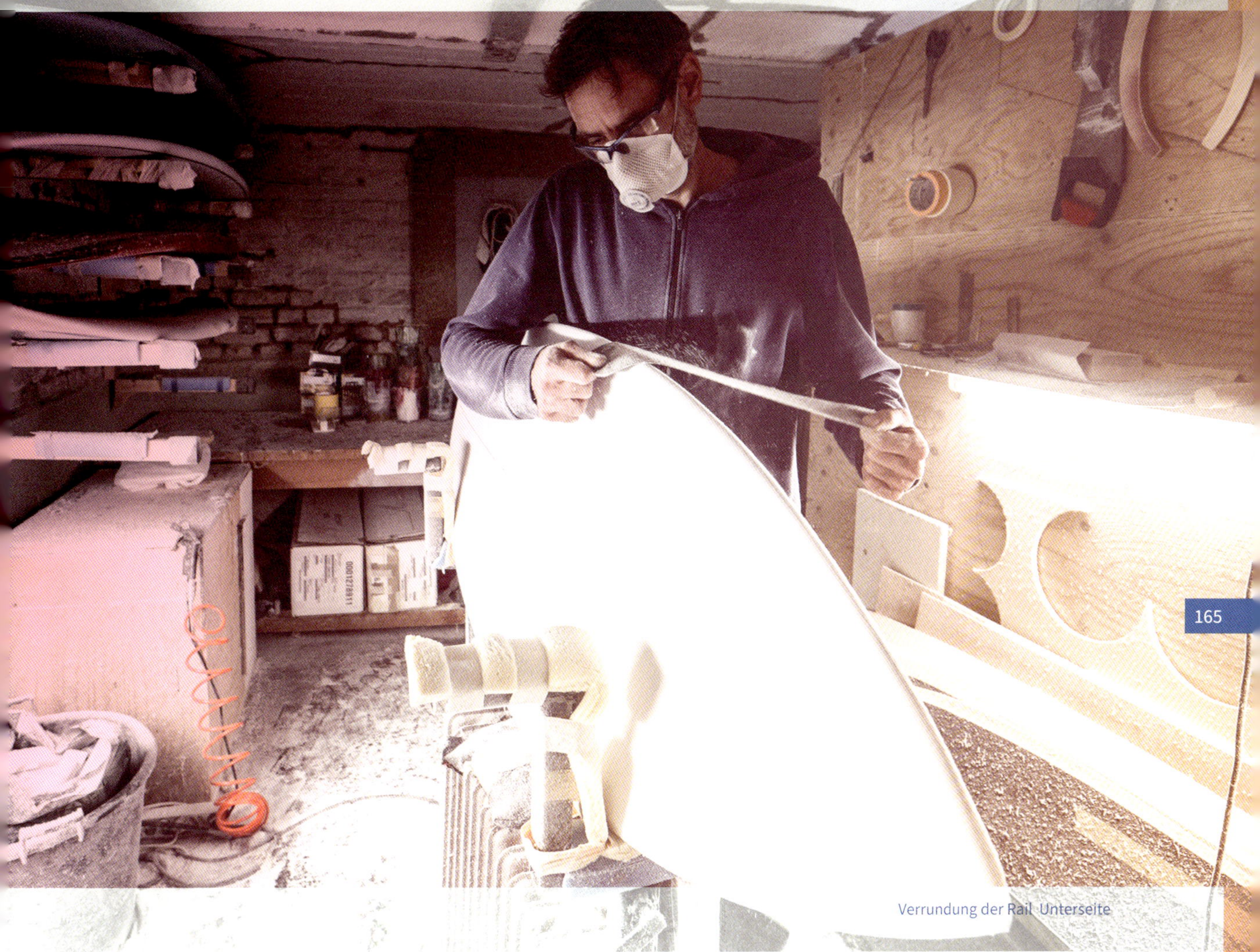

Verrundung der Rail Unterseite

Nun wird das Board wieder hochkant gestellt und die untere Kante wird, ebenso wie vorhin die Oberseite, mit den Schleifgittern abgerundet. Achte auf einen flüssigen Übergang zu der harten Kante am Tail!

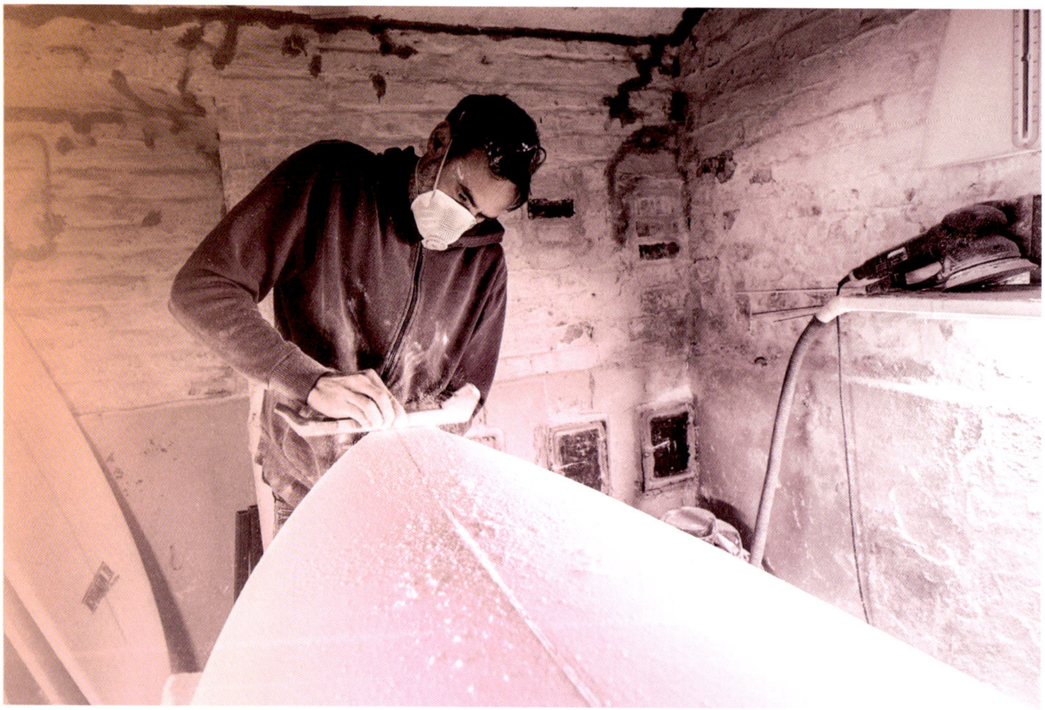

Blending

Kontrolliere die Foil noch einmal. Dünne eventuell Nose und Tail etwas aus.

Nimm dann die 40x40cm Schaumstoffplatte und lege das 120er-Gitter darunter. Damit werden mit leichtem Druck beide Seiten fein geschliffen, wobei die letzten Kratzer verschwinden und kleine Unebenheiten ausgeglichen werden.

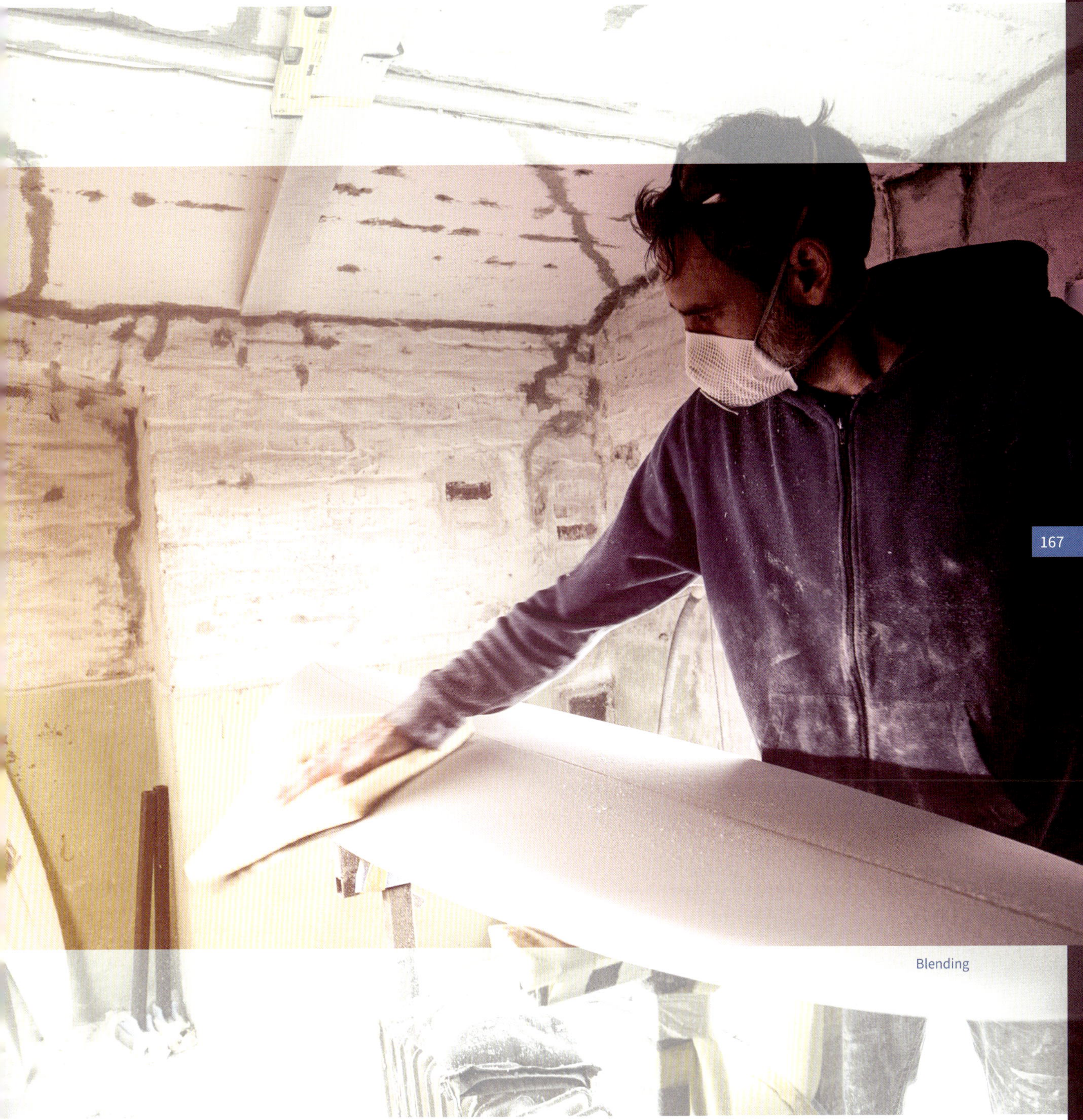

Blending

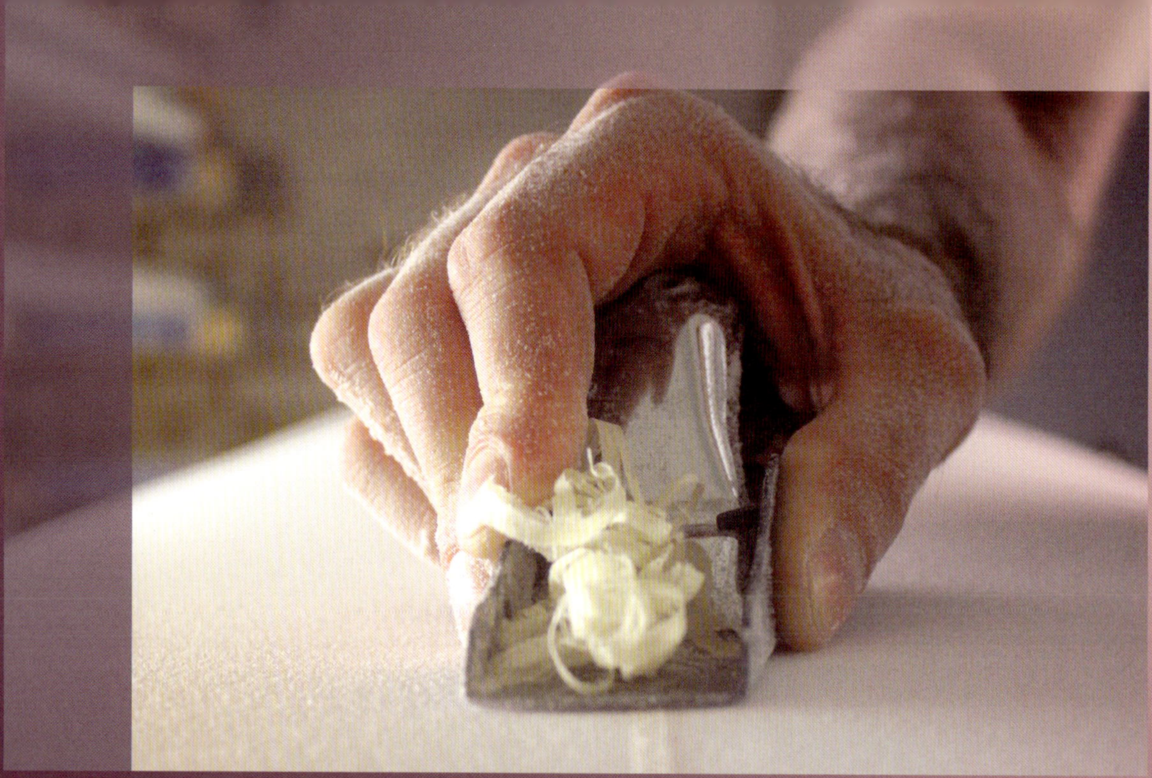

Stringer hobeln

Den Stringer musst Du mit dem Handhobel noch etwas abnehmen, damit er nicht hervorsteht. Zeichne die Finnen-Positionen an und wenn Du meinst, das Board ist cool geworden, signiere es mit einem weichen Bleistift!

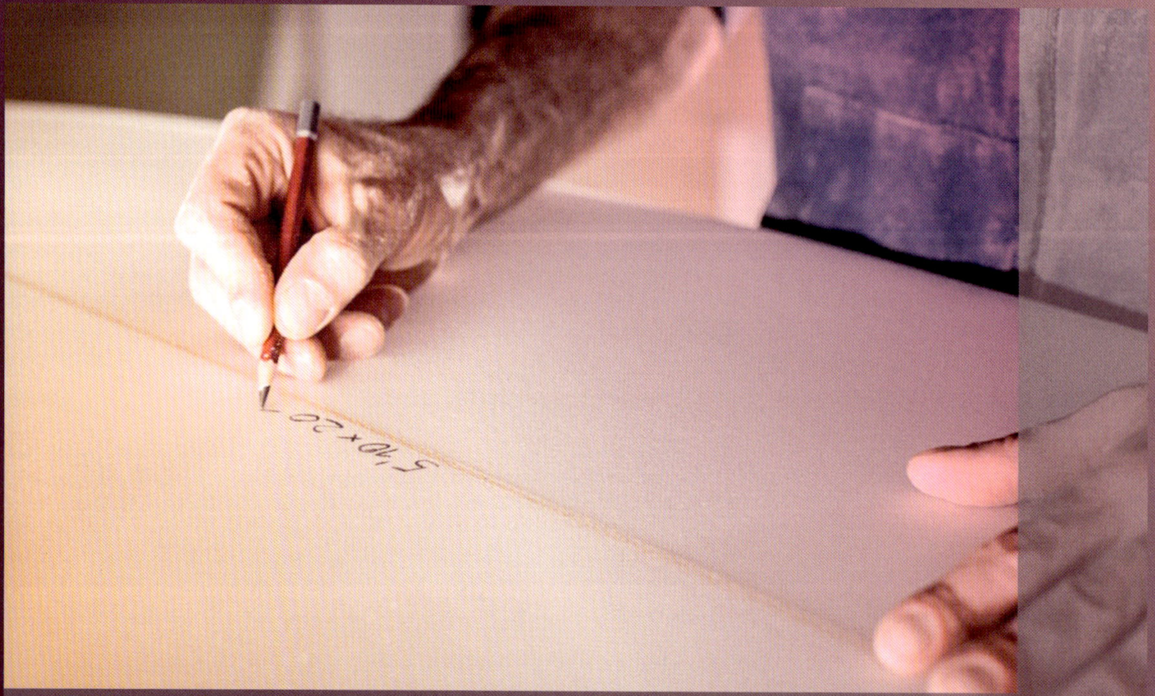

Signatur

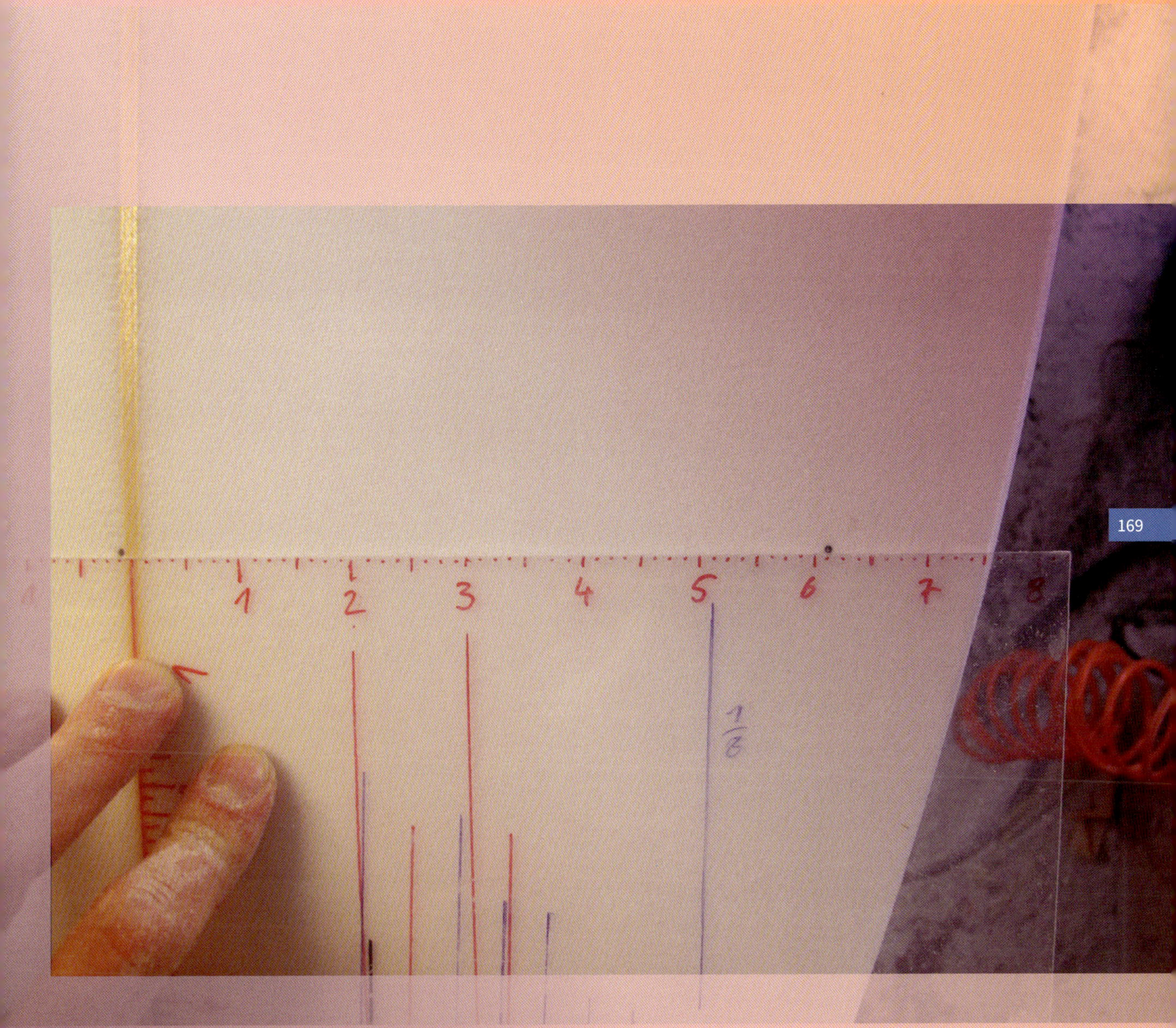

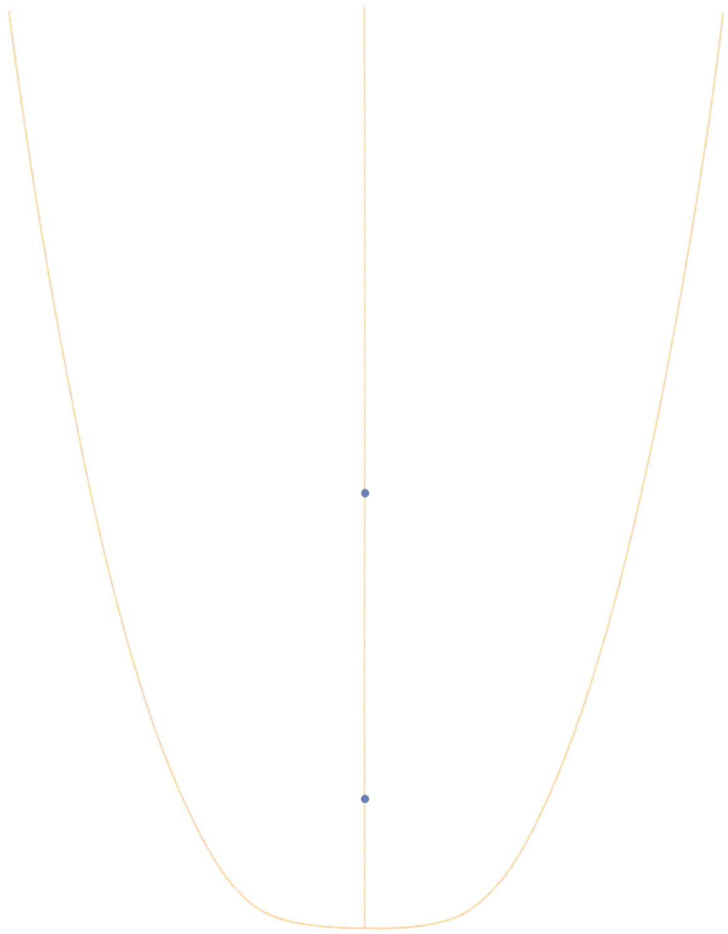

Step 1

Markiere die Distanz der hinteren und vorderen Finnen zum Tail am Stringer, z.B. 3 1/2" und 11".

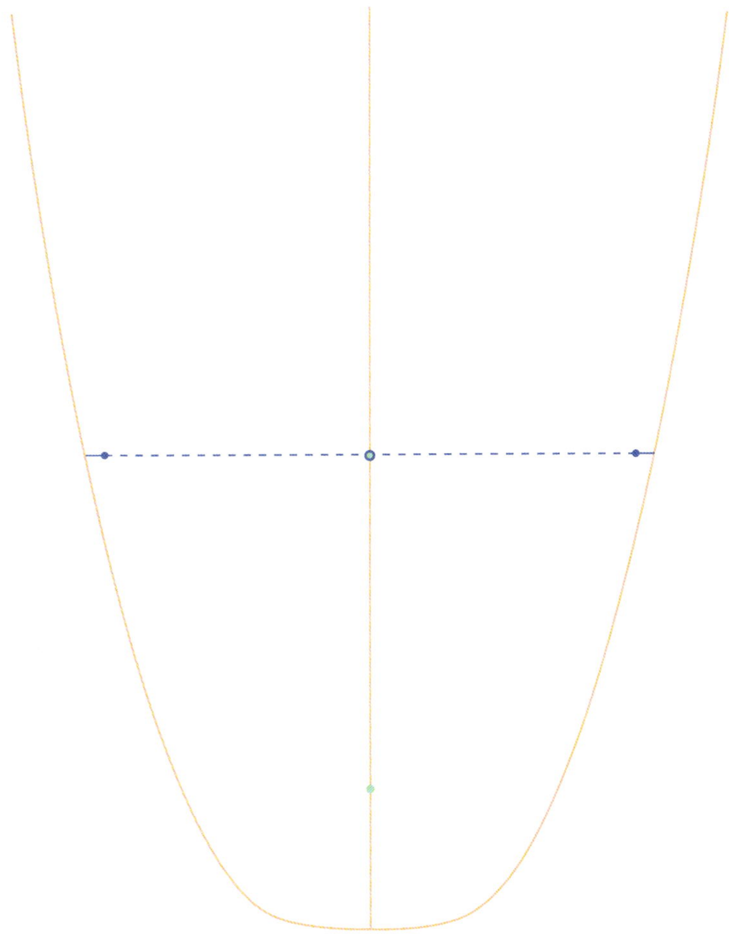

Step 2

Markiere auf einer Linie rechtwinkelig zum Stringer und durch den vorderen Punkt verlaufend die beiden Positionen der Finnenhinterkanten, z.B. 1 1/4" vom Rail entfernt.

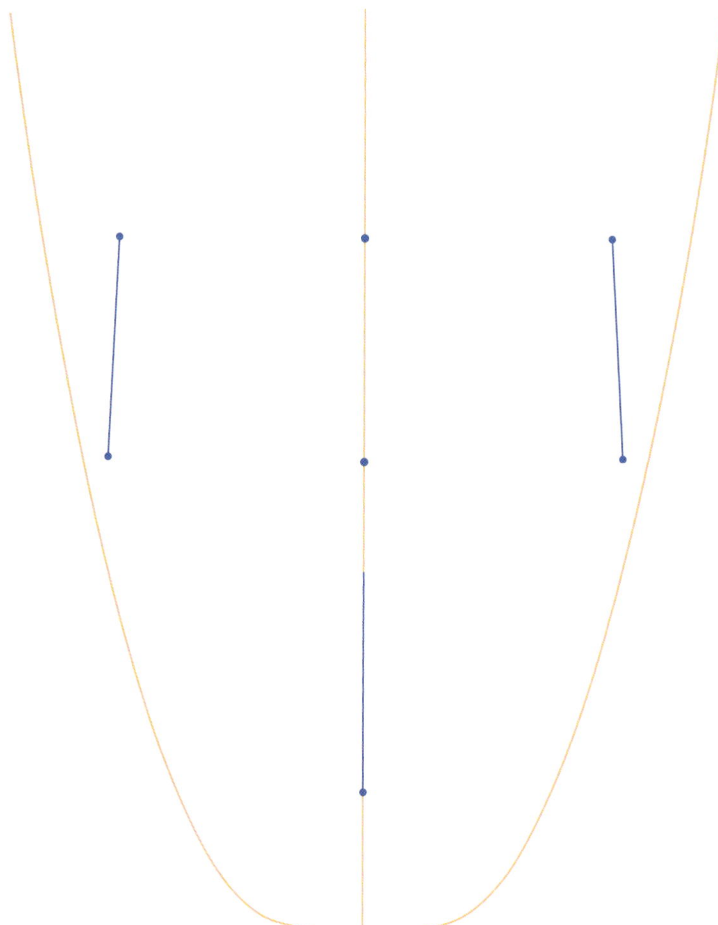

Step 3

Um den richtigen Toe-In-Winkel anzuzeichnen, misst Du die nun entstandene Distanz der beiden Punkte zum Stringer. 4,5" weiter vom Tail entfernt kannst Du dann wieder auf einer rechtwinkligen Linie die Positionen der Finnenvorderkante markieren. Normalerweise 1/4" näher am Stringer als die hinteren Punkte.

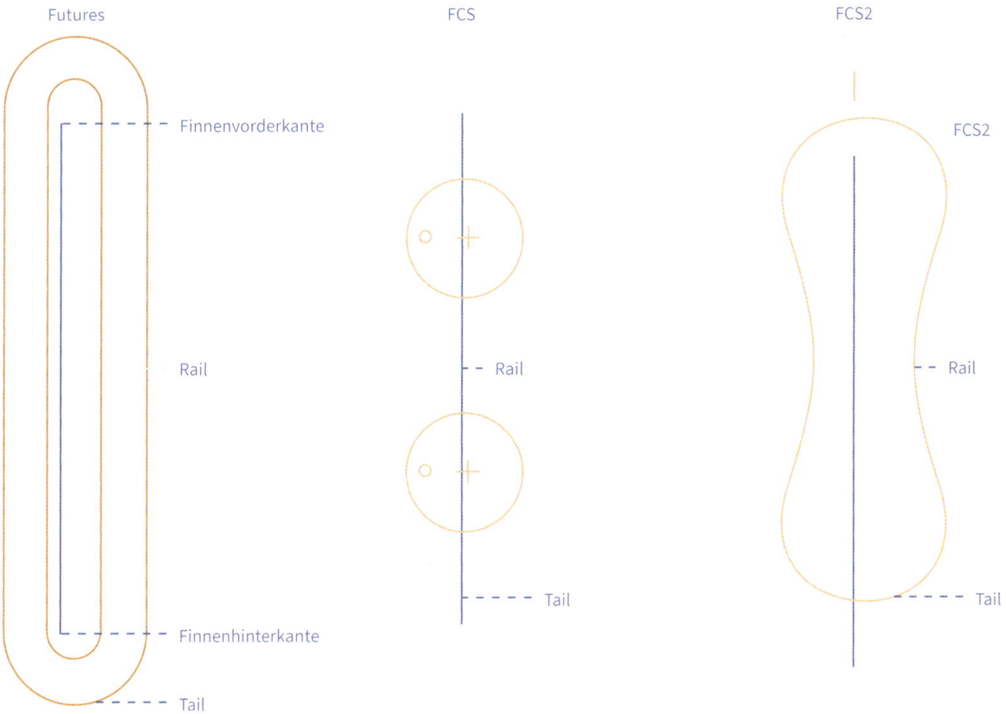

Positionen der seitlichen Finnen in den unterschiedlichen Plugs

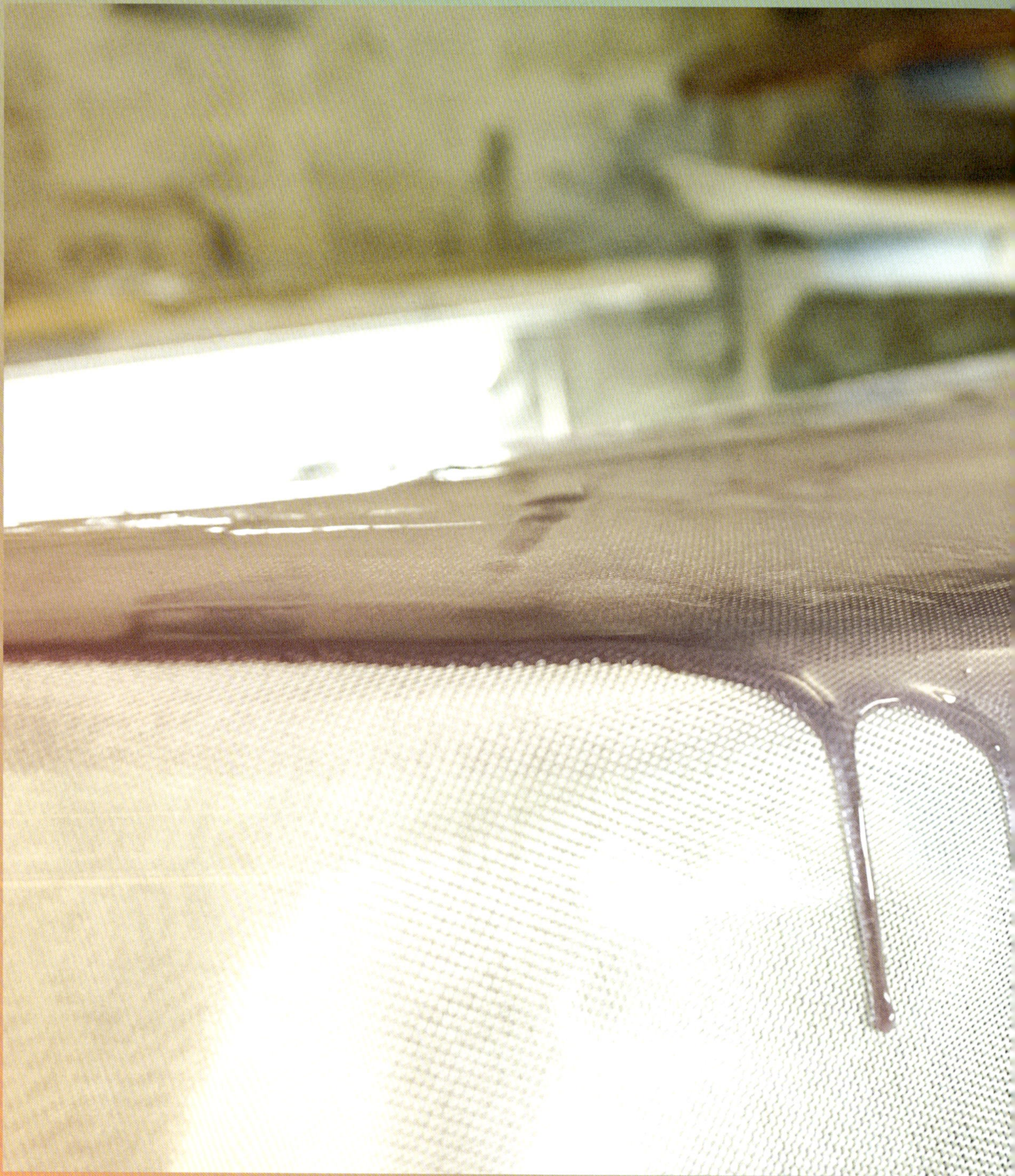

Glassing

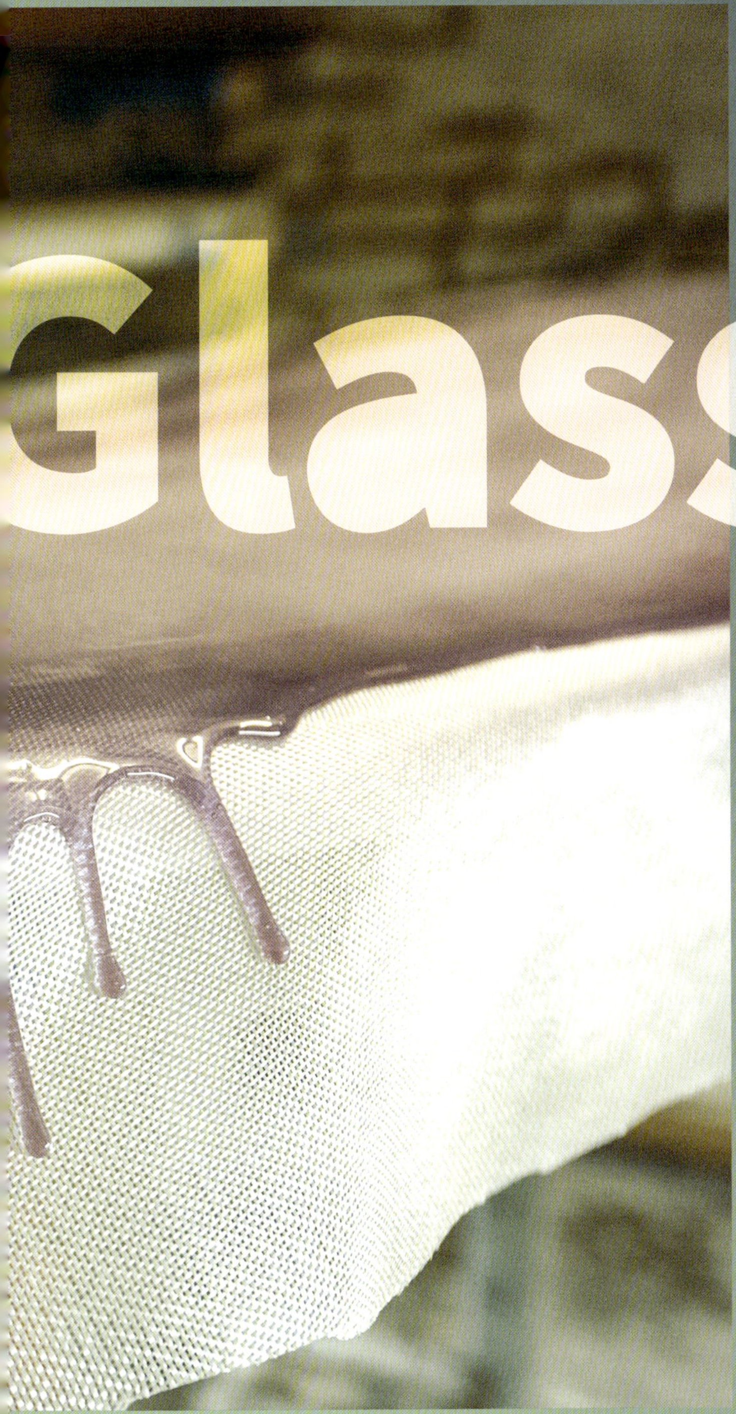

Über das Glassing

Das Glassing ist der Vorgang des Ummantelns des empfindlichen Blanks mit glasfaserverstärktem Kunststoff (GFK). Das Glasfasergewebe wird mit Epoxy- oder Polyester-Harz auf das Blank laminiert, anschließend mit einer reinen Harzschicht überzogen und geschliffen.

Zum Glassen brauchen wir etwas andere Racks, die schmaler sein sollten als das Board, damit man die Glasfasern um das Rail herum laminieren kann (Lap), und sie sollten auch etwas höher sein, damit wir gut am Rail und dem Lap arbeiten können. Schraube Dir einfach an beide Racks ein Brett, welches ungefähr 1 Fuß höher ragt und oben eine 1 Fuß breite Auflagefläche für das Board bietet, die Du auch etwas polstern musst.

Die Polsterungen der unteren Shaping Racks klebst Du am besten ab, damit sie nicht mit Harz versaut werden.

Vor dem Glassen hast Du die Gelegenheit, das Blank anzumalen, zu besprühen etc. Dafür kannst Du z.B. Spraydosen, Poska-Pens oder Acrylfarbe verwenden. Alles, was jetzt aufgebracht wird, liegt hinterher geschützt unter dem transparenten Glasfaserlaminat. Du kannst das auch ganz zum Schluss nach dem Laminieren machen. Dann ist das Design aber nicht geschützt und kann verkratzen, andererseits aber auch sehr einfach wieder entfernt werden.

Wenn Du Futures oder FCS2 Finnenboxen einbauen willst, machst Du das jetzt und wenn Du mit Tinted Resin laminieren willst, musst Du wie im Exkurs beschrieben abkleben.

Die alten runden FCS-Plugs werden erst nach dem Glassing eingebaut.

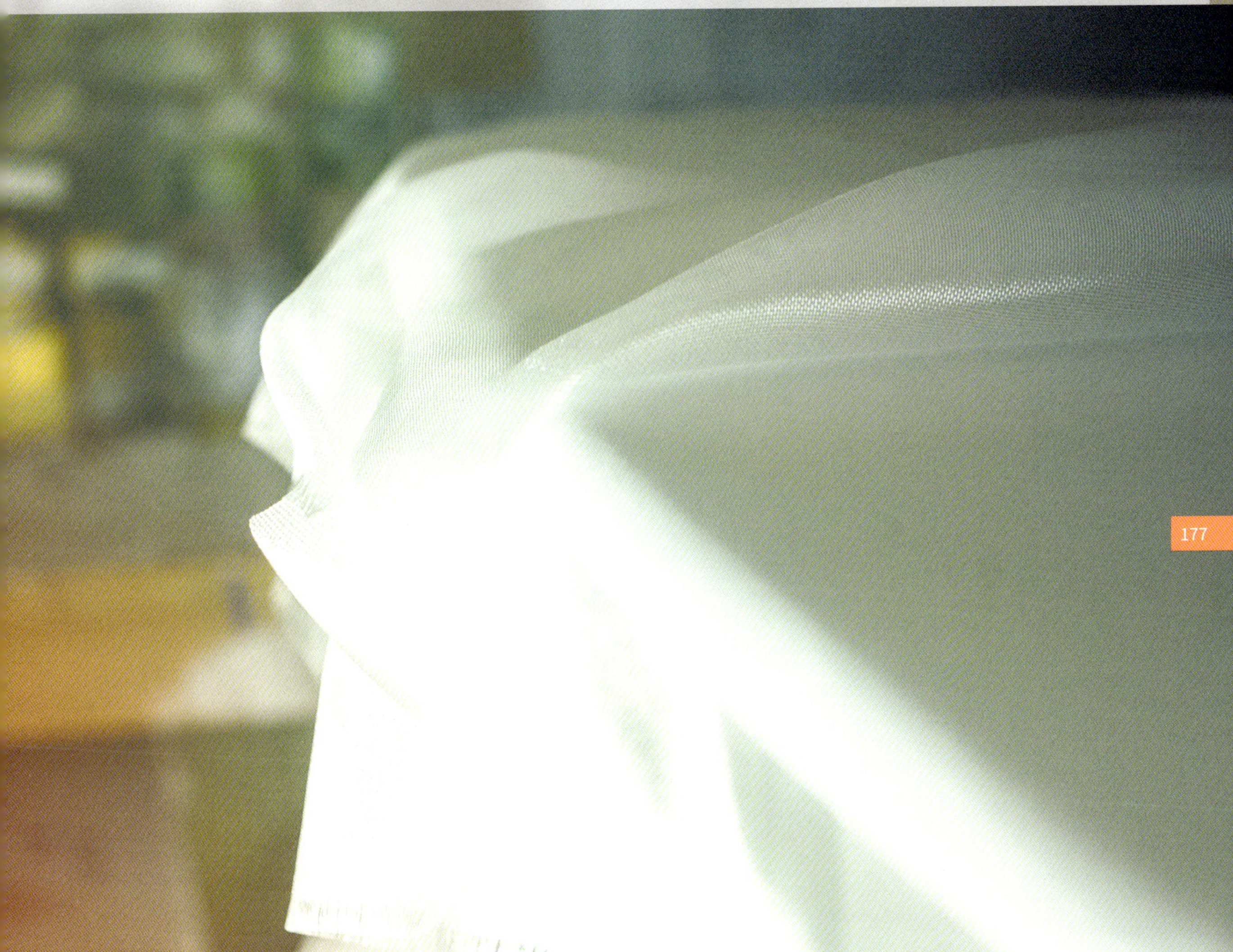

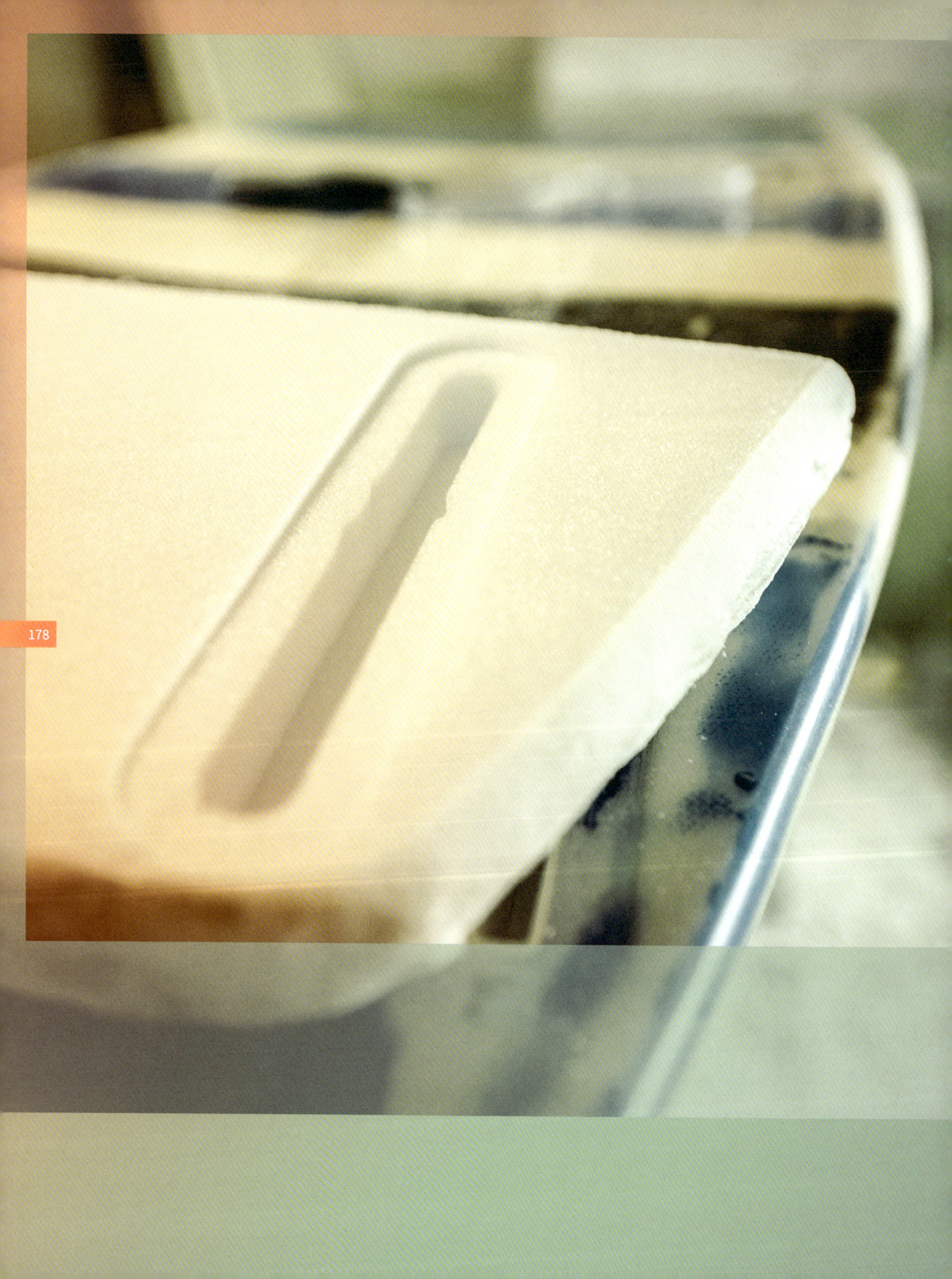

Finplugs Futures / FCS2

Diese Finnenboxen baut man am schönsten ein, wenn man sich eine Schablone anfertigt und mit einer Oberfräse die Aussparungen erstellt. Da Du vielleicht keine Fräse zur Hand hast, kannst Du auch mit einem Dremel oder einfach mit Cutter und Schleifpapier arbeiten.

Bei der hinteren Box wirst Du dann etwas mit dem Stringer zu kämpfen haben, diesen am besten mit einem dünnen Bohrer bis in die benötigte Tiefe perforieren.

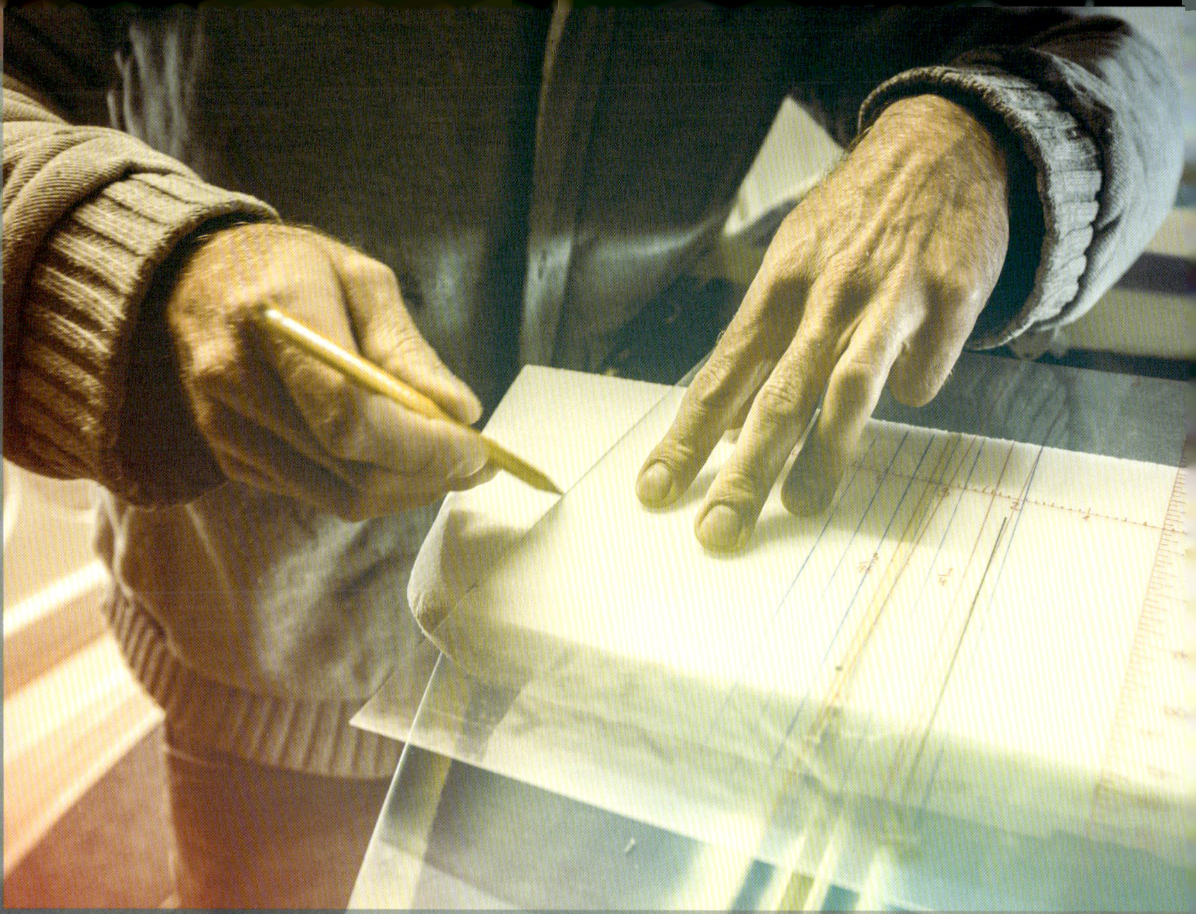

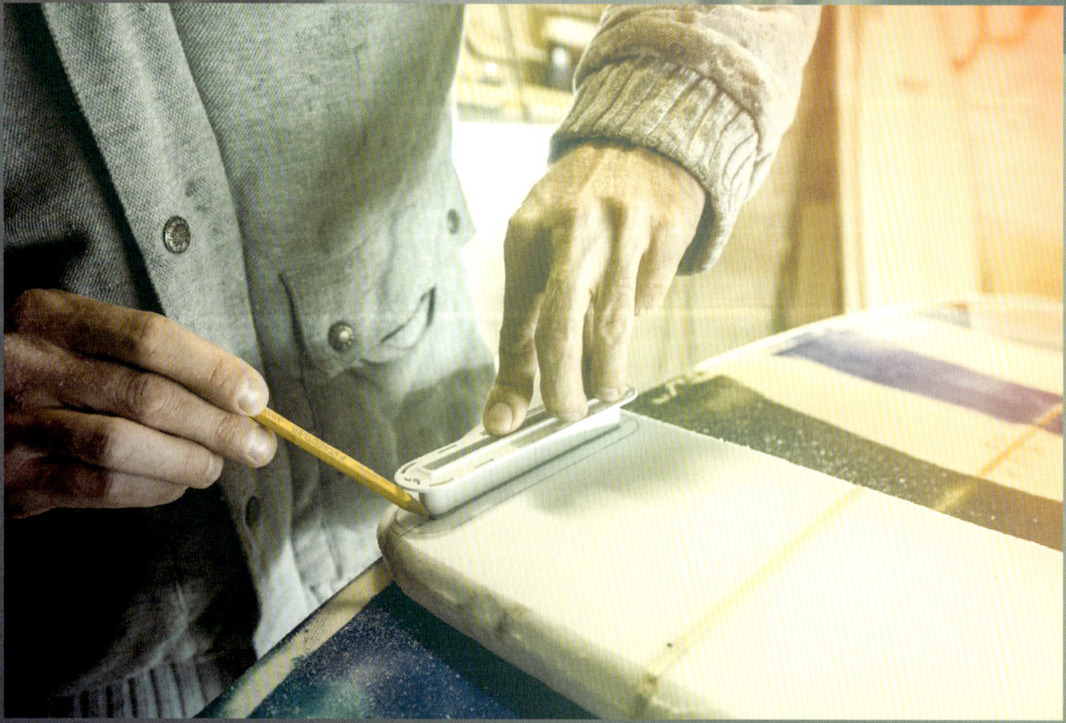

Mach erst mal einen Versuch an einem Reststück des Blanks! Die Aussparung muss so tief sein, dass der Kragen der Futures-Box knapp unterhalb der Blank-Oberfläche liegt. Es ist kein Drama, wenn vielleicht an der ein oder anderen Stelle etwas zu viel Schaum entfernt wurde. Das füllst Du beim Einkleben der Box mit Harz auf.

Mische etwas Harz an, z.B. 50g und trage es satt an allen Flächen der Aussparung auf. Benutze dafür den 10mm breiten Pinsel. Nun wird auch die Box selbst eingepinselt und in das Blank eingesetzt.

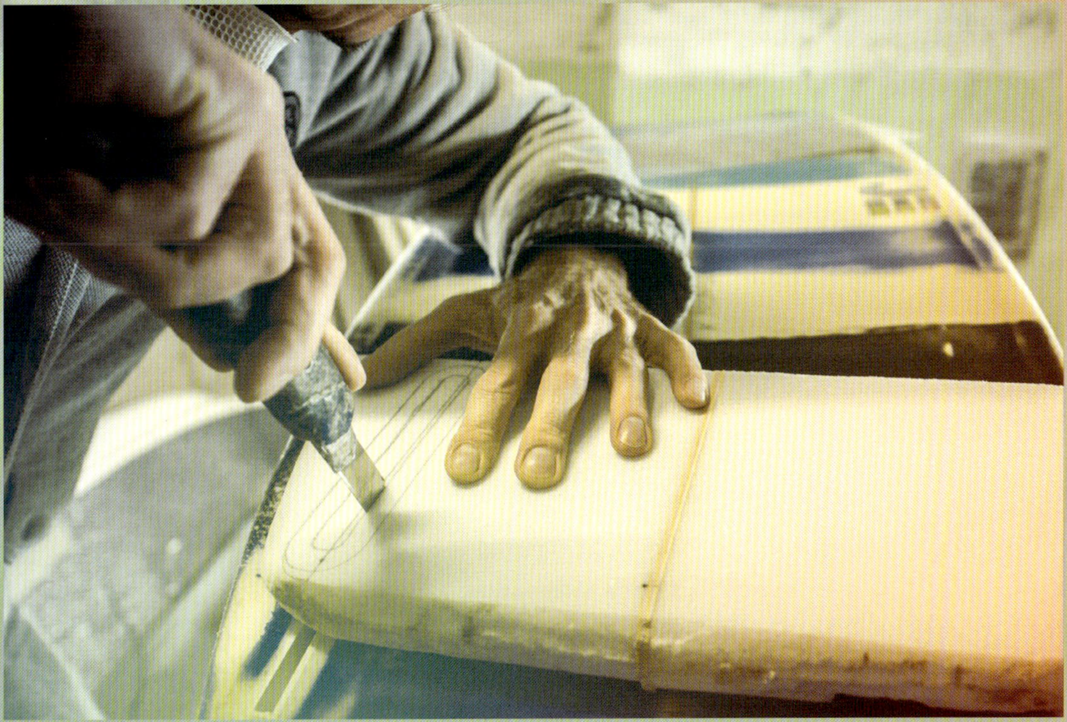

Einschneiden

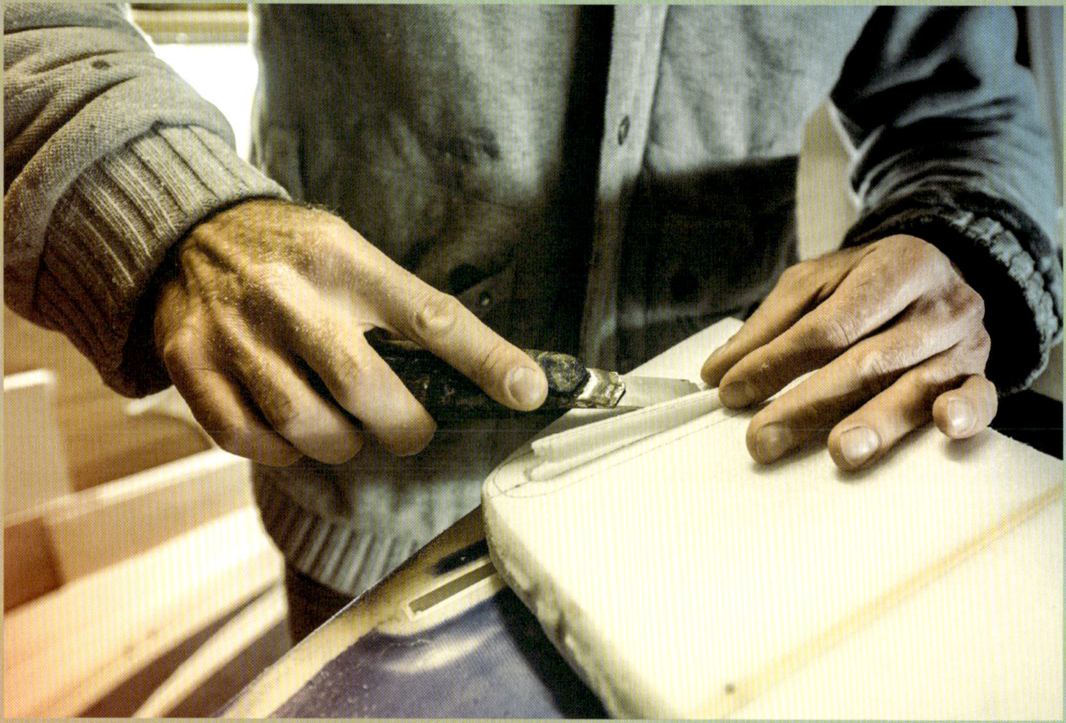

Vorsichtig tiefer arbeiten

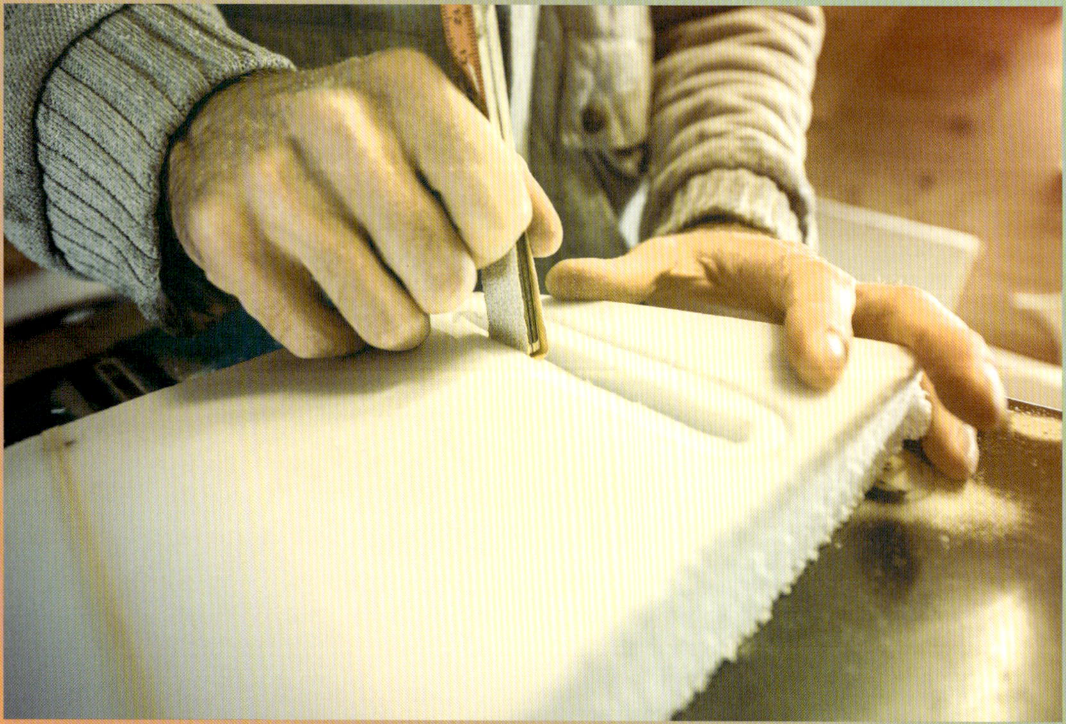

Mit geeignetem Werkzeug beide Formen jeweils auf die richtige Tiefe bringen

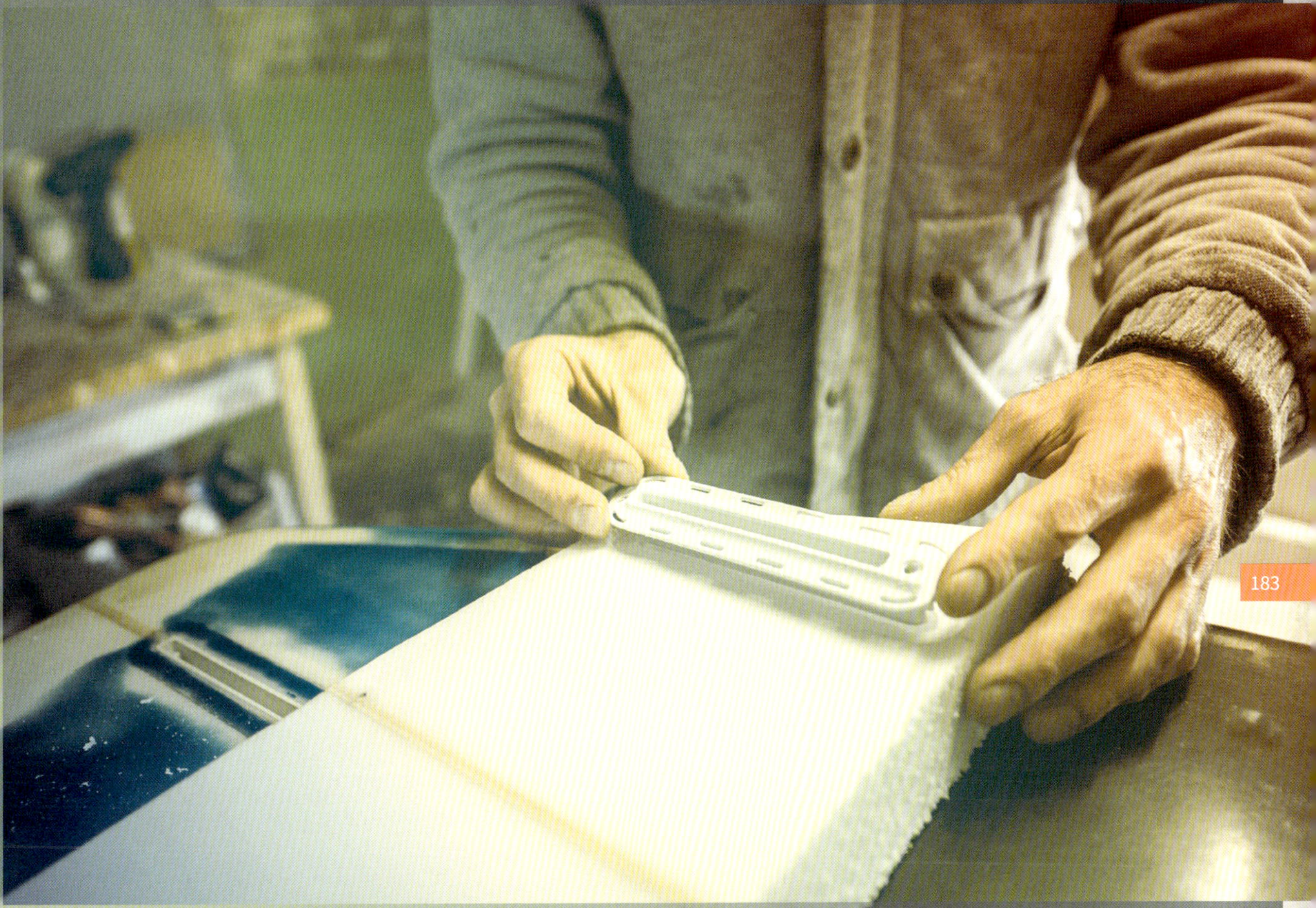

Finplug einpassen

Es sollte so viel Harz in der Vertiefung sein, dass es leicht durch die Schlitze im Kragen der Box herausquillt. Diesen Überschuss kannst Du mit dem Pinsel abnehmen oder verstreichen.

Im Zweifelsfall kannst Du die Box auch mit Hilfe einer Finne nochmal herausnehmen und etwas mehr Harz in die Vertiefung geben.

Achte bei Futures darauf, die mit dem „x" gekennzeichnete Box nach hinten zu setzen und die mit dem Futures-F an die Seiten – sie sind unterschiedlich tief. Die Schraubgewinde gehören jeweils nach vorne! Harz trocknen lassen und dann die Öffnungen der Boxen abkleben. Genauso geht der Einbau von FCS2. US-Boxen und FCS1 Boxen werden erst nach dem Hotcoat eingesetzt.

Tinted Resin

Zum Laminieren mit Tinted Resin färbt man das Harz mit Pigmentpasten oder flüssigen Pigmenten ein. Pulverpigmente lösen sich in Harz schlecht auf. Es gibt unterschiedliche Methoden und Styles, mit farbigem Harz zu arbeiten, aber in jedem Fall bekommt das Board einen echten, handgemachten Look.

Man sieht, bis wo die Raillaps gehen oder wo Verstärkungen sind, weil doppelt liegende Glasfasermatten mehr von dem farbigen Harz binden als einfache Matten. Dadurch wird die Färbung unterschiedlich intensiv.

Die Farben haben bei Tinted Resin eine besondere, schillernde Tiefe, anders als Airbrush. Ein sauberes Resin Tint hinzubekommen ist nicht einfach, man sieht bei dieser Methode eben alles, was im Herstellungsprozess so passiert ist. Ein farbloses Glassing ist unkomplizierter. Beim Laminieren mit Tinted Resin klebt man normalerweise die Seite des Boards ab, die nicht laminiert werden soll.

Das Glasfasertuch wird dann auf der anderen Seite auflaminiert und um das Rail herum bis über das Tape gelegt. Wenn das Harz nicht mehr klebt, aber auch noch nicht knüppelhart ist (nach ca. 4 Stunden bei Epoxy, 30 Min. bei Polyester), dreht man das Board um und macht mit dem Cutter einen Schnitt durch die Glasmatte entlang der Tapelinie (Cutlap). Dann Tape und Folie entfernen und nach Aushärtung des Harzes sehr vorsichtig die Glasfaserkante minimal verschleifen, ohne den Schaum nebenan zu verletzen.

Anschließend die andere Seite abkleben und wie oben beschrieben laminieren, außer wenn diese vielleicht weiß bleiben soll.

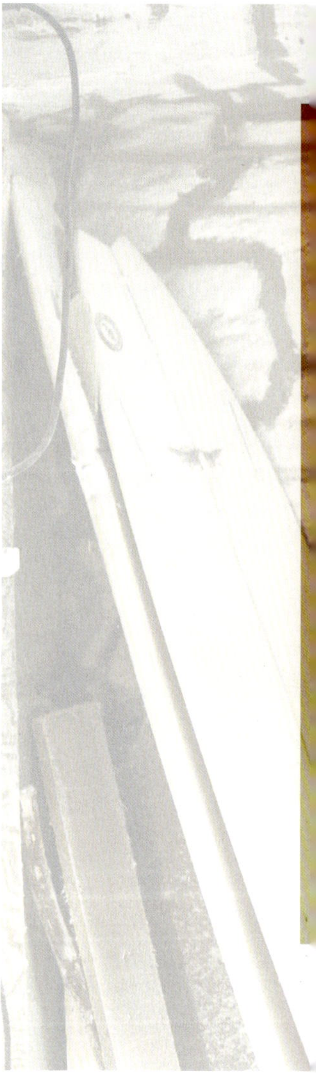

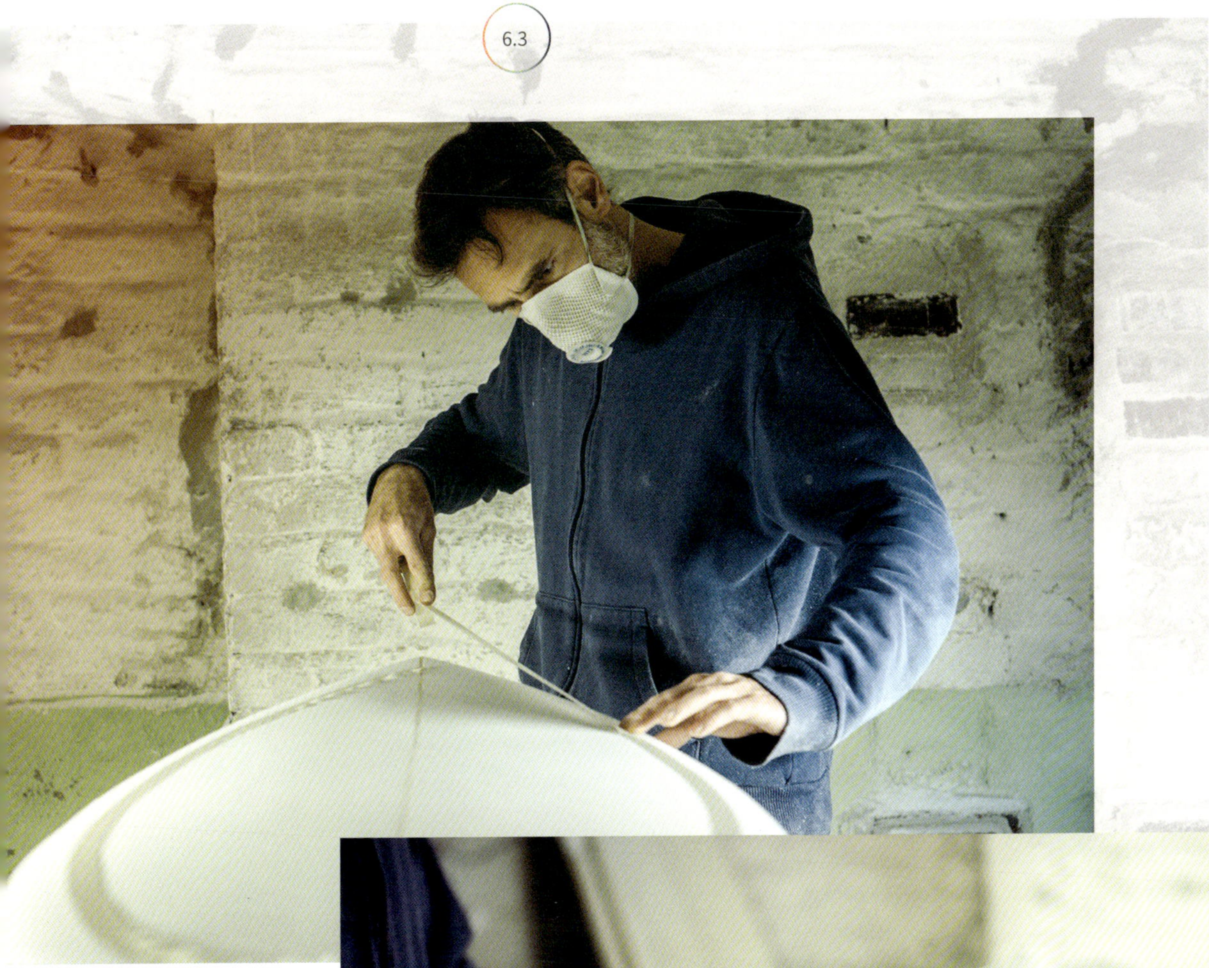

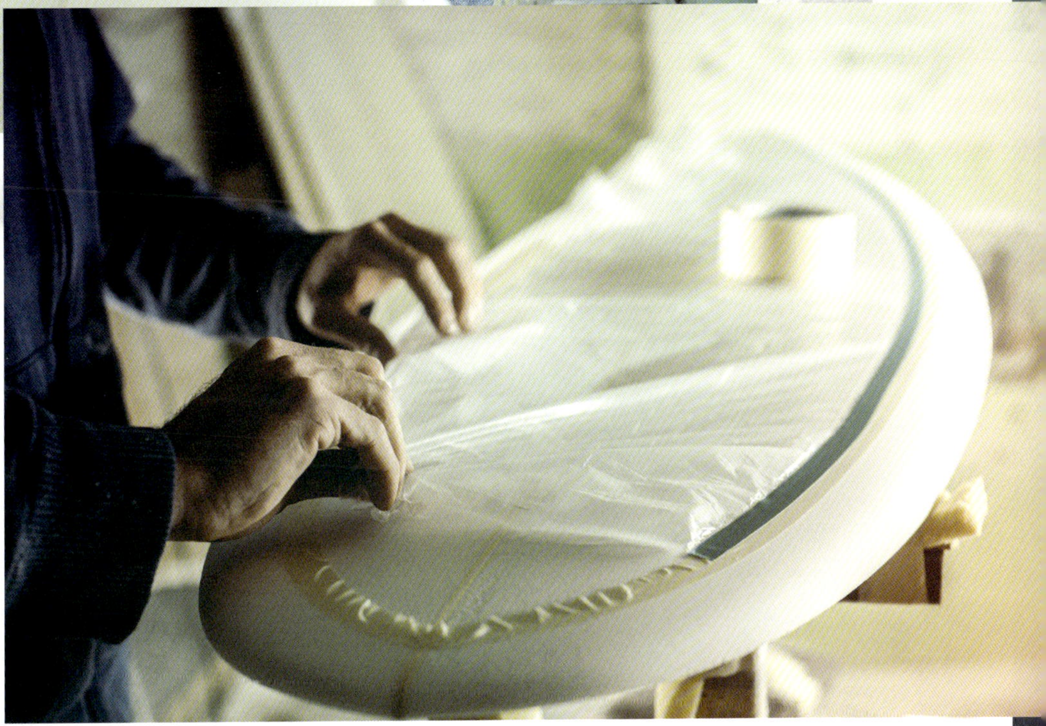

Abkleben für Tinted Resin

Dressing

Die Unterseite Deines Boards wird zuerst laminiert, liegt also oben. Puste mit Druckluft den Staub vom Board. Rolle etwas Glasfasermatte über dem Tail ab und schneide sie mit der Schere so zu, dass sie hinten bündig mit dem Tail abschließt und vorne eine Hand breit vor der vordersten Finne endet.

Rundherum schneidest Du sie bündig mit dem Rail. Wenn Du farbig laminierst, solltest Du das Glass-Patch noch in der Mitte entlang des Stringers falten und die vor den Finnen gelegene Kante beschneiden, damit ein symmetrisches Bild entsteht, wenn Du es wieder auffaltest. Jetzt rollst Du Glasfaser über das gesamte Board und schneidest sie so zu, dass eine Hand breit Glass an Nose und Tail überragt. In demselben Abstand schneidest Du die Matte rund um das Board zu.

Die Unterseite Deines Boards wird zuerst laminiert.

Nimm an Nose und Tail noch Ecken aus der Überlappung der Matte heraus, sodass keine Falten entstehen, wenn die Matte nachher um das Rail gekleistert wird. Diese Lage Glasfaser und das Patch werden übereinander liegend in einem Arbeitsgang eingeharzt.

Um ein Logo einzulaminieren, klappe die Matte soweit um, dass die Stelle frei liegt, an der das Logo platziert werden soll. Bei farblosem Harz einfach unter dem Glasfasertuch mit etwas Harz auf laminieren, das Tuch wieder darüber klappen und direkt anschließend die ganze Boardseite laminieren. Falls Du mit eingefärbtem Harz glasst, wird das Logo erst später aufgebracht.

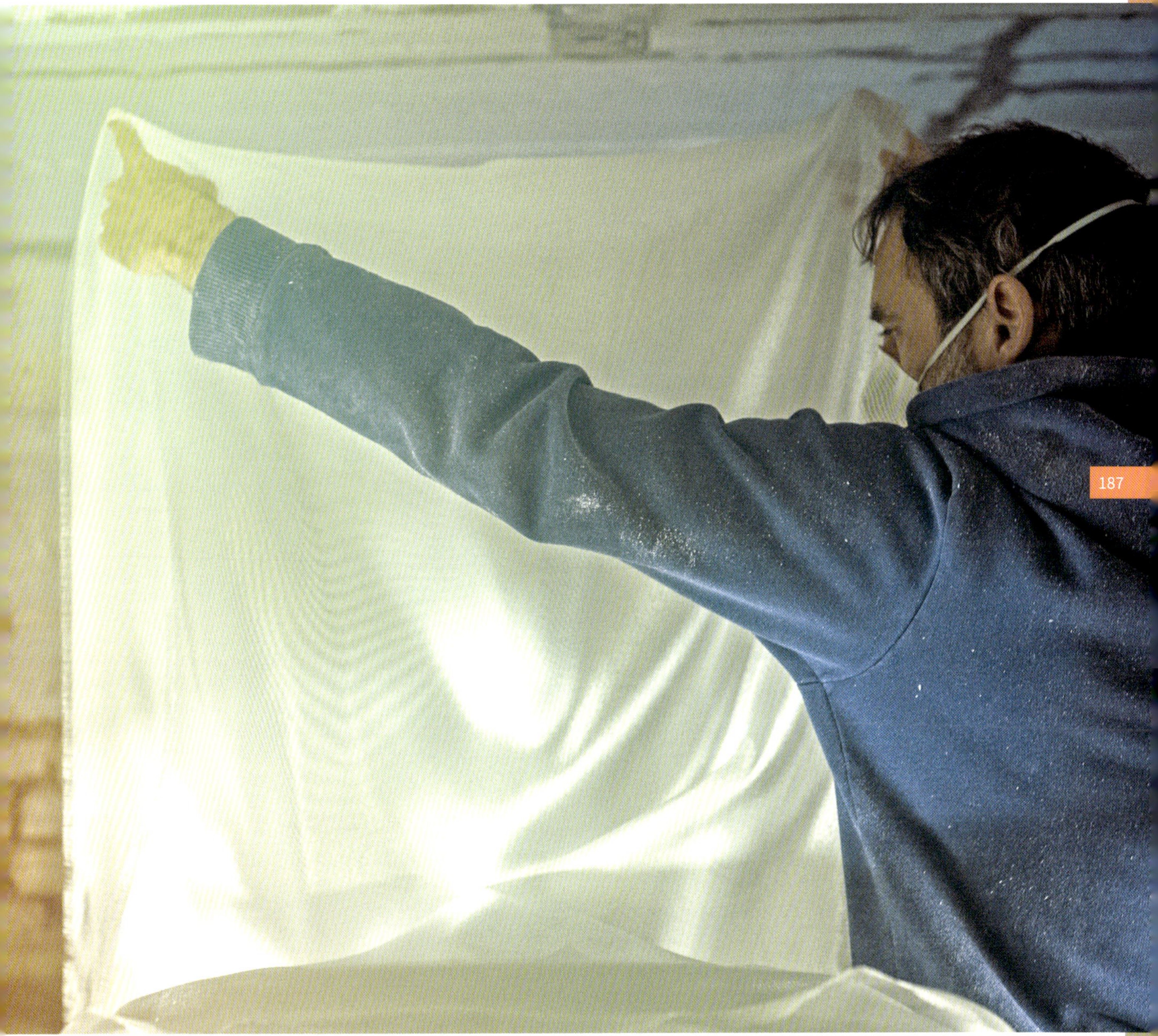

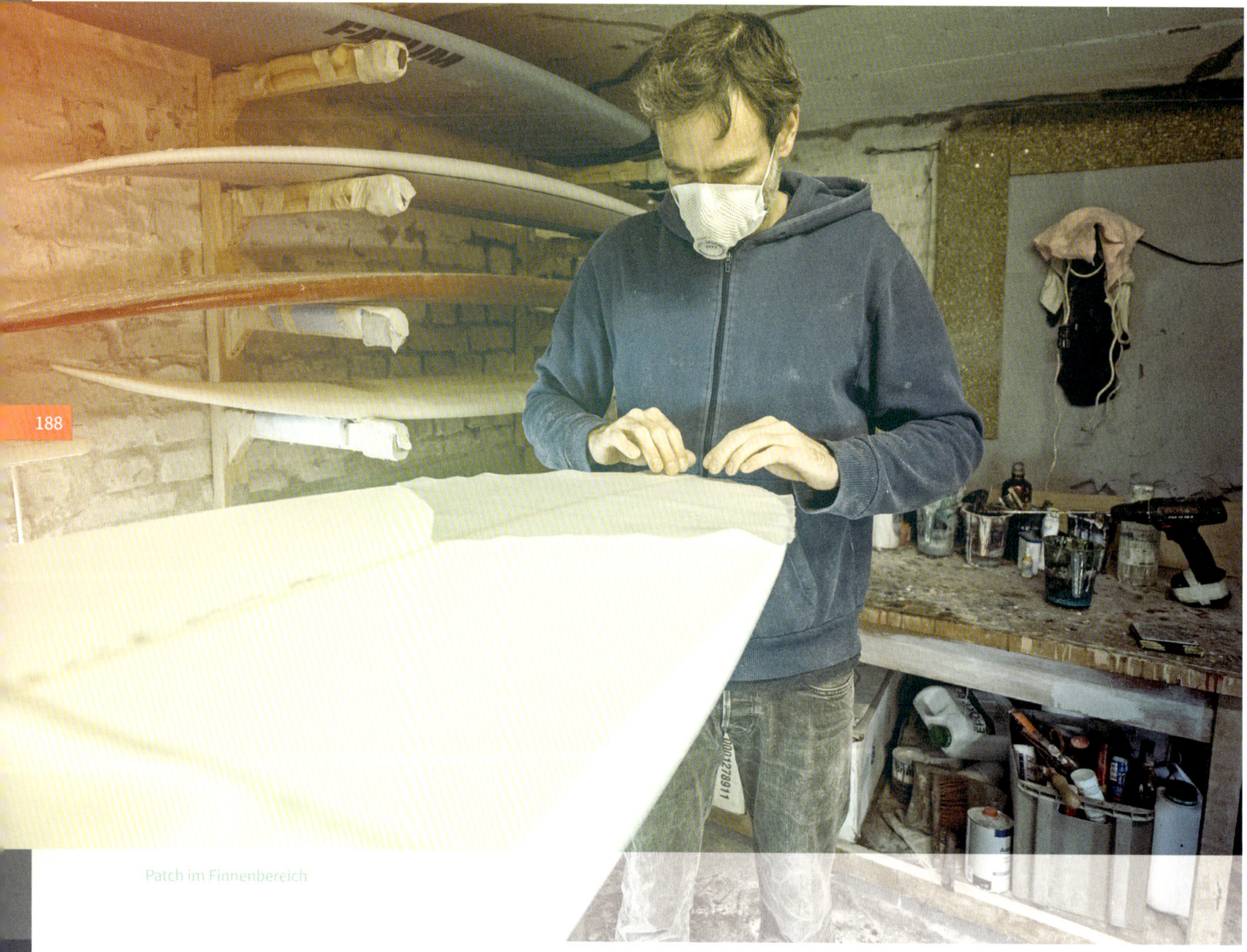

Patch im Finnenbereich

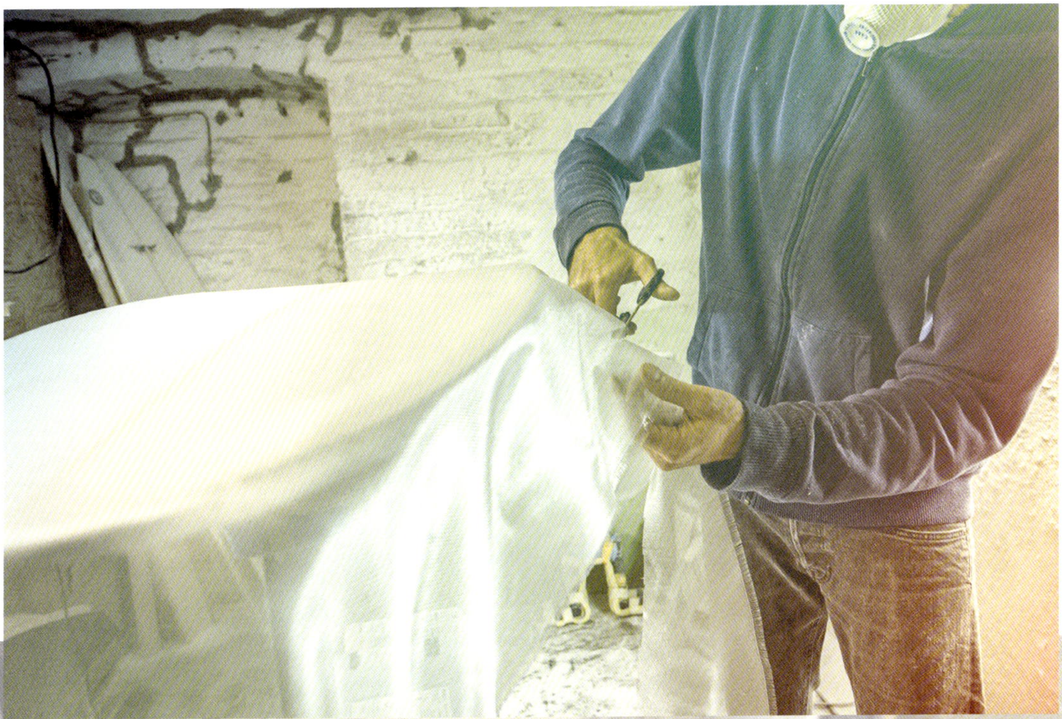

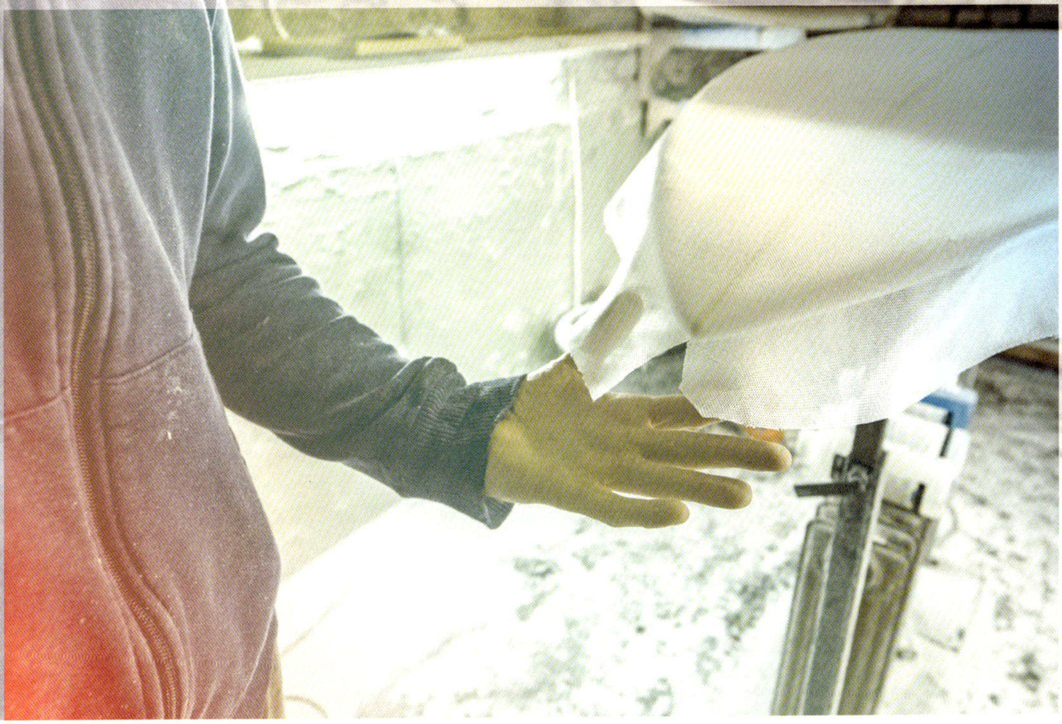

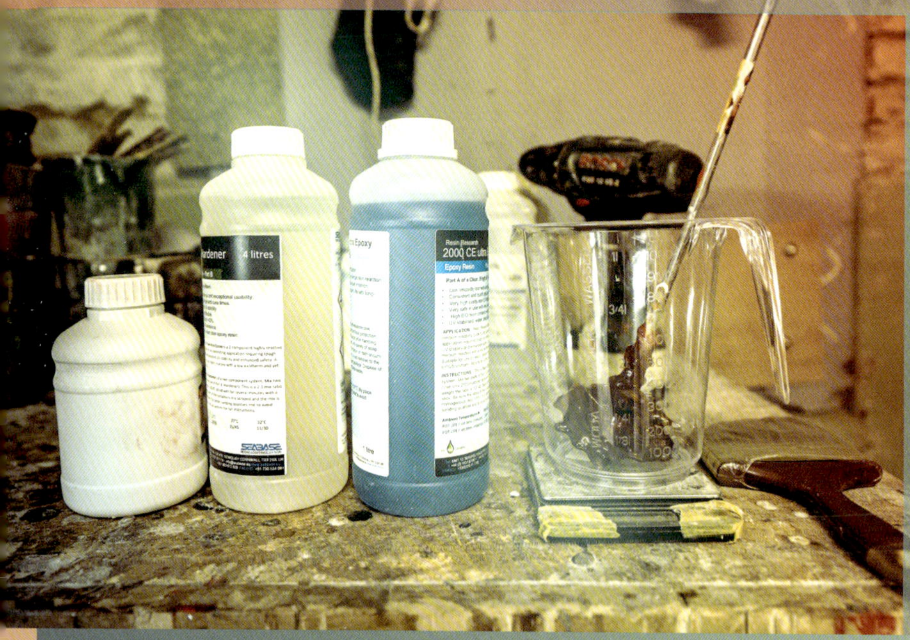

Steht alles bereit?

Harz mischen

Da man nur empfehlen kann, Epoxy zu verwenden, wird hier der Laminiervorgang mit diesem Harz beschrieben. Was bei Polyester anders ist, steht im Materialkapitel.

Welches Harz auch immer Du verwendest, informiere Dich ausführlich über die Gefahren bei der Verwendung dieses Materials.

Bereite alles gut vor und schütze Dich mit Gasmaske und Einweghandschuhen.

Wenn das Harz einmal gemischt ist, musst Du zügig und konzentriert arbeiten. Je nach Temperatur und Härter hast Du ca. 20 Minuten Zeit das Material zu verarbeiten, bevor es geliert.

Bestücke den Akkuschrauber mit dem kleinen Quirl. Epoxy muss sehr gründlich, ca. zwei Minuten lang verrührt werden, damit es richtig gut aushärtet. Hat Dein Harz mindestens 10° Celsius (besser 18°-25°)?

Liegt der Squeegee bereit und ein kleiner Kunstoffspachtel für die Rails?

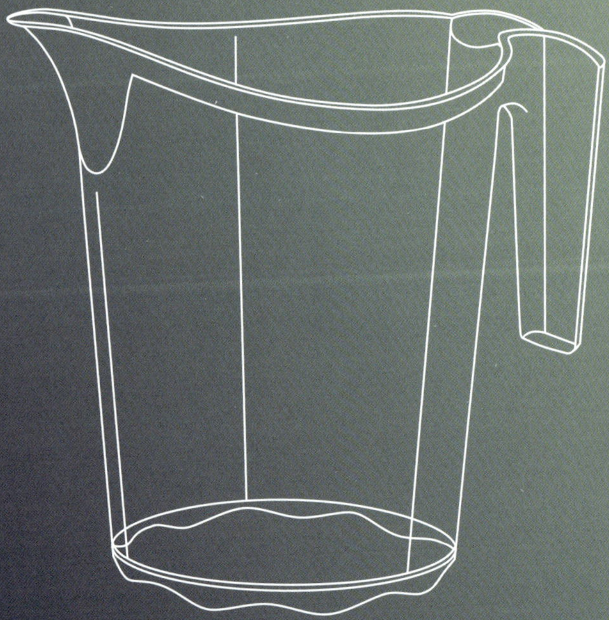

Messbecher

Stell Deinen Messbecher auf die Waage und eiche sie auf Null. Berechne mit Hilfe der Tabelle (siehe nächste Seite), wieviel Material von Komponente A und B Du brauchst.

Bei den meisten Epoxys ist das Mischungsverhältnis nach Gewichtsanteilen 100:45. Wenn Du also 595g Harz brauchst, um ein 5'10"er zu glassen, legst Du 410g Komponente A vor und kippst dann 185g von Komponente B oben drauf. 1% vom Surfacing-Agent Additive F dazugeben (das sorgt dafür, dass mehrere Schichten Harz gut aufeinander haften, das Harz die Matte gut tränkt, es gut verläuft und sich gut schleifen lässt) und geduldig umrühren. Pass auf, dass es nicht spritzt und dass Du möglichst keine Blasen einrührst.

Je wärmer das Harz ist, umso dünnflüssiger ist es und ist folglich leichter zu verarbeiten. Im Winter sollte man es je nach Lagerort auf der Heizung anwärmen. Aber warmes Harz geliert auch schneller, also nicht zu warm verarbeiten! 18°-25° sind optimal.

Harz und Härter gründlich mischen

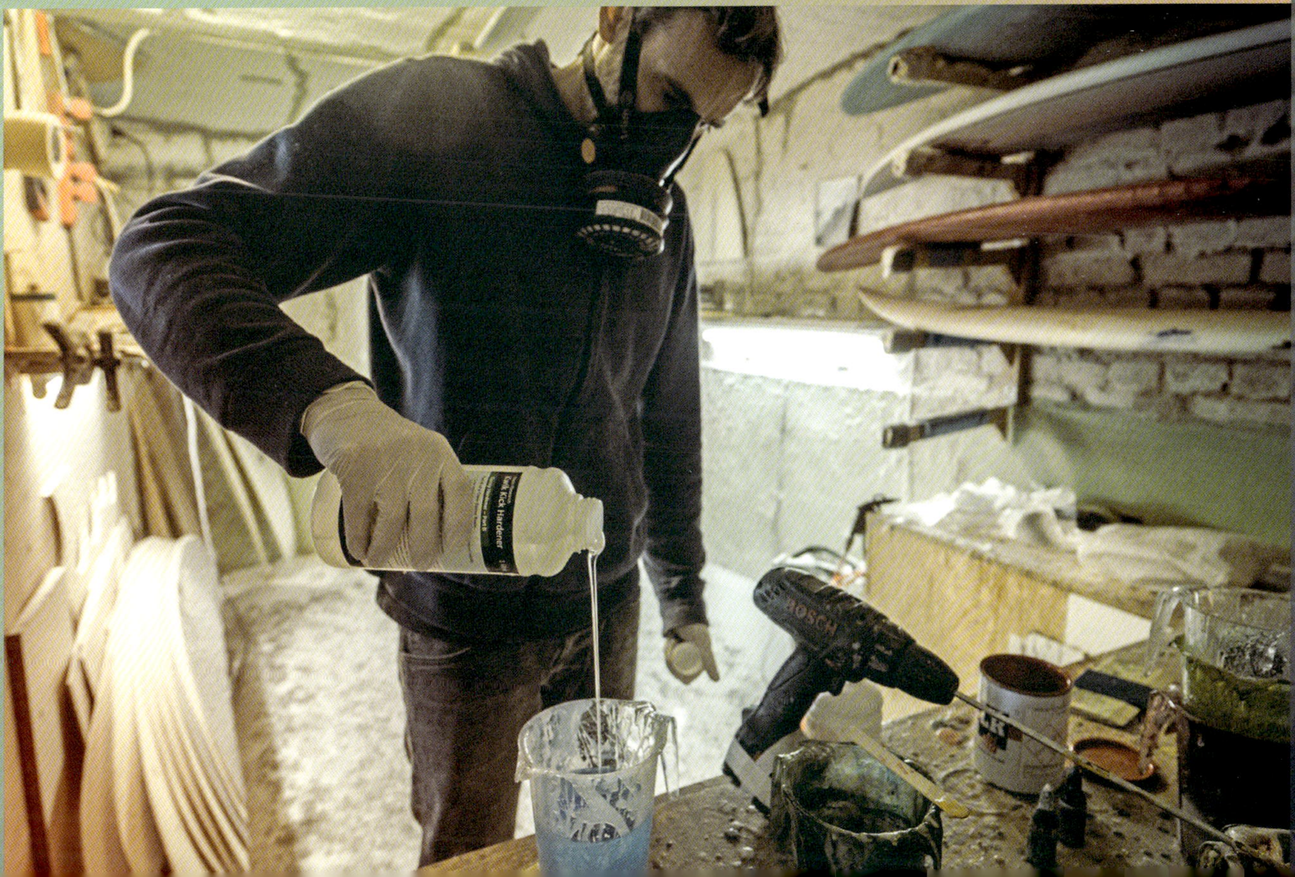

Harzmengen

Die Harzmengen steigen überproportional zur Boardlänge an, da längere Boards in der Regel auch breiter sind und eventuell dicker geglasst werden.

Boardlänge (in Fuß/ Inch)	Gesamtmenge, Gramm Epoxy	Harz, Gramm (Komponente A)	Härter, Gramm (Komponente B)
5’10”	595	410	185
6’3”	655	450	205
6’8”	725	500	225
7’2”	800	550	247,5
9’0”	1000	690	310

In der Tabelle findest Du die benötigten Harzmengen zum Laminieren einer Boardseite.

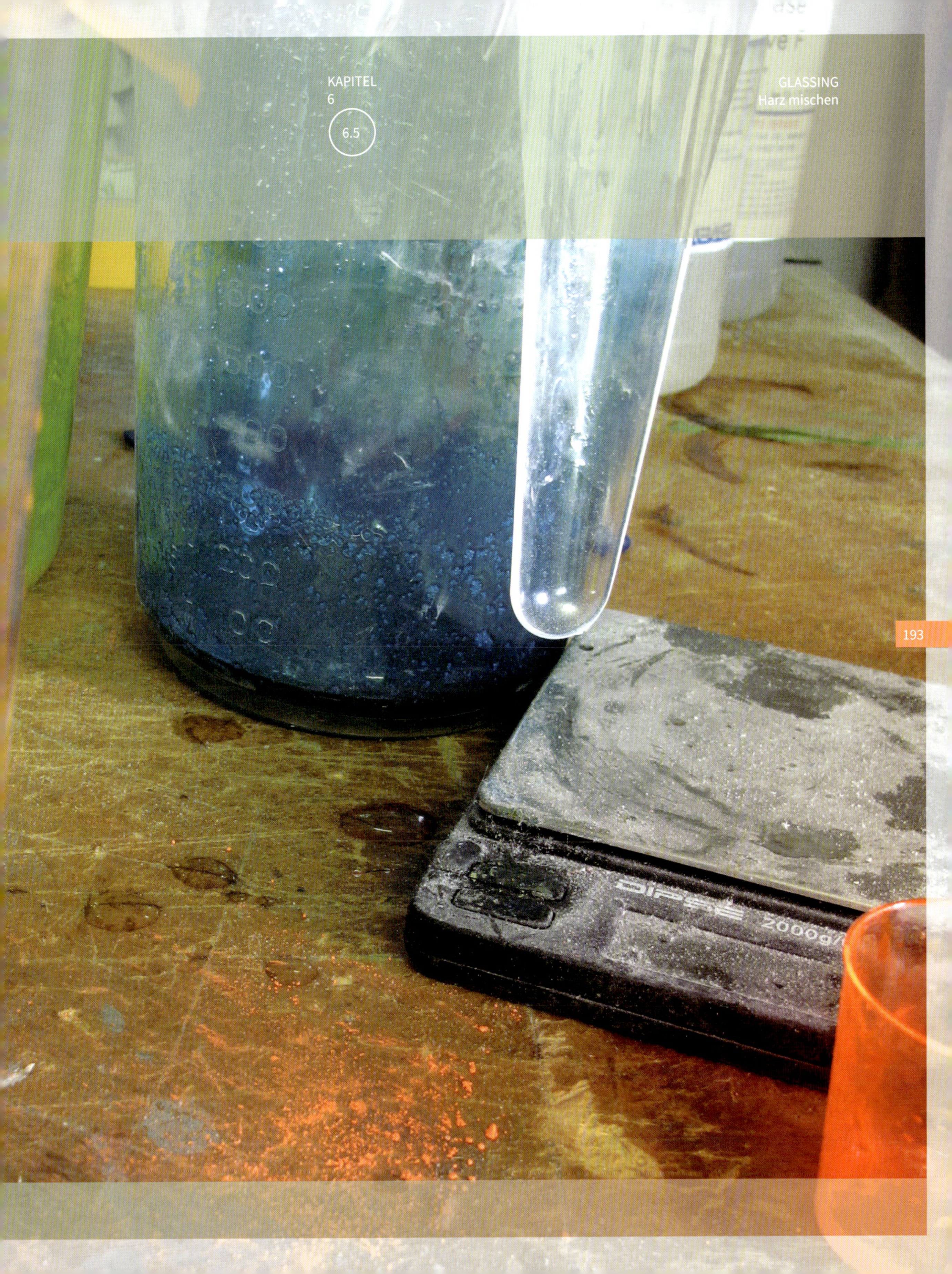

Laminieren des Bottoms

Jetzt musst Du zügig und konzentriert arbeiten, damit Du alles schaffst, bevor das Harz anzieht.

Nimm den Latex-Squeegee zur Hand, schütte knapp die Hälfte des Harzes in einer Bahn auf die Boardmitte und verteile das Harz von dort in Richtung Nose und Tail und von innen nach außen. Im ersten Schritt wird es mit relativ wenig Druck einfach nur verteilt.

Epoxy braucht etwas Zeit, um in die Glasfaser einzusickern. Gib dort, wo nötig, noch mehr Harz auf die Matte, um bis hin zu den Rails alles zu bedecken.

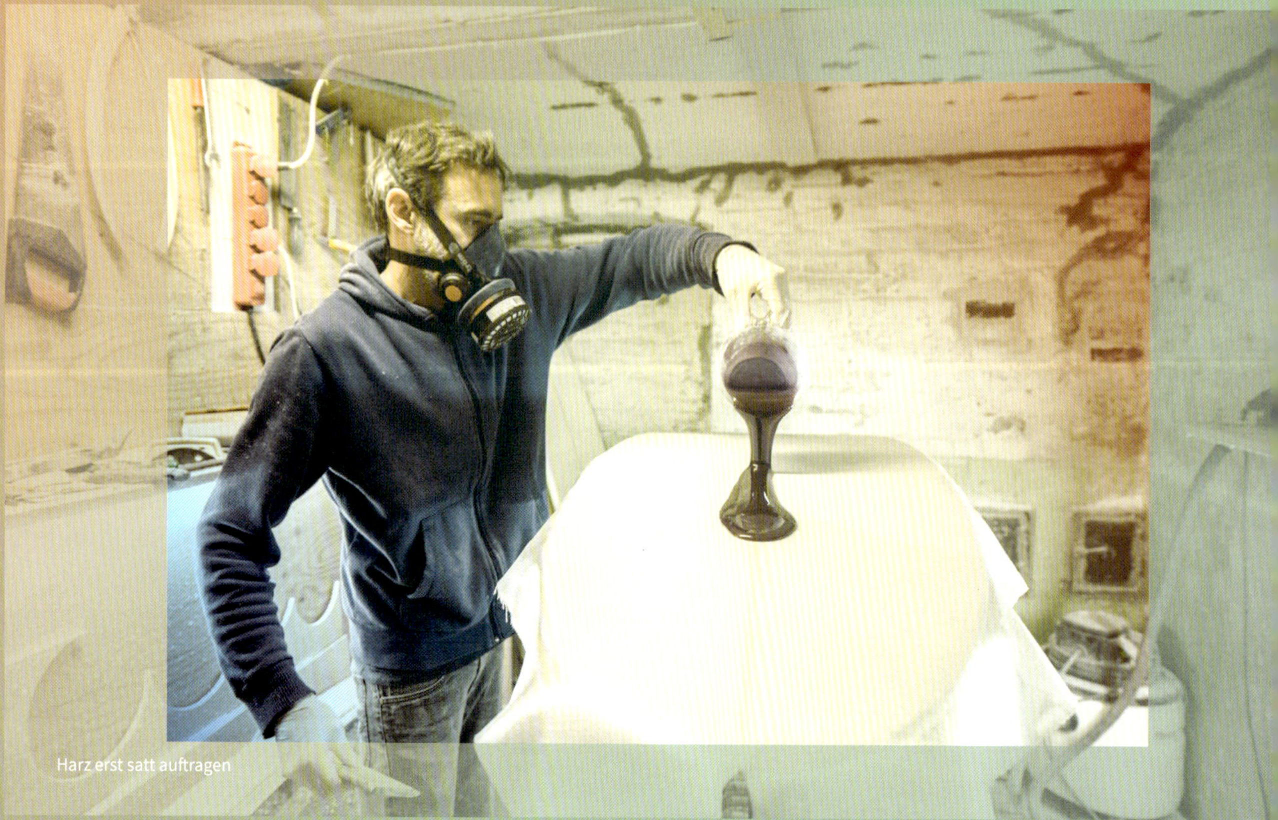

Harz erst satt auftragen

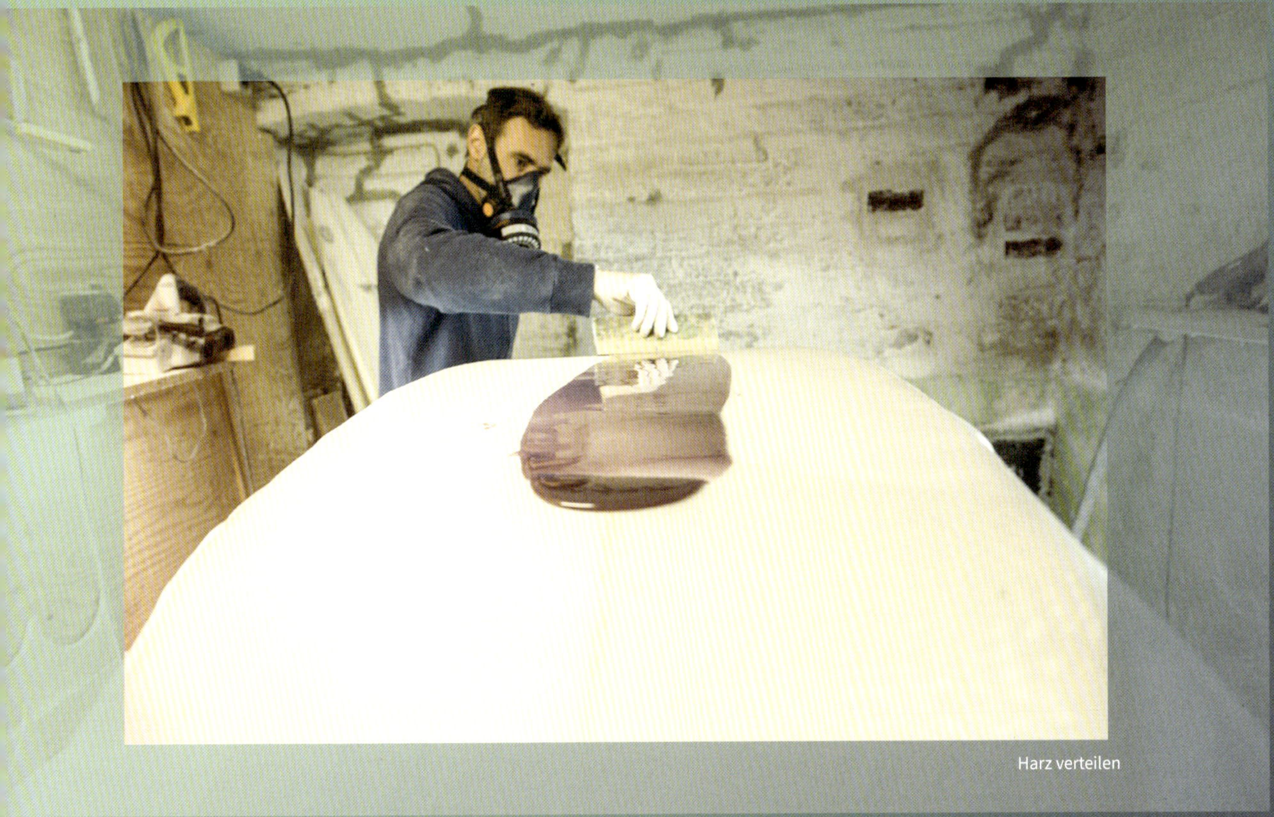

Harz verteilen

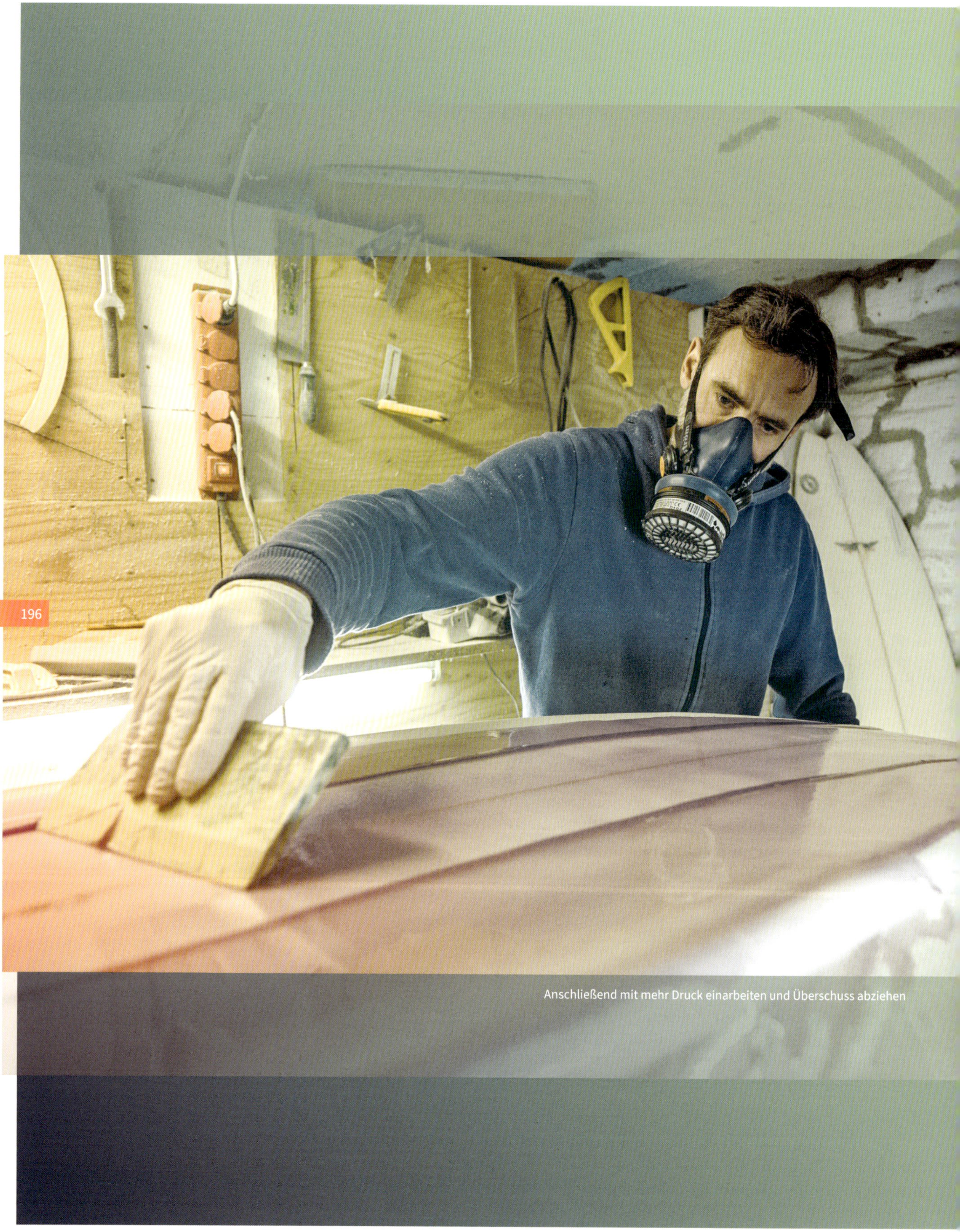

Anschließend mit mehr Druck einarbeiten und Überschuss abziehen

Dann ziehst Du das Board nochmal von der Mitte zu den Enden hin mit dem Squeegee ab. Dieses Mal übst Du mehr Druck aus, solltest den Squeegee aber nicht zu schnell bewegen.

Bei diesem Schritt wird das Glass so auf das Blank laminiert, dass keine Luftblasen mehr darunter und die Fasern komplett getränkt sind. Alles überschüssige Harz wird abgezogen und möglichst wieder mit dem Mischbecher aufgefangen.

Nicht trödeln, das Laminieren der Laps nimmt mehr Zeit in Anspruch als das der Fläche!

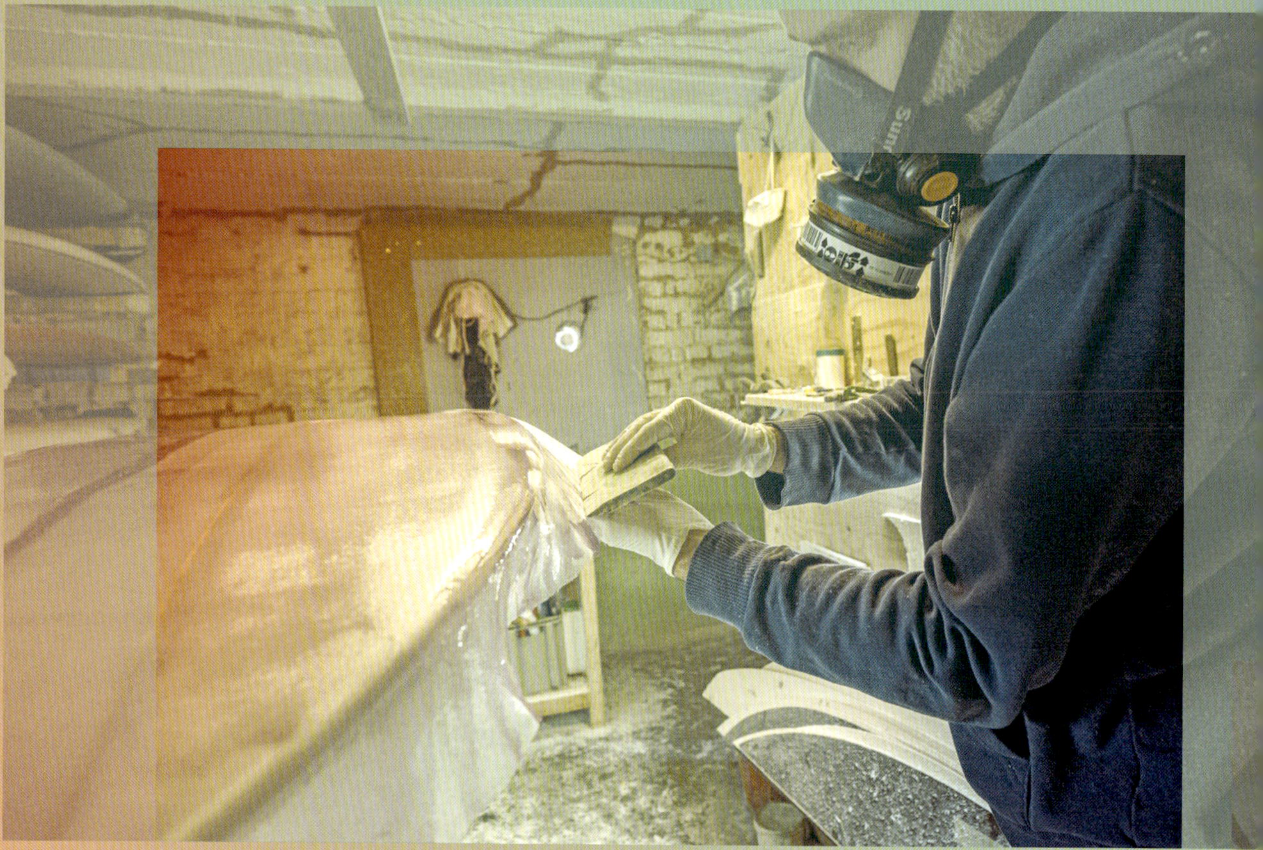

Laps mit Harz tränken

Für das Tränken der Laps gibt es verschiedene Techniken. Am einfachsten geht es, indem Du erst mal nur auf einer Seite (oder besser einer halben Seite) eine etwa fingerdicke Harzlinie entlang des Rails (eine halbe Hand breit oberhalb) aufschüttest und dieses Harz nun schnell, bevor es unkontrolliert über das Rail läuft, in das Lap einarbeitest.

Stell dafür den Mischbecher ab und halte mit der freien Hand von hinten und von unten gegen das Lap, während Du vorne mit dem Squeegee das Harz von oben nach unten in die Matte hineinziehst.

Die Faser sollte jetzt mindestens zu 50% getränkt aussehen, bevor Du sie mit dem Squeegee auf das Blank klebst – von oben nach unten streichen und von der Mitte des Rails Stück für Stück zu Nose und Tail vorarbeiten. Wenn Du das Harz über das Ende der Matte hinaus auf das unten liegende Boarddeck streichst, ist das gut.

Diesen Vorgang wiederholst Du auf der anderen Seite und erst dann kümmerst Du Dich mit dem kleinen Spachtel darum, dass auch hier an den Rails das komplette Glasfasergewebe perfekt durchtränkt und blasenfrei wird.

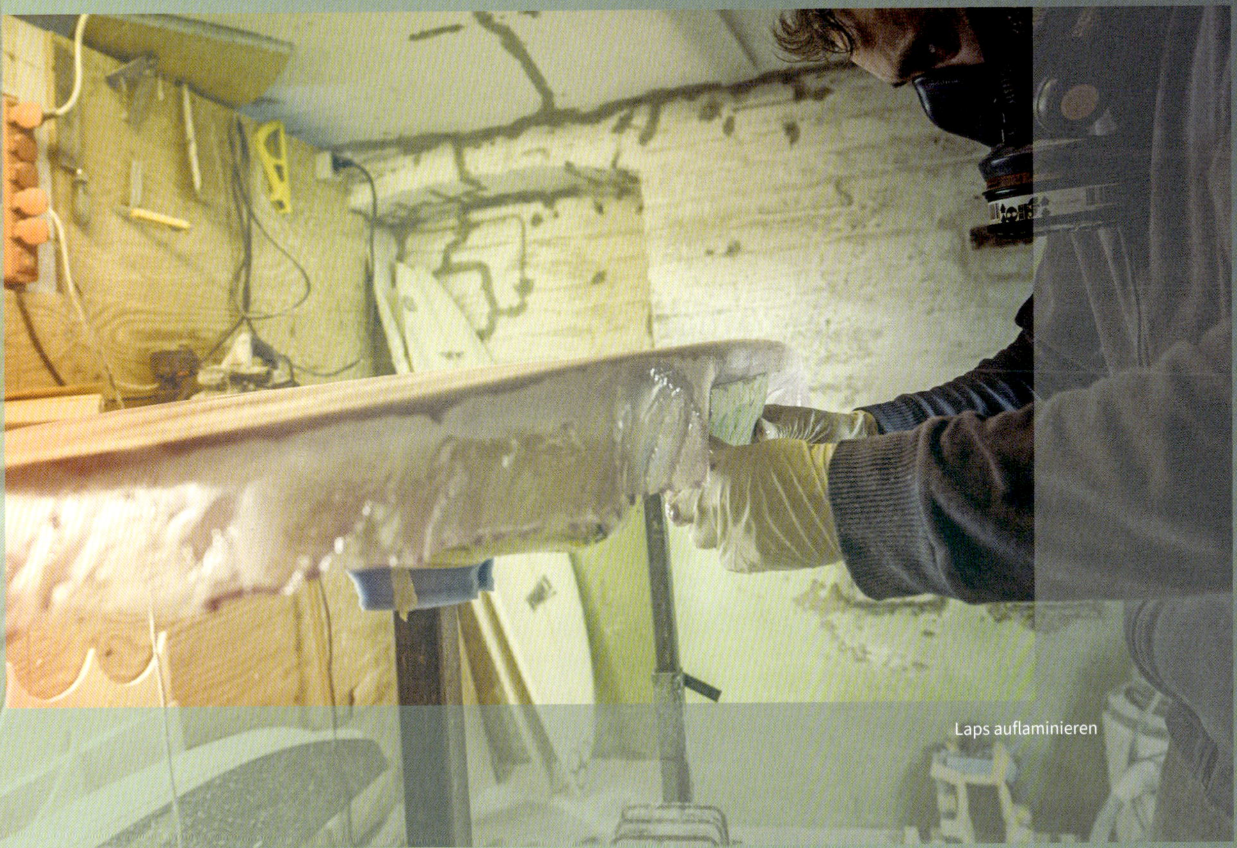

Laps auflaminieren

- Nimm mit dem kleinen Spachtel immer wieder etwas Harz aus dem Mischbecher und trage es überall dort auf, wo die Matte noch nicht ganz durchtränkt ist.

An Nose und Tail sollten sich die Laps der linken und rechten Seite überlappen – wenn einzelne Faserstränge von der Schnittkante herunterhängen, kannst Du sie abschneiden. Das erleichtert die Sache.

Arbeite zügig und konzentriert, die Verarbeitungszeit ist begrenzt! Zur Not, also wenn das Harz geliert, bevor Du fertig bist, kannst du die benötigte Menge noch schnell nachmischen.

Wenn Du großzügig Harz angemischt hast und es Dich nicht stört, einiges davon auf den Boden tropfen zu lassen, kommst Du hier natürlich schneller voran, als wenn Du sparsam mit dem Zeug umgehen möchtest.

Die Matte gekonnt ums Rail zu legen gehört aus handwerklicher Sicht zu den größeren Herausforderungen beim Surfbrettbau. Deshalb empfiehlt es sich für Anfänger, einen langsamen Härter zu benutzen, damit man hier mehr Zeit zur Verfügung hat.

Je nach Härter muss die erste Seite nun einige Stunden trocknen, bis Du das Board umdrehen und von der anderen Seite laminieren kannst. Warte am besten bis zum nächsten Tag.

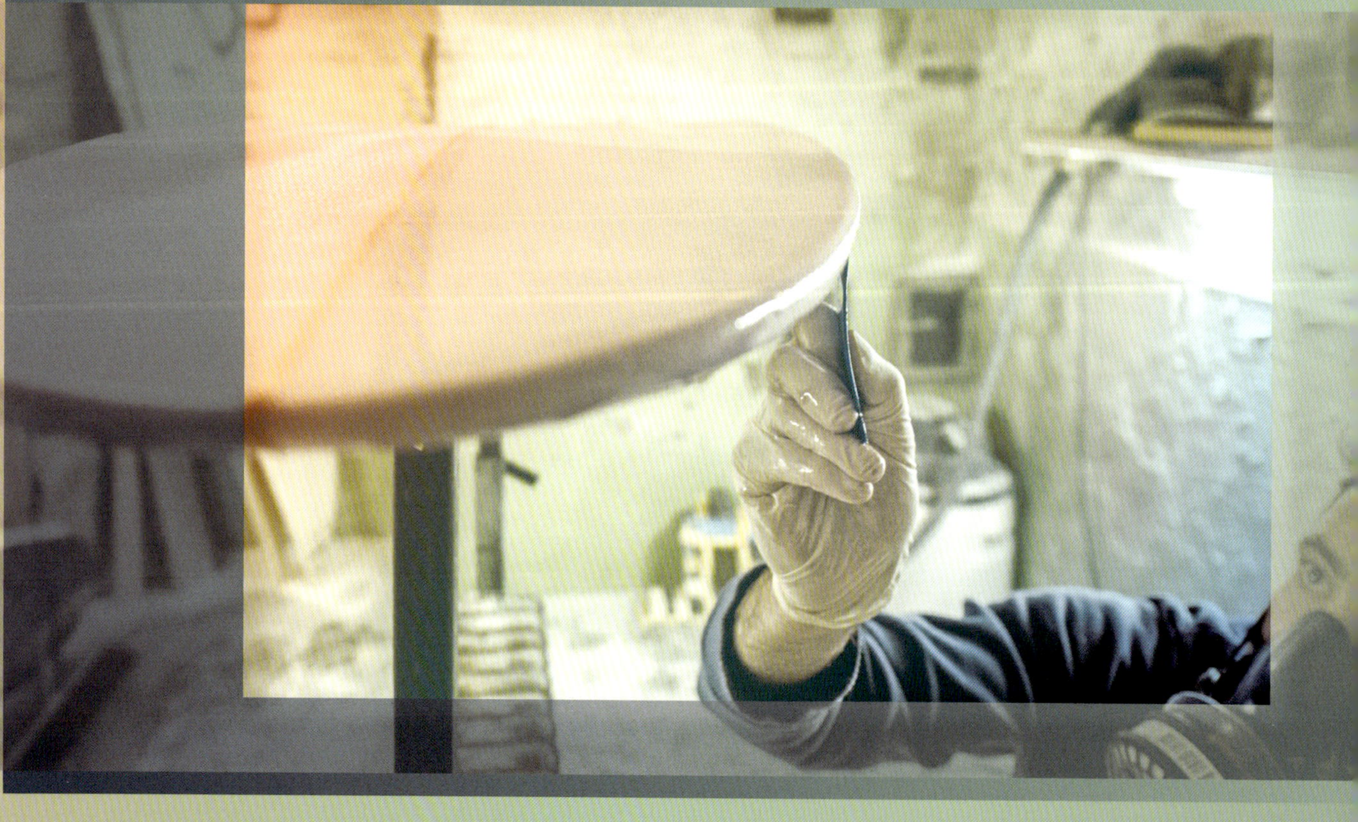

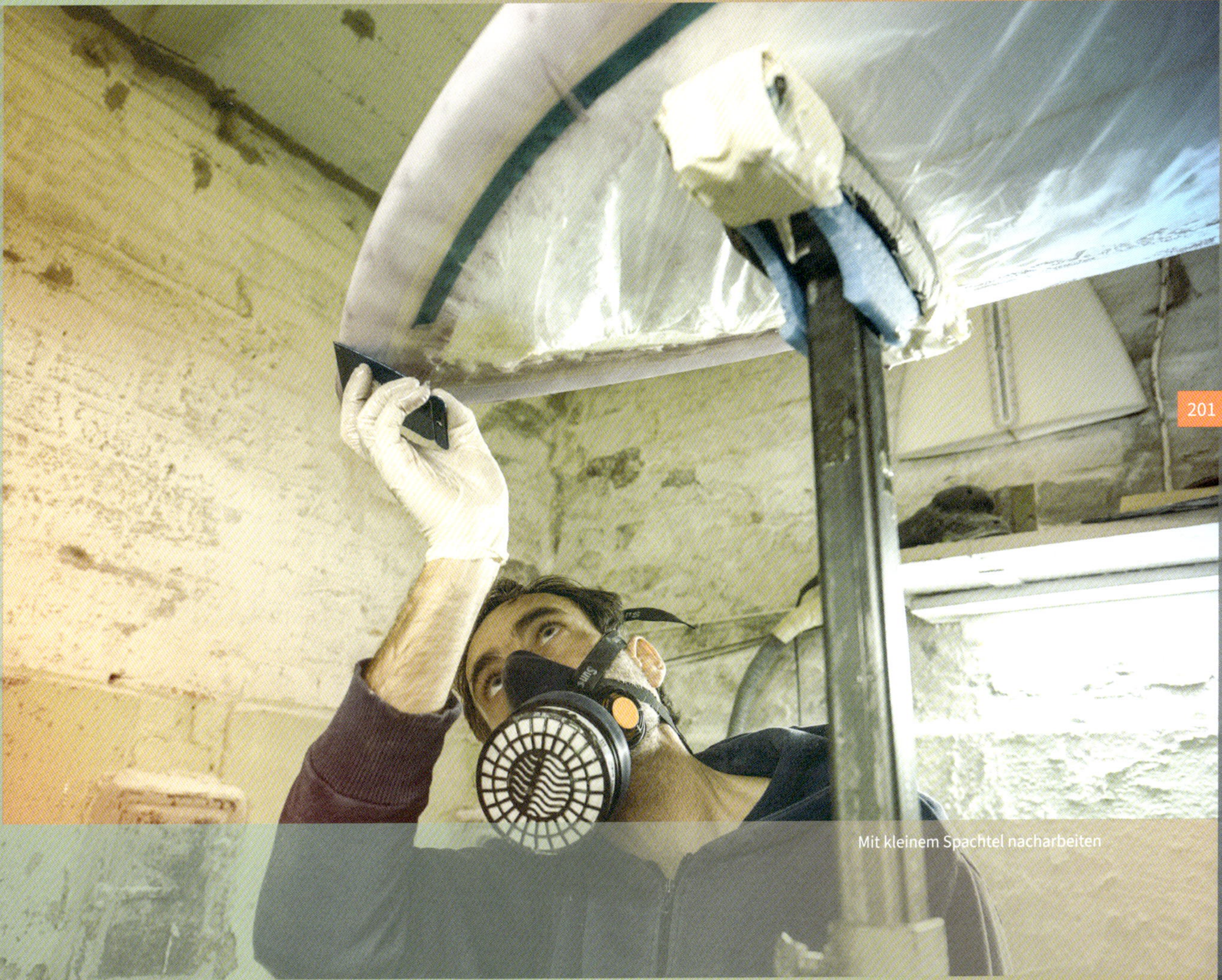

Mit kleinem Spachtel nacharbeiten

Entlang des Tapes schneiden

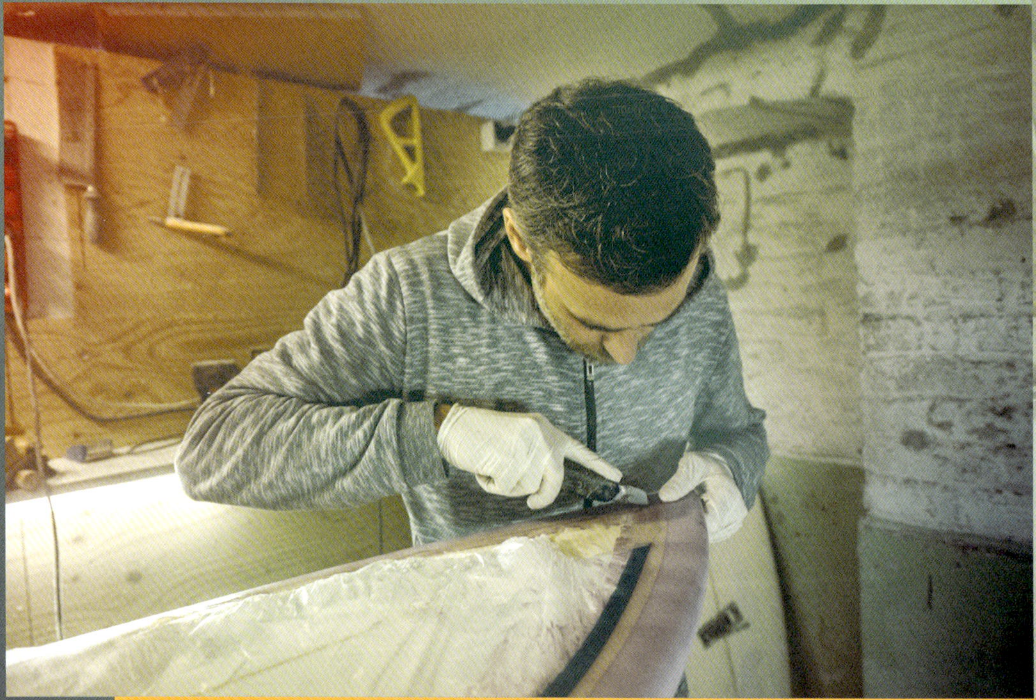

Wenn Du allerdings mit Tinted Resin arbeitest und ein Cutlap machen willst, solltest Du nach ungefähr 3-4 Stunden checken, ob die Oberfläche nicht mehr klebrig ist, und gegebenenfalls den Schnitt entlang des Klebebandes machen. Wenn es in deiner Werkstatt warm ist, verkürzt sich die Aushärtungszeit. Bei kalten Temperaturen muss man länger warten.

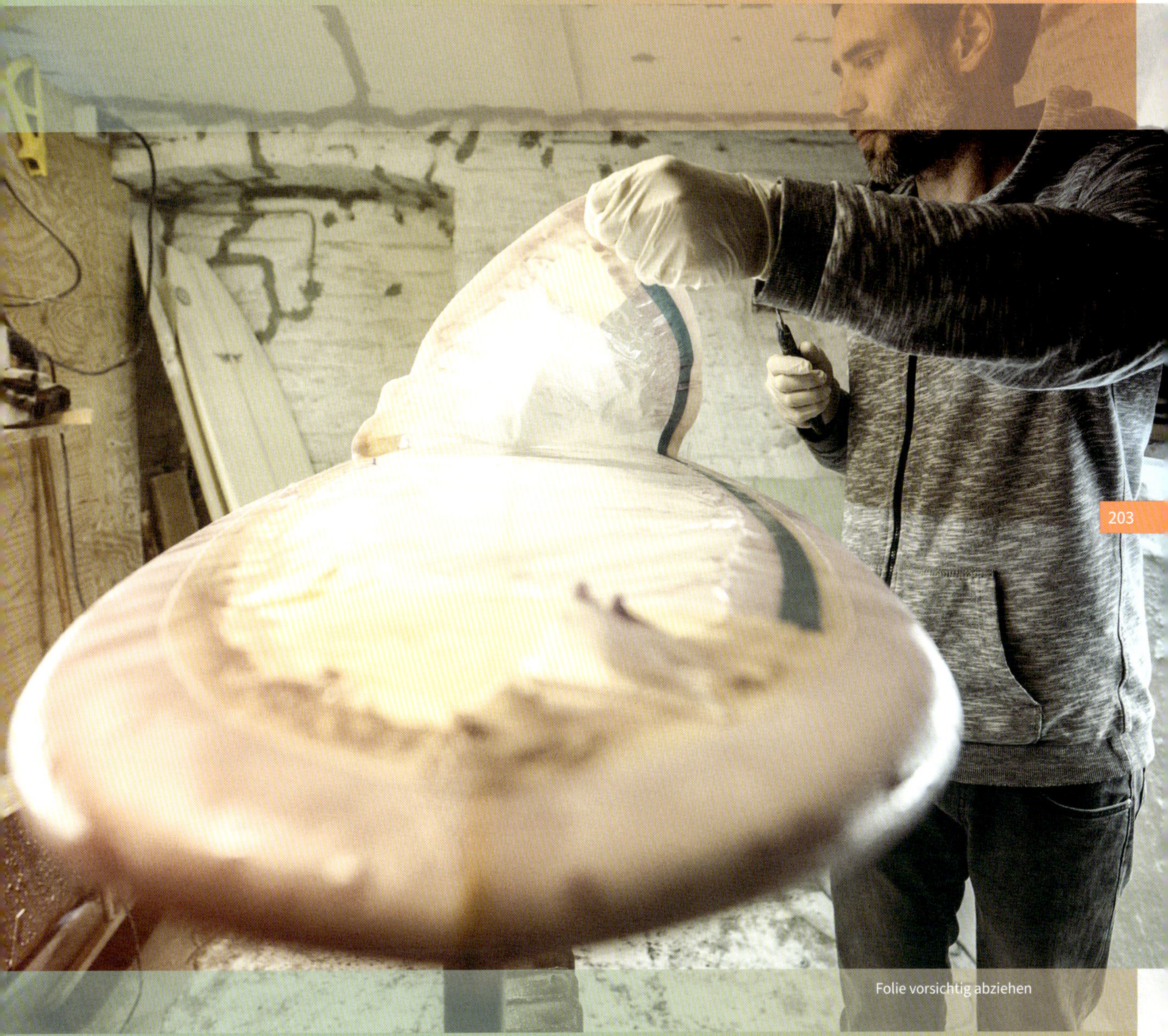

Folie vorsichtig abziehen

Laminieren des Decks

Wenn die Unterseite getrocknet ist, drehen wir das Board um und schleifen vorsichtig die Endkante der bereits auflaminierten Glasfaser. Aber Vorsicht: das rohe Blank möglichst nicht verletzen.

Es muss nicht ganz plan sein, aber wenn Du den Übergang etwas glättest, erleichtert es das Laminieren der Oberseite.

Für das Schleifen kannst Du gut die harte Seite des Schleifklotzes und das bereits gebrauchte 60er-Papier benutzen.

An Nose und Tail, dort wo die Laps des rechten und linken Rails sich überlappen, das Glass also doppelt liegt, musst Du etwas mehr schleifen, damit es dort nicht dicker ist als der Rest.

Polyester nervt bei diesem Schritt, da die Oberfläche des Laminier-Harzes etwas klebrig bleibt und das Schleifpapier verklebt.

Erst durch die Zugabe von Wax für den Hotcoat bekommt Polyester-Harz eine gut schleifbare Oberfläche.

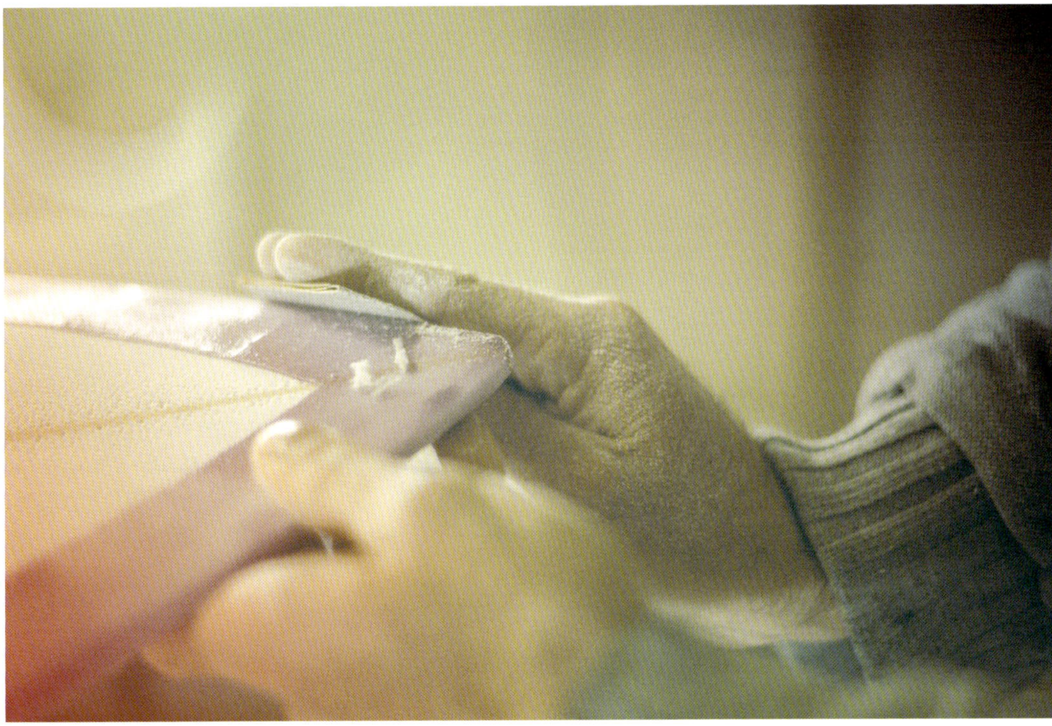

Als erstes die Laps vorsichtig schleifen

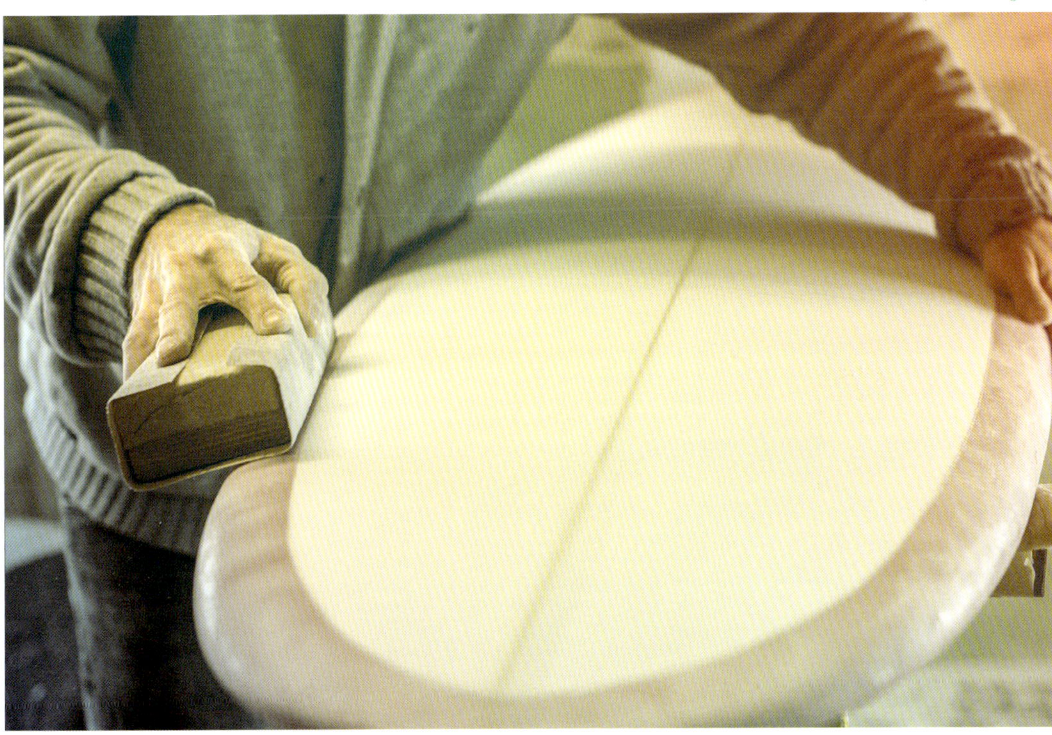

Anschließend das Blank abpusten und das Deck mit Glasfasertuch dressen. Hier werden normalerweise zwei Lagen Glasfaser gleichzeitig auflaminiert, eine 6 Oz- und eine 4 Oz-Matte, bei Longboards zweimal 6 Oz-Matten.

Wenn Du etwas Swingweight in der Nose sparen möchtest, kannst Du die untere Matte im Nosebereich aussparen, dort wo man nicht mit den Füßen steht und keine Dellen macht.

Für das Patch die Matte in der Mitte falten und zuschneiden

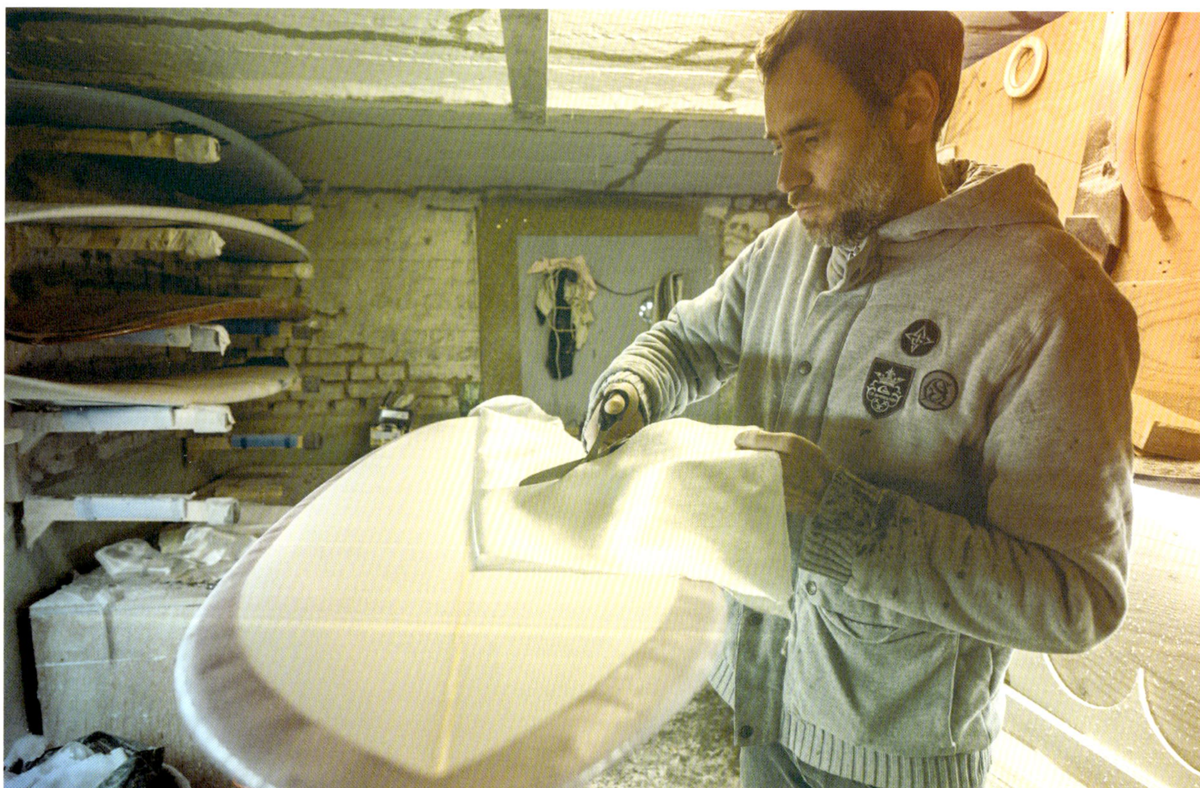

Falls Du mit Tinted Resin arbeitest, vor dem Dressen und Laminieren wieder die andere Seite abkleben und nachher das Cutlap nicht vergessen. Sobald das Deck trocken ist, kannst Du Deine Logos auflaminieren und durch ein Glasfaserpatch schützen, das ein wenig größer ist als das Reispapier.

Die Matte, die komplett über die Nose geht, sollte die 6 Oz-Matte sein, sonst wird es etwas zu zart an dieser Stelle. Schneide die untere Matte etwa auf der Mitte des Rails ab und die obere Matte eine knappe Hand breit unter dem Rail.

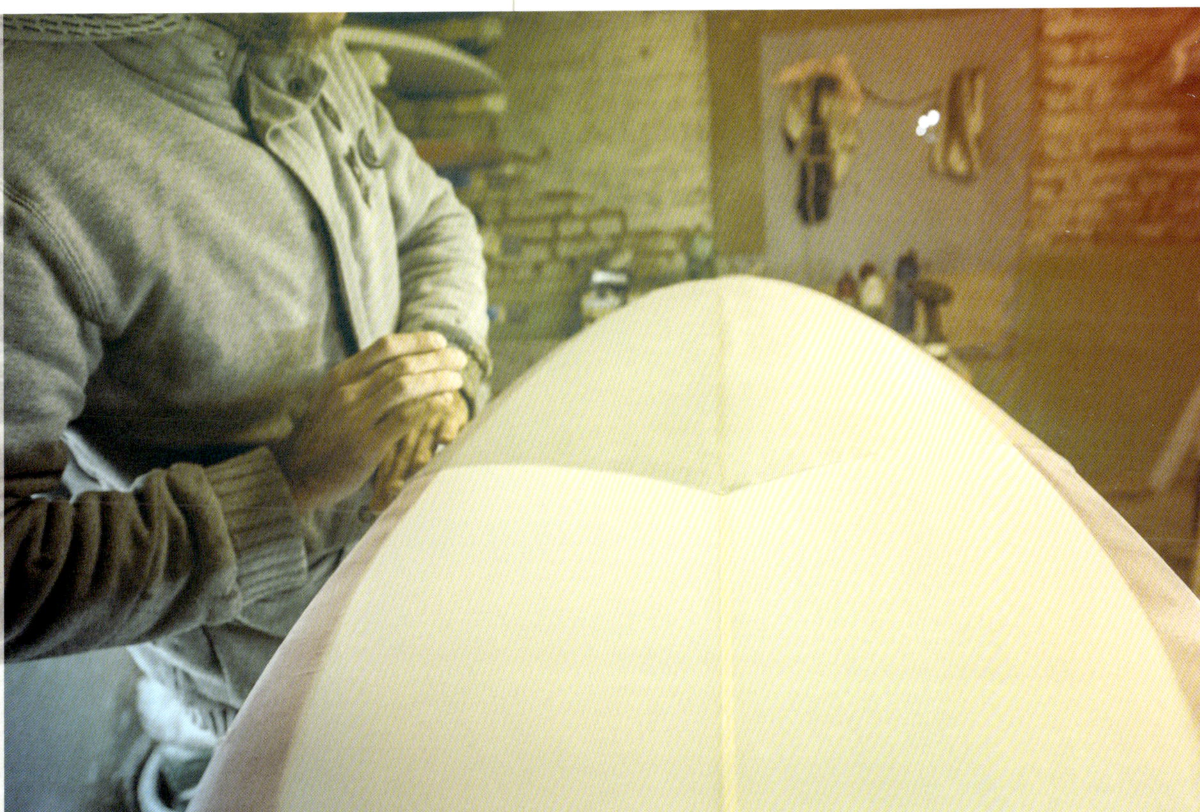

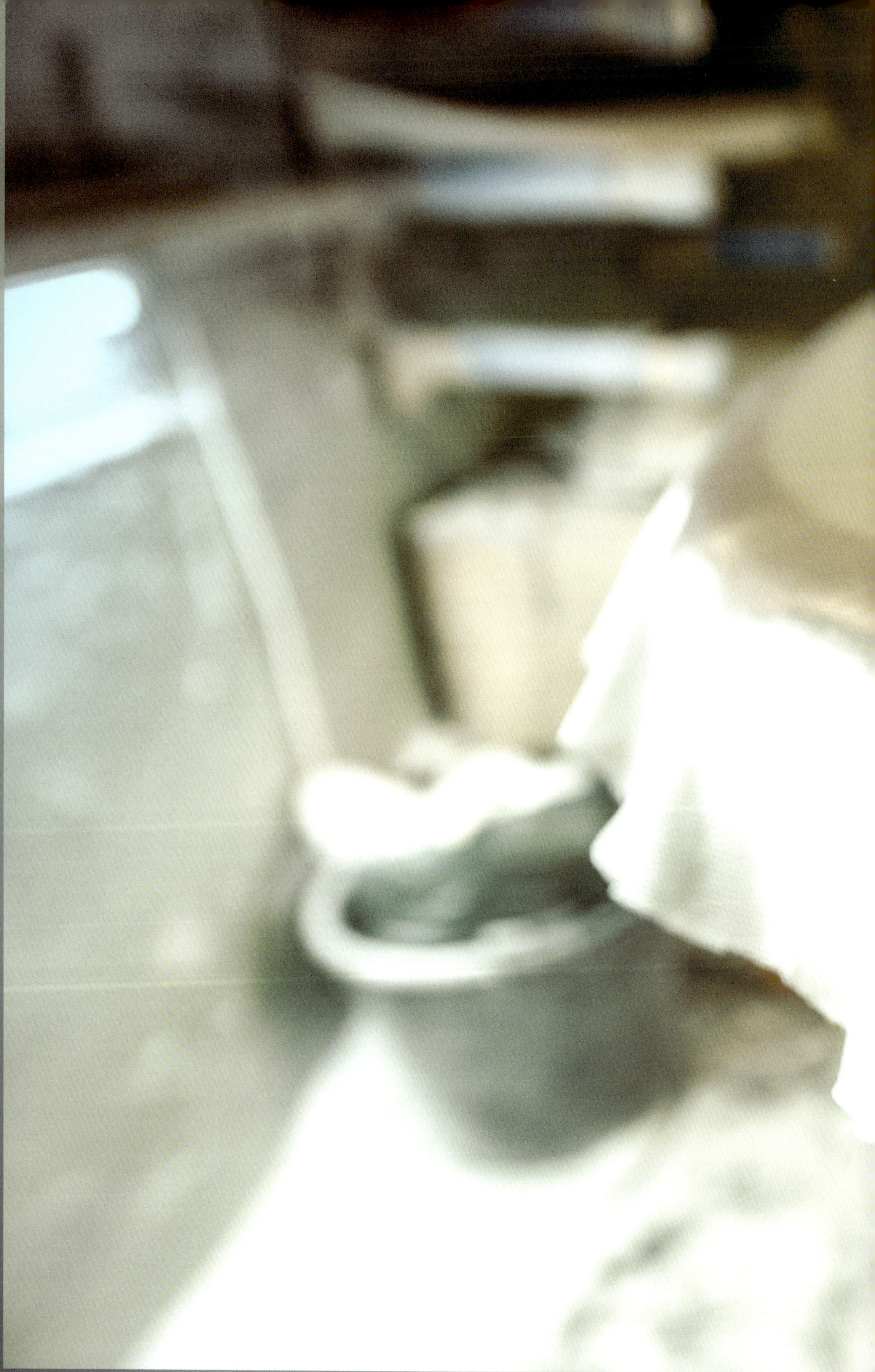

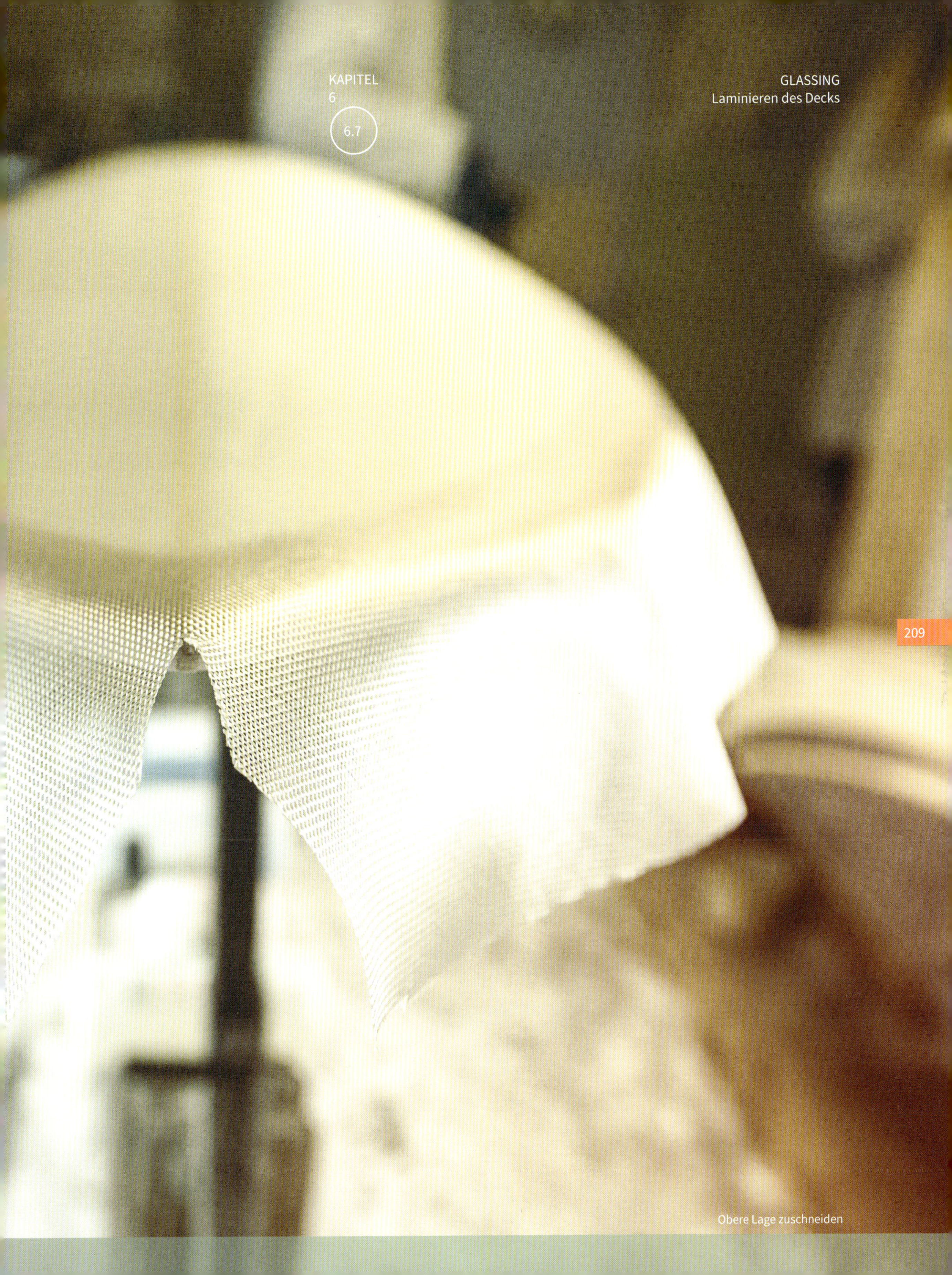

Obere Lage zuschneiden

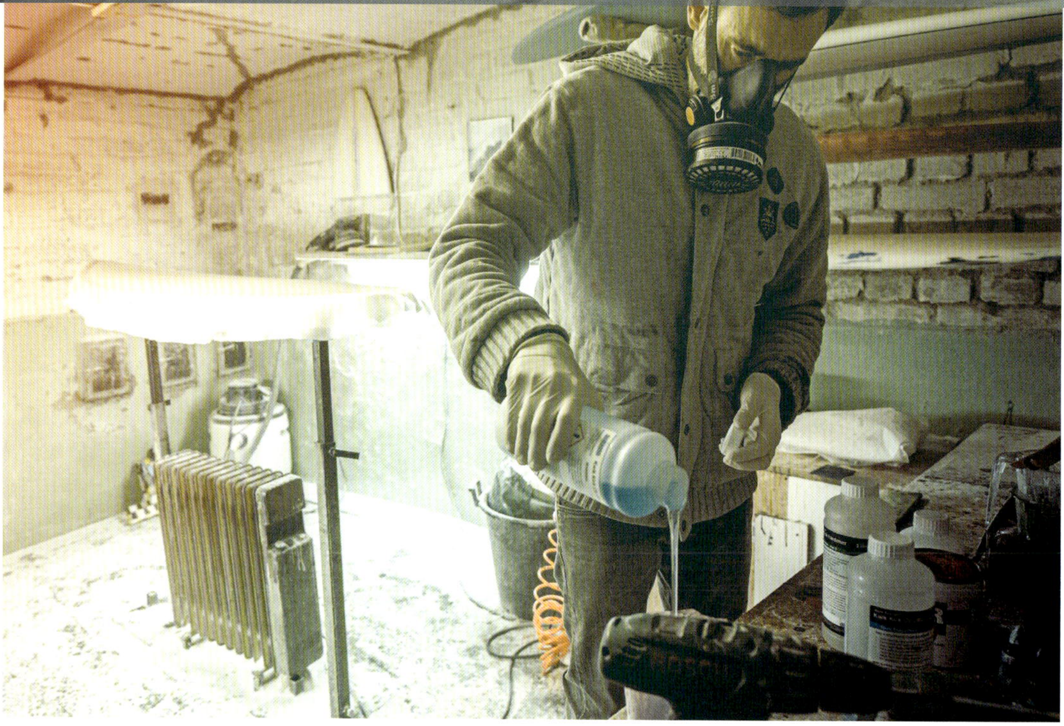

Harz mischen

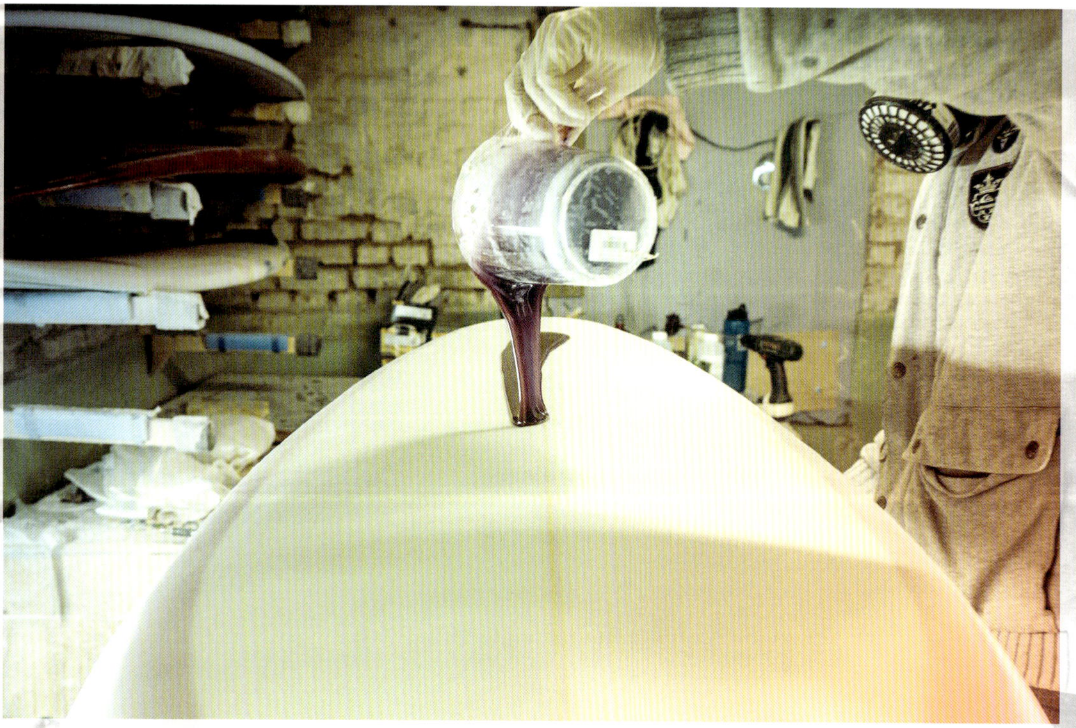

Auftragen

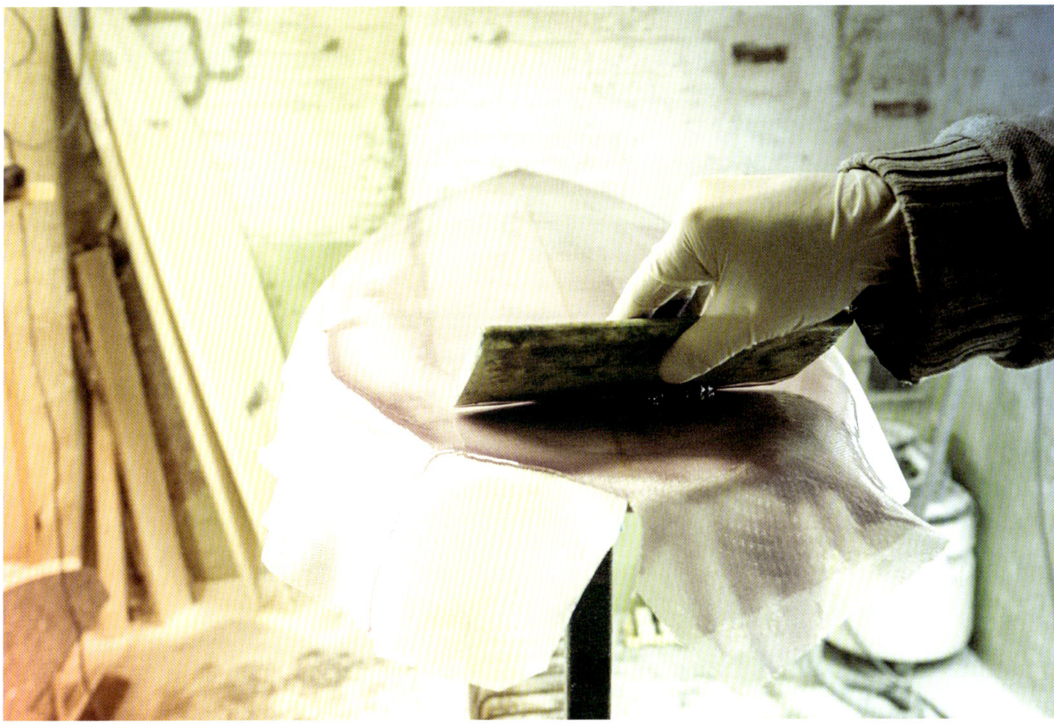

Einarbeiten

Nun gehst Du genauso vor wie beim Laminieren der Unterseite: Ecken ausschneiden an Nose und Tail, alles bereitlegen, Maske und Handschuhe anziehen.

Weil Du jetzt zwei Matten laminierst, brauchst Du etwa 10% mehr Harz als für die Unterseite. Außerdem musst Du Dich darauf einstellen, dass sich zwei Lagen Glass etwas schlechter komplett durchtränken lassen als eine.
Viel Erfolg!

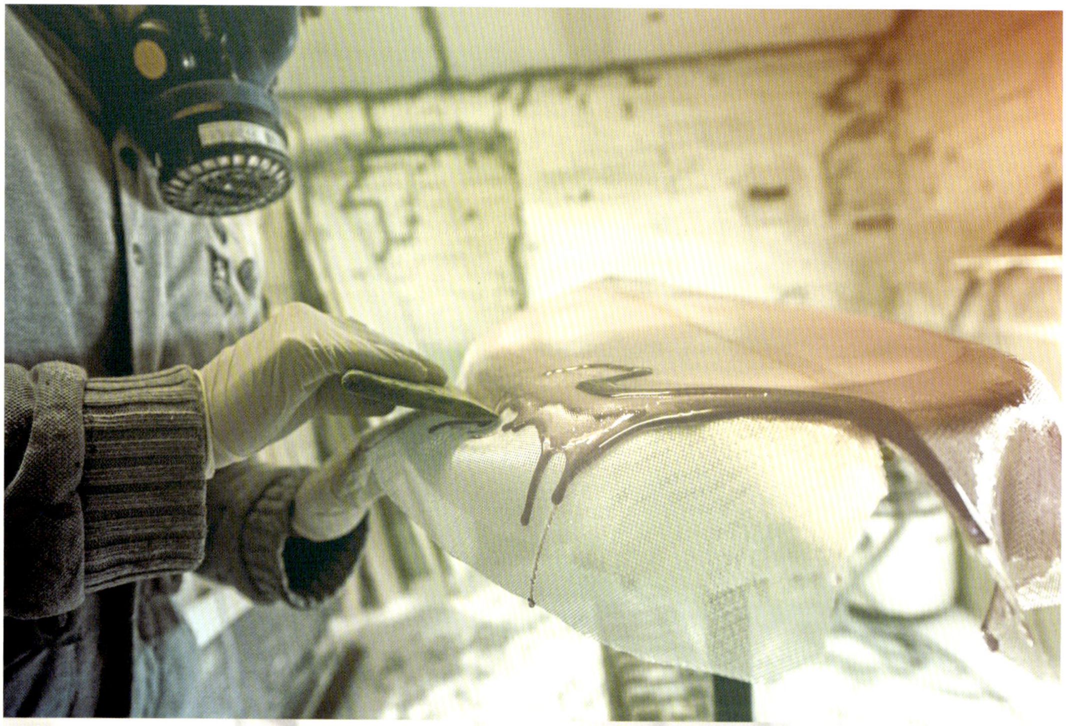

Zwei Lagen tränken sich etwas mühsamer

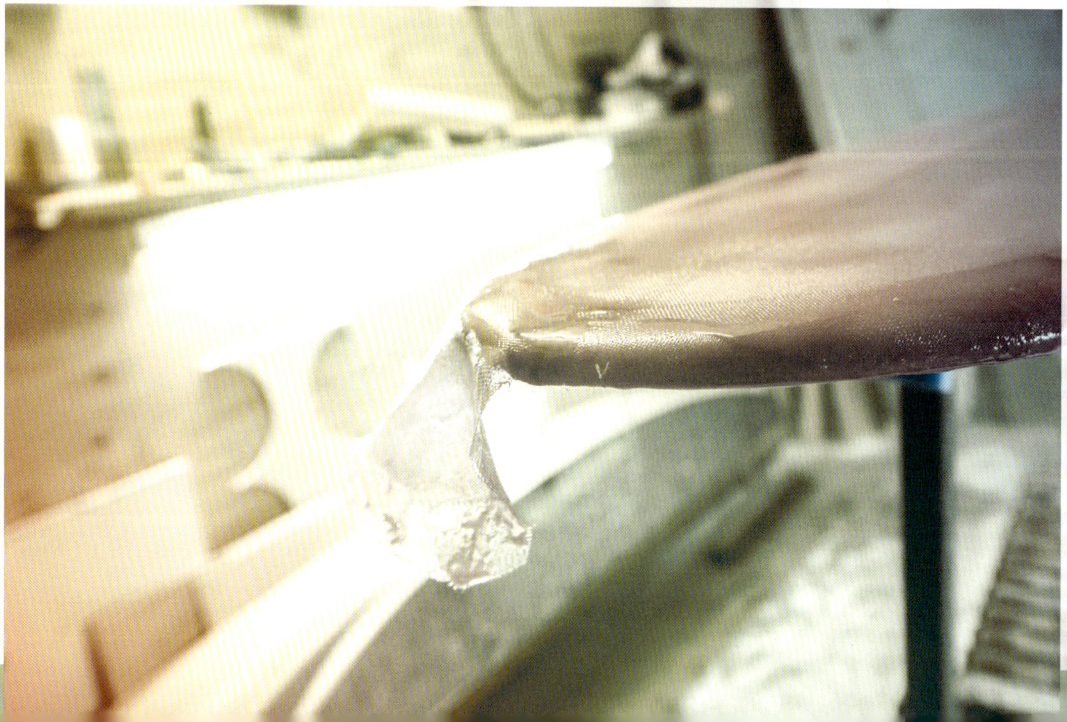

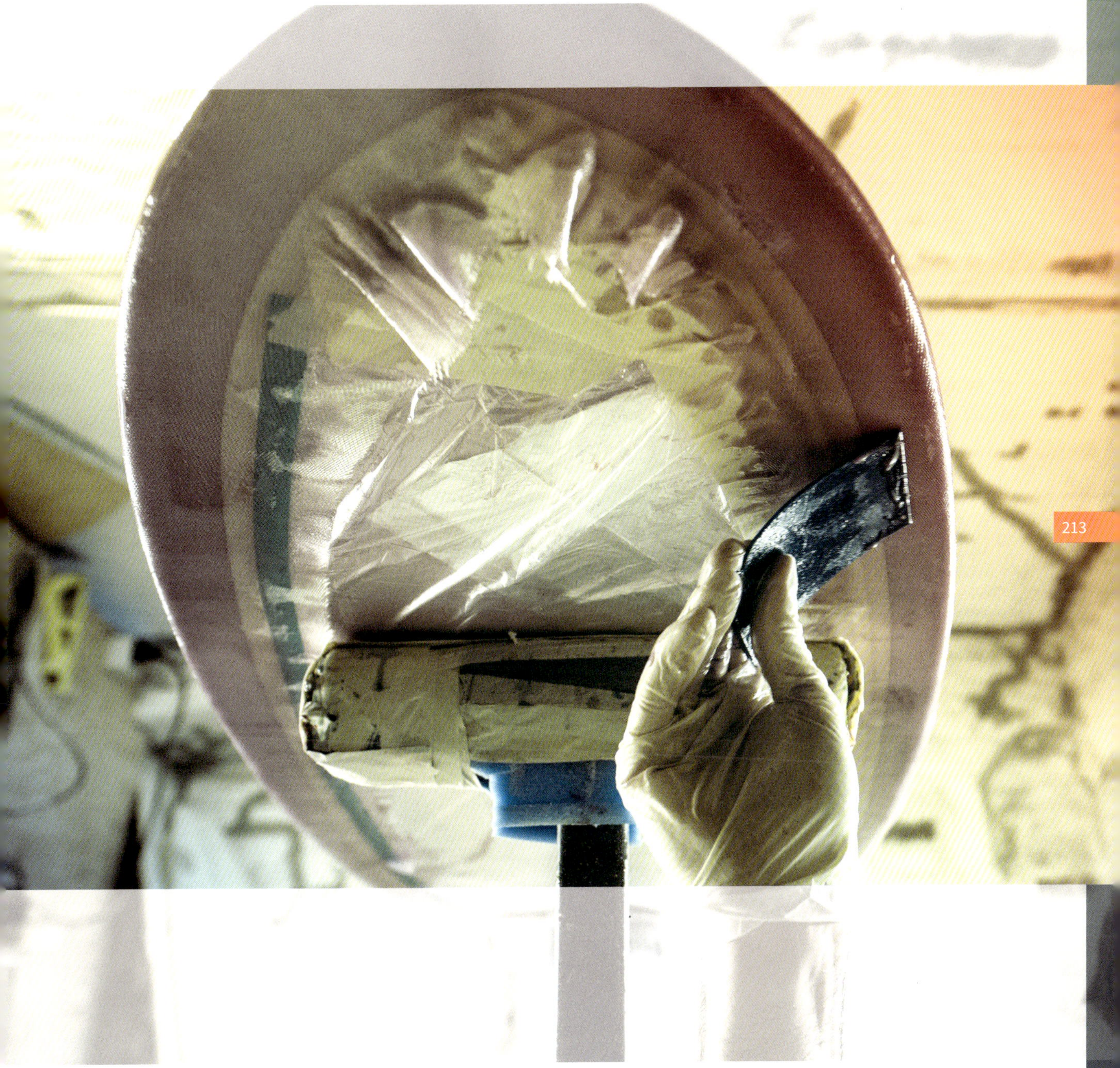

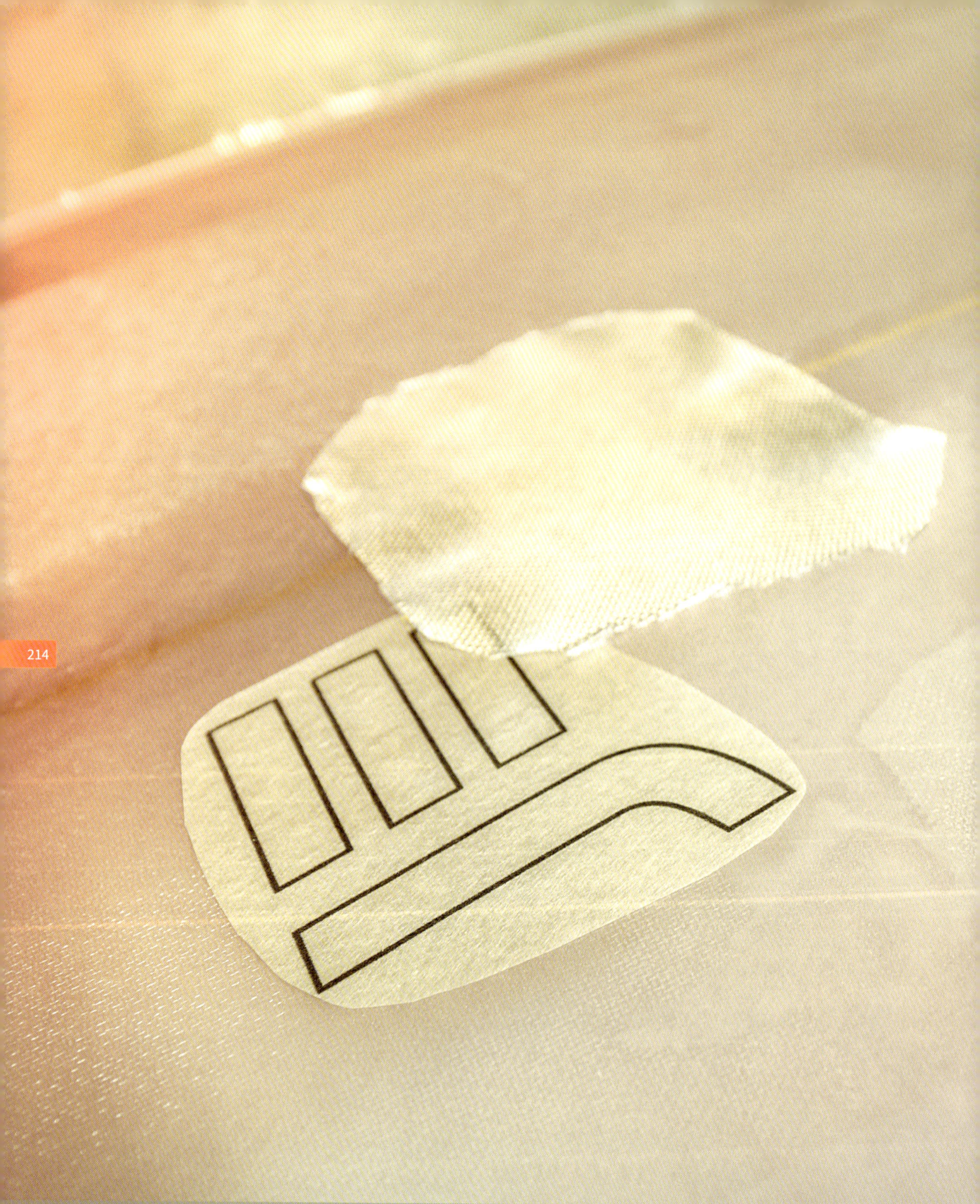

Tinted Boards erhalten nun ihr Logo, geschützt durch ein kleines Glasfaser-Patch

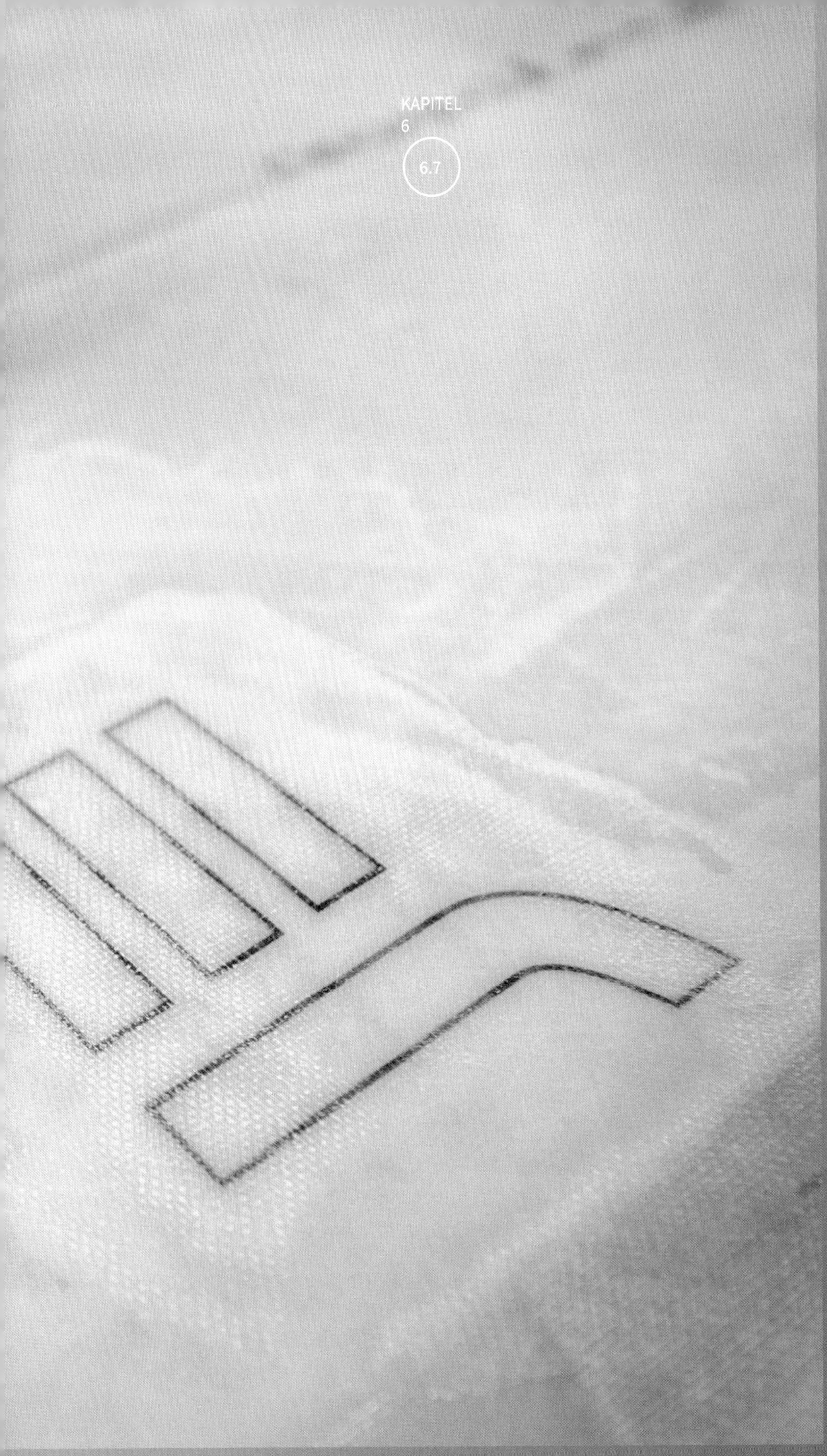

Hotcoat Deck

Wir bereiten nun das Board für den Hotcoat vor, auch Fillcoat oder Sandingcoat genannt. Es handelt sich um eine Harzschicht ohne Fasern, die mit einem breiten Pinsel aufgetragen wird, um die Gewebestruktur des auflaminierten Glasfasertuchs und die Unebenheiten im Bereich der Laps aufzufüllen und so eine Oberfläche zu erzeugen, die dann final zu einer ebenen Fläche geschliffen werden kann.

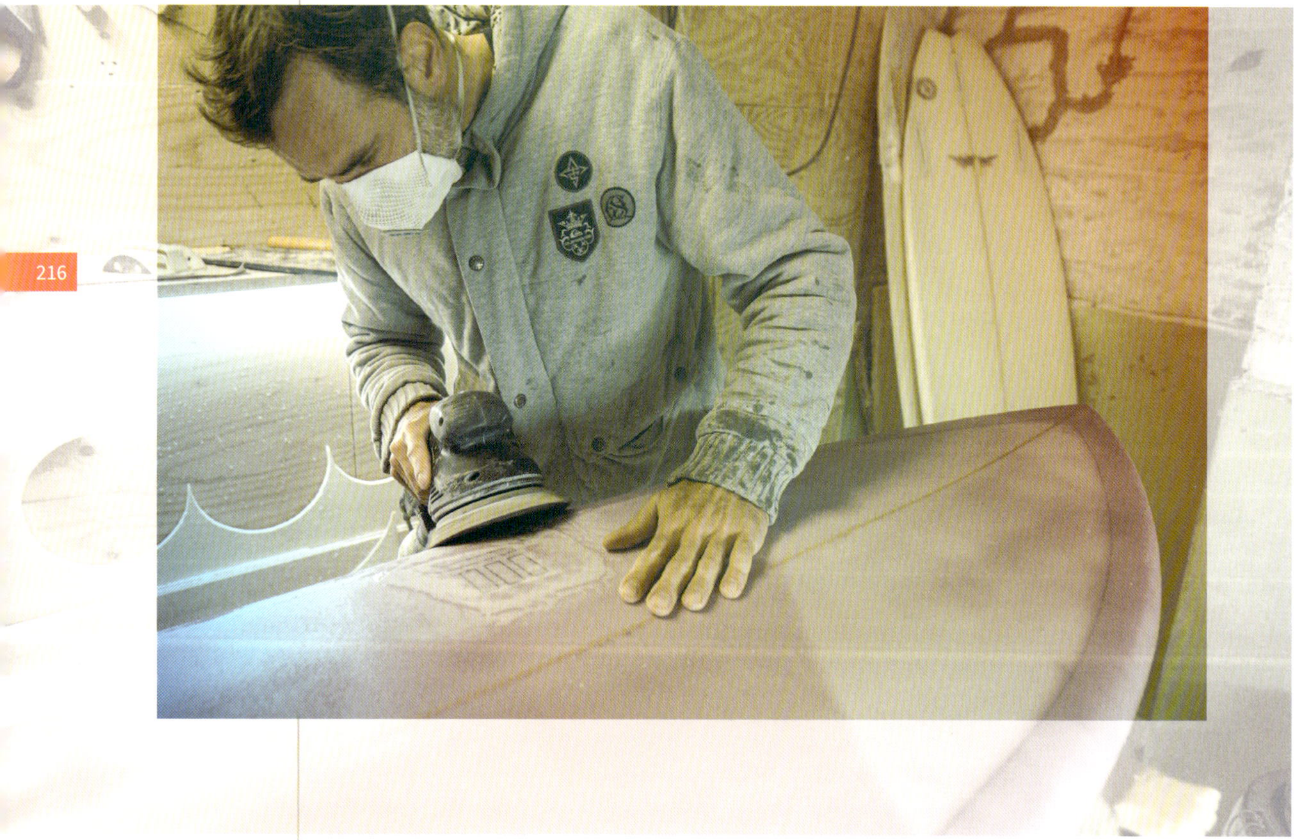

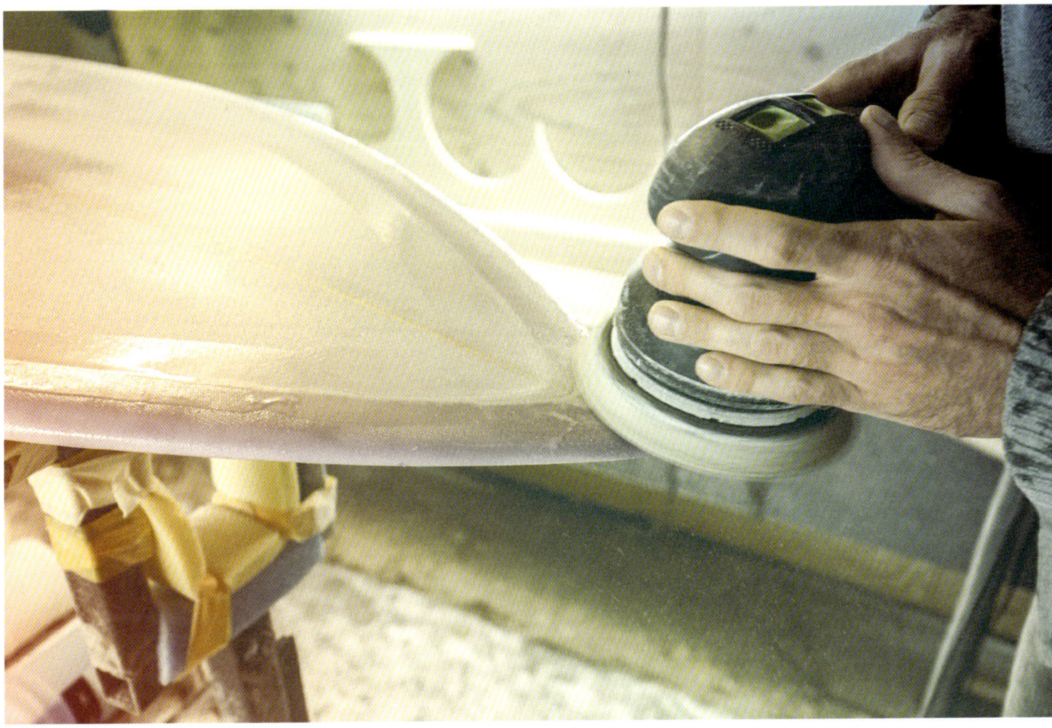

Laps und Logo-Patches schleifen

Zunächst müssen die Laps auf der Unterseite geschliffen werden, sodass hier der Höhenversatz zu der restlichen Boardunterseite etwas geglättet wird. Hier kannst Du jetzt auch ruhig mit der Schleifmaschine und einem recht groben Papier (80er) rangehen, da nicht mehr die Gefahr besteht, das Blank zu verletzen – das ist ja jetzt rundherum eingepackt. **Aber trotzdem Vorsicht! Schleife nur das Lap!** Nebenan auf dem Bottom ist nur eine dünne Lage Glasfaser, da solltest Du nicht rein schleifen. Wenn Du Futures Boxen oder FCS2 installiert hast, musst Du jetzt auch dort plan schleifen. Auf diese Weise werden die Öffnungen für die Finnen wieder freigelegt. Board abpusten und Boxen neu abkleben.

Damit das Harz gleich nicht unkontrolliert um die Rails herum auf den Bottom läuft, musst Du rundherum abkleben und zwar am unteren Ende der Rundung, damit das ganze Rail Harz abbekommt.

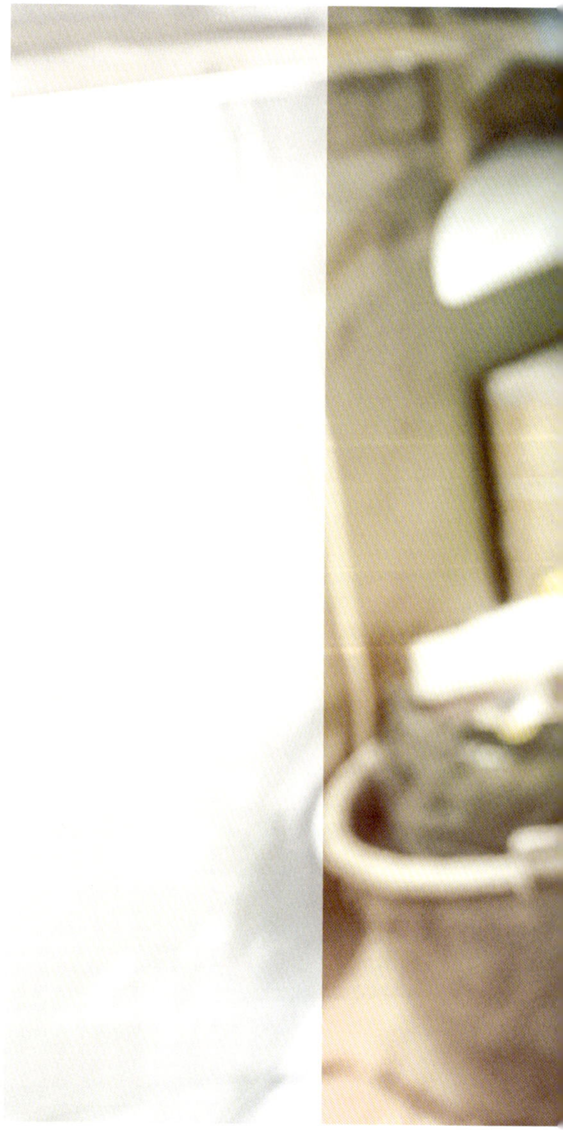

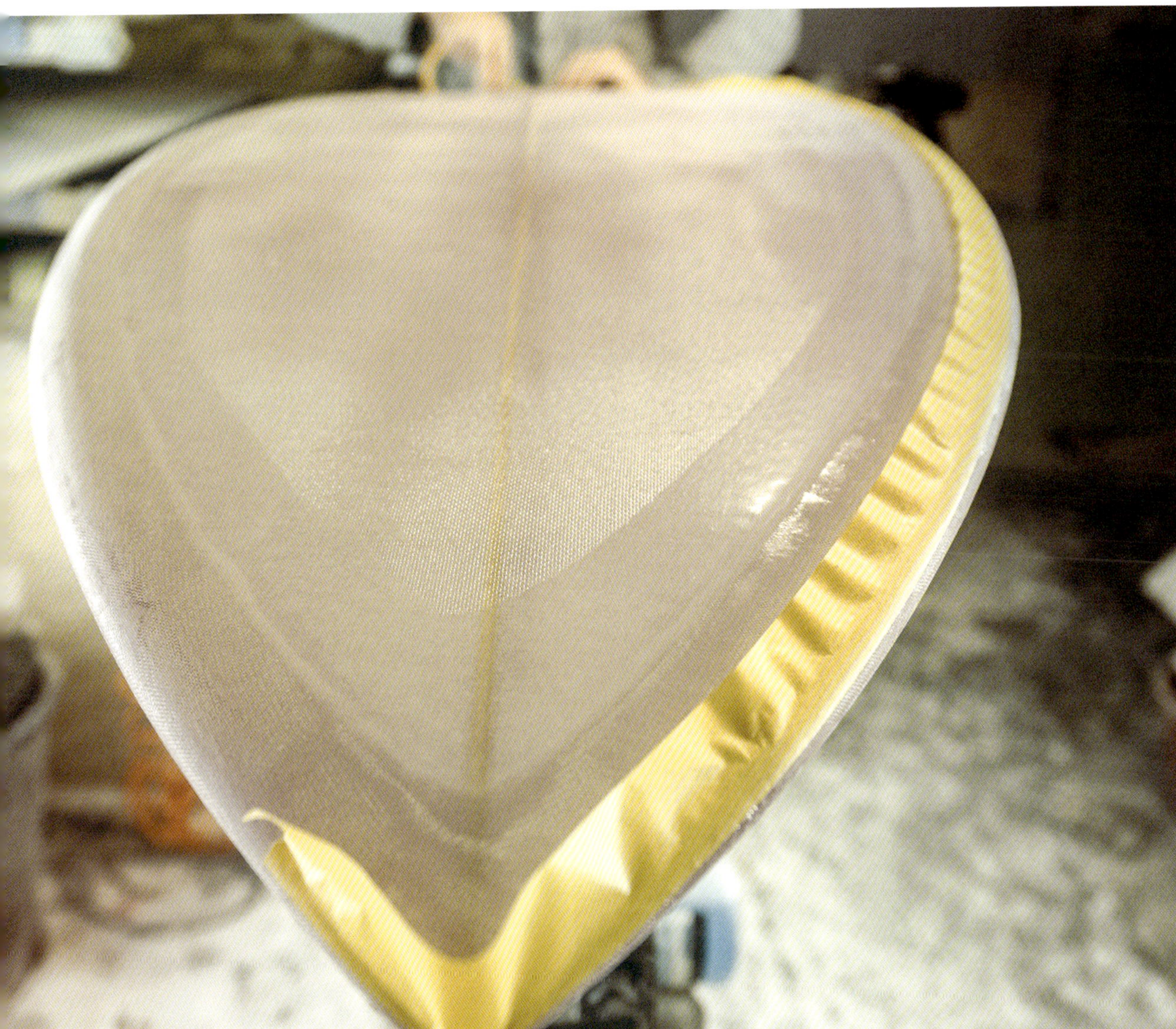

- Lege den großen Pinsel bereit, schütze Dich mit Gasmaske und Handschuhen und mische das Harz an – bei Epoxy genau so wie beim Laminier-Harz. Bei der Verwendung von Polyester müsste für den Hotcoat 3% Wax in Styrene hinzugefügt werden.

Rühre das Harz dieses Mal besonders vorsichtig, damit keine Luftblasen entstehen, aber achte darauf, dass der Agent F gut untergerührt wird – 2 Minuten rühren.

Gib das Harz aufs Boarddeck und verteile es auf der gesamten Fläche. Damit es schön gleichmäßig wird, ziehst Du den Pinsel erst Nose to Tail hin und her, dann in diagonalen Bahnen und zuletzt noch einmal längs.

Nach ca. 3-4 Stunden, wenn das Harz nicht mehr klebt, aber auch noch nicht knüppelhart ist, solltest Du das Klebeband entfernen. Auch diese Zeitspanne variiert mit den Temperaturen der Umgebung!

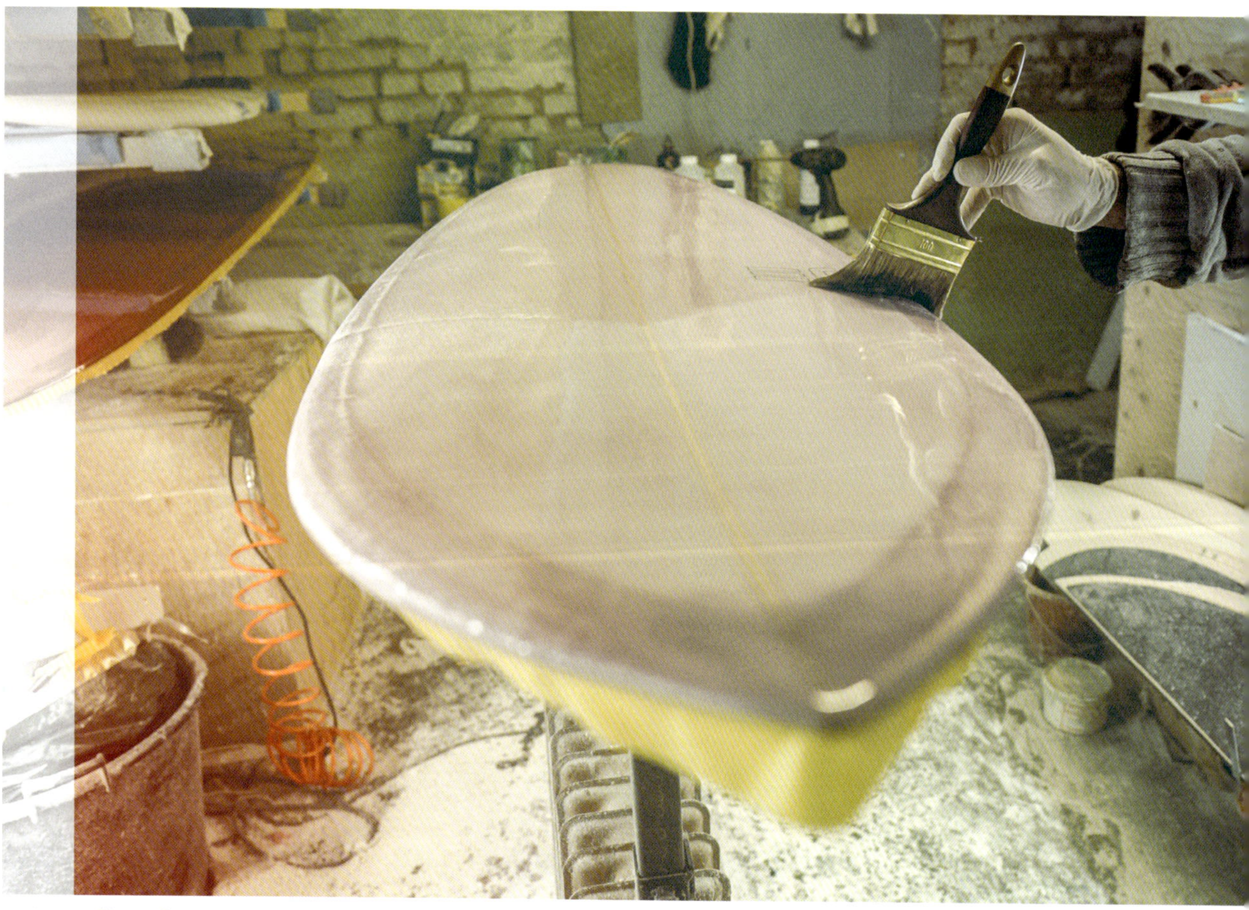

Harz erst längs auftragen

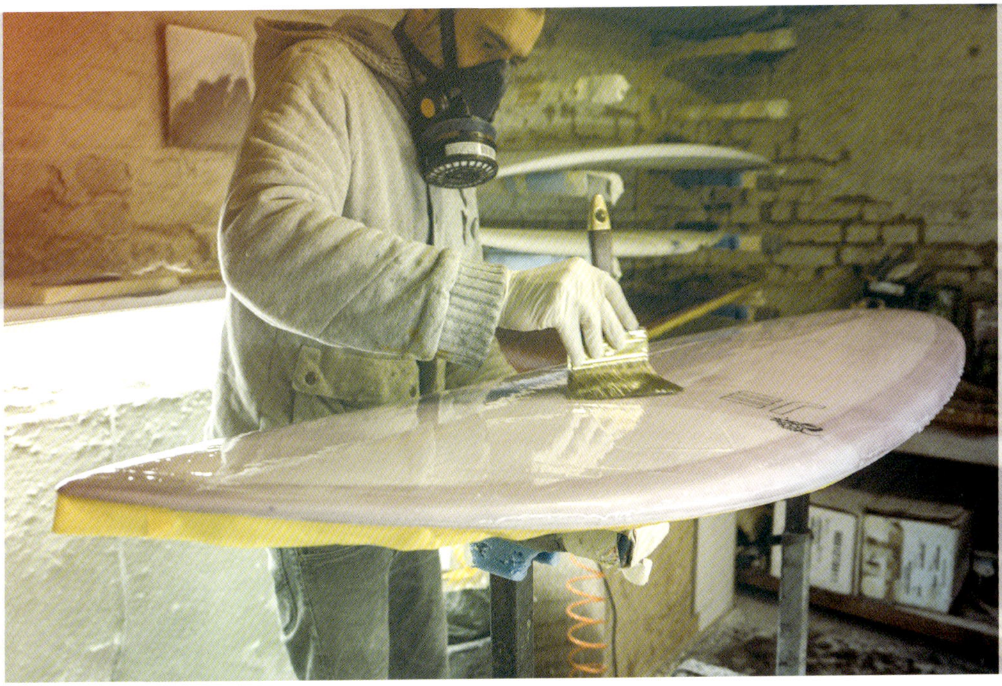

Dann kreuzweise verteilen

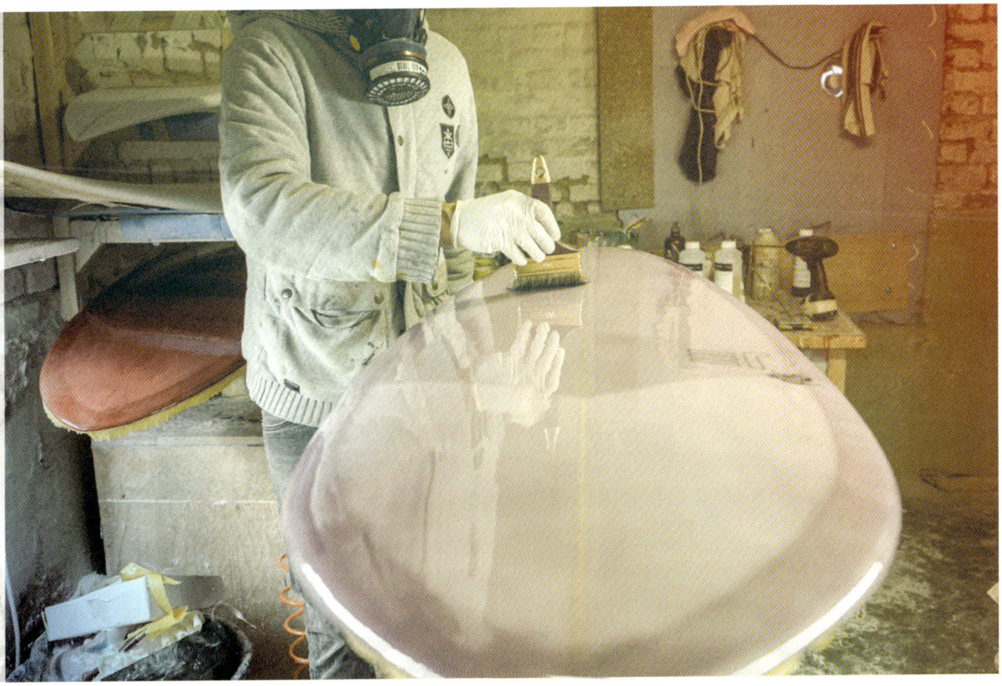

Zum Schluss noch mal längs

Hotcoat Bottom

Bevor Du die gesamte Unterseite hotcoatest, kannst Du im Bereich der Laps einen Cheatercoat machen. Das heißt, Du mischst 20% der Harzmenge für eine ganze Seite an und ziehst sie mit dem Squeegee über das Lap auf bis auf eine Hand breit innerhalb der Lapline.

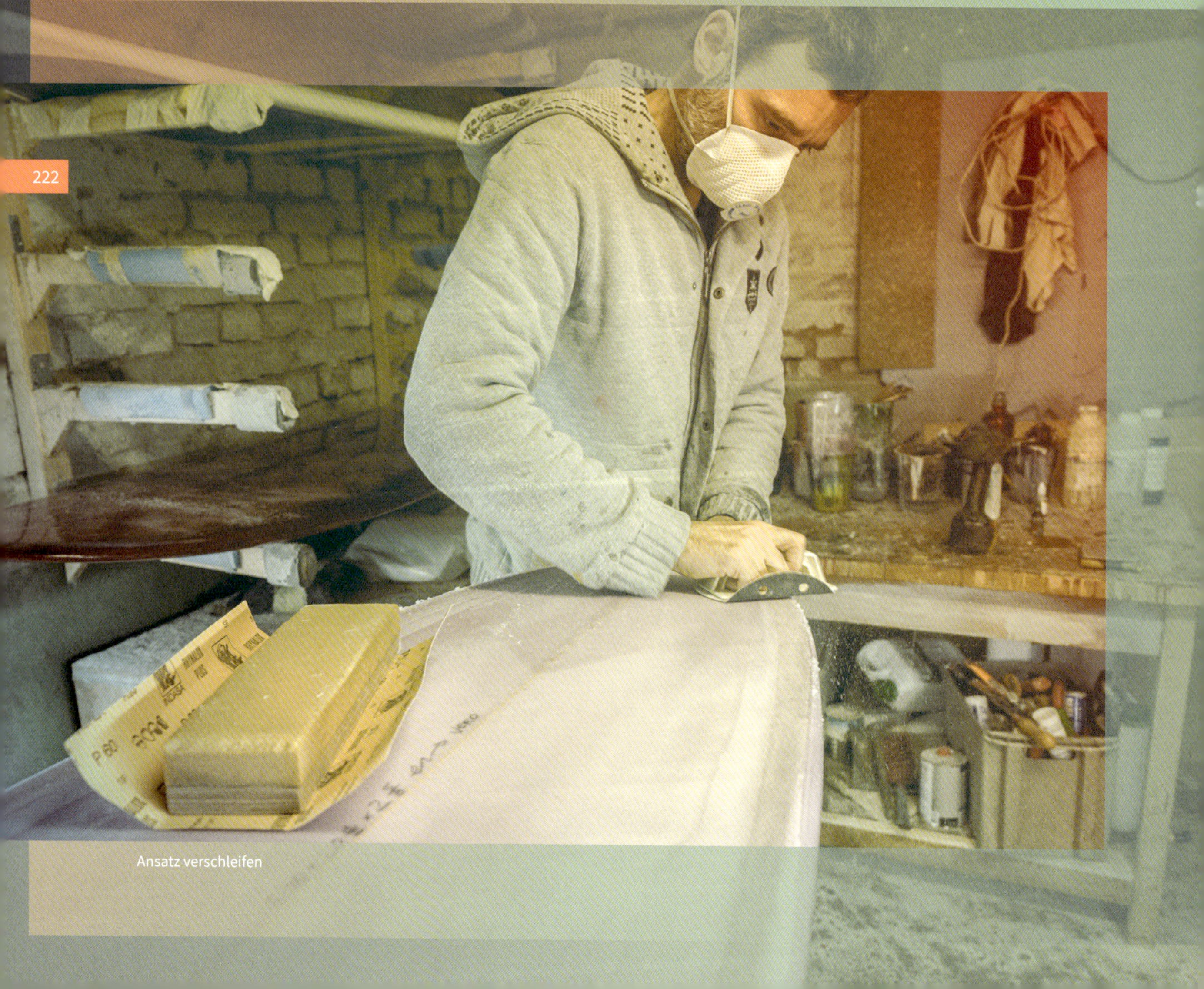

Ansatz verschleifen

So erzeugst Du einen Übergang zwischen dem etwas höheren Lap und dem übrigen Bottom und minimierst die Gefahr, den Hotcoat später dort durchzuschleifen, wenn Du beim finalen Sanding eine plane Oberfläche herstellst.

Der Cheatercoat ist eine von diversen Methoden, um ein gutes Finish zu ermöglichen. Man kann auch darauf verzichten und stattdessen nach dem Sanding noch einmal eine dünne Harzschicht auf das gesamte Board auftragen, da eventuell an einigen Stellen bis zum Glass durchgeschliffen wurde. Bei glossy Polyesterboards ist das so üblich. Der Glosscoat wird dabei mit Styrenen ordentlich verdünnt, damit er ganz dünnflüssig wird, nicht zu viel Gewicht draufpackt und sich schön glatt zieht.

Andere Boards bekommen keinen Glosscoat, sondern einfach ein Sprayfinish, also eine Lackschicht. Diese deckt alles ab, was nicht so schön aussieht, und versiegelt offenliegende Glasfasern.

Wer sehr präzise arbeitet, kann auf den Cheatercoat verzichten. Dann muss man das Lap vorher schon etwas mehr verschleifen und beim Hotcoaten darauf achten, das Harz im Lap-Bereich etwas dicker aufzutragen. Auch beim Sanding später ist dann besondere Aufmerksamkeit gefragt.

Sobald der Cheatercoat nicht mehr klebt (2-3 Stunden), können wir den gesamten Bottom hotcoaten.

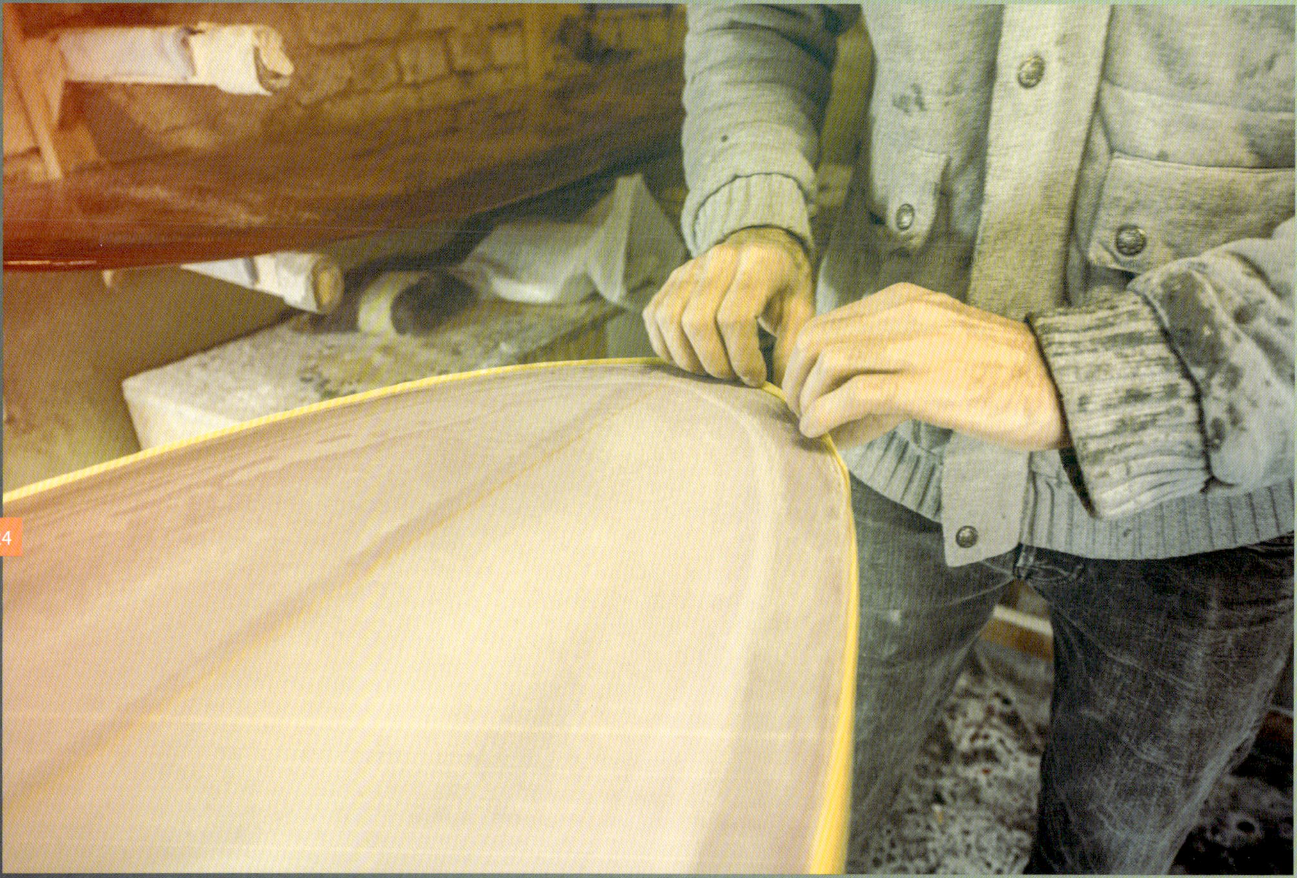

Abkleben am Tail

Als nächstes wird wieder rundherum abgeklebt. Fang an der Nose an und klebe das Tape so, dass die nächste Harzschicht die bereits vorhandene Schicht am Rail überlappt.

Im Tailbereich, wo die harte Kante entstehen soll, steigt die Tapelinie hoch bis etwa 1/8" oberhalb des Boards, damit hier etwas mehr Harz stehenbleibt und Du später eine schöne Kante schleifen kannst. Du kannst an der Oberkante noch mit den Fingern hinter das Tape gehen und es etwas dehnen, sodass hier eine kleine Tasche für das Harz entsteht.

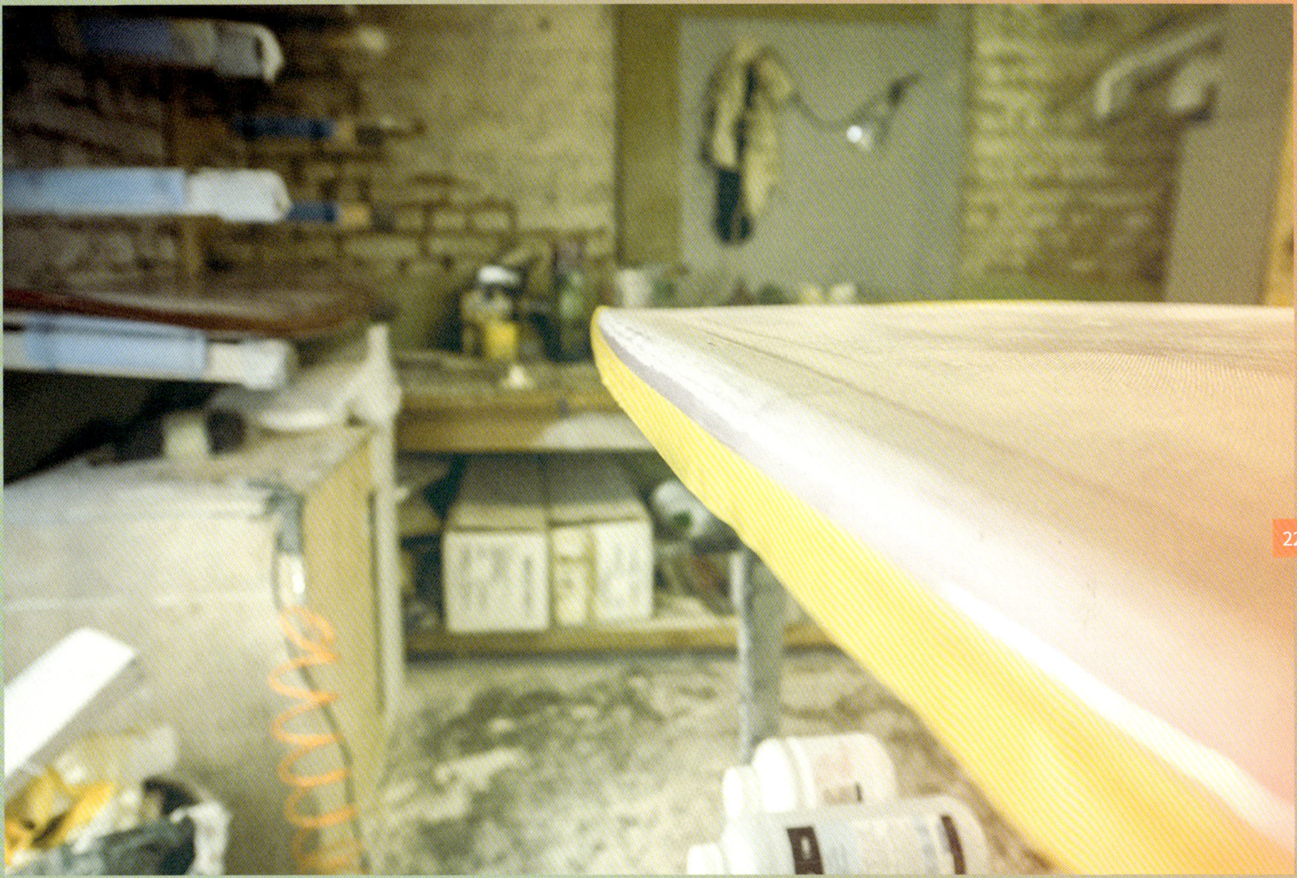

Abkleben im vorderen Bereich

Nun mischen wir das Harz und tragen es auf. Dabei gehen wir genauso vor wie beim Beschichten des Decks, ziehen das Harz in der Mitte eher dünn und um die Laps herum noch einmal satt auf und füllen die Taschen für die Kante am Tail schön mit Harz.

Nicht vergessen, nach vier Stunden das Tape abzuziehen!

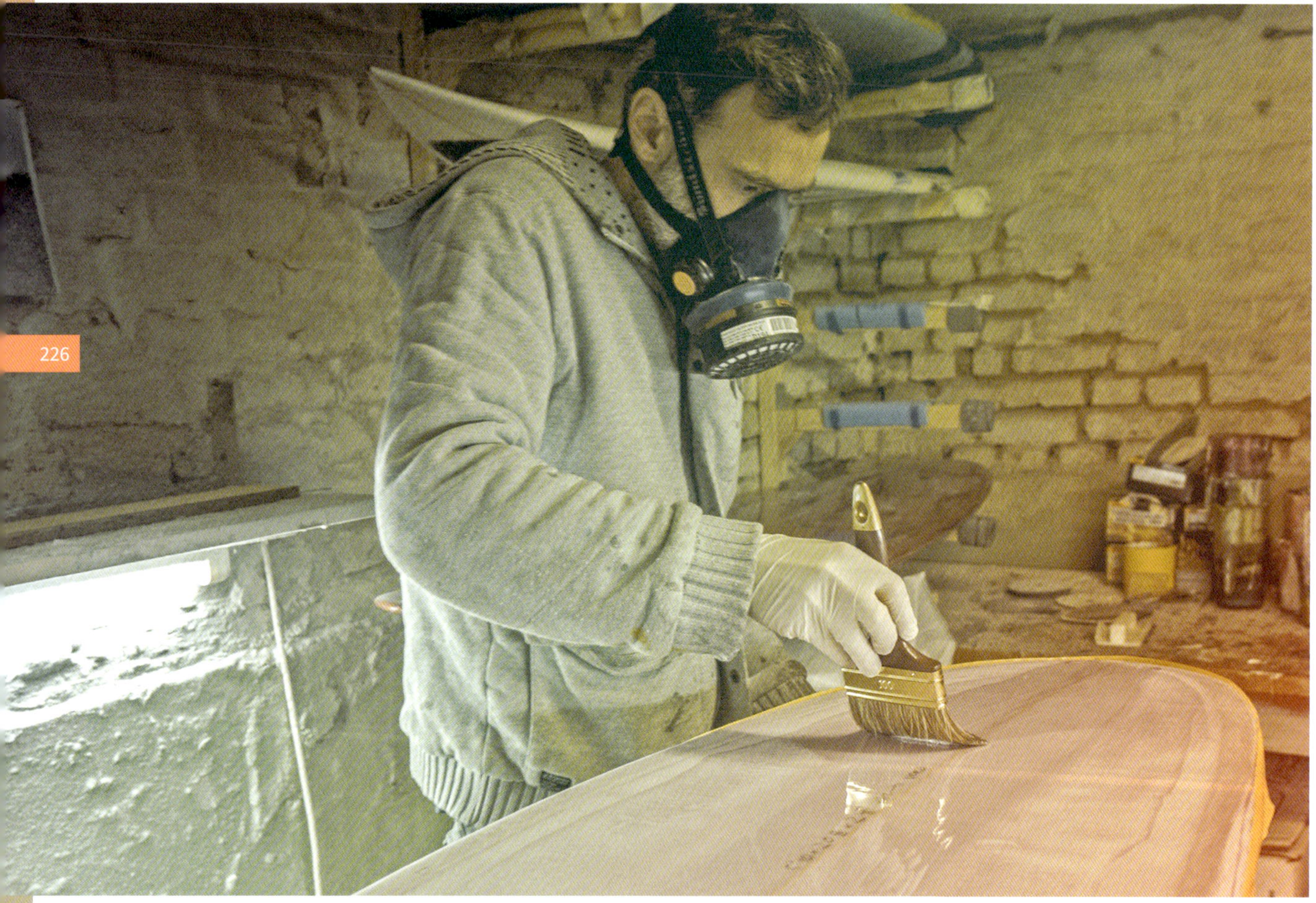

Das Harz auftragen

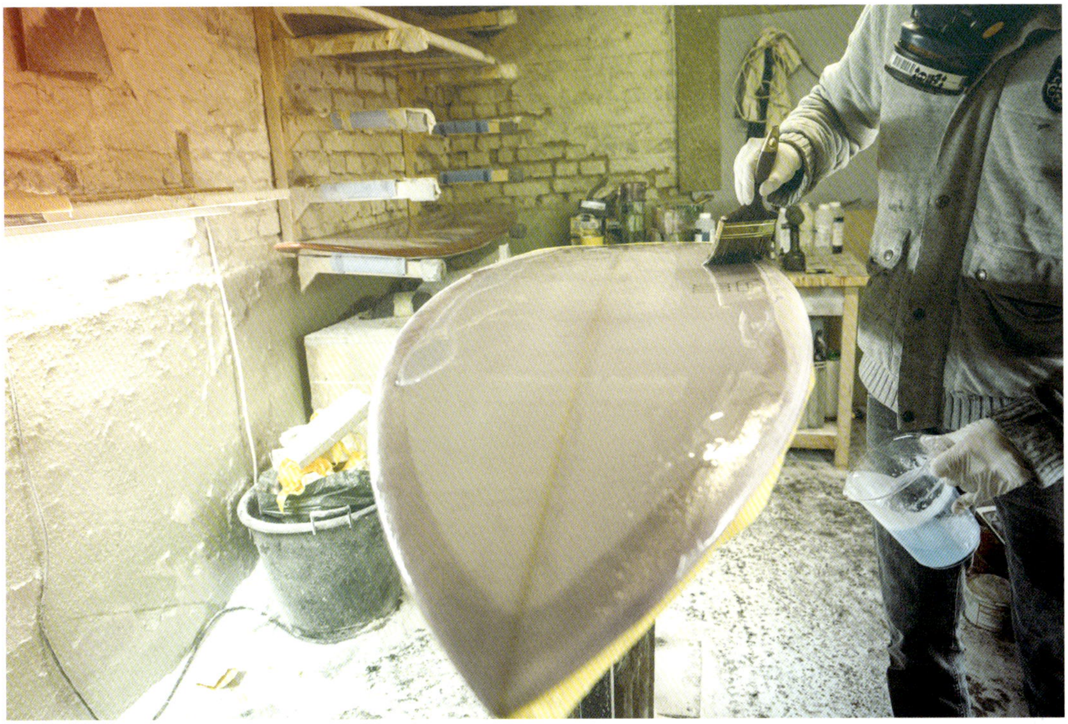

Im Lap-Bereich satt auftragen

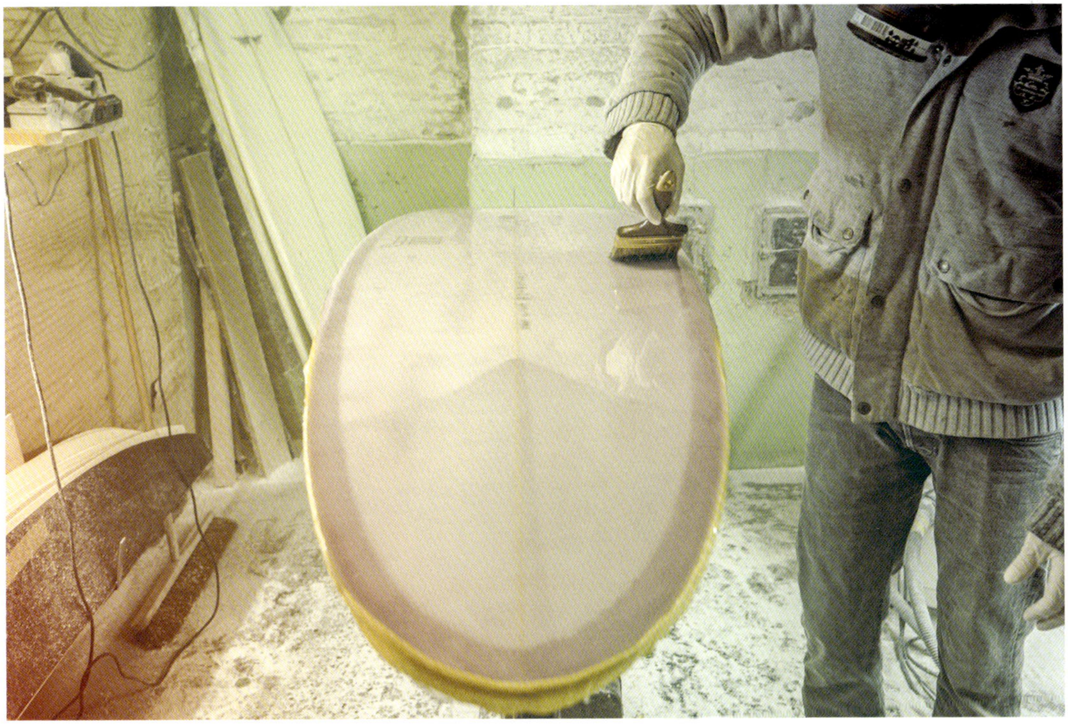

Inserts

Wenn der Hotcoat hart ist, können Leashplugs, US-Box und FCS-Plugs eingebaut werden.

Leashplug
Je nach Größe des Leashplugs den passenden, also minimal größeren, Forstnerbohrer in den Akkuschrauber spannen und die Vertiefung ins Deck bohren. Damit der Bohrer nicht vom Stringer abrutscht empfiehlt es sich, vorher mit einer Lochahle ein tiefcs Loch als Führung zu stechen.
Mit Harz den Plug einsetzen. Ein wenig von dem Plug steht über und es sollte minimal Harz aus dem Spalt quellen. Dies wird später beim Sanding plan geschliffen.

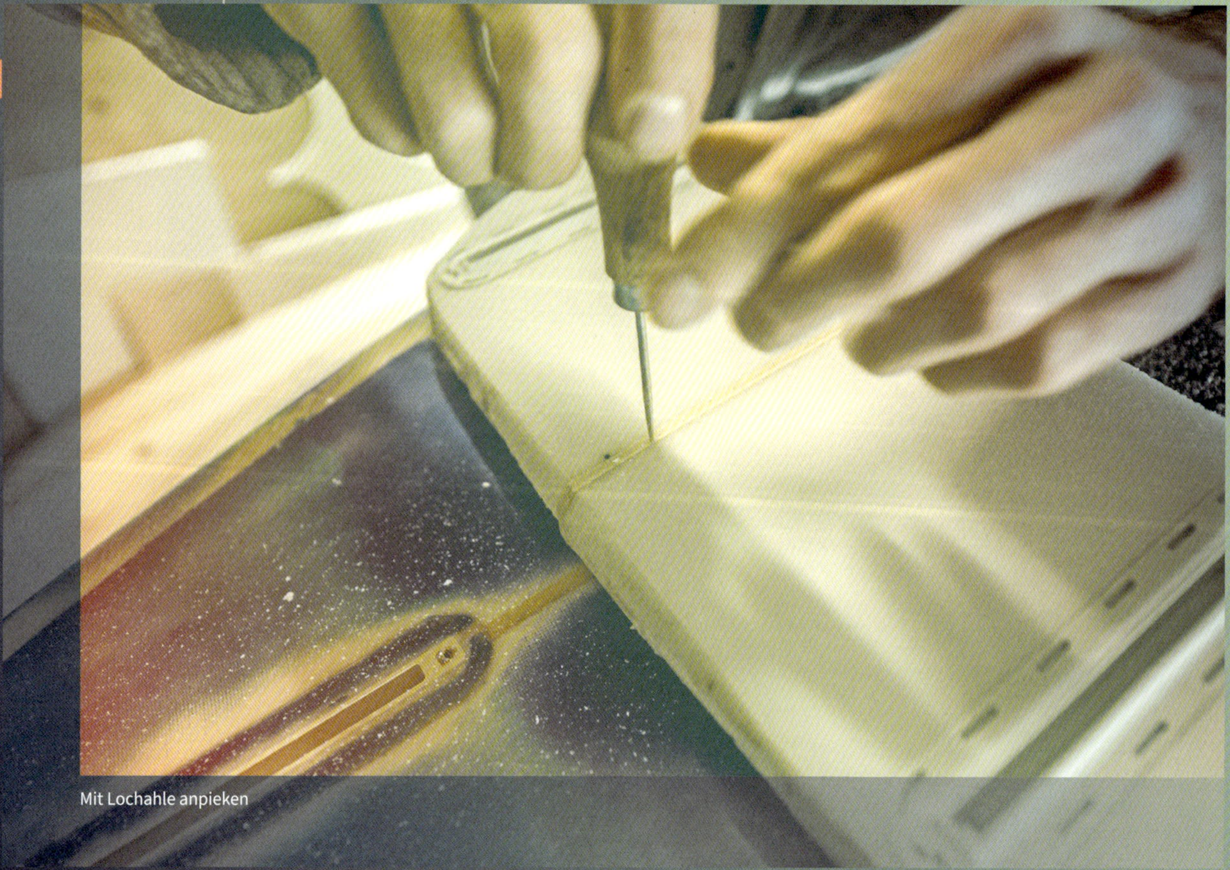
Mit Lochahle anpieken

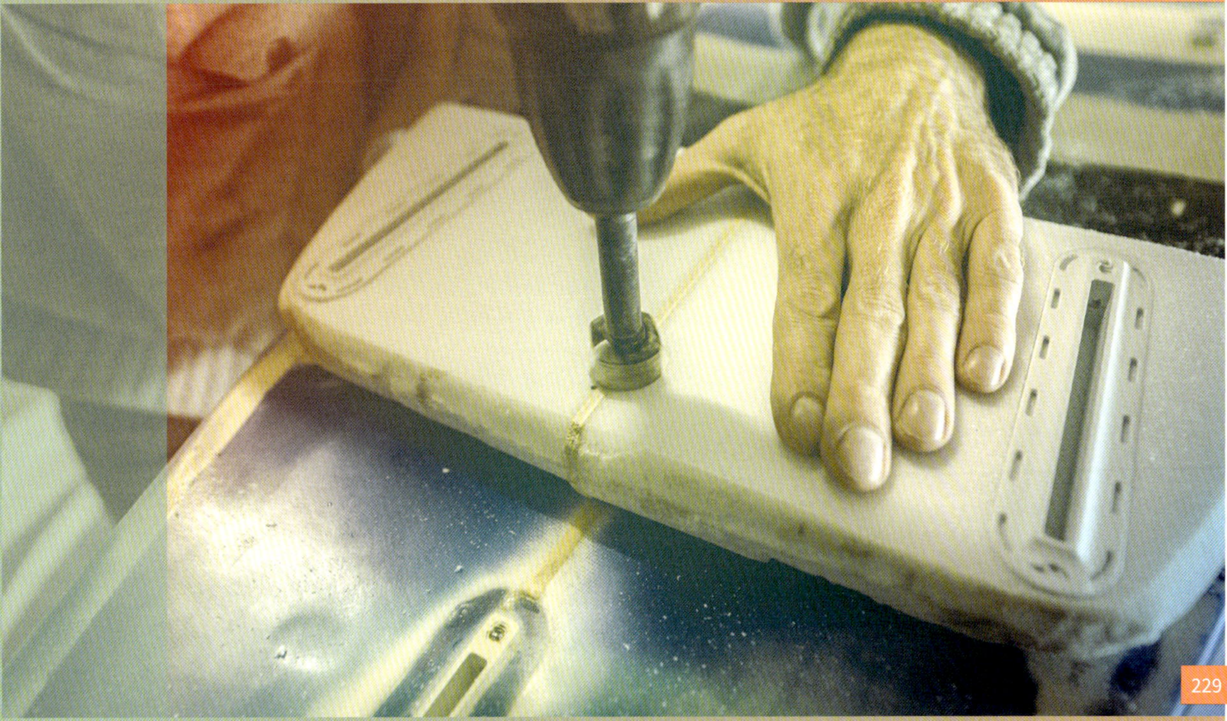

Loch mit Forstnerbohrer ausfräsen

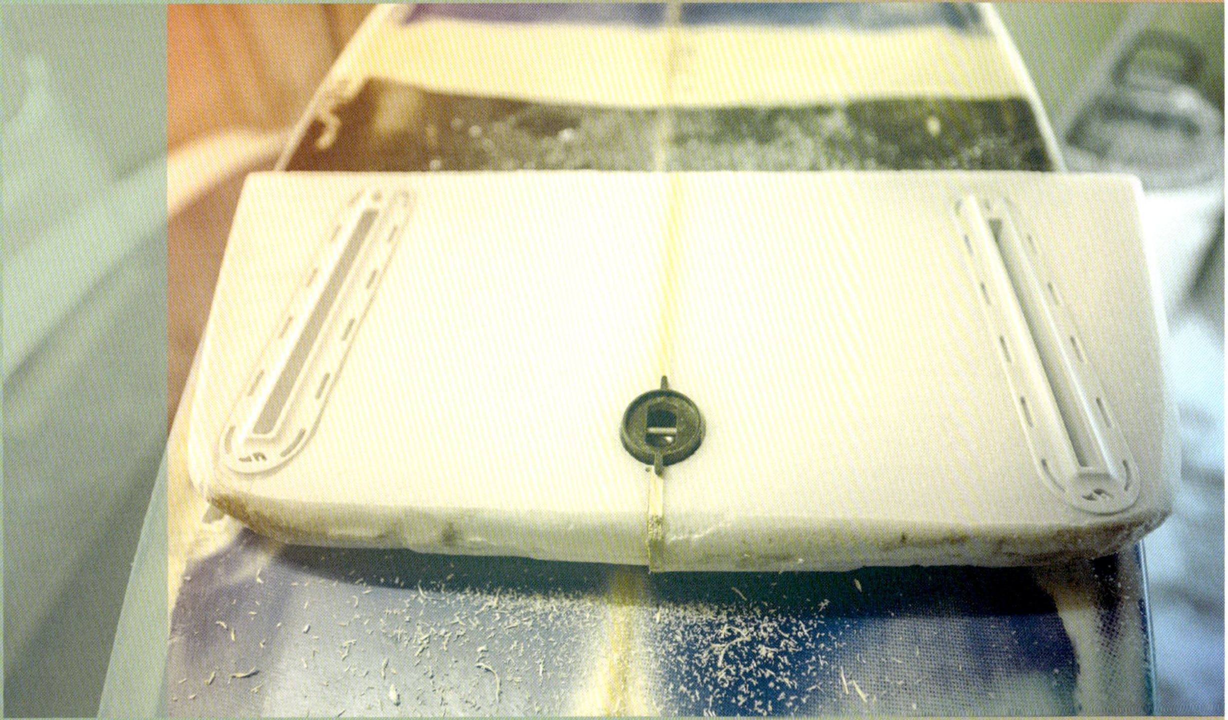

Leashplug einpassen

FCS1-Plugs

Bei FCS1-Plugs ist es wichtig, das sogenannte H-Pattern zu erstellen. Man braucht einen Forstnerbohrer mit 28mm Durchmesser und einen Topfbohrer in der gleichen Größe.

Nachdem man exakt die Position der Plugs angezeichnet hat, punktiert man mit der Lochahle beide Mittelpunkte, um beim Bohren nicht abzurutschen. Nun bohrt man mit dem Forstnerbohrer so tief, dass der Plug gut hineinpasst.

Anschließend wird der Topfbohrer eingespannt und zwar ohne den dünnen Bohrer, der normalerweise in der Mitte für eine stabile Führung sorgt. Den Topfbohrer setzt man in dem bereits vorhandenen Loch an und bohrt nun ringförmig weiter in die Tiefe, bis man merkt, dass man auf den Widerstand des Decklaminats trifft.

Wenn man die Plugs jetzt mit Harz einsetzt, bildet das Harz, das den Plug umschließt und auch die Rille im Schaum bis zum Decklaminat auffüllt, im Querschnitt jenes H-Pattern zwischen Deck- und Bottomlaminat, das dem System Stabilität verleihen soll.

Allerdings gilt dies nur für die seitlichen Finnen. Bei der Centerfinne verzichten wir auf den Topfbohrer und vertrauen auf den Verbund mit dem Stringer.

Damit die Plugs auch wirklich im richtigen Abstand und im gleichen Winkel eingesetzt werden, benutzen wir beim Einbau eine Dummy-Finne.

Ruhig an einem alten Board oder einem Reststück des Blanks erst einmal ausprobieren!

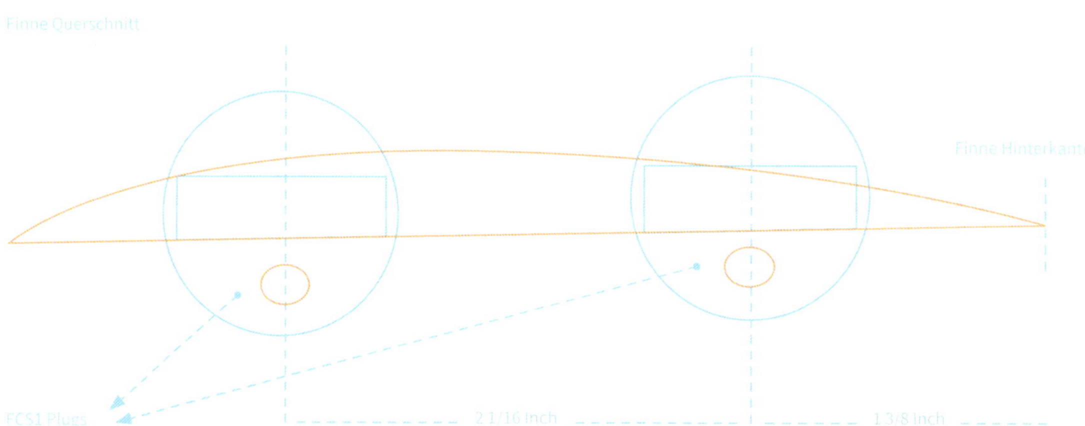

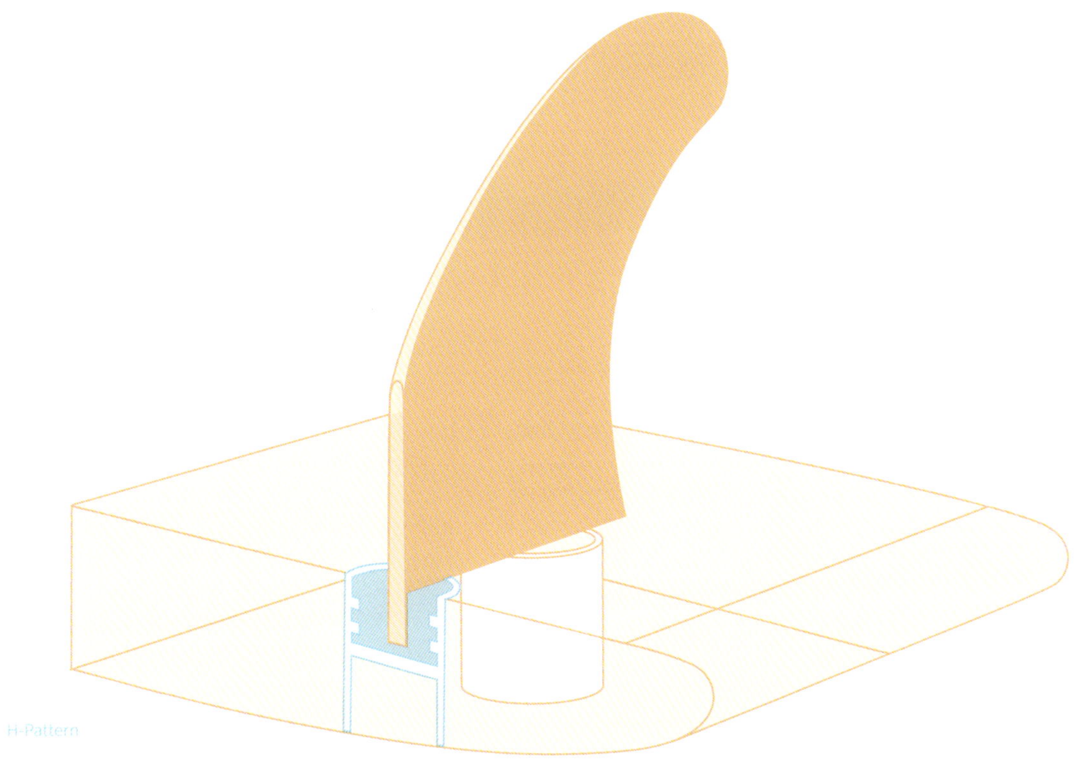
H-Pattern

US-Box

Der Einbau einer US-Box geht am besten mit einer Fräse. Wenn es unbedingt sein muss vielleicht auch mit dem Dremel, einem dünnen Bohrer oder Ähnlichem. Dafür braucht man jedoch Geduld – und das Ergebnis wird wahrscheinlich nicht perfekt. Die Hauptprobleme wären hier, sauber durch das Laminat zu schneiden und den Stringer wegzudremeln.

Normalerweise macht man eine Schablone, z.B. aus Sperrholz und fixiert sie mit Tape oder Klemmen auf dem Board. Dann Schicht für Schicht in die Tiefe fräsen, nicht zu viel auf einmal, damit es den Stringer nicht wegfetzt.

An dieser Stelle würde man eine Standard-US-Box einsetzen. Sie wird einfach nur mit Harz in die angefertigte Aussparung eingeklebt und später beim Sanding plan geschliffen.

Auf den Bildern siehst Du den Sonderfall einer Futures US-Box. Diese sitzt unter dem Laminat und wird entweder komplett vor dem Laminieren eingesetzt, oder nach dem Laminieren, wie hier, aber mit zusätzlichem Glasfaserpatch oben drauf. Dies findet vor dem Hotcoat statt.

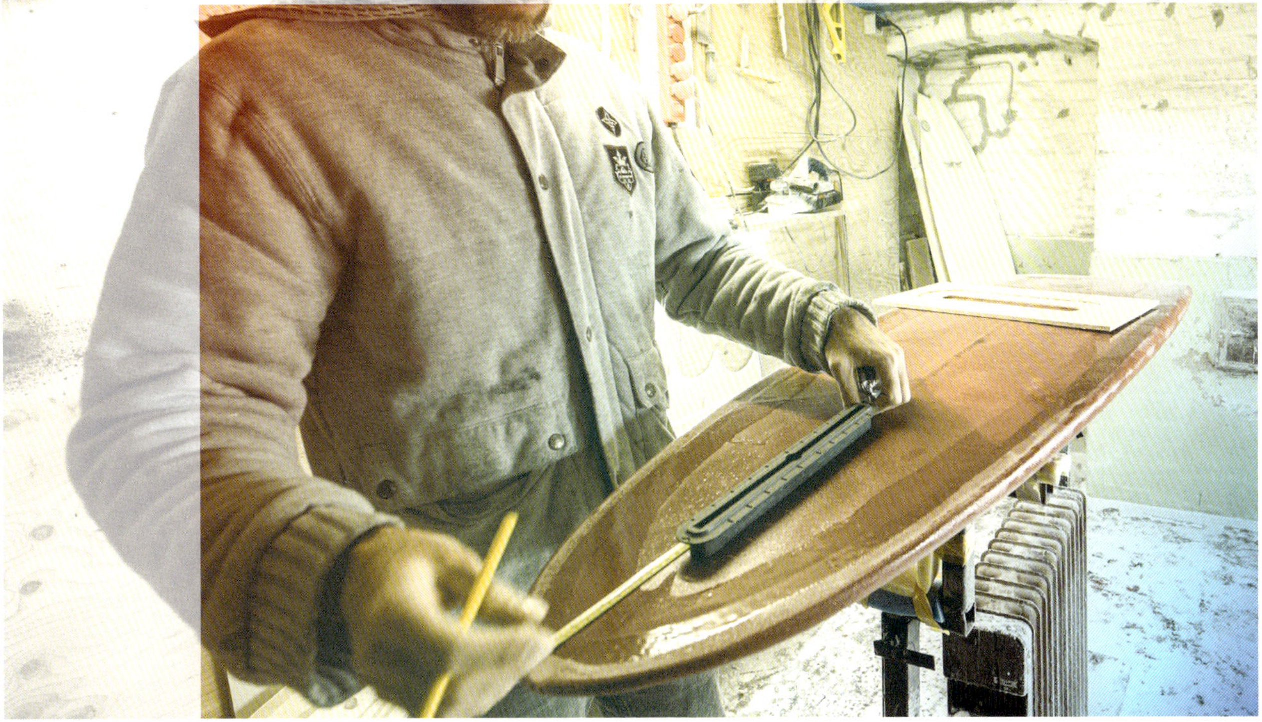

Position anzeichnen

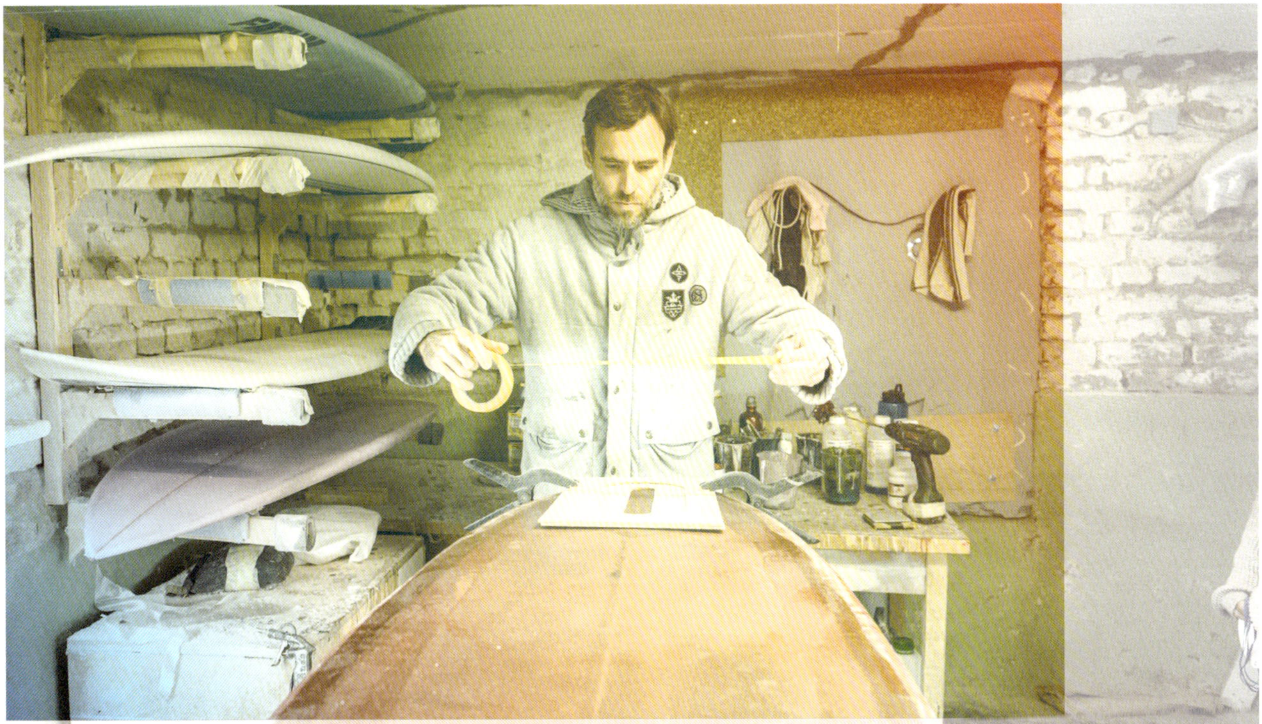

Schablone fixieren

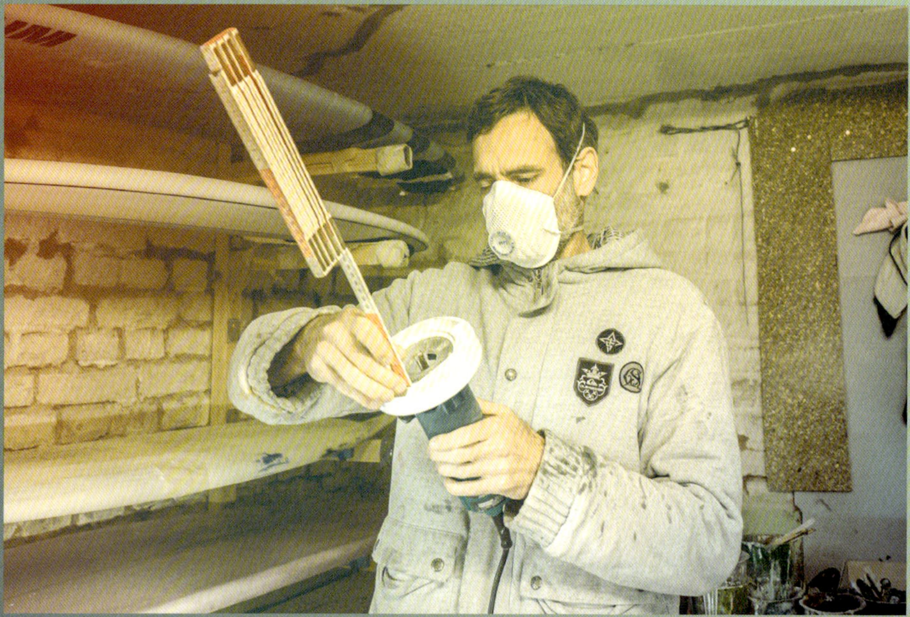

Tiefe des Fräskopfes einstellen

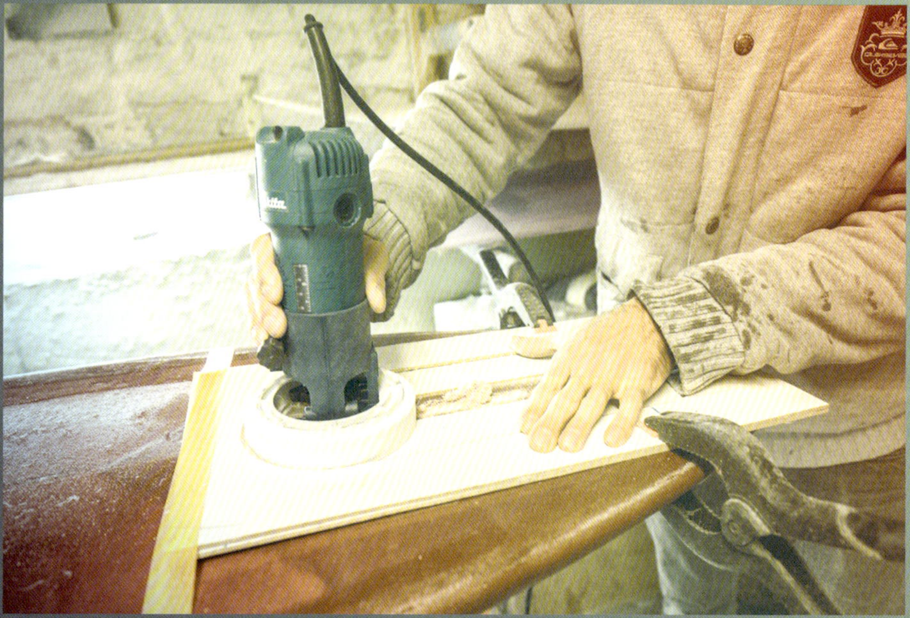

Fräsen

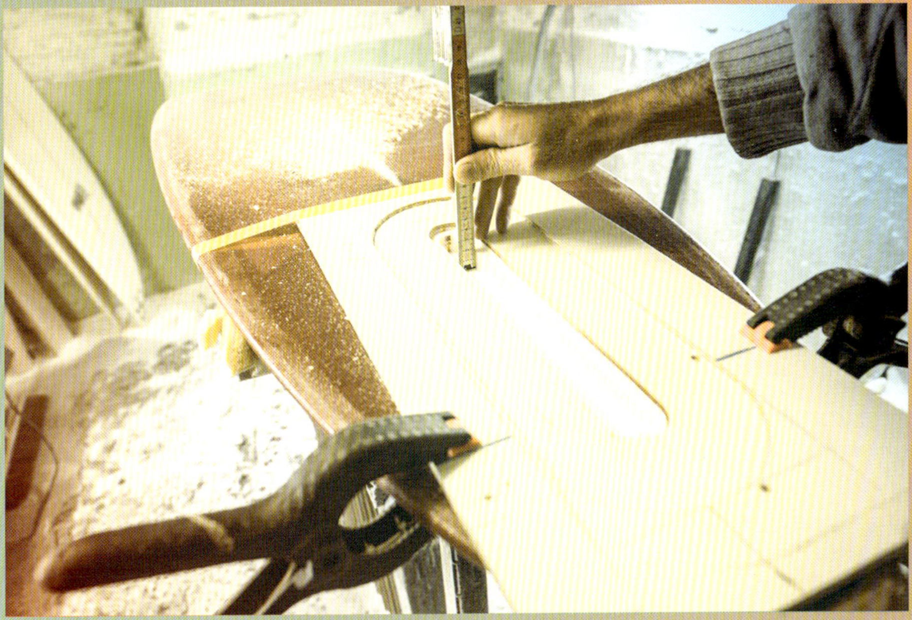
Schritt für Schritt bis zur gewünschten Tiefe

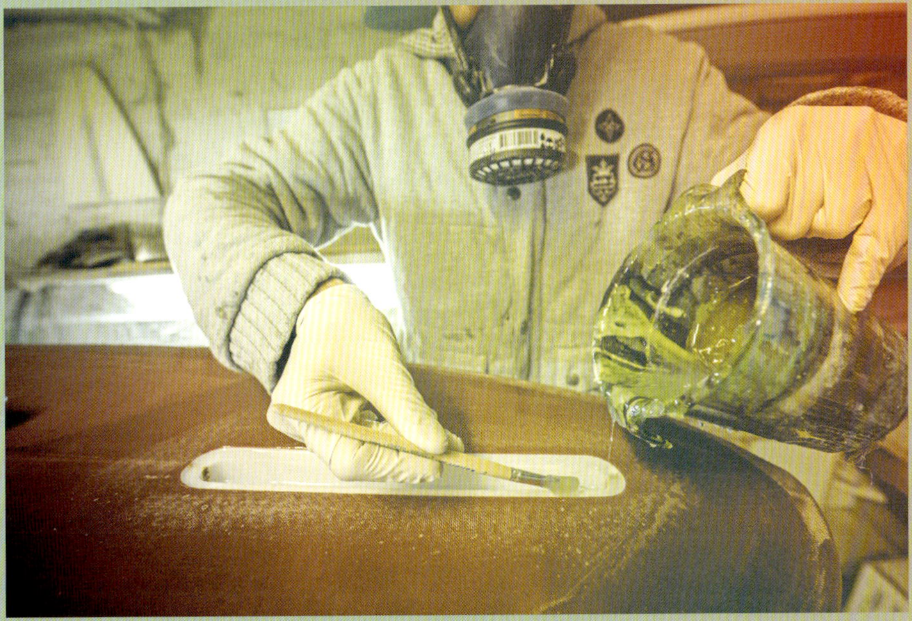
Vertiefung und Plug mit Harz bepinseln

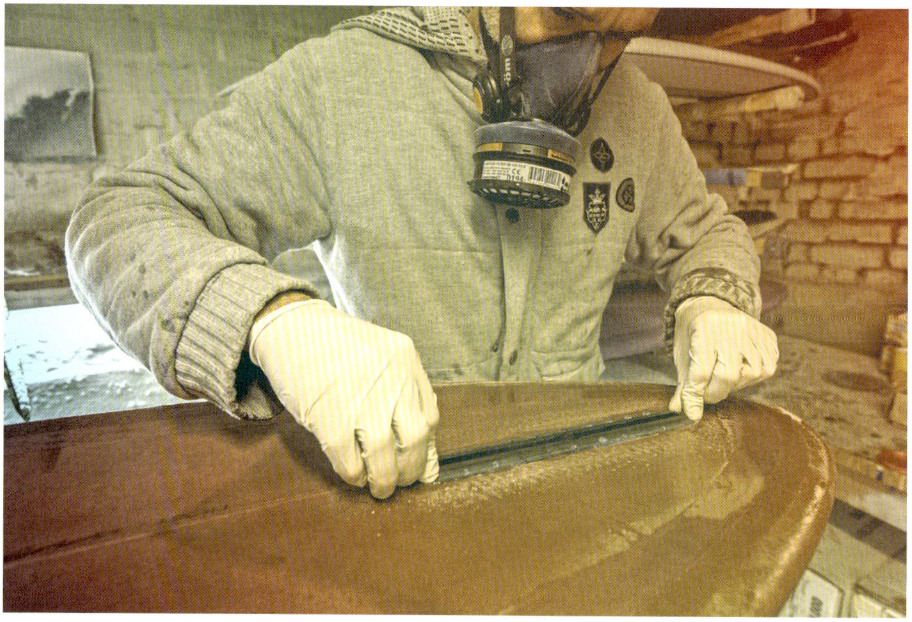

Das Harz sollte beim Einsetzen etwas herausquellen

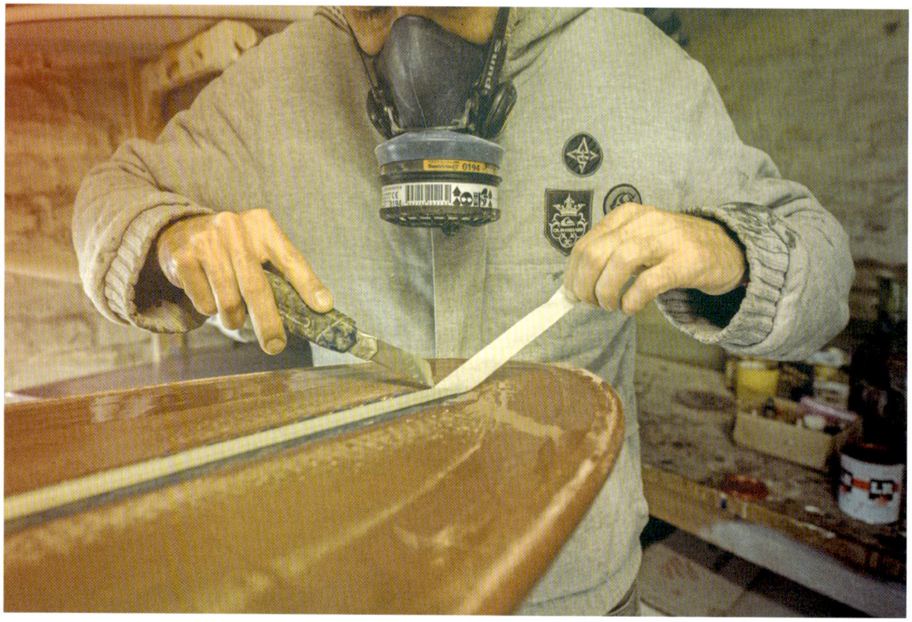

Slot abkleben

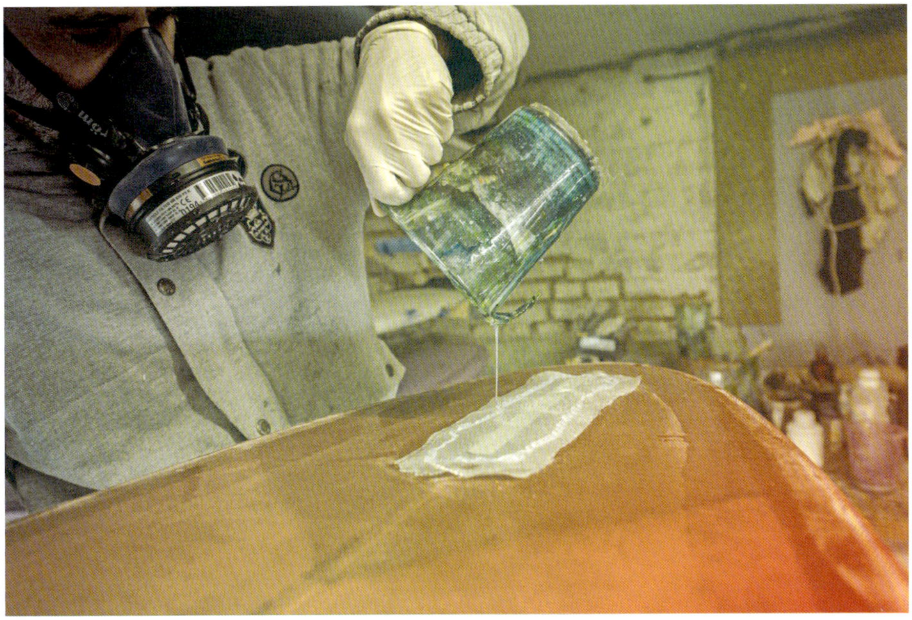

Glass-Patch aufbringen

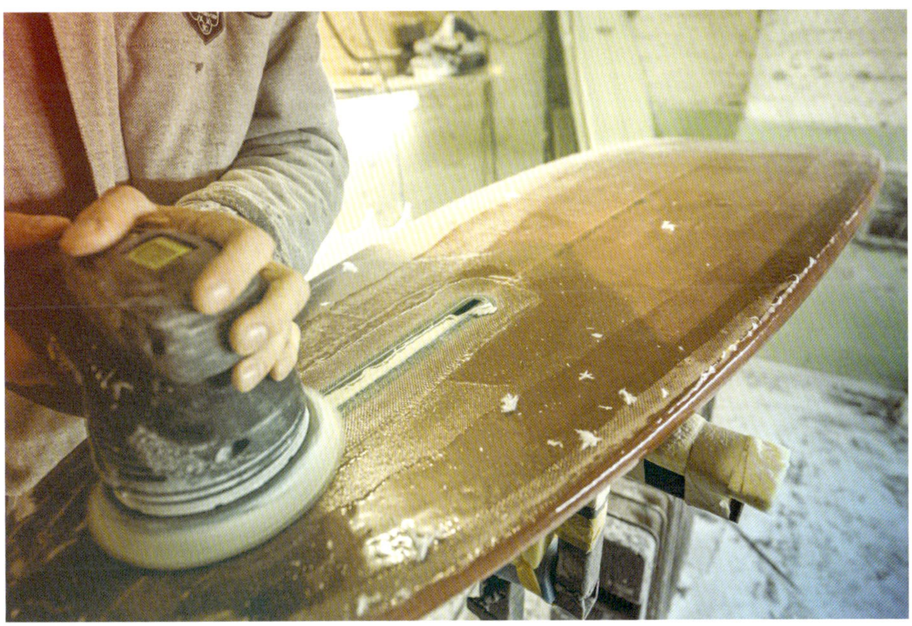

Nach Aushärtung Überstand abschleifen

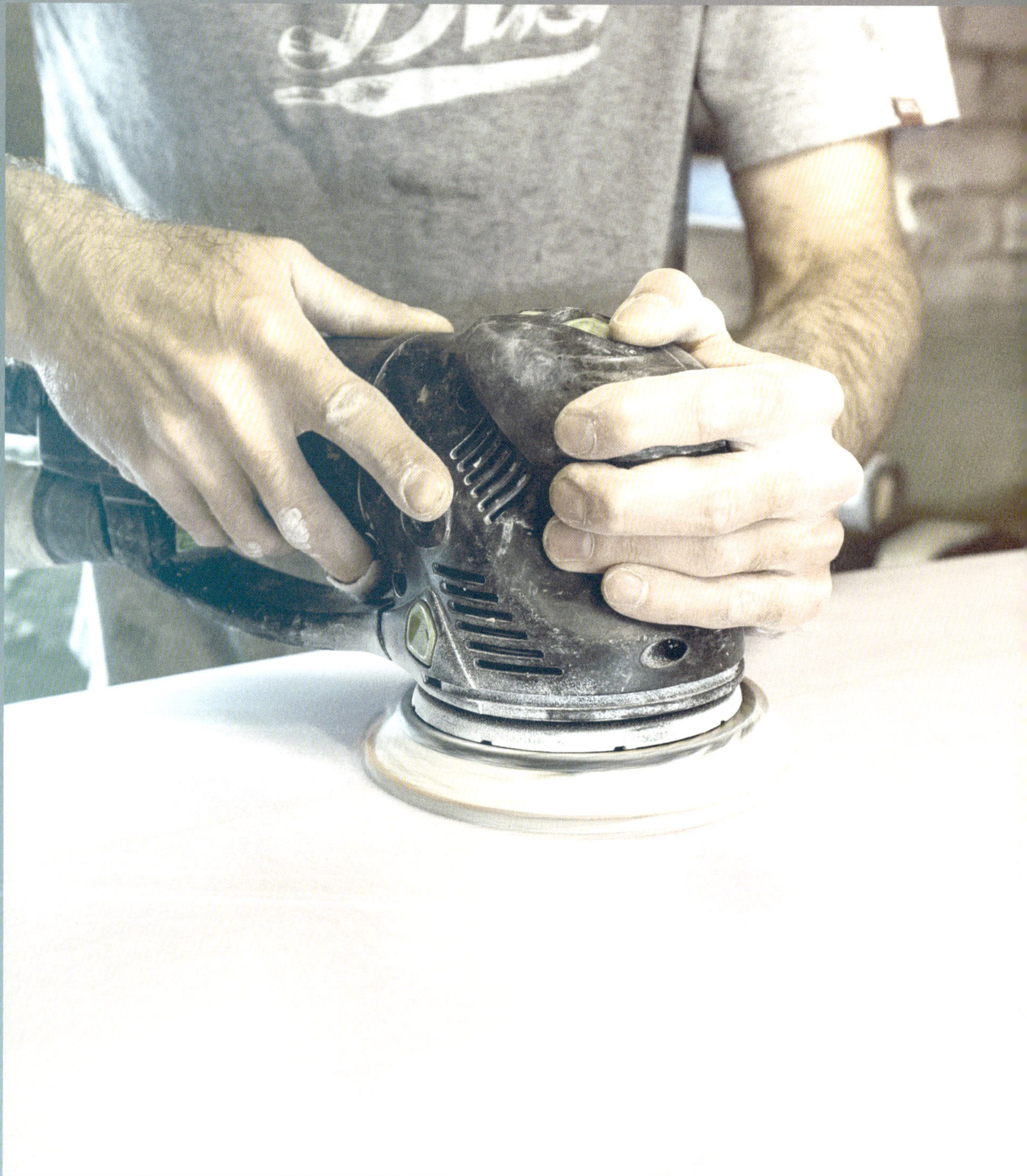

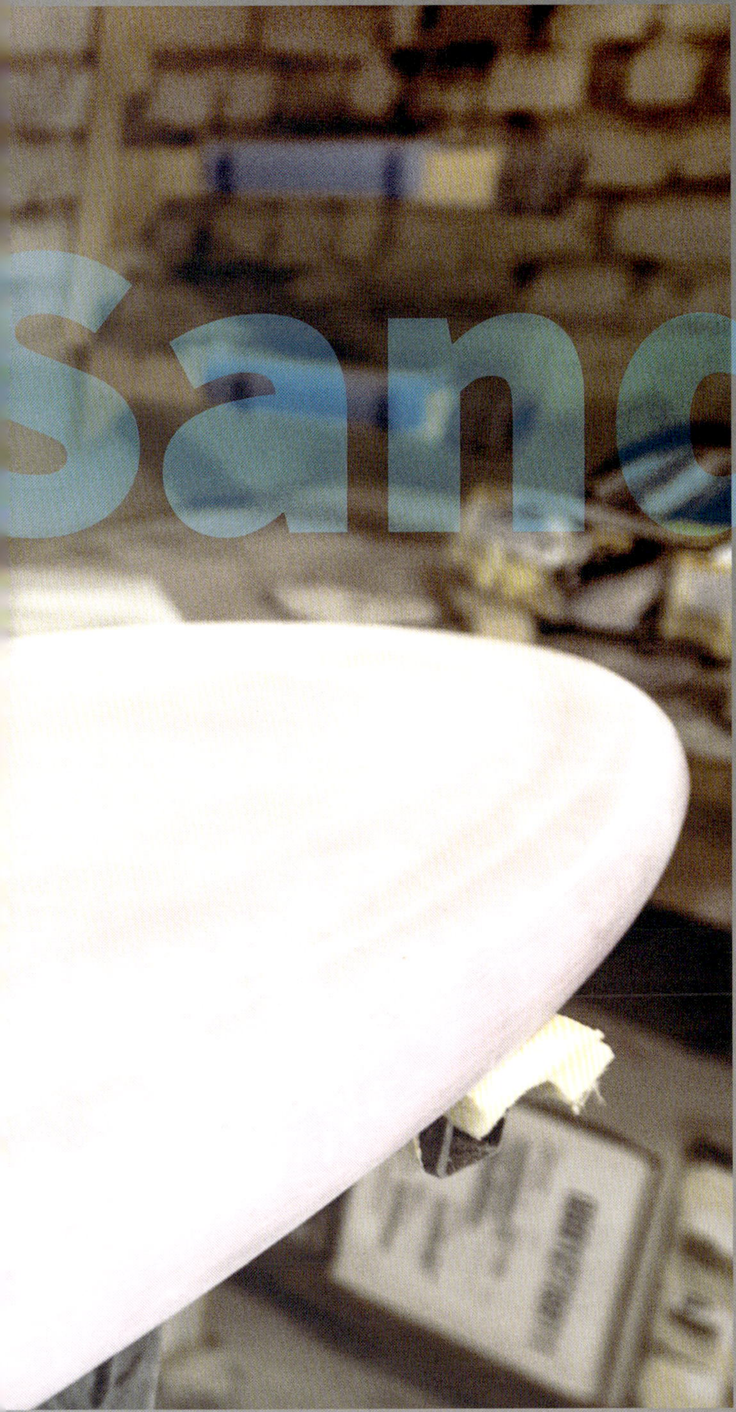

Sanding

Sanding

Wenn alles gut gehärtet ist, also am nächsten Tag, nähern wir uns dem Ziel. Dein erstes selbstgebautes Board muss nur noch geschliffen werden! Die Inserts, wie Leashplug etc., kannst Du mit der Schleifmaschine und grobem Papier (z.B. 40-80er) runterschleifen, aber nicht ganz auf Null, sonst machst Du tiefe Kratzer in die umgebende Oberfläche, die sich mit dem feinen Schleifpapier der eigentlichen Schleifgänge kaum noch entfernen lassen.

Das gesamte Board wird dann mit der Maschine und 120er-Papier (noch besser mit Schleifgitter) geschliffen. Schleife so lange, bis alles plan und sanded ist, aber pass auf, dass Du nicht zu tief schleifst und die Glasfasern wieder zum Vorschein kommen.

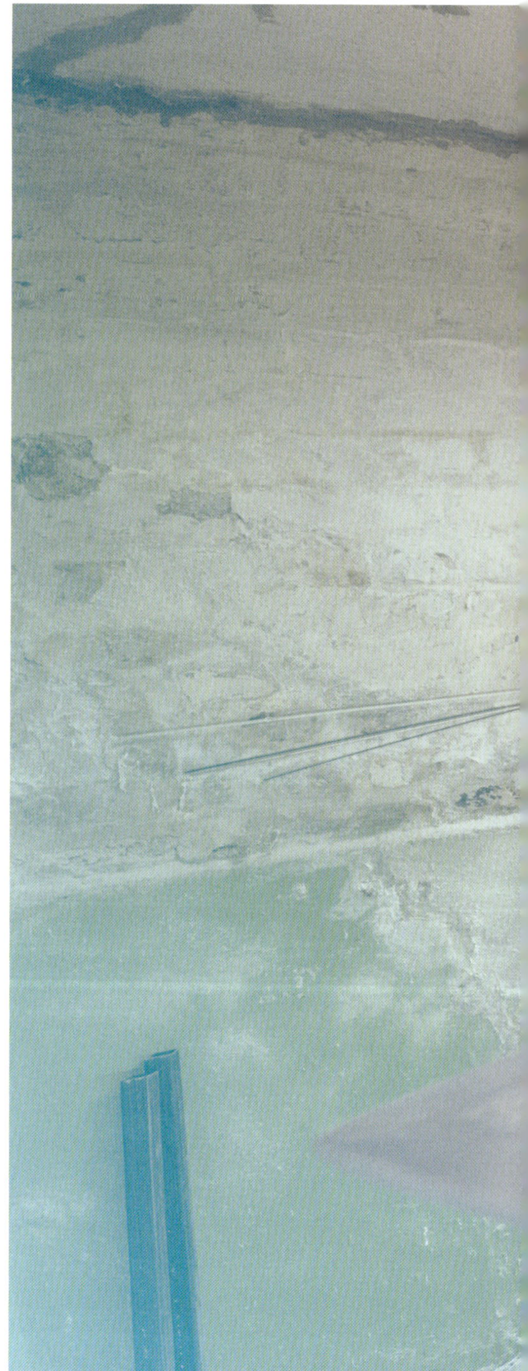

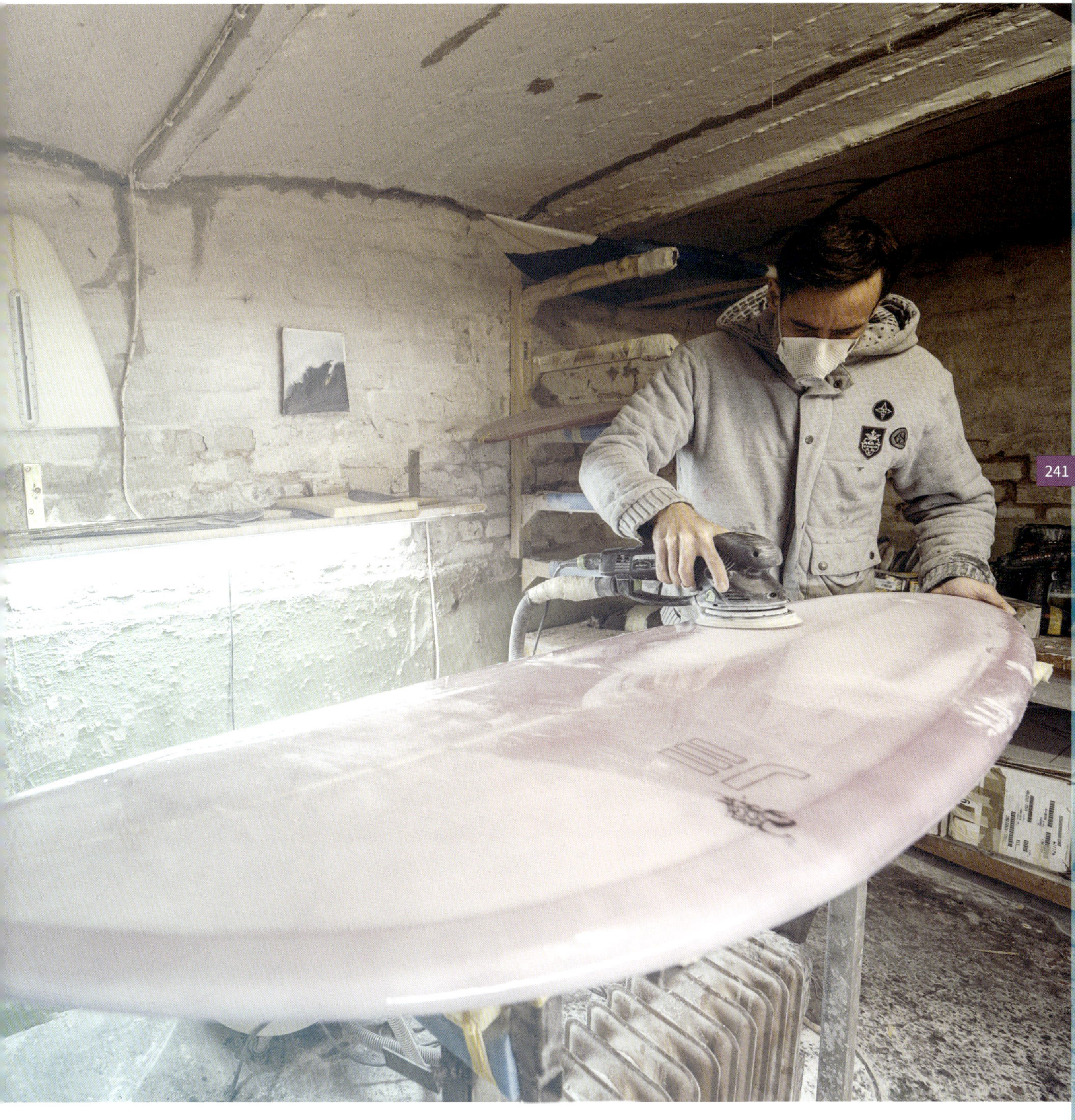

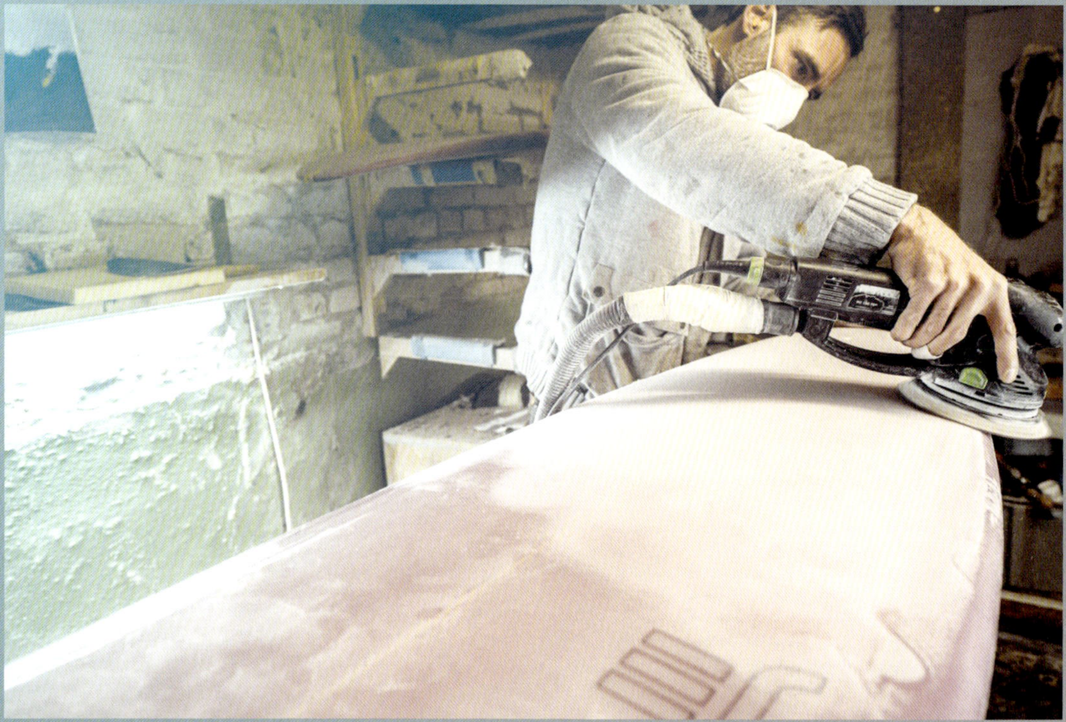

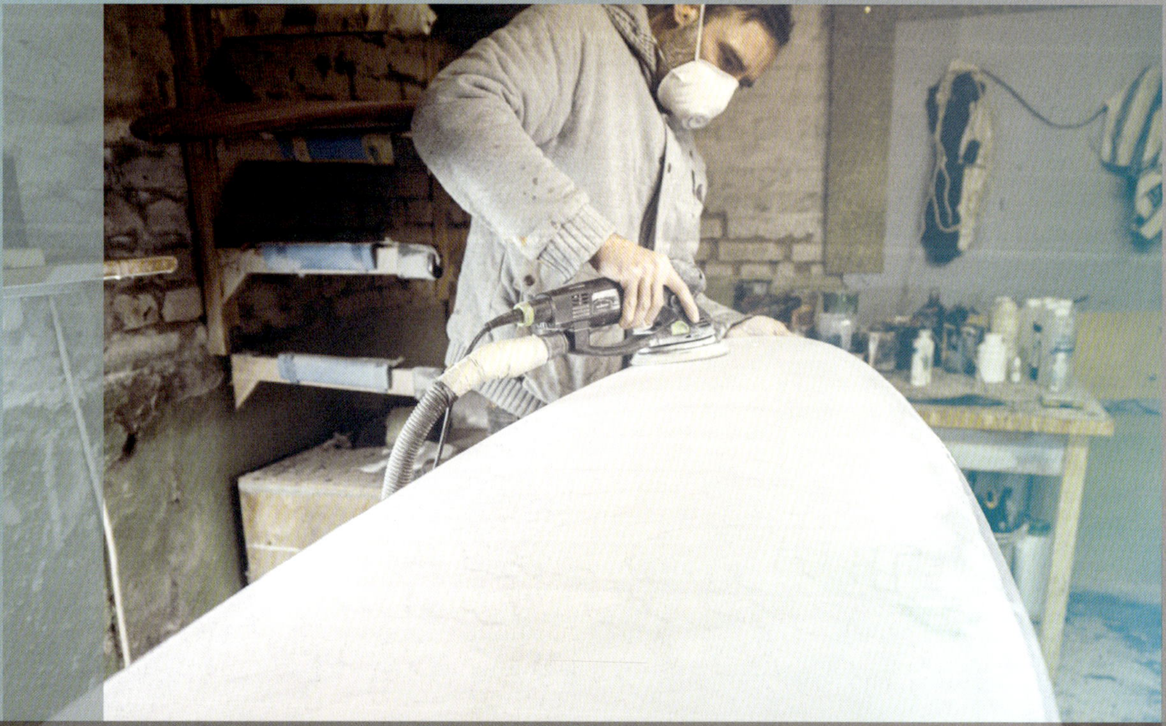

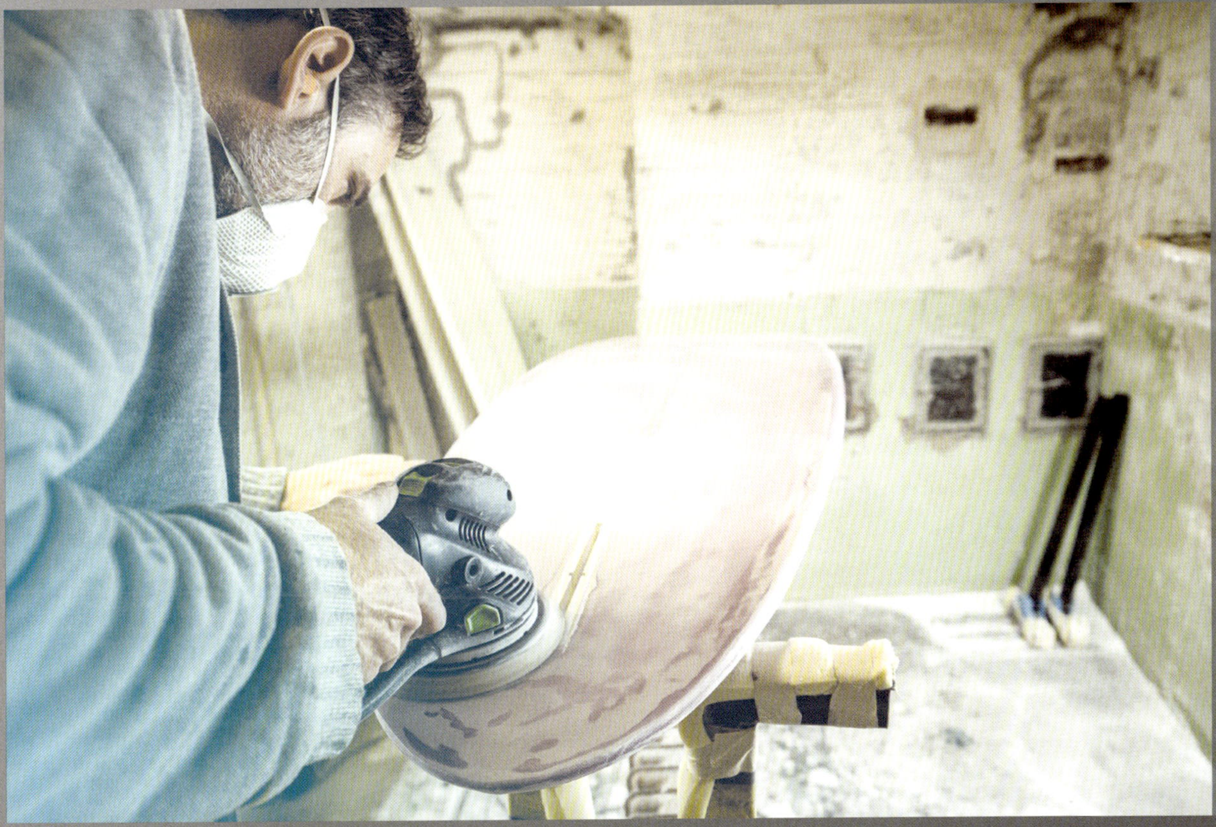

Im Lap-Bereich aufpassen, nicht durchzuschleifen

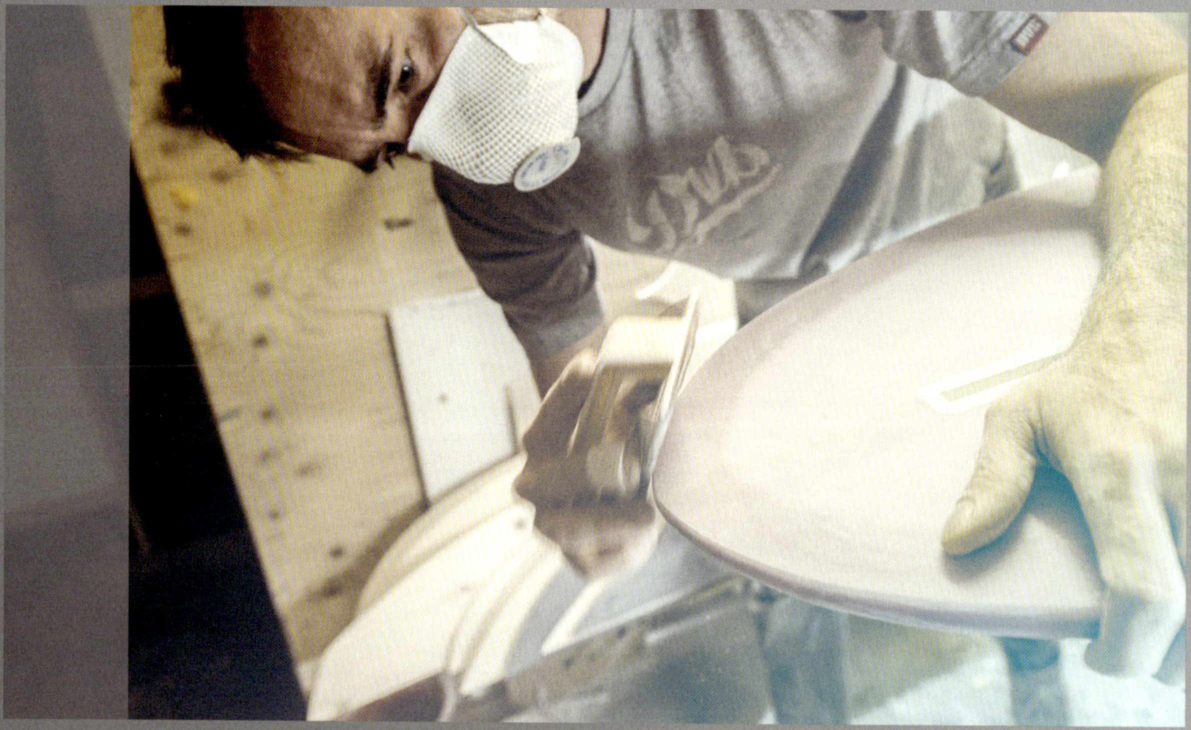

Die Rails machst Du besser von Hand, sonst ist die Gefahr von Burn-throughs zu groß. Die größte Aufmerksamkeit verlangt die Kante im Tailbereich, die jetzt beim Schleifen reshaped wird. Besonders der Übergang von der harten Kante zum soften Rail des vorderen Bereichs sollte einen guten Flow haben.

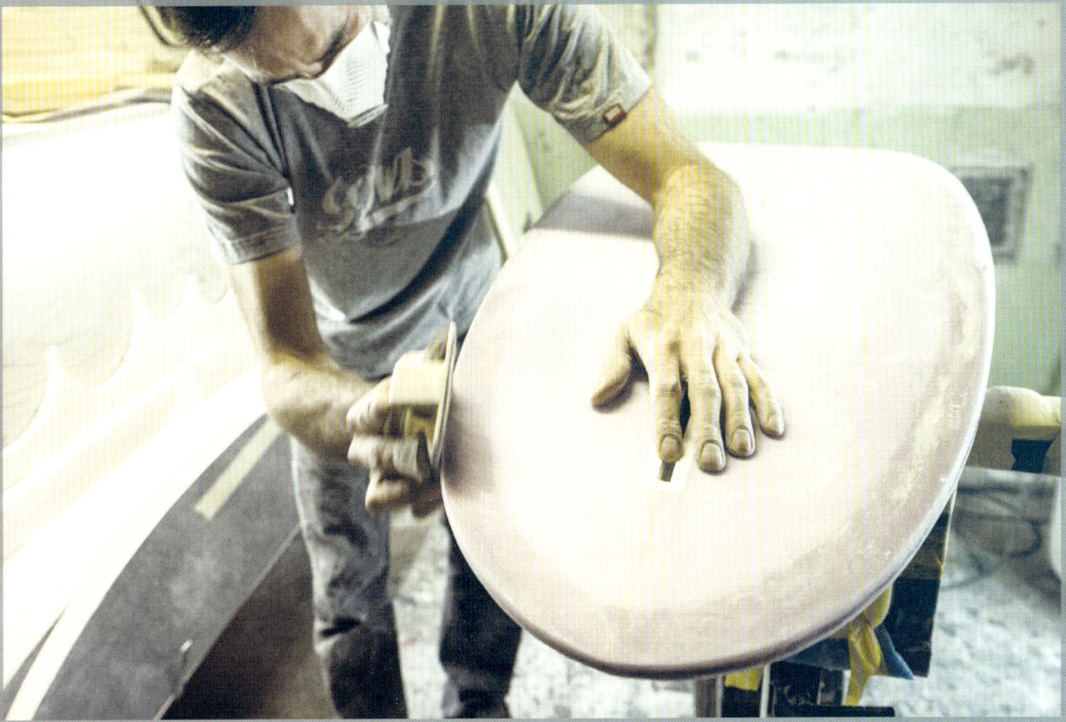

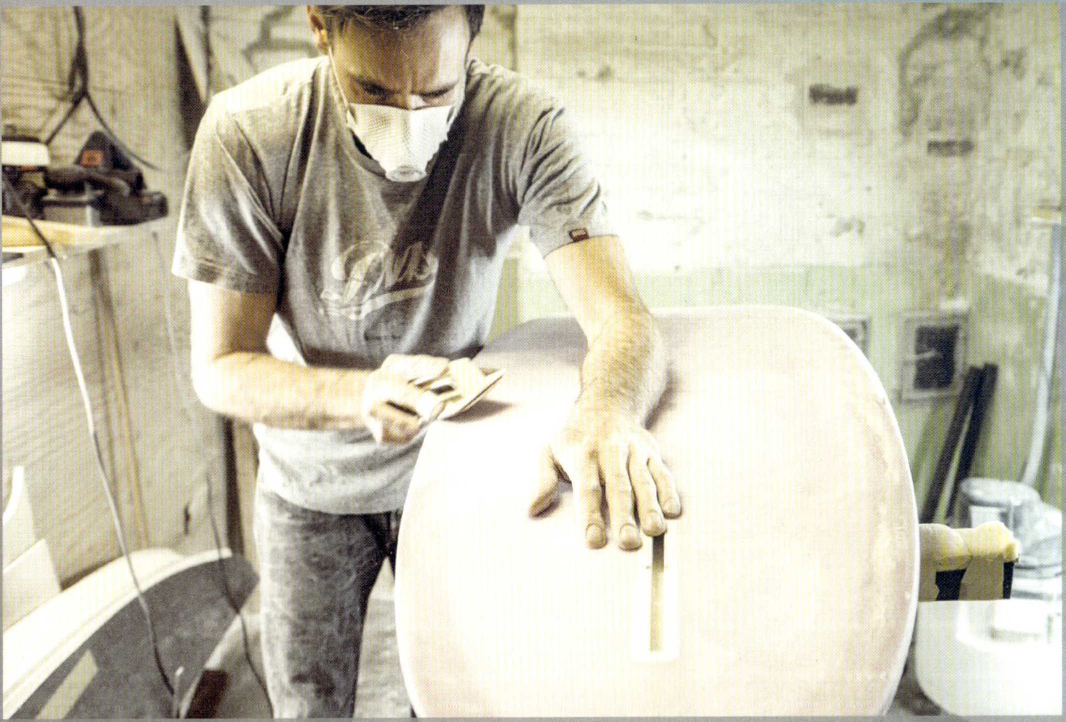

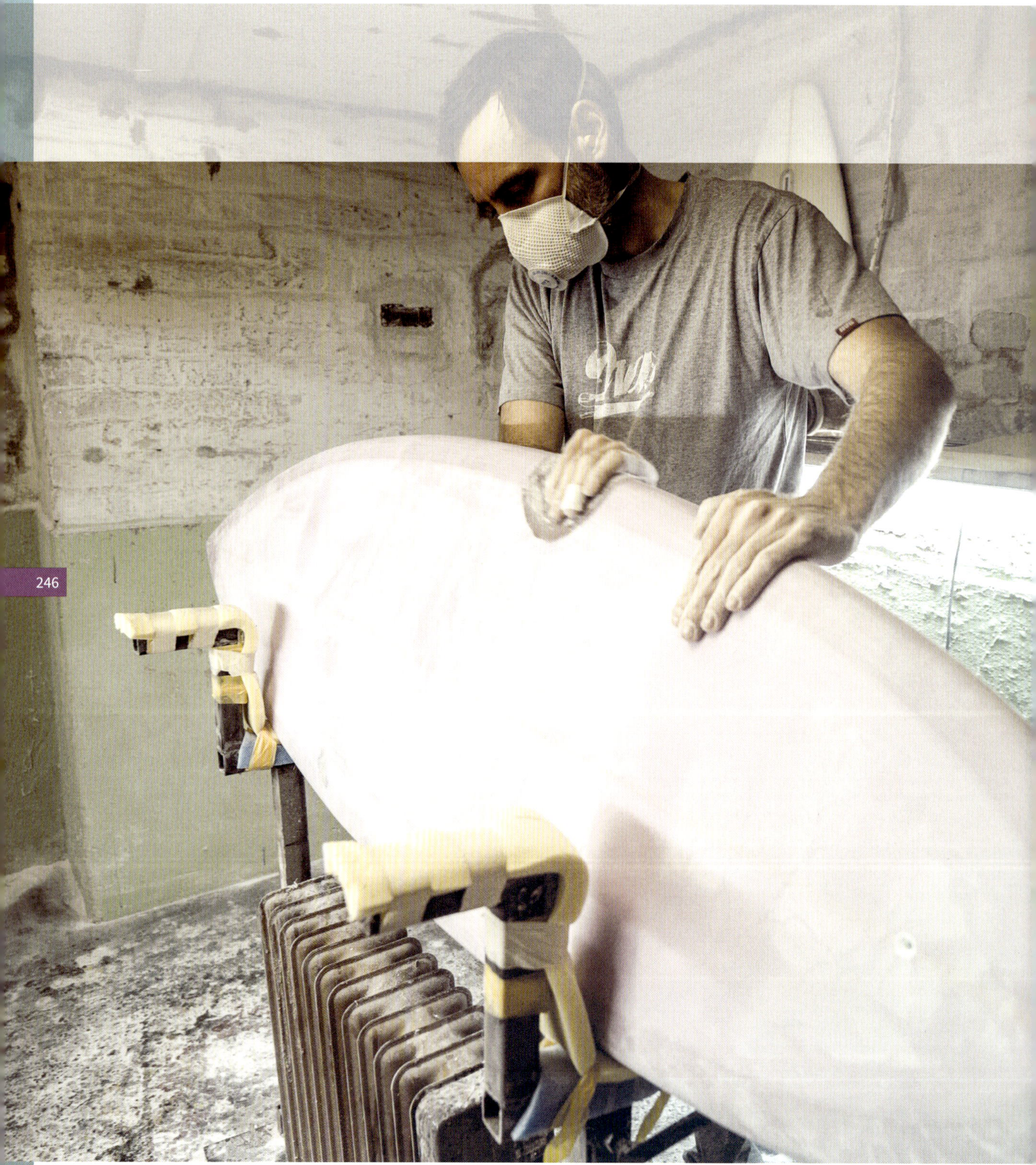

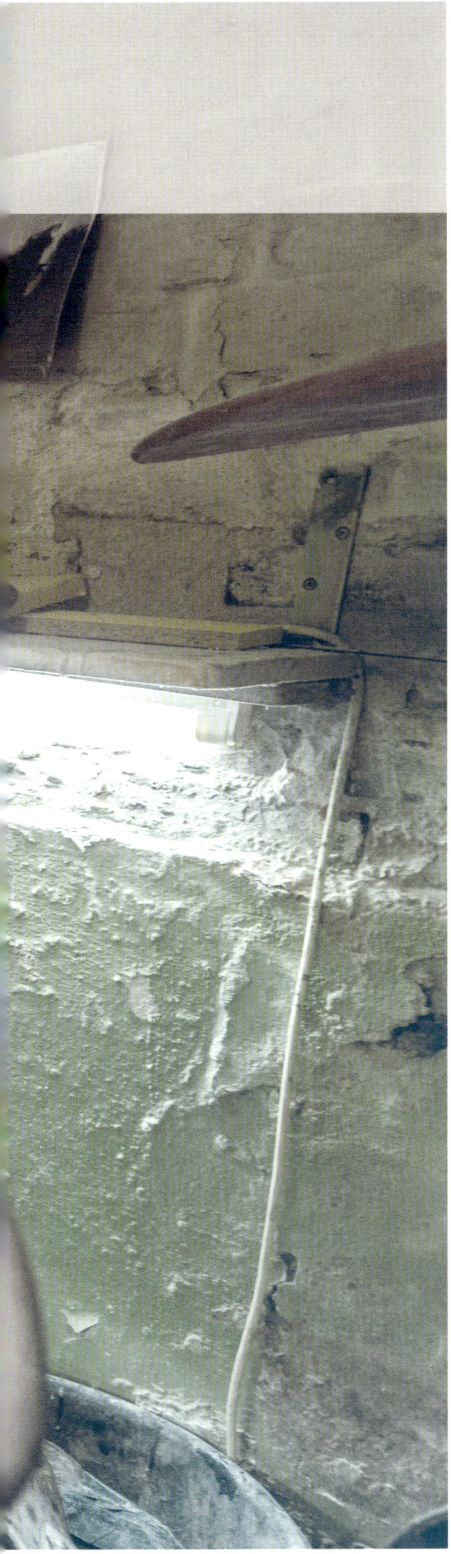

Wenn Du an ein paar einzelnen Stellen leicht durch den Hotcoat in die Glasfasern geschliffen hast, ist das nicht so schlimm. Wenn es zu viel ist, solltest Du eventuell noch einmal eine dünne Harzschicht auftragen. Dadurch wird das Brett natürlich etwas schwerer.

Viele Billigproduzenten machen sich die Sache einfach. Sie schleifen ohne Rücksicht auf das Glassing und sprühen dann ein Lack-Finish auf, welches die Nachlässigkeiten abdeckt und im Laden gut aussieht. Der Qualität nützt das wenig.

Im Prinzip ist das Board jetzt fertig, Du kannst aber je nach angestrebtem Finish noch feiner schleifen in den Abstufungen 180, 240, 320, 400, 600, 800.

Zuletzt kannst Du auch noch Polierpaste auftragen und mit einem Lammfell o.Ä. polieren. Bei all diesen feinen Schleifgängen erzielst Du mit einem weichen Pad zwischen Maschine und Schleifpapier das beste Ergebnis.

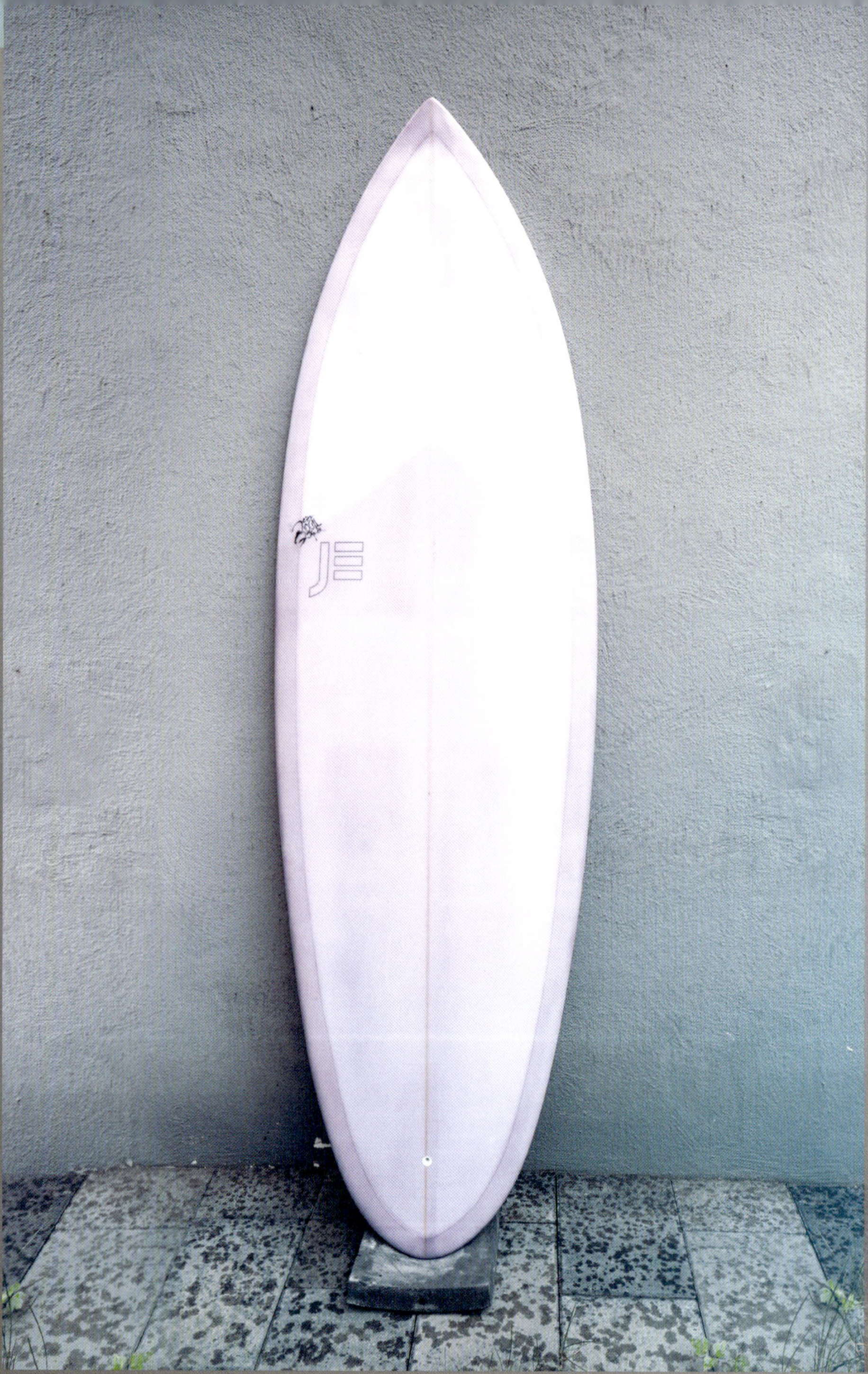

248

- Auch eine einfache Politur, die nur noch mit einem Tuch auspoliert wird, ist eine gute Sache.

Jetzt noch mit Wasser abwaschen und ein Bier aufmachen. Herzlichen Glückwunsch, Dein Board ist fertig!

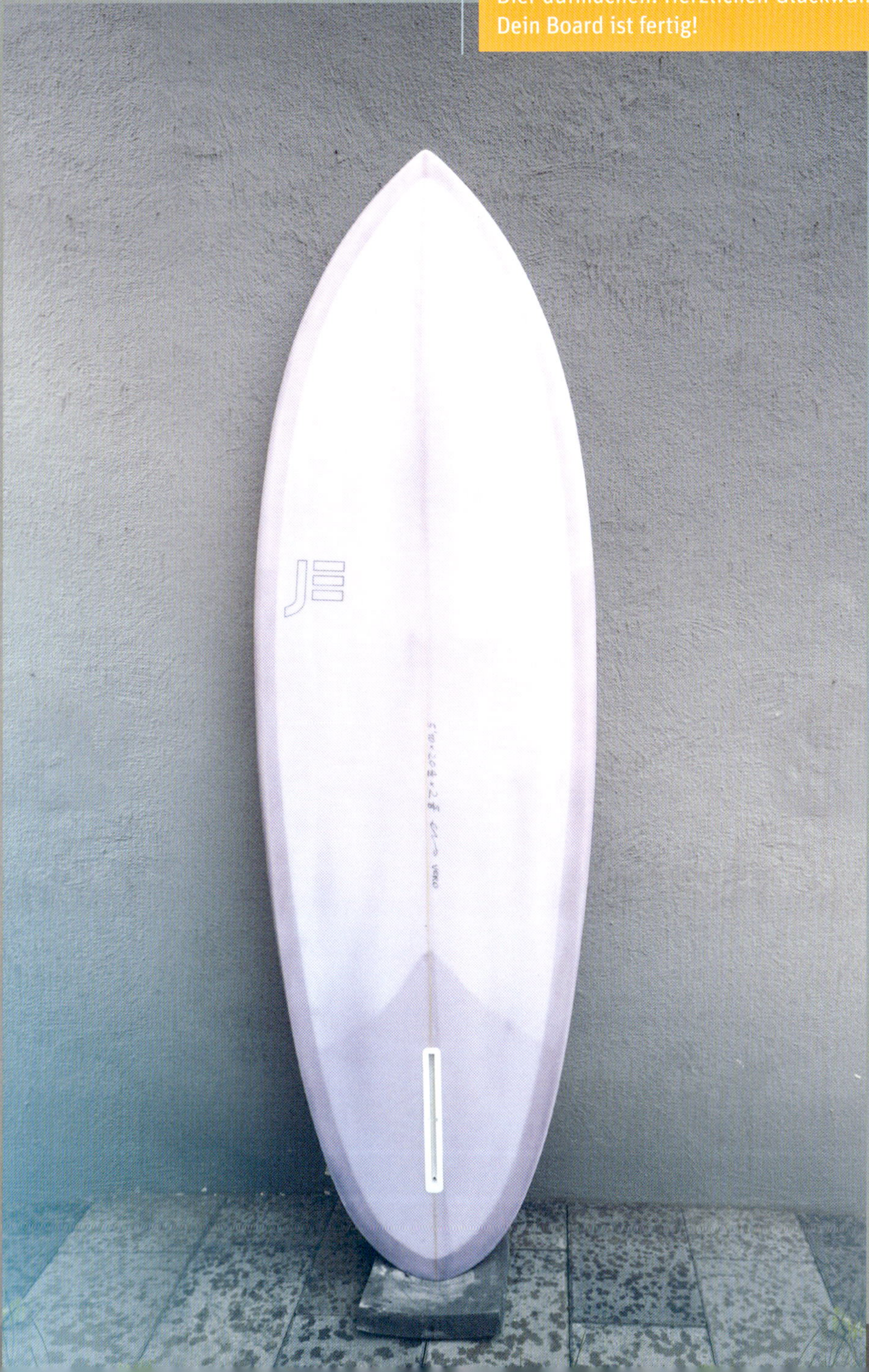

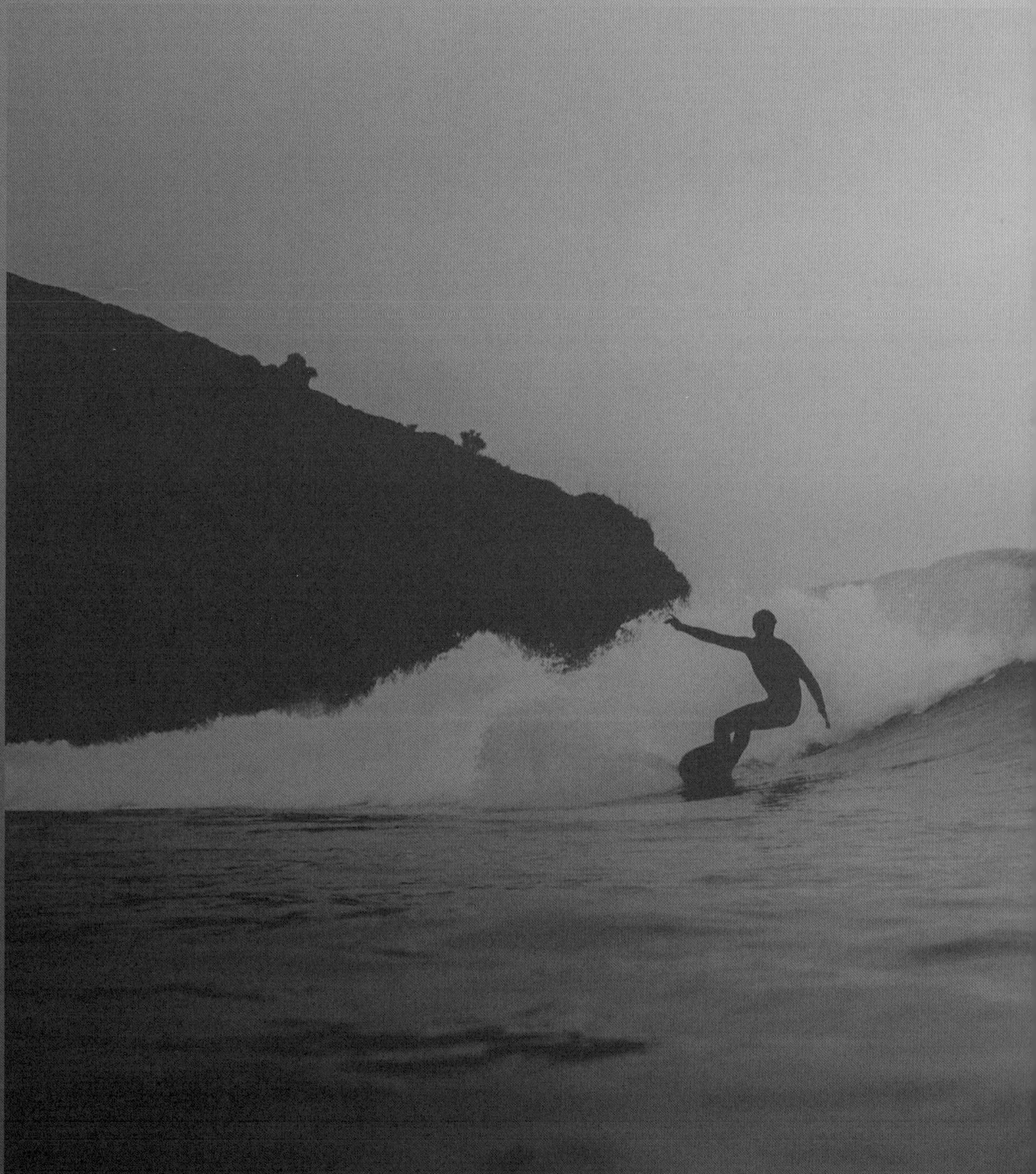

Glossar

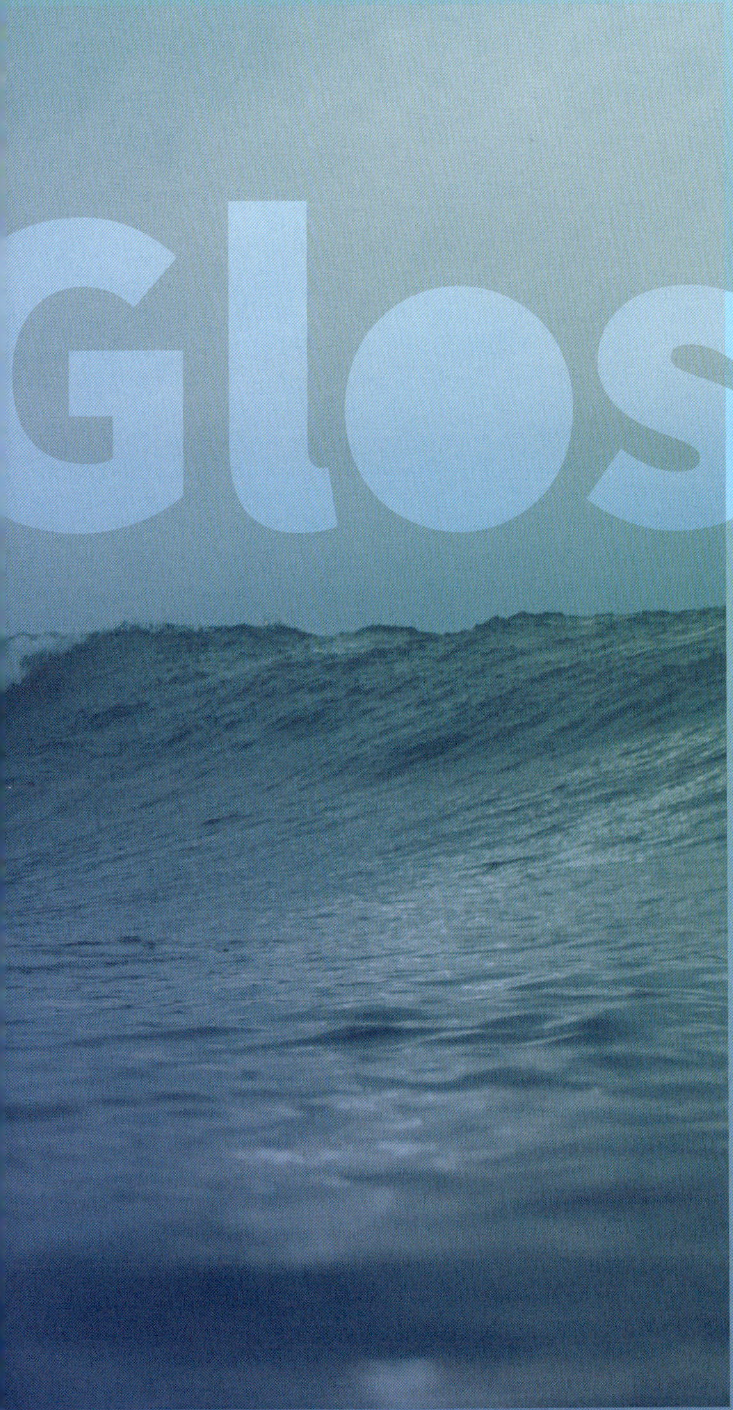

	360/ 360°	Drehung des Surfers samt Board auf der Welle
A	Aerialite	Hersteller von Glasfasertuch
	Agent F	Additiv für Epoxy-Harz
	Apex	Scheitelpunkt des Rails
B	Base	Die Basis der Finne, welche mit dem Board verbunden ist
	Belly-Vee/ Vee	Form der Gleitfläche eines Surfboards, die im Querschnitt ein V bildet, beim Belly sind die beiden Schenkel bauchig gewölbt
	Blank	Rohling für Surfboard Produktion aus speziellem Schaum, der oder das Blank
	Blending	Mischen, Erzeugen von Übergängen zwischen Kurven oder Elementen
	Bob Simmons	Shaper, entdeckte die Vorteile von Concaves in Surfboardbottoms, Kalifornien in den 40's und 50's, Mini Simmons
	Bonzer	Finnen-Setup mit einer größeren Centerfinne und 4 kleinen Side-Fins
	Bottom	Boardunterseite
	Bottom-Shape	Die Form, bzw. Designelemente der Boardunterseite
	Bottomturn	Surfen einer Kurve im unteren Teil der Welle
	Box-Rail	Dickes, kantiges Rail
	Burn-through	Durchschleifen des Hotcoats bis in die darunterliegende Glasfaserschicht
	Business-End	Gern gebrauchter Ausdruck für den Bottom im letzten Drittel des Boards, der wichtigste Teil des Boards
C	Campbell Brothers	Shaper, Erfinder des Bonzer
	Cant	Neigung der Finne zur Außenseite
	Carbon	Kohlefaser
	Carven	Fahren langgezogener Kurven mit viel Speed, Railturn
	Catchen	Eine Welle nehmen (Wellencatchen)
	Center	Boardmittelpunkt
	Channel	Schmales, tiefes Concave, manchmal auch mit Kante
	Cheatercoat	Zusätzliche Harzschicht, um etwas abzudecken
	Chop	Kleine Kabbelwellen, Windwellen
	Concave	Konkave Form des Bottom-Shapes
	Crowned-Deck	Gewölbte Form der Boardoberseite, auch Doomed-Deck

Cutlap	Eine beschnittene Umlappung des Rails mit Glasfaserlaminat
D	
Dave Parmenter	Einflussreicher Shaper, Hawaii
Deck	Boardoberseite
Diamondtail	Tailshape
Doomed-Deck	Siehe Crowned-Deck
Double-Concaves	Konkave Form des Bottom-Shapes, hier befinden sich zwei parallele Concaves
Down-the-Line	Geradliniges Entlangsurfen der Welle, oft in Verbindung mit Speed-Pumping
Down-Rail	Form des Rails mit niedrigem Apex
Drag	Bremseffekt
Drive	Beschleunigungseffekt durch Fahrtechnik
E	
Egg-Shape	Boardtyp mit runder Nose und rundem Tail
Entry-Rocker	Rocker der Nose
Epoxy-Harz	Flüssiger Kunststoff, der durch Zugabe eines Härters aushärtet, wird zum Laminieren und Hotcoaten verwendet
EPS	Expandiertes Polystyrol, Schaumart für Surfblanks
Exit-Rocker	Rocker des Tail
F	
FCS	Hersteller von Finnen und Finplugs
Feet	Maßeinheit (Fuß/ ’)
Fillcoat	Siehe Hotcoat
Fin/ Fins/ Finne	Flosse unter dem Surfboard
Fin-Area	Die Fläche der Finne
Fin-Cluster	Die Anordnung von mehreren Finnen
Finish	Oberflächenbeschaffenheit
Finless	Board ohne Finnen
Finnen-Setup	Art der Ausstattung des Boards mit Finnen
Fish	Boardtyp, kurz, breite Nose, breites Swallow-Tail
Flat-Deck	Wenig gewölbte Boardoberseite
Flatspot	Flacher Teilabschnitt der Rockerlinie

	Flex	Verbiegung und Rückstellung von Surfboards und Finnen unter Belastung
	Foil	Dickenverlauf
	Fred	Spezielles Handwerkszeug für die Bearbeitung des Übergangs vom Rail zum Bottom
	Futures	Hersteller von Finnen und Finplugs
G	Gerry Lopez	Legendärer Surfer, hat die Epoche der frühen 70's geprägt, als Surfer Pipeline entdeckt
	Glassed-on Fin	Fest an das Board laminierte Finnen
	Glassing	Ummantelung des geshapten Blanks mit Faser und Harz, die Tätigkeit des Ummantelns
	Glide	Gleiten auf der Welle, natürliche Beschleunigung des Boards
	Glosscoat	Zusätzliche Harzschicht zur Erstellung eines polierten Finish
	Gun	Boardtyp für große Wellen, lang und schmal mit Pin-Tail
H	Hexcel	Hersteller von Glasfasertuch
	Hips	Knick im hinteren Drittel der Outline
	Hotcoat	Nach dem Auflaminieren der Glasfasern aufzutragende reine Harzschicht. Bei Verwendung von Polyester kann zum Beschleunigen mehr Härter zugegeben werden, wodurch das Harz auch mehr Wärme entwickelt
I	Inch	Maßeinheit (Zoll/ ")
	Insert	Fertigteile, die in das Board eingesetzt werden
J	John Carper	Shaper, Hawaii
L	Laminat	Siehe Glassing
	Laps	Die Umlappung des Glassing um die Rails
	Leashplug	Insert zur Befestigung der Leash
	Lift	Anhebender Effekt des Boards durch die Wirkung der Concaves
	Lipslide	Seitliches Rutschen an der Lippe, dem oberen Ende der Welle
	Longboard	Langes Brett (ab ca. 8'6")
	Looseness (loose)	Eigenschaft des Surfboards, sich lose und frei anzufühlen, Voraussetzung für einige Tricks wie Lipslide und 360°
M	Malibu/ Minimalibu	Boardtyp, gutmütig, Midlength, runde Nose
	Mark Richards	Legendärer Surfer, Australien, Erfinder des Twin-Fin

	Middle-Section	Mittleres Segment des Rockers
	Midlength	Mittellanges Board (ca. 7'2" - 8'4")
	Mini Simmons	Spezieller Boardtyp, kurz, breit, tiefes Single-Concave und Finnen weit hinten
N	Nose	Nase, vorderes Ende des Boards
	Nosedive	Eintauchen der Nose, häufig verbunden mit einem Sturz
	Noseride	Stehen auf der Nose des Longboards
O	Old School	Siehe Retro
	One-Foot-off	Maße, die einen Fuß entfernt vom vorderen oder hinteren Ende des Boards genommen werden
	Ounce	Maßeinheit (Unze)
	Outline	Umriss des Boards
P	Parabolic-Carbon-Stringer	Stringer, die parabelförmig entlang, bzw. parallel zu den Rails verlaufen
	Pinched-Rail	Dünnes, fast spitz zulaufendes Rail
	Pin-Tail	Schmale, spitze Tailform
	Pipeline	Legendärer Surfspot, bekannt für Tubes, Hawaii
	Pivot Point	Drehpunkt
	Plug	Insert zur Montage von Finnen oder Leash
	Pocket	Stark gewölbter Teil der Welle, die gerade bricht
	Pointed-Nose	Spitze Nose
	Polyester-Harz	Laminier-Harz, ähnlich Epoxy
	PU-Schaum	Polyurethan Material für Surfblanks, nicht zu vergleichen mit dem gleichnamigen Bauschaum aus Dosen
Q	Quad	4-Finnen-Setup
R	Racks	Gestelle, auf denen das Blank während des Shapens liegt
	Railband	Bandförmige Hobelbahnen beim Shapen des Rails
	Rails	Seiten des Boards
	Rake	Neigung der Finne nach hinten
	Re-Entry	Herabfahren der Welle nach einem Topturn
	Resin Research	Hersteller von Epoxy-Harz

Retroboard	Surfboard, das ein Shapekonzept aus der Vergangenheit imitiert
Rob Machado	Prosurfer, Alternative-Board-Guru
Rocker	Die Biegung der Boardunterseite auf der Längsachse
Round-Pin	Tailform, schmal, aber abgerundet
Round-Tail	Rundes Tail
Rusty	Einflussreicher Shaper, Kalifornien

S

Sanding	Schleifen
Sandingcoat	Für den Schliff bestimmte Harzschicht, Hotcoat
Section	Abschnitt der Welle
Shaka	Surfergruß
Shape	Form des Surfboards, Designelemente
Shaper	Derjenige, der die Form des Boards herstellt, nicht unbedingt auch Glasser und Sander
Shaping Bay	Die Werkstatt mit den Racks
Shaping Racks	Siehe Racks
Shortboard	Kurzes Board zum radikalen Surfen
Simon Anderson	Surfer und Shaper
Single-Concave	Einfaches Concave
Single-Fin	Board mit einzelner Finne
Snap	Auf dem Punkt rotierter Topturn
Snappen	Einen Snap surfen, auch das Brechen eines Boards in zwei Teile
Speed-Pumping	Technik zum Beschleunigen Down-the-Line
Squash-Tail	Kantige Tailform, meist mit abgerundeten Ecken
Squeegee	Rakel
Stance	Die individuelle Art auf dem Board zu stehen, breit, eng, vorne oder hinten
Step-up-Board	Board für größere Wellen, auch Semigun
Stringer	Versteifung des Blanks, normal auf der Mittelachse und aus Holz
Styrene	Chemikalie zur Verdünnung von Polyester-Harz
Surform	Gipshobel, Raspel
Swallow-Tail	Tail in Form eines Schwalbenschwanzes

	Sweep	Bogen
	Swingweight	Gewicht im vorderen Bereich des Boards, das beim Turn herum geschwungen werden muss
T	Tail	Hinteres Ende des Boards
	Tailkick	Plötzliche Aufbiegung des Exit-Rockers
	Take-off	Aufstehen beim Catchen der Welle
	Tapered-Rail	Dünnes, fast spitzes Rail
	Template	Schablone
	Thruster	3-Finnen-Setup
	Tinted Resin	Gefärbtes Harz
	Tip	Der Base entgegengesetztes Ende der Finne
	Toe/ Toe-In	Grad der Eindrehung der Vorderkante von Seitenfinnen in Richtung Boardmittelachse
	Tom Blake	Erfinder der Finne
	Topturn	Kurve oder Trick am oberen Teil der Welle
	Trim & Glide	Surfstyle auf längeren Brettern, man trimmt das Board durch einen forward Stance zum Gleiten und durch nach hinten Laufen zum Drehen
	Tucked-under-Edge	Unter das Board gezogene Kante am Rail
	Turn	Drehung beim Surfen
	Twin-Fin/ Twinny	Board mit zwei Finnen
	Twist	Verdrehung der Finne unter Belastung, Resultat aus Flex und Rake
U	US-Box	Insert für die Aufnahme großer Finnen in veränderbarer Position
V	Vee/ Belly-Vee	Siehe Belly-Vee
	Venturi-Bottom	Spezielle Channel-Concaves mit oder ohne Bonzer-Setup
W	Wall	Wellenwand
	Wax	Chemikalie zur besseren Schleifbarkeit von Polyester-Harz
	Wax in Styrene	Mischung der beiden Zutaten als Additive für Polyester-Hotcoats
	Widepoint	Punkt auf dem Stringer, auf Höhe der breitesten Stelle
	Winger	Ähnlich den Hips, Outlinefeature zur Verjüngung des Tails, aber mit einem Versatz
X	XPS	Extrudiertes Polystyrol, Material für Surfblanks

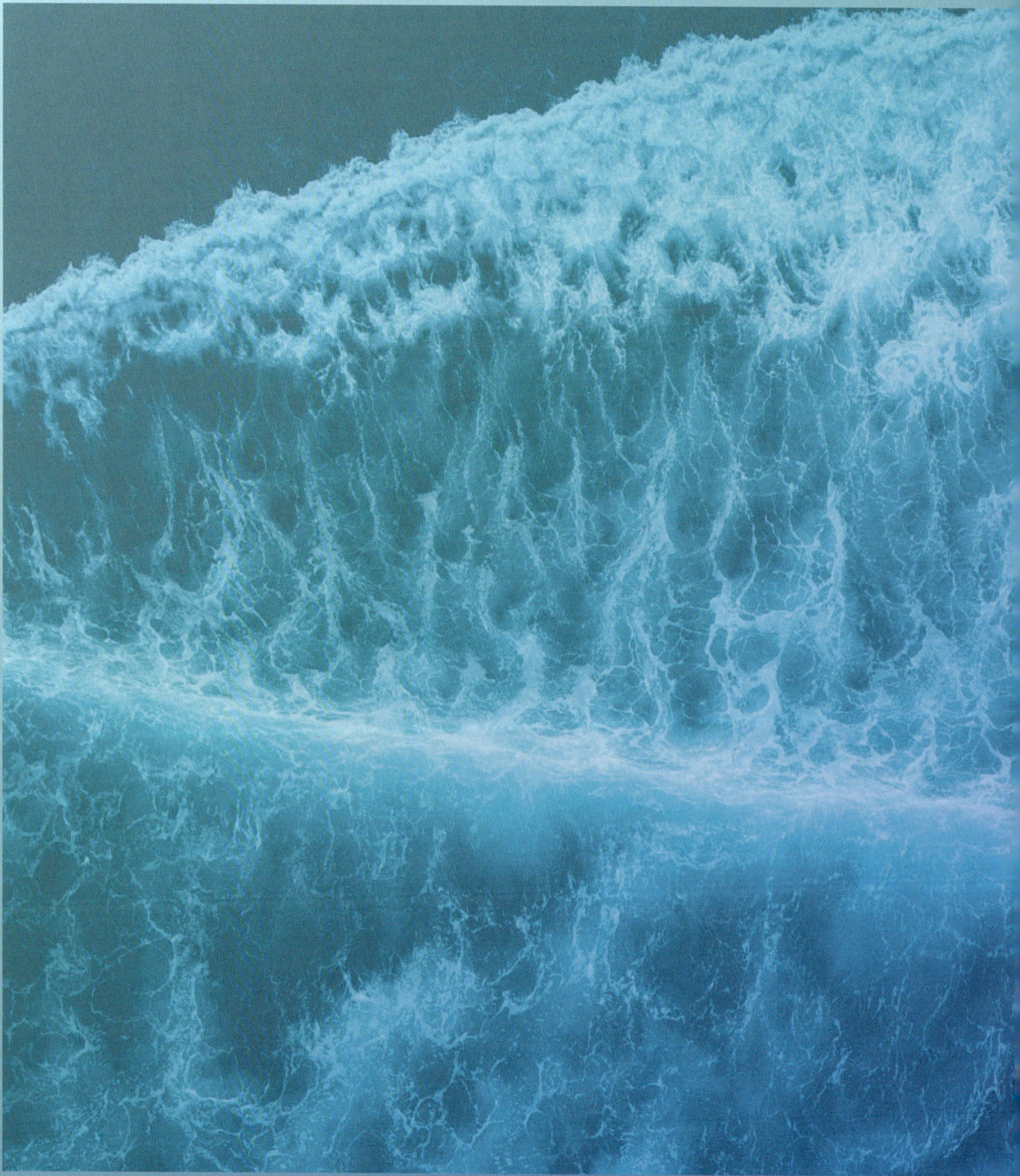

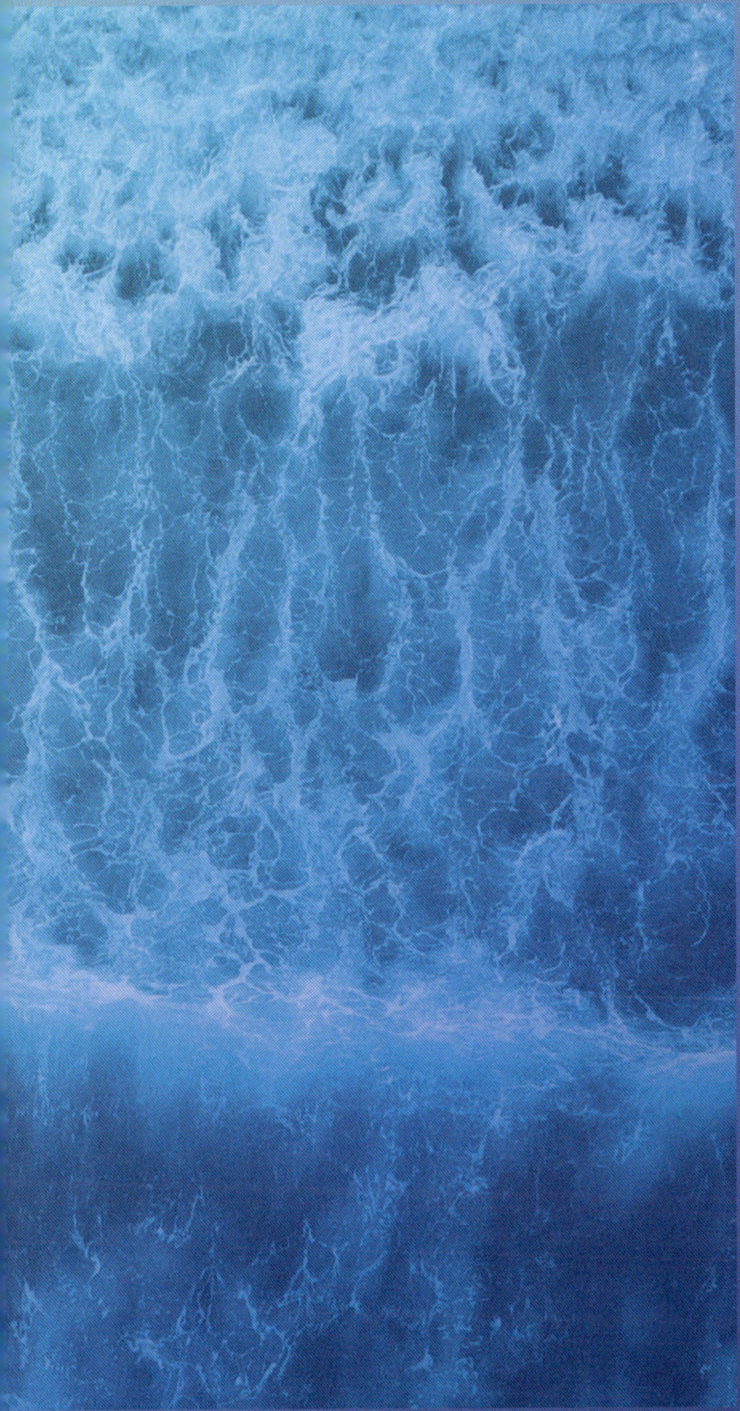

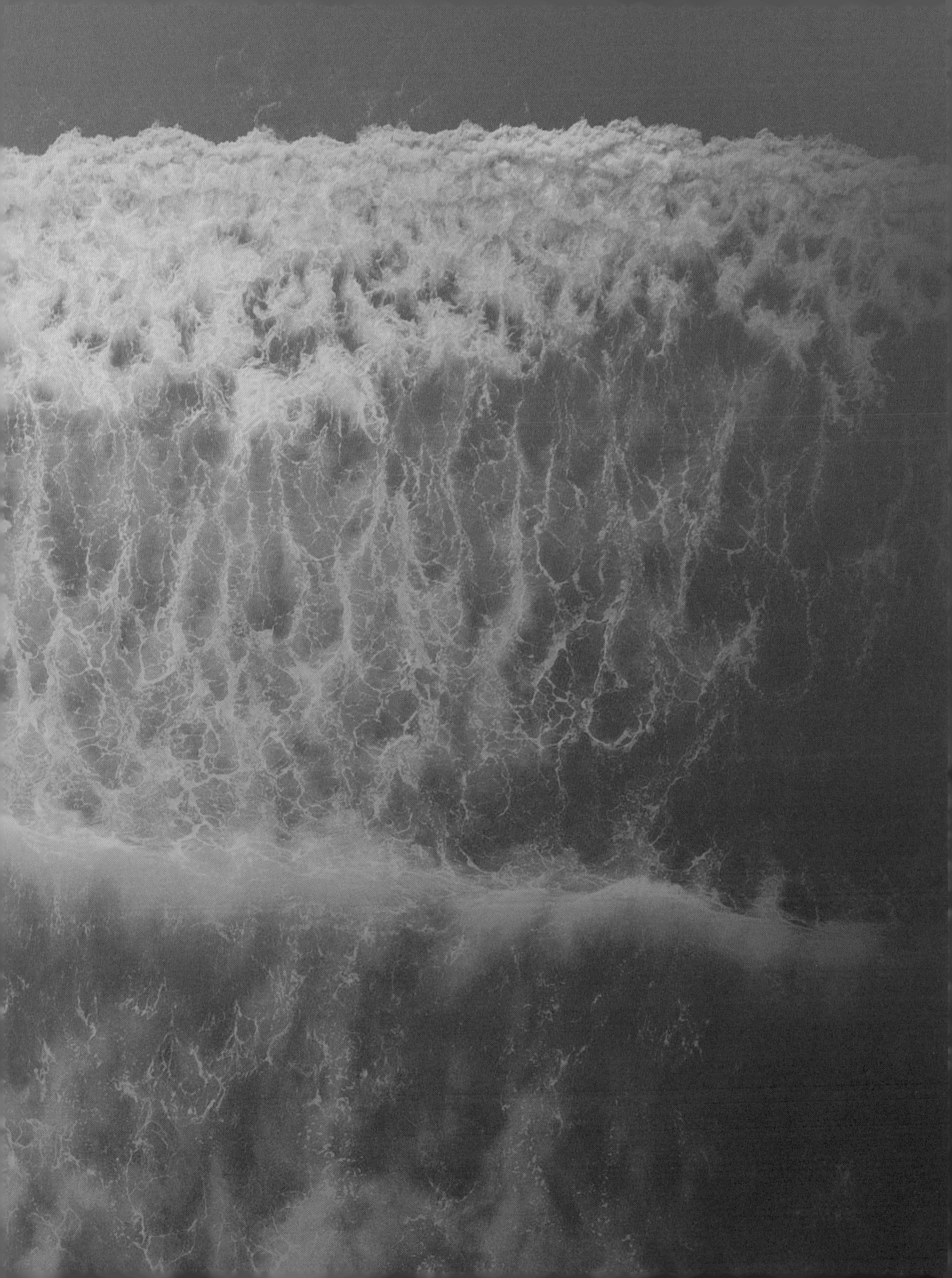